本丛书为云南大学"双一流"建设民族学一流学科建设项目成果

丛书编委会

主　任: 林文勋

副主任: 何　明　关　凯　赵春盛　李志农　李晓斌

委　员（按姓氏笔画为序）:

马居里　马雪峰　马翀伟　马腾岳　牛　阁　王文光　王越平

龙晓燕　庄孔韶　朱　敏　朱凌飞　张　亮　张海超　张锦鹏

张　赟　何　俊　李永祥　李丽双　李伟华　陈庆德　陈学礼

郑　宇　周建新　赵海娟　高志英　谢夏珩

本书为国家社科基金项目

"'魁阁'时期云南九村镇再研究"（16BSH003）阶段性成果

教育部人文社会科学重点研究基地

云南大学西南边疆少数民族研究中心文库

魁阁研究丛书 | 主编 何 明 赵春盛

魁阁文献

张之毅文集

马雪峰 主编

社会科学文献出版社

SOCIAL SCIENCES ACADEMIC PRESS (CHINA)

"魁阁研究丛书"序

　　"魁阁"是表演中国传统社会文化中"耕读传家"的重要场所，呈贡魁阁却在近现代的时空际会中成为中国人文社会科学形成与发展的庇护所，这里的"魁阁"及其学人也因此被誉为中国现代学术集团的雏形。"魁阁时代"推动了人类学学科范式的转型，探索了中国之于世界的意义，是现代中国人文社会科学的滥觞。"魁阁时代"及其学人体认并经历了中华民族共同体的自觉，留下了滋养今天大学文化与学科建设的"魁阁精神"。

　　1938 年，吴文藻到云南大学从事社会学人类学讲座课程和研究工作，同时受熊庆来校长的委托创建云南大学社会学系并出任首届系主任。后来，云大又与燕京大学合作建立"燕京－云大社会学工作站"，由费孝通主持。费孝通在《从实求知录》中写道："不久，我也接踵从伦敦返国，立即投入云大新建的社会学系，并取得吴老师的同意在云大社会学系附设一个研究工作站，使我可以继续进行实地农村调查。这个研究工作站在敌机滥炸下迁居到昆明附近的呈贡魁星阁，'魁阁'因而成了这个研究工作站当时的通用名称。在这里我回想起魁阁，因为它是在吴老师尽力支持下用来实行他多年的主张为社会学'开风气，育人才'的实验室。"费孝通在回忆"魁阁"研究时说："真是想不到，将近 50 年前，为了油印他（张之毅）那本《易村手工业》，我曾一字一句地亲手刻写蜡板；过了这么半个世纪，最后还是轮到我，为了出版这本《玉村农业和商业》，又一字一句地亲自校阅他的修正稿。这段学术因缘，岂是天定？""魁阁"汇聚了费孝通、许烺光、陶云逵、瞿同祖、张之毅、田汝康、史国衡、谷苞、胡庆钧、李有义、张宗颖等一批当时中国杰出的社会学、人类学、民族学、法学等学科的研究者。尽管狭义的"魁阁"仅存在了 6 年左右的时间，"魁阁时代"的学人后来也星散于中国乃至世界各地，"魁阁"却被誉为中国现代学术集团的雏形。

在学科史意义上，费孝通的《江村经济》是人类学学科范式转换的里程碑。马林诺夫斯基在该书的序言中写道："这是一个中国人对自己人民的研究，这种方法对于西方人类学而言，实际上是很难能可贵的一种方法。"在完成云南内地农村的调查近50年后，费孝通在《〈云南三村〉序》中写道："《云南三村》是从《江村经济》基础上发展起来的……当我发表《江村经济》之初确有人认为解剖这么一个小小的农村，怎么戴得上《中国农民生活》这顶大帽子……如果我停留在《江村经济》不再进一步到《云南三村》，那么只能接受上述批评了……江村只是我认识中国社会的一个起点……目的是很清楚的，我认为，就是人要把自身的社会生活作为客观存在的事物，加以科学的观察和分析，以取得对它的正确如实的认识，然后根据这种认识来推动社会的发展。作为一个中国人，首先要认识中国社会。《云南三村》是抱有这个目的的。"如果说1939年用英文在伦敦出版的《江村经济》标志着人类学学科的"去殖民化、异文化"，那么《云南三村》则标志着人类学学科的"文化自觉、本土化"。

费孝通说，魁阁的学风是从伦敦政治经济学院人类学系传来的。现在放宽历史的视界回顾起来，广义的"魁阁时代"及其学人融汇了来自英国、德国、美国、法国、中国等国家的学术传统和学科素养。继人文社会科学"西学东渐"时期的"群学研究"之后，"魁阁时代"不仅是现代社会学中国化的重要环节，也是中国人类学、民族学、法学、经济学等现代人文社会科学的摇篮。"魁阁时代"学人的研究涉及学科之多，领域之广，留下的调查资料之丰富，研究成果之丰硕，成为后来者可以挖掘的一座学术富矿。目前，我们首批推出的"魁阁研究丛书"包括三类。第一类是"魁阁时代"学者的文集汇编、田野调查照片以及"魁阁村落"的档案集成，例如，《张之毅文集》《魁阁学者劳工社会学研究》《魁阁三学者文集》《云大社会学田野调查老照片（1939-1954）》等。第二类是后来者对"魁阁时代"田野点的再研究，包括《空间变迁与社会转型》《经济、社会结构与精神生活：安村、尾村再研究》《村庄研究的四个维度——"魁阁"时期四村再研究》《云南三村再研究》等。"魁阁时代"的田野点除了村落以外，还包括工厂、集市等类型。第三类是纪念"魁阁时代"的论文集以及其他文稿，例如，《纪念"魁阁"80周年研讨会论文集》和《魁阁》集刊等。在后续的魁阁研究中，我们将更注重挖掘积淀在"魁阁时代"学人原典中的"道隐无名"和方法论，并在"魁阁"田野点跟踪研究中走向一流学科建设更广阔的未来。

艰难岁月，薪火相传。"魁阁时代"的学人也在用自己的智识思考"中华民族何以是一个"的问题。张之毅在《论中国民族性的形成及其转变》中写道："变是既定的事实，悲观没有用，保守没有用，空口提倡也没有用，现在的工作是怎样使青年们完成他们自我的人格，发展他们健全的个性，使他们学得应付生活的新知识，使他们依各人个性人格和兴趣各位育在一适当的地位，使全社会份子分工合作建立起和谐的生活，最后而最紧要的是建立起一种社会的公道，这些是决定今后新文化成功和失败的主要条件，值得大家注意和努力。"后来，1988 年费孝通在香港中文大学 Tanner 讲演中说："中华民族作为一个自觉的民族实体，是近百年来中国和西方列强对抗中出现的，但作为一个自在的民族实体则是几千年的历史过程中形成的。"从 1840 年那时起，世界给了中国一个苦难的百年转身；而通过新旧民主主义革命乃至新中国成立 70 年以来的艰苦奋斗，中国给了世界一个崭新的中华民族。铸牢中华民族共同体意识，坚持共同团结奋斗、共同繁荣发展，推动中华民族走向包容性更强、凝聚力更大的命运共同体，"万物并育而不相害，道并行而不相悖"，不同文明、制度、道路的多样性及交流互鉴可以为人类命运共同体建设和人类社会进步提供强大的动力。

习近平总书记指出："哲学社会科学是人们认识世界、改造世界的重要工具，是推动历史发展和社会进步的重要力量，其发展水平反映了一个民族的思维能力、精神品格、文明素质，体现了一个国家的综合国力和国际竞争力。"推进新时代中国特色社会主义建设伟大事业，一个重要的前提就是要用科学的理论和方法作指导，去认识中国与世界、理解中国与世界、建设中国与世界。费孝通在《〈云南三村〉序》中写道："我们对自己的国家有信心，对自己的事业有抱负。那种一往情深，何等可爱。这段生活在我心中一直是鲜红的，不会忘记的。……我当时觉得中国在抗战胜利之后还有一个更严重的问题要解决，那就是我们将建设成怎样一个国家。……对中国社会的正确认识应是解决怎样建设中国这个问题的必要前提。科学的知识来自实际的观察和系统的分析，也就是现在所说的'实事求是'。"当我们重返魁阁，我们能感受到，在昆明市呈贡区的那座小楼里，在写过"故国月明中"的那根柱子旁，一代学人给后来者留下了"开风气，育人才"的教育理念和"报国情怀、社会担当、扎根田野、自由讨论、团队合作、传承创新、文化自觉、美美与共"的"魁阁精神"。

> 魁阁旧作读来晚
> 逝水流年望复空
> 灯下家园方块字
> 故国待晓月明中

是为序。

2019 年 11 月 3 日午赵春盛谨识
于东陆园

张之毅：生平与学术

马雪峰　马雪娇　唐　烨

张之毅（1914 年 1 月至 1987 年 6 月 8 日），又名张子毅，湖南醴陵[①]人，20 世纪中国著名的社会学家，费孝通先生领导的"魁阁"的重要成员。1945 年，张之毅与费孝通对云南三个村庄的研究成果 *Earthbound China: A Study of Rural Economy in Yunnan* 一书，[②] 由芝加哥大学出版社出版，引起国际学术界的广泛关注，成为"社会学中国学派"的奠基性著作。自出版以来，该书不仅是中国研究领域的必读文献，亦是乡民社会研究中的重要参考文献，近年仍多次再版。[③] 该书第二部分有关易村土地制度和乡村工业的研究（*Yits'un: Rural Industry and the Land*），以及第三部分有关玉村商业与土地制度的研究（*Yuts'un: Commerce and the Land*），是由张之毅完成的。

张之毅先生是 20 世纪中国最重要的社会学家之一，本文旨在对其生平与学术做简要的介绍和梳理。

一　求学清华

张之毅中学毕业后考入清华大学。他原本念的是物理系，后转到化学系，又因身体原因转到社会学系，于 1939 年 7 月毕业，获文学学士学

---

① 具体为今湖南省株洲市株洲县渌口镇新城村六房组。

② *Earthbound China: A Study of Rural Economy in Yunnan.* by Hsiao – Tung Fei and Chih – i Chang. Revised English edition prepared in collaboration with Paul Cooper and Margaret Park Redfield. Chicago: University of Chicago Press, 1945.

③ *Earthbound China: A Study of Rural Economy in Yunnan,* by Hsiao – Tung Fei and Chih – i Chang, Rutledge Published, 2010.

位。① 他后来回忆说，在清华社会学系两年半的学习生活中，由于当时处于兵荒马乱之中，学校上课又一般都是老师讲、学生记，因此自己没有学到多少东西。而且，那时清华社会学系虽开了一门社会调查课，但老师讲的问题总是那十几个，感到没有什么收获。直到 1938 年费孝通先生回国，他得到费先生的指导，才稍有所得。②

1937 年抗日战争全面爆发，国立北京大学和清华大学、私立南开大学迁到长沙组成国立长沙临时大学，半年后（即 1938 年 4 月），长沙临时大学又西迁至昆明，改称国立西南联合大学。当时迁往云南有两条路线可供选择，一条是走香港，另一条是走湘西，张之毅选择徒步走后一条道路，约走了三千华里，沿途还特意关注农村情况，做了社会调查，到昆明后写成了调查报告，投稿《云南日报》，但该报未采用他的稿件。③

1938 年秋至 1939 年夏，张之毅主要忙于写作他的毕业论文，题为《昆明的越南人与中国人的接触》。④ 在此期间，费孝通回国并到西南联大兼课。1939 年春季，费孝通在西南联大授课时，张之毅听过他的课，⑤ 并在此时结识了费孝通，其毕业论文得到费孝通的指导。⑥ 在同费先生讨论的过程中，他发现自己相比费先生主要的不足是考虑问题不够细致、不全面，尤其是不能深入。他分析造成这一差异的主要原因是费先生受过两个老师的指导，一个是清华的史禄国，此人学问很高，有自己的一套教育经验，费先生受过他的启迪式教学法指导；另一个就是马林诺夫斯基，他很善于领导小型学术讨论会，引人思路开阔和深入。⑦

二 任教云大

1939 年 7 月，张之毅从西南联大毕业后即到云南大学社会学系任教，

① 张之毅：《社会学方法与调查》，1982 年 2 月。
② 张之毅：《社会调查的一些经验体会》，1980 年 5 月 27 日。
③ 张之毅：《社会学方法与调查》，1982 年 2 月。
④ 张之毅：《社会调查的一些经验体会》，1980 年 5 月 27 日。
⑤ 费孝通：《费孝通文集》第 11 卷，北京：群言出版社，1999，第 135 页。
⑥ 张之毅：《社会学方法与调查》，1982 年 2 月。
⑦ 张之毅：《社会调查的一些经验体会》，1980 年 5 月 27 日。

先后任助教（1939 年 8 月至 1941 年 7 月[①]）、专任讲师（1942 年 8 月至 1945 年 7 月[②]）、副教授（1945 年 8 月至 1947 年 7 月[③]），费孝通离开云南大学后，1946 年 9 月，张之毅兼任云南大学社会学系代理系主任。[④]

张之毅加入云南大学社会学系后，主要在费孝通主持的云大 – 燕大社会学研究工作站，即"魁阁"工作，跟随费先生从事社会学调查与研究。由张之毅带头，史国衡、田汝康、谷苞、张宗颖、胡庆钧、王康等一批青年学者先后参加"魁阁"，再加上云南大学教授陶云逵、许烺光，燕京大学毕业的瞿同祖、郑安仑、李有义等，形成了一个学术共同体。他们采取理论与实际密切结合的原则，实地调查的方法，"席明纳"式的讨论，个人负责编写论文的方式进行研究工作。[⑤] 张之毅后来说：

> 费先生很重视培养年轻人，他能让我们独自上阵，这样就加速了年轻人在研究工作上的成长。我们经常举办小型学术讨论会，由一个人作专题报告，大家提意见，在费先生领导下，会开得很活跃，收到集思广益的效果。费先生民主作风很浓，我们平起平坐，对他写的文章也能改，意见也能驳，这样不仅不伤彼此和气，而且还使年轻人很尊重费先生。在我们那个小团体中，认为个人的发展是有利于集体的发展的，不把两者对立起来，我们团体小，不分科研第一线和第二线，我们的著作自己油印，费先生善于刻写，几乎所有蜡纸都是由他用铁笔刻写的。我们当时大家都住在一起，彼此见面机会多，谈世

---

① 云南大学档案馆 1016 – 1 – 423 – 3："1939 年 10 月 1 日起，社会学系助教张之毅，在原薪 80 元的基础上加薪 10 元，即月薪 90 元，外加米贴 10 元。"云南大学档案馆 1016 – 1 – 424 – 8："1940 年 8 月 1 日起，社会学系张之毅助教月薪 110 元，50 元外八折，再加生活补助费 20 元，合计 118 元，此项生活补助费在未及教部允许照发前，由农行补助费项下开支。"云南大学档案馆 1016 – 1 – 428 – 3："1941 年，张之毅助教月薪 140 元，由农行补助费支送。"
② 云南大学档案馆 1016 – 1 – 430 – 7："1942 年 8 月至 1943 年 7 月底，国立云南大学文法学院社会系专任讲师张之毅月薪 120 元。"云南大学档案馆 1016 – 1 – 366 – 1/15 – 16："1943 年 8 月至 1944 年 7 月底，国立云南大学社会系专任讲师张之毅月薪 220 元。"云南大学档案馆 1016 – 1 – 419 – 4/48："1944 年 8 月至 1945 年 7 月底，国立云南大学社会系专任讲师张之毅月薪 260 元。"
③ 云南大学档案馆 1016 – 1 – 541 – 4/53："1945 年 8 月至 1946 年 7 月底，国立云南大学社会系副教授张之毅月薪 280 元。"云南大学档案馆 1016 – 1 – 416 – 4/58："1946 年 8 月至 1947 年 7 月底，国立云南大学社会系副教授张之毅月薪 320 元，每周授课 9～12 小时。"
④ 根据张之毅之子张石林提供的材料整理。
⑤ 费孝通：《费孝通文集》第 11 卷，北京：群言出版社，1999，第 135 页。

界、国内大事，互相启发。我们有个特点：对事不对人。所谈的不是政治上的大问题，就是学问上的问题，从不议论别人之间的私事。还有，那时科学研究是与教学相结合的，而且以科学研究为主，教材比较独出心裁，很少照搬人家的。那时有个想法，就是想研究中国的社会，建立中国的社会学，写出中国的东西来。①

（一）"云南三村"调查

张之毅在"魁阁"期间，最重要的工作是有关"云南三村"即禄村、易村和玉村的研究。1939 年 8 月 3 日至 10 月 15 日，张之毅、张宗颖随费孝通一起到禄丰县大北厂村（即禄村）做实地调查。调查期间，张、费两位先生同吃同住、一起讨论问题，积累了调查经验，张之毅虚心向费孝通请教，弄清楚了费先生从江村到禄村的比较研究的思路，共同商讨出今后研究的主要方向。② 调查结束回到昆明后，费先生根据调查所得的材料写成了《禄村农田》一书，前后花费很长时间，中间也改写了很多次，在这期间，张先生又去禄村补充了一些材料。③

在费孝通的研究思路中，禄村研究是为了与江村作比较，看看远离都市与现代资本主义市场体系影响的传统中国农村的土地制度是怎样的，会不会产生像江村一样的问题，如农村的佃户化、地权外流等。同时，通过江村和禄村的调查，费先生意识到，大量的人口附着在小块的土地上是中国农村社会面临的普遍问题，要建设现代的中国、解决农村社会所面临的主要问题，还要探索能够吸纳大量劳动力的工业、商业在中国农村社会的可能性问题。"在我们的研究计划中，早就写下了要调查一个以手工业为基础的内地农村。一方面可以和太湖附近有手工业的江村作比较，一方面可以和以农业为主的禄村作比较。"④ 因此，在禄村调查期间，他们偶然听禄村的"张大舅"说起有一个专门出产土纸的村子时，就迫不及待地前往探究。这个出产土纸的村子就是"云南三村"中的易村。

1939 年 10 月 18 日，费孝通、张之毅两位先生从昆明起程，经历 10

---

① 张之毅：《社会调查的一些经验体会》，1980 年 5 月 27 日。
② 费孝通：《费孝通文集》第 11 卷，北京：群言出版社，1999，第 135～136 页。
③ 张之毅：《社会调查的一些经验体会》，1980 年 5 月 27 日。
④ 费孝通、张之毅：《云南三村》，北京：社会科学文献出版社，2006，第 195～196 页。

天的行程，于 10 月 27 日到达易村，30 日离开。当年 11 月 20 日，张之毅一个人第二次到易村。易村调查比较艰苦，但他还是克服各种困难，经历 27 天的调查，收集到了丰富的资料。回到魁阁后，他们边讨论边写，历时 11 个月，最终完成了《易村手工业》一书。写作过程中，据张先生自己说，费先生帮他改了一次，他自己改了一次，才最终定稿。① 前面述及，费先生 1943 年访问美国时，将"云南三村"的三本报告翻译成英文，1945 年由芝加哥大学出版社出版，"易村的手工业与土地"为该书第二部分。《易村手工业》正式的中文版于 1944 年由重庆商务印书馆出版，为吴文藻先生主编的"社会学丛刊"乙集第二种。② 《易村手工业》在国内很受重视，曾获得过"杨铨奖金"。③ 除此之外，关于易村，张之毅还写过两篇论文：一篇是《"易村"的纸坊：一个农村手工业的调查》，发表在《云南实业通讯》上，主要介绍易村的土纸工业；④ 另一篇是《农村手工业在中国新经济建设中的地位》⑤，一万多字，发表于当时的农业刊物上。据张之毅后来说，文章发表后，吴文藻先生还写信告诉他，大家都很称赞这篇文章。⑥

玉村调查是在 1940 年和 1941 年进行的，主要关注点是农业与商业。玉村地处玉溪坝子，离魁阁较近，交通便利，张之毅进行了多次调查，反复核查资料，最终完成了《玉村农业和商业》一书。如前所述，该书英文版作为 Earthbound China: A Study of Rural Economy in Yunnan 一书的第三部分于 1945 年在芝加哥大学出版社出版，但其中文版，张之毅一直不满意，其去世前一直在修改，1990 年 11 月，《云南三村》一书方由天津人民出版社出版。

（二）榆村调查

玉村调查之后，大约在 1945 年的时候，张之毅还做了大理洱海边一个

---

① 张之毅：《社会调查的一些经验体会》，1980 年 5 月 27 日。
② 张子毅：《易村手工业》，重庆：商务印书馆，1944。
③ 张之毅：《社会调查研究》，1982 年 3 月。
④ 张之毅：《"易村"的纸坊：一个农村手工业的调查》，《云南实业通讯》1940 年第 1 卷第 7 期，第 6～13 页。
⑤ 张之毅：《农村手工业在中国新经济建设中的地位》，《中农月刊》1941 年第 2 卷第 4 期，第 4～9 页。
⑥ 张之毅：《社会调查研究》，1982 年 3 月。

白族村庄即"榆村"的调查，最终写成题为《榆村社区生活的整合》的书稿。张先生的榆村研究做得很细致，对村里的经济生活、风俗习惯、家庭等都做了详细的考察，调查的内容很广泛，包括经济、家庭、宗教、风俗、妇女问题、人口外流等，整个报告四十多万字，他从 1945 年写到 1949 年，花了很长时间。但遗憾的是，新中国成立后，张之毅将这个报告带到北京，借给别人看，被人弄丢了，① 所以后人已无缘目睹这个报告。好在张先生做事非常细心，有关《榆村社区生活的整合》报告的所有章节的调查提纲（即《榆村经济》）他都记录下来，并完整保存起来，而且这一提纲非常详细，有些小节可以说已成稿，亦能使读者对此调查有一定的了解。另外，张之毅根据榆村的调查还写了三篇学术性的论文，一篇是《从农村社会经济的背景申论妇女问题》，② 这篇文章不只限于大理的调查，而是综合了其他的资料，另外两篇分别是《家庭与生产事业》和《农村"失业"问题的分析》。③

　　榆村调查之后，张之毅还想做一个有关升官发财、购买土地的调查。他当时所在的县有很多国民党的官，升了官后就购买土地，因此非常方便调查官僚资本是怎样购买土地的。但后来由于时间有限没有实施，他最终未能完成对官僚资本的研究。④

　　1946 年，费孝通在李闻事件发生后离开云南，张之毅留守"魁阁"，任云南大学社会学系副教授、代理系主任。张先生在云大坚持了约两年后，因云南政治空气不好，国民党迫害知识分子，张先生便回到湖南。⑤

三　就职福建、北京

　　1948～1949 年，张之毅任福建省研究院研究员。1948 年初，福州有人看了张先生的易村手工业调查，便邀请他去福州，他即去了由王亚南先生

①　张之毅：《社会学方法与调查》，1982 年 2 月。
②　张之毅：《从农村社会经济的背景申论妇女问题》，《社会科学》（福建永安）1948 年第 4 卷第 2 期，第 21～38 页。
③　张之毅：《家庭与生产事业》，《社会科学》（福建永安），具体发表年代、卷期不详。张之毅：《农村"失业"问题的分析》，《社会科学》（福建永安）1948 年第 4 卷第 4 期，第 12～15 页。
④　张之毅：《社会调查研究》，1982 年 3 月。
⑤　费孝通：《费孝通文集》第 11 卷，北京：群言出版社，1999，第 139 页。

主持的福州研究院任研究员。在福州研究院期间，他参与指导了一个农村经济的调查，帮忙设计了福州手工业调查的表格。① 在福建待了 10 个月后，1949 年张之毅离开福州去了北京。

1949～1956 年，张之毅在中央财政经济委员会统计处及国家统计局农业统计司任职，主要负责国家农业统计调查。在国家统计局期间，张先生帮助改进了统计表格，主持了一次河南农业普查。②

1956～1980 年，张之毅任中国科学院经济研究所副研究员，主要从事有关农业经济的研究。这期间，张之毅主要参加了两次调查。1957 年，他参加了关于河北省太行山区水土保持问题的调查小组，之后根据调查资料、实际观察写成《冀西山区考察报告》，约七万字。③ 1958 年，张之毅参与了由中国科学院经济研究所与国家统计局共同组织实施的第二次无锡－保定调查。早在 1929 年、1930 年时就有学者分别对两地的农村进行了调查，学者们在整理已有的调查资料时，发现原有调查资料不够精确，于是计划对 30 年前的农村进行再调查，研究解放前近 20 年农村社会经济的演变。此次调查由孙冶方、薛暮桥主持，调查表格由张之毅设计，调查得到了丰富的资料，并写成《解放前无锡、保定两地近二十年中的社会经济的演变》的调查报告。④

社会学学科恢复之后，张之毅调到中国社科院社会学研究所，历任副研究员、研究员。这期间，张之毅参与了关于中国青年的生育意愿的调查，调查结果编成《中国青年的生育意愿——北京、四川两地城乡调查报告》一书，1982 年由天津人民出版社出版。⑤

1985 年，张之毅接到天津人民出版社的邀请，希望能将费孝通的《禄村农田》和他的《易村手工业》《玉村农业和商业》三本早期社会学的调查报告整理出版，定名为《云南三村》。为了早点能使该书出版，张先生带病校阅旧稿，就在即将完成之前，旧疾复发，于 1987 年 6 月 8 日逝世于北京协和医院。他最后留下的墨迹是"不要举行任何仪式，将遗体捐献给

① 张之毅：《社会调查研究》，1982 年 3 月。
② 张之毅：《社会调查研究》，1982 年 3 月。
③ 张之毅：《社会调查研究》，1982 年 3 月。
④ 张之毅：《社会调查的一些经验体会》，1980 年 5 月 27 日。无锡、保定调查报告即将由商务印书馆出版，题为《无锡、保定农村社会调查和土地制度的演变》。
⑤ 张子毅等：《中国青年的生育意愿——北京、四川两地城乡调查报告》，天津：天津人民出版社，1982。

协和医院"。①

　　丧事过后，他的家属将他重新校阅过的《玉村农业和商业》交给费孝通先生，费先生发现张之毅说是校阅，实则是重写，他从旧稿中剪下来贴在稿子上的内容不到全稿的 1/3。费孝通在《云南三村》的序中称赞他，"他是个认真做学问的人，对自己要求十分严格。文如其人，读者在本书（指《云南三村》）里就体会到这位作者的性格"。②

四　学术：以"建设现代中国"为中心

　　与他的老师费孝通一样，张之毅是一个深具传统中国士大夫道德关怀的现代学者，其问学有极强的实践性关怀：学问是要为"平天下"服务的。只不过，在费孝通和张之毅这里，传统的来自先贤的学问变成了来自西方的现代社会科学，"平天下"变成了"建设现代的中国"。

（一）农村研究

　　"从基层上看去，中国社会是乡土性的。"③ 这是费孝通《乡土中国》的第一句话，亦是他对传统中国社会的基本判断。中国社会从传统向现代的过渡与转型，是整个 20 世纪中国智识学人关怀的中心。不同于全盘西化派的决绝，费孝通并不完全否定这"乡土性"的传统，他虽然也拥抱现代，但也认为中国的现代化是无法回避其"乡土性"的，中国的现代化要从其传统的"乡土"里长出来。因此，如何理解传统中国的"乡土性"及其现代的遭遇，以及探索"乡土"里长出"现代"的可能性，成为其研究最紧要的关切。在费孝通的诸多学生中，张之毅可能既是最能理解这一思路，亦是跟随费孝通一起探索这一思路，并对费孝通的这一思路的形成有重要贡献的学者。

　　张之毅跟随费孝通进行了禄村调查，自己独立完成了易村、玉村以及榆村的调查，其卓越的调查能力和敏锐的洞察力在这几个调查中有充分的体现。

---

① 根据张之毅同志治丧小组于 1987 年 6 月 11 日写的张之毅生平资料整理。
② 费孝通：《费孝通文集》第 11 卷，北京：群言出版社，1999，第 139 页。
③ 费孝通：《乡土中国》，上海：上海人民出版社，2006，第 6 页。

通过对禄村的研究，费孝通和张之毅他们发现，如果说如江村一样的靠近大都市的村庄所面临的问题是因与资本主义世界体系的遭遇而带来的乡村手工业破产、地权外流、农村佃户化等的话，那么像禄村一样的内地村庄所面临的问题，更多是生产力低下、劳力呆滞、资本分散等。比之传统农业，很显然，工商业能够吸收更多的劳动力、实现更快的资本累积，从而吸收、动员农村过剩、呆滞的劳动力，提高农业生产的效率。然而，随着城市大工业化而来的，往往是农村的凋敝。费孝通、张之毅他们意识到，既然工业化大概是中国无法避免的路子，[①] 那么，除了城市大工业化而外，有没有其他既实现工业化，又能避免农村凋敝的路子？张之毅独自完成的对易村手工业和玉村农业与商业的研究，显然带有这种探索的意味在里面。

通过对易村的研究，张之毅发现，易村围绕竹子形成了两种乡村工业形式，即编篾器的家庭手工业和造土纸的作坊工业。家庭手工业所得利润较少，作坊工业所得利润较大。易村人虽然凭借造土纸的作坊工业获得大量利润，但张之毅敏锐地洞察到，这乡村工业不仅没有解决农村所面临的一系列问题，而且加重了农村问题的严重程度。其中的关键在于资本的集中。

> 乡村工业不比都市工业，它本身不能有大量扩张。甲业所得盈余，又不易转变成别种工业的资本。于是工业里获得的资金，又得向农业里挤。工业没有解决乡村资金利用的问题，反而加重了这问题的严重性。
>
> 农业里资本充斥，使田价高涨，农业成本加增，而农业利息更形下跌。耕种者不能不降低生活程度来减低劳动价值和生产成本。贫农的生活，在这种作坊工业发达之下，自会日形困难了。我们若再说乡村工业一定能帮助农民的生计，就未免和事实不合了。[②]

资本的集中使得作坊工业获得的大量利润仅为少数资本所有者分享，工业里得来的资金又挤向农业，使田价高涨，农业成本增加，农民生活水平降低甚至破产，地权集中，因而，"易村靠了它的造纸工业积聚了

---

① 费孝通、张之毅：《云南三村》，北京：社会科学文献出版社，2006，第13页。
② 费孝通、张之毅：《云南三村》，北京：社会科学文献出版社，2006，第305页。

资金，形成了一个乡村中的金融势力。这势力好像是一只可怕的魔手，在攫取附近几十里以内的土地权"。① 张之毅意识到，发展合作式的乡村工业，让大部分农民能够分享工业所得的利润，可能才是乡村工业的出路所在。

玉村的研究中，张之毅注意到，商业实际上亦加重了玉村的土地集中程度。② 因此，在其 20 世纪 40 年代后期的研究中，张之毅逐渐认识到，实际上，乡村工业并非一个单纯的实体，"在这名词之中，包含着很多不同的种类，每个种类有它的特色。各种各类的乡村工业，对于乡村经济的意义和影响，可以有很大的差别"。③ 因此，对乡村社会的考察，应当持一种整体性的立场。这一整体性的观念，在其对榆村的研究中有最为直观的体现。榆村调查主要围绕榆村的整个社区生活展开，呈现了一个传统农村社区的完整生活情况。④ 在榆村研究中，张之毅甚至已经注意到了女性权利以及性别平等的问题。⑤

（二）时评

像他的老师费孝通一样，张之毅不仅是一个从事社会科学研究的社会学家，他还是一个公共知识分子，其学术活动最为活跃的是 20 世纪 40 年代，这也是近代中国社会转型的一个关键性时期，社会向何处去、建构怎样的中国等问题成为民众、智识阶层普遍关心的根本性问题。从 1940 年到 1949 年，张之毅发表了 18 篇评论时政的文章，参与对这些根本性问题的回答。这些时评文章主要涉及民主运动和现代中国建设两大方面。

1. 民主运动

张之毅对民主运动的参与是以对时局的批评开始的。在《物价问题的正视》一文中，他指出，国民党政府对物价上涨的不作为，可能造成社会伦理秩序的崩塌。

---

① 费孝通、张之毅：《云南三村》，北京：社会科学文献出版社，2006，第 304 页。
② 费孝通、张之毅：《云南三村》，北京：社会科学文献出版社，2006，第 363 页。
③ 费孝通、张之毅：《云南三村》，北京：社会科学文献出版社，2006，第 305 页。
④ 张之毅：《社会学方法与调查》，1982 年 2 月。
⑤ 张之毅：《从农村社会经济的背景申论妇女问题》，《社会科学》（福建永安）1948 年第 4 卷第 2 期，第 21～38 页。

当此同盟国捷报频传，胜利在望的今日，我国社会上一般人民，反而颓废不振，鼓不起热诚。无论车船、码头、窄街、僻巷，大家不谈世界大势，国家前途与事业尊荣，只谈物价如何高，生活如何难，社会士气如此低落，未始不是由于大家缺乏理想根据使然。一个国家中，如果大多数人没有理想，失去热诚，试问胜利将何所寄托？国家将何从振兴起来？物价狂涨，劳获不均，虽未即引起经济上的崩溃，却可能引起社会伦理秩序的崩解。而后者影响的恶劣，未必有逊于前者，这是我们对于物价问题不可不有的认识。①

另外，与一般政论者不同，作为社会学家，张之毅不仅注意到实行民主政治的政治基础，同时，他还强调，良善政治的运行，需要有坚固的文化及道德基础的支撑。他将现代中国的建设大致分成三个层面，即政治上民主的权力机构的建设，经济上新式工业的设立，以及与现代社会相适应的牢固的文化和道德基础的铸就。如前所述，作为一个社会学家，其专业性的研究多涉及对工业化在中国乡土社会的可能性问题的探讨；作为一名公共知识分子，张之毅以其政论文章参与了如何在中国建立良善的政治框架的讨论；除此而外，可能源于其在智识上多受英国功能主义人类学的影响，除了上述政治与经济的层面外，张之毅特别强调现代中国的文化以及道德基础的建设。

2. 建设现代中国的文化及道德基础

在名为《德为本》的文章中，张之毅批评了当时整个社会道德败坏的景象，"整个社会——差不多每个角落里——已经漫溢了一种腐烂死废的酵母，快要腐蚀掉国家民族的根基……社会道德的败坏，确已情势严重"。张之毅认为，社会道德根基的毁坏，与新文化运动对传统道德体系的彻底否定有关。新文化运动固然对推动中国走向现代化有功，但其对传统道德体系的毁坏也是应当正视的。而道德基础的崩塌，将使政治、经济等层面的建设面临巨大的困难。

救国千头万绪，我们要从政治机构、经济计划各方面着手，但是，假若道德根本败坏，试问政治机构何从建立？建立了又何从持

---

① 张之毅：《物价问题的正视》，《自由论坛》1944 年第 2 卷第 1 期。

维？经济计划何从推行？推行时又何从生效？我们承认：单有道德，缺少切合国情的政治机构与经济计划，不能建立起近代的国家，可是我们也要认识清楚，单凭政治机构和经济计划，没有道德去维系社会秩序，支持人的行为，到头来，一切都是空中楼阁，一切都无从做起，所以我们说："要建立起一个近代国家，单有道德不够，但没有道德，根本就不成。"①

因此，要建设现代的中国，重要的事项之一还在于为国家奠定牢固的道德基础。

在迎接军事胜利的今日，正欢逢着一个绝好的机会，可以把中国建立成强盛的近代国家，要做到这点，当然我们应在政制上树立民主机构，在经济上建立新式工业，可是我们更要在社会上倡导良善风气，奠定巩固的道德基础。②

要为现代中国建构牢固的道德基础，首要涉及的是如何看待与评价中国的传统文化的问题。对此，张之毅主张一种历史的态度。如何看待传统文化固然重要，但在张之毅看来，更重要的是怎样建构一种新的文化作为新社会的基础。在《论中国民族性的形成及其转变》一文中，他言及：

……变是既定的事实，悲观没有用，保守没有用，空口提倡也没有用，现在的工作是怎样使青年们完成他们自我的人格，发展他们健全的个性，使他们学得应付生活的新知识，使他们依各人个性人格和兴趣各位育在一适当的地位，使全社会分子分工合作建立起和谐的生活，最后而最紧要的是建立起一种社会的公道，这些是决定今后新文化成功和失败的主要条件，值得大家注意和努力。③

那么，在这新的时代，用何种方法来建构现代中国的道德基础呢？在

---

① 张之毅：《德为本》，《自由论坛》1944 年第 2 卷第 1 期。
② 张之毅：《德为本》，《自由论坛》1944 年第 2 卷第 1 期。
③ 张之毅：《论中国民族性的形成及其转变》，《今日评论》1940 年第 4 卷第 18 期，第 284～286 页。

张之毅看来，诸多方法中，首推科学，特别是社会科学（有关"人的知识"）。在《新旧之间——一段时间空白的超越》一文中，张之毅怀着对中国社会转型的关怀，主张用科学知识改造社会、创造良善社会秩序，使人人得以自由。

> 自我主宰交给了我们尊严和责任，科学赋予了我们力量，凭它们摧毁了一个牢固悠久的旧世界，也得凭它们创造出一个新天地。
>
> 自然的秘奥，已给科学的钥匙启开了，然而更深更巨的人类社会秘奥，却仍原封未动，我们已精于自然的知识，竟仍昧于人的知识，这不仅是一大笑话，也是一大引致目前紊乱的基本原因，没有"人的知识"，谈何对付人，人生活着，不知生活的意义；人和人相处在一起，不知相处的道理；社会客观条件已进到有分工合作的必要，不知如何求合作其事，不知如何建立起人我间和人群间的新关系；怎样使人人自主而不把别人做奴役，怎样使人人快乐而不建基在别人的痛苦上；怎样使一切对待的东西不相反相消而相辅相成，怎样使人们的至爱超过一切阶级种族和党国的栏栅，而洋溢到全人类。这一切一切，都有待于我们用科学方法去研究分析和了解。这些全没有成规可循，过去的文化成果，最多只能作我们研究工作的参考，主要的我们得就现实的活材料中去了解。①

张之毅甚至还强调，有关"人的知识"（即社会科学）是调整人的关系进而使之完善和谐的关键，亦是协调自然科学所获得的力量（Power）与人之关系的关键。

> 由"人的知识"可以调整人的关系使进于完善和谐，由完善和谐的人的关系中，自然科学的成果，才真能福人而不祸人，才能为人民服务，而不为恶魔的助凶。②

---

① 张之毅：《新旧之间——一段时间空白的超越》，《文萃》1946 年第 29 期，第 13 ~ 14 页。又于 1949 年 6 月 24 日被《国民日报》（长沙）转载。
② 张之毅：《新旧之间——一段时间空白的超越》，《文萃》1946 年第 29 期，第 13 ~ 14 页。

对于应用有关"人的知识"协调人之关系、为国家建构牢固的道德基础，张之毅充满信心。

>……从自我牺牲和努力，我们一定能把漫漫黑夜，恶魔横行，混乱痛苦无秩序的一段文化空白的时间缩短，带给我们子孙后代一个崭新而幸福的新世界。①

那么，在现代中国的道德基础中，哪些是重要的呢？张之毅认为，现代中国社会的道德应建立于人性的基础上，"只有靠了人性的支持，社会伦理价值才能存在并有所作用，否则公理和正义必将成为人们的讥笑品"。② 作为现代中国基础的诸多文化与道德要素，张之毅的时评文章中主要提到如下几个方面。

第一，消除人类仇恨。

在题为《消除人类仇恨》的一篇小文章中，张之毅认为，横暴、残杀、战争都与仇恨有关，独裁亦多源自人们彼此的仇恨，"仇恨好比黑暗，独裁者好比鬼怪，鬼怪必借黑暗才能活动，同样独裁者也必借人类彼此仇恨才能施展其伎俩"，因此，只有消除仇恨的因子，"暴力没有生存的地盘，而民主政治才真能深固着根"。

>……除暴的治本方法，还在消除人类仇恨的因子，使人类回复到平和相安的局面，这样人类才可以去忿懑不平，这样人类才可以回复理性。只有让理性抬头，然后人类才能明辨是非，分别良莠，然后才能脱离一己私忿，好善而恶恶，然后才能持正义，存公道，在公道和正义的社会中，暴力没有生存的地盘，而民主政治才真能深固着根，不可摧毁，因而人类幸福也可得着久远的保障。③

第二，尊重人的尊严和基本权利。

在《把人当人》《役物与役于物》等文章中，张之毅呼吁，新的社会，

---

① 张之毅：《新旧之间——一段时间空白的超越》，《文萃》1946 年第 29 期，第 13～14 页。
② 张之毅：《人性可贵》（手稿），原发表期刊不详。
③ 张之毅：《消除人类仇恨》，《自由论坛》1944 年 1 月 26 日第 10 期。

当把人当人，尊重人的尊严和基本权利。他认为，人本身就是目的，而非他人的手段。

> ……这里我们见到人类不是为的作战，作战乃是为的人类，为的恢复人类生活的权利，总之一切文物制度，应为维护人类生活的权利才存在，一切文物制度，应该是供人利用，供人役使，以实现人类完善的生活，人与物，并不是对峙冲突，人应该役物，而不是役于物。①

因此，一个良善的社会，应当消除奴役，在这个社会中的人们，既不要有奴役他人，也不要有奴役自己的想法，奴人与奴己者皆不自由。

> 以人为手段，名利为目的……他们自己不过是名利的乌狗，何尝把他们自己当人！
> ……
> 所谓奴己和奴人，其实不过是一事的两方面，奴己者和奴人者并非截然相反的两种人，大体上说来，奴己者往往亦即奴人者，而奴人者往往亦即奴己者。②

第三，一个合理的社会，荣誉应该是定在守职任事上面。

在《荣誉和职位》一文中，张之毅主张，一个合理的社会，真荣誉应该定在守职任事上面，而非基于职位、等级的高低。

> 一个合理的社会，荣誉应该是定在守职任事上面。凡能忠于职守，在职守上建立了事功的都应博得最高的荣誉。一个执法不苟的警察，和一个造福人民的总统，在职位上虽有高低，但在荣誉上，却同是值得社会尊敬的，反之，不管职位多高，他若不能做到职守上应尽的责任，他就是最不荣誉的人。……在这样的社会，职位和才智方能配合起来，各就所能，选择适当职位，胜任愉快，实至荣归，而人类

---

① 张之毅：《役物与役于物》，《自由论坛》1944 年 11 月 26 日第 10 期。
② 张之毅：《把人当人》，《自由论坛》1944 年 11 月 19 日第 9 期。

文化上种种伟大的事功，就是在此种分工合作下完成的。①

五　结语

1941 年 9 月，费孝通在为张之毅《易村手工业》所写的"序"中，有一段描写张之毅的话：

> 1939 年的暑假，之毅和我一同到禄村去做调查工作。我们睡在一间房里，晚上，隔着两层蚊帐，上下纵横地谈起来。年轻人总是善于做梦的。有一次他突然从床上坐起来，撩开了帐子，点了一支烟，很兴奋地和我说："我想到一个风景优美、与世隔绝的小天地里去住上一年。一家一家都混熟了。你不要来管我，好像忘了我一般。可是我有一天忽然回来了，写好了一本书。"这本是之毅的性格，默默的，装得好像很平庸，可是他在预备，在干，无声无息的，等待有那么一天，叫人对他刮目相视。②

张之毅去世后，费孝通在为《云南三村》所写的序中，对张之毅有深情的回忆，在其文末，费先生说：

> ……坎坷多事的人生道路，聚散匆匆，人情难测，但是张之毅同志始终如一地和我一条心，急风暴雨冲不散，也冲不淡我们五十年的友谊。却不期幼于我者先我而逝，他的遗稿还需要我来整理。尚有何言？如果我们共同走过的这一条研究中国社会的道路今后会后继有人，发扬光大，愿他的名字永远留在这块奠基的碑石上。③

张之毅先生一生献身于社会学，特别是中国社会学本土化的事业。他做过许多中国农村的调查，在社会调查方法上有独到的见解，是最先将社会学理论结合中国实际进行中国农村社会研究的学者之一；他治学态度严

---

① 张之毅：《荣誉和职位》，《大国民》1943 年 9 月 1 日第 4 期。
② 费孝通、张之毅：《云南三村》，北京：社会科学文献出版社，2006，第 195 页。
③ 费孝通、张之毅：《云南三村》，北京：社会科学文献出版社，2006，第 8 页。

谨，在学术上有所造诣；同时也是一位良师益友，早年在云南大学期间就培养出一批社会学工作者，晚年又兢兢业业指导中国社会科学院社会学研究所和北京大学、南开大学社会学系的研究生们。20世纪80年代初，在中国社会学恢复重建之际，张之毅协助他的老师费孝通，为恢复重建社会学学科做了不少工作。作为20世纪中国最重要的社会学家之一，以及中国社会科学实地研究的伟大实践者，张之毅的名字的确已经留在了20世纪中国社会学史的碑石上了。

第一部分　农村与农业

第二部分　杂文

第三部分　社会学与社会调查

目录

第 一 部 分

农村与农业

"易村"的纸坊：一个农村手工业的调查[*]

易村是云南易门县的一个农村，在该县第二区川街西北三十里〔因为叙述上的方便所以简称易村〕。全村五十四户，二百三十五人，皆同姓。村位置在绿汁江边，沿江竹林茂盛，两岸高山夹峙，田地狭窄。农日上的正产量，不够维持全村的生活。村中只有十一家在食用以外有剩余，其余四十三家在食用以外，均有亏困；估计全村食用，单靠农田上供给，每年尚差 475 石谷，合调查时的时价约一三三〇〇元。加之分配不均，使得很多农家连一年的吃米都不够自给。村民利用竹织篾器和造土纸，来增加他们的收入。其中田地多的，有多余资本开纸作坊造土纸。田地少的，没有资本开纸坊，只能编一点篾器去赶街子，赚几文钱糊口。

编篾器一项每年可增加全村收入二二七〇元，仅够弥补全村亏困的百分之十七，而造纸一项，可增加全村收入一八八〇〇元，足够弥补全村亏困的百分之一四一。

全村农田上每年共收谷一〇三〇石，约合当时时价二八八四〇元；而造纸的收益是一八八〇〇元，造纸收益约等于农田上谷子收益的三分之二。

以上告诉我们造土纸在易村经济中的重要性，除造土纸和织篾器两种手工业外，本村还有家畜，渡船，赶街子等项副业，也可以增加全村一部分收入。本文只选择手工业中比较重要的纸坊一述，其他详情，请参看待出版的拙著《易村农业和手工业》。

一　纸作坊的数目和组织

易村造纸的场所，我们可以称它为"作坊"，易村的人称它为"厂"，

＊　原载《云南实业通讯》1940 年第 1 卷第 7 期，第 6 ~ 13 页。

凡是由泡料到出纸一段过程中，生产工具和技术工人都齐备的单位工作场所，就是一作坊。属本村人所有的作坊，有九个。六个设在本村，二个设在对江的广村，还有一个也在江西岸北首的一个村子里。

以易村做中心，在半径五十里的一个村子内，属外村人管的，一共有二十三个纸作坊。本村管有的和外村管有的作坊，是一与二·五之比。此地所论列的范围，是以本村所管的作坊为主；不过外村纸作坊的情形，也不难由此推见一斑。

本村开设纸作坊的历史相当长，据村人告诉我，在民国二三年就有四川人来此帮本村人开设几个纸作坊，做熟料纸。所谓熟料纸，是将料子煮过后造出的纸；没有经过蒸煮手续的是生料纸。熟料纸比生料纸细缀，花工夫多。不幸当时出的熟料纸，销路不好，几个纸作坊都停工了。到民国十七八年，又有人"重整旗鼓"，专做生料纸；因销路还好，许多人也相仿开设起作坊来，到民国廿三年，作坊数目大增。

易村人所管的九个作坊，属二十户人家所有；十七户住在本村，三户住在广村，系由本村迁过去的，和本村在经济和社会方面都发生密切的关系，所以我们仍将这三户所管的二个作坊，并入本村一起来分析。

这二十户人家，都是本村的农户，尤其富农为多。本村几户田地多一点的人家都是纸作坊的坊主，他们有田，有纸坊，还有钱放债；他们是本村富有的一阶级，和他们相对的，就是织篾器的贫穷阶级。

二十户人家中，有十八户单靠农田上的正收入，就够吃了；其中九户够吃够用后，还有剩余。这还是单就田上谷子的收获来计算，其实这些人家，农地也多，所以食用外有剩余的，加上农地上的收获，剩余当更多。食用以后亏一点的，农地的收获，也可弥补一部或全部。在二十户中，有十七户有钱放债，他们的经济情况，算是村子里最好的。二十户中有六户所管的竹子，在数量上也是村子里最多的。在这二十户坊主中，有三户还织篾器。他们本来是四兄弟，父亲手上有田有作坊，分家后，作坊由四兄弟共管，不过田地分散了，每家管得不多，生活也就艰难了。最小一个弟弟被政府征出去当兵，留在村中的三个兄弟，除了开设纸作坊外，在每年纸未出产以前，还拼命织篾器。像他们这种人家，就算是站在贫富两阶级的边界上了。

开纸作坊比织篾器多要资本，这些资本，大部是由田地上出来的。村子里几家田地多的，竹料也多，就是竹料不够，也有余钱在一年前多定多购，早购的早泡料，因此也能早开工。民国廿八年十一月有五个作坊已经开工了，四个作坊还没有开工，有的等待修理。这五个已开工的作坊，属于七户人家，有六户田地很多，有一户虽然田地不多，可是他在廿七年赶牲口，兼卖酒，很赚了一笔钱，所以他的作坊也能早开工。其余十三户，田地和竹子都比较少，所以作坊开工也迟了。

这些作坊多是同胞弟兄间相合股。如果有一个兄弟死了，他的儿子继承父业，就变（成）了兄弟与侄子相合股。本村九个作坊中，独股经营的有四个作坊，二股合营的有二个作坊，三股合营，四股合营和五股合营的各有一个作坊。总之，本村所有的纸坊的股东，全是属于本村家族圈子以内的。可以是一个人管一作坊，也可以是几个兄弟和侄子合管一作坊。但是没有一个作坊，有他们家族圈外的人来合股的；也没有易村的人，到外村人所有的作坊去合股的。

可是作坊的合股，并不就全是工具的合股，更不是工人和制品合股。有的工具如碾子是合股的，有的工具如炕灶，舀桶，就有不合股的。制品是完全分开的，甲家有原料请工人造了纸属于甲家的，乙家有原料请工人造了纸属乙家的，这点毫不含糊。从没有股东合买料子，合造纸，再分利润的情形。这是内地合股作坊的一个特色，和近代工厂的组织不同。

至于股东间谁先造纸，谁后造纸，谁造多少，都没有明文条件来规定，更没有听见因这些问题股东间闹纠纷或抱怨言的。这些合股的坊股，既是宗亲关系，而且是宗亲中最接近的兄弟和叔侄，简直可以说是一家子人，哪个先做，哪个后做，随临时情形决定，各人心目中自有一种谅解。至于多做少做，更不成问题，因为纸坊不是一年都做，空闲着的时候很多，纸多纸少，迟早总可做完的。

本村没有作坊的，他们收了一点纸料，就向有作坊的租坊造纸。租用全套工具的，每造纸一千刀，缴坊主一百刀纸。若是租坊不向坊主借舀纸的帘子，就只缴五十刀纸。所有原料配料和人工的费用，一概由租坊的人负担。坊主和租坊的人，若是感情较好，或关系密切的，有时可以免付一百刀纸或五十刀纸。

造纸的技术工人，有舀纸的和炕纸的两种。每一作坊需要舀纸的和炕纸的各一人至二人。这些舀纸和炕纸的，都是本村本姓人；他们住在本村，农忙时下田，农闲时帮人舀纸炕纸，没有一年长雇给一作坊做工的。本村会舀纸的有十人，其中常帮人舀纸的有五人，不常帮人的有五人。本村会炕纸的有十三人，其中因病，嗜好，或事忙而不再炕纸的有六人。这批人除供本村九个纸坊自给外，有的去外村工作，有的改织篾器，有的就闲下不做工。舀纸炕纸虽是专门技术，却不是他们的专门职业，他们有时做纸，有时下田，有时做别种事业。工人和雇主无一定长期的契约关系，工人在一年中可以帮几家，临时或事先受雇主的口头邀请。工人和雇主的阶级不分明，有些作坊的股东或股东家里的人，就兼替自家舀纸或炕纸。

二　原料

易村造纸的原料是竹子中的一种凤尾竹，高两三丈，半径三四寸大，竹肉很厚。培植竹子不要花人工，也不要施肥料。江边的沙地，是最适合竹子生长的土壤。据村人说：像廿八年秋那样发一次大水，竹地堆上一层厚的"油沙"，次年竹子将更发旺。

移植竹子的方法：是在每年夏季阴历五月间，将刚生一年的竹子（后称嫩竹）移植在江边沙土中，砍掉竹尖，待两三年后即在夏季出笋生嫩竹。一棵嫩竹发下去，如果不砍掉了，八九年后就可发出几十棵至百多棵，绿茸茸的一大丛，密得透不过阳光。

嫩竹由夏季长到冬季，就和老竹高度差不多；长得好的，可以和老竹一般大。不过嫩竹的竹叶，包在枝子上不张开来，嫩竹的竹干上，长出一层薄的纸毛，看上去带一点浅银白色。由这些特点，颇易和老竹分辨。

一棵嫩竹到次年夏季时，可以发一棵至三棵嫩竹，普通以发一棵的多。嫩竹砍下后，所留下的部分，叫"椿台"，没有枯死的"椿台"，也可以生嫩竹。就是二年的老竹，偶尔也可以生嫩竹；但二年以上的老竹就没有生嫩竹的可能了。

每年冬季阴历十一月到次年正月，村人砍了嫩竹，斩成几段，每段长五尺多，再劈成竹片。这就是他们的纸料。每次砍伐时，总要留下一部分竹子，到次年夏季发嫩竹。因为椿台和二年的老竹，并不能保证全会生嫩竹。

村附近沿绿汁江两岸四五里路，好几处地方都有竹子。有些地方的竹子比较大，有些地方的竹子比较小。一处地方的竹子，也不一定全属本村的。有的全部属本村人所管，有的只一部分属本村人所管。本村管有多少竹子，一年可收多少纸料，村人没有全盘估计过，不能答复出来。可以用几种方法去估计：一种方法是用竹丛做单位，找一丛大竹和一丛小竹做标准，数出二丛竹子的数目。拿大竹标准丛去估计各丛大竹，拿小竹标准丛去估计各丛小竹。这种估计的困难是竹丛大小相差太远，竹丛疏密也不一致。丛与丛间有时分界不清。

又一种估计方法，是用距离做单位。竹子多沿江一列的长起来，先测出各处大竹的长列有多少步，小竹的长列有多少步。假设长列的竹和窄处互相消长，择一宽度和密度都适中在若干步内的二段竹地上，一段是大竹子，一段是小竹子，数出两竹地上的竹数。拿大竹标准段去估计各列大竹，拿小竹标准段去估计各列小竹。为慎重起见，我爬至村后三四里高可以瞭望江两岸各处竹林的小峰上，用已数过的两段不同大小的竹子作标准，分别估计大竹和小竹的数目。这种估计，当然也只能得一概数。

根据这几种估计数字，互相比较后，采取两个比较近似的数目，略加修正，得出下面一个数目。

表一　易村附近竹子数量的估计

处所	大竹棵数	小竹棵数	所属的村子
甲处	…	11000	本村
乙处	…	4000	本村
丙处	20000	10000	本村
丁处	5500	2000	本村
戊处	…	18000	本村占 2/3
己处	52000	8000	本村占 3/10
庚处	15000	5000	外村
辛处	…	15000	外村
总处	92500	73000	
本村占	41100	41400	

若十棵竹子中嫩竹占二棵，则本村共有 8220 棵大嫩竹，8280 棵小嫩竹。每棵大竹约重 15 斤，每棵小竹约重 7 斤；若半数嫩竹采用作料，则本村共有纸料 90680 市斤。

这些料子够不够本村的九个作坊呢？事实上是不够。虽然本村有人把一小部分竹料卖给川卫等处，可是由附近各村收进来的料子很不少。据调查，本村人在本村和外村所收料子的总数来看，大约一半以上的料子是由外村收来的。

欲想分析本村纸料自给的情形，最好能知道本村各家在廿七年冬至廿八年春所收纸料的数目。此项材料不便直接逐家询问，因为有些人家和我不很熟悉，对调查的目的不能充分了解，不肯说实话。所以只好找比较和我感情好而又能明白我的工作对他们没有害处的少数人去询问，但几个人报告的数字相差很大，就是一个人的报告，先后也有一点出入，在向少数人问过关于全村各家所收纸料多少的数目以后，又问过关于全村各家在廿八年出了多少纸，我并知道一千五百斤（合料称 1000 斤）的纸料可以造七百刀至八百刀纸。根据这比率以及各人的报告，互相校对，得此比较近似并和比率颇相合的数字。总计全村一年中共收纸料 215400 市斤，其中坊股共收 178200 市斤，非坊股而须租坊的人共收 173200 市斤。后者约占前者五分之一弱。本村只有 90630 市斤纸料，故尚差 124770 市斤须由邻近各村收来。

这就是易村九个纸作坊对于纸需要和供给的情形来说，若将本村周围五十里内本外村所有的三十二个作坊一共算起来，并假设每个作坊所需要的纸料和易村的相差不远，则三十二个作坊每年约共需纸料 765900 市斤。这些纸料除易村附近能供给 189850 市斤外，其余的纸料，大多自易门西边的双柏县境内收集来的。

钱多的人家，在每年五六月时就放款定购纸料，价钱较便宜，钱少的人家，要到冬季才收购纸料，那时料价较贵，而且很难收着。依廿八年秋的价格，每一千斤料称的料子（实合 1500 市斤），值国币二十元。如果一年收购几千斤料子，就得拿出百多元现钱，普通的人家，已经不易负担了！

三　配料

所谓配料，就是指在造纸过程中除造纸原料的竹子外的材料。易村制造土纸的配料有石灰，木柴和胶质几种。

石灰有的由广通县境距易村五十多里一个灰厂运来的，有的由距本村二十多里一个灰厂运来。前一处的石灰的质料较后一处的好，但本村及附近几个村子的纸作坊，多是用后一处的石灰，因为距离近，运费较轻。

称石灰的称和称纸料的称不同，纸料称是 1000 斤合 1500 市斤。灰料称是 1000 斤合 1300 市斤。料称 1000 斤的纸料，浸在灰塘里要掺和料称

400 斤的石灰；若是新开的石灰塘，就多要 700 斤。依廿八年秋的时价，料称 400 斤灰合 8 元。由二十里路外用两马运两转可运完；工钱五角，工人伙食五角，两匹马的租钱一元六角，马料钱 2 元，共支出四元六角。如不用马驮，则用四人挑两转，也可挑完，四人工钱两元，工人伙食费两元，共支四元。故料称四百斤灰的运费，总在四元左右。

纸浆中要加入胶质体才能捏成一张一张的纸，凡是富有黏性的树叶树皮树根，差不多都可以用来调到浆中。易村附近各村的纸作坊，都是用杉根和仙人掌做胶质，他们叫做滑药。仙人掌在村左近就产得很多，杉树根产在附近山上。滑药的时价是一元一挑，约六十斤，可调三百刀纸的纸浆。

舀成的湿纸，要贴在炕灶上烘干。炕灶中烧的是大筒木柴，本村二十里路外有山柴，不过柴料太小，而且不在江边，故运输不便。只有家里烧饭用的柴，是由柴山上砍回来的，这三处都在绿汁江边，柴砍倒后丢在江里，顺江流到易村，螃蟹箐距易村二十里，算是最近的地方。所以本村造纸用的柴，大多是由村人到螃蟹箐向夷人定购后，夷人将柴顺流到易村，搁在江岸上，等水干了，由村人抬到作坊中。

廿八年十二月我在村中时，亲见四位夷人沿绿汁江两岸放柴来，江面上浮着一筒筒木柴，缓缓的顺着江水流，夷人赤脚露腿，拿着一根有钩的竹竿，全身抖颤，涉着冷冽的江水，去推开搁浅在泥沙里的木柴，每一个小地方都得他们劳神去照顾。说起来水程不过二十里，四个人放一百筒柴，要三日才到。买主供给四人：食三天，约费六元，连柴价十五元，共花二十一元。但水小时，据说有六七日才放到的；水大时一二日就到了。这次放来的一百筒柴，是半年前定下的，只花十五元，若是在廿八年十二月的时候定购，就要二十元一百筒。一般地说，每筒柴所费总在二角到三角之间，每筒柴约有五十斤上下，一个炕灶一天要烧两筒柴；可焙七八十刀纸。

四 作坊工具及价值估计

易村造纸须经过砍料、泡料、碾料、舀纸、炕纸几步手续。砍料的工具是砍刀。砍竹劈竹都用它，一个作坊普通备有三四把砍刀，约合八元左右。

料子晒过后，就泡在空旷处挖成的池塘中，池长约二丈，宽约一丈，深约一丈五尺，池底和池周都泥上了三合土，可以盛水。一个作坊至少要有两个池子，一个池子里盛石灰水，一个池子里盛清水，在廿八年造两个池子，约共需五十元。

碾料的地方有一个碾房和一盘石碾，还有一头牛。牛在农田上不用时，就可用到碾房里。简陋的碾房，就是一个茅房；好一点的是一所平土房。茅房约值一百元，平土房约值二百元，牛一头约值一百十元。造碾一盘需花二百五十元左右，内抬石头六十人工的工钱和伙食约一百元，石匠包工钱九十元，外供石匠米三斗五升，内油盐各一斤，小菜多斤，约六十元。碾纸房及房内全副工具，约共需五百七十元。

舀纸多在第一茅草棚中，棚要二十元左右才盖得起，棚内有盛干纸浆的簸箩，约值二元；有盛胶水的圆木桶，土名叫团盆，约值十元；胶桶（或团盆）内有滤胶箩，土名叫滑药箩，约值一元；滑药箩内有水瓢一把，值六角。靠近胶桶的右边，放着一个大长方形的舀桶。舀桶土名叫长盆，约值二十四元。舀桶内放着一把木扒，搅匀纸浆，约值一元。舀纸用的竹帘分两部分：一是帘子，一是帘框。竹帘是四川出产的，约值七十元。此外还有一个压纸台，压纸台构造是一矮木架，架一端有二根长坚木，坚木间横装两根短木棍。靠着两根长坚木里边搁了一块木板，板上搁竹帘，板旁有小槽，板旁装有较短坚木二根，地位恰和架端长坚木相对称。在四根坚木中间的板上，搁着舀好的湿纸，纸边比齐两根短坚木放着。木架的另一端，有一活木滚，滚上有四孔，可以插入直径寸许的木棍。一个压纸台约值十五元。舀纸房内全套工具，约共需一百四十四元。

炕纸房是平土房，约值二百元，房内有炕灶，灶很长，一端靠墙，墙上有孔通灶心，另一端为灶口。木筒插入灶燃烧起来，烟灰经墙壁上的孔放出房外去了，灶两旁的壁，用石灰粉过，颇光滑；壁面很大，湿纸就贴在壁上烘干。造一炕灶要四十元，是由外村请人来做。在炕纸房内，还有盛湿纸和湿纸的矮凳各一条，约共十元；有擀纸凳一条，约二元；坐凳一条，约一元。此外有擂纸捶和刷把，都是作坊人家自己做的，不值多少钱。炕纸房及房内全副工具共约二百五十元。

总计以上各项生产设备约共花 1697 元。

五　技术工人

造纸有两种专门技术的工人，一种是舀纸的，一种是炕纸的。

舀纸炕纸的工人，都得从师。据说舀纸的须一年出师，聪明一点的不要一年就可学会。学徒和师傅一起住在开作坊的人家，由坊主人家供给膳宿。一年出师后，学徒有替师傅舀三千刀纸，替坊主人舀二千刀纸的义务。舀这五千刀纸只有饭吃，没有工钱。舀完这五千刀纸后，还须继续替坊主人舀，则工钱照给，如果不愿再替坊主人家舀，必须由本人替坊主请一位替工。近年来学师的要尽义务替师傅舀六千刀纸，替坊主舀五千刀纸，比以前所付的代价更多了。

学炕纸的也是一年出师，随师傅住坊主人家，由坊主人供给伙食。出师后替坊主人家炕一千刀纸，只供伙食，不另给工钱，并给师傅出师钱十元，在廿八年的出师钱已经增到三十元。出了师的炕工，替坊主人炕完应尽义务的一千刀纸后，还有继续替坊主人家炕纸的义务，但可得到工钱，如想辞工，也得另请工人代理。

到底一人一天能舀多少纸；村人告诉我，技术高明的一天能舀七八十刀。我在村中曾亲自去观察过一次，有一舀工在五分钟内舀了廿七张，另一舀工在五分钟内舀了廿三张。平均以廿五张计算，一点钟不停工作可舀三百张纸。每刀纸在廿八年只有廿八张纸，故一点钟约可舀十刀纸左右。他们每日清晨七时左右上工，下午六时半才下工，除去吃饭和休息的时间，一天工作不少于八个小时。依每小时舀十刀计算，一天总共可舀八十刀纸。据说一天内舀工能舀多少，炕工也能炕多少，先日舀工舀的纸，炕工在次日就得炕完，所以每日炕纸也在八十刀左右。

舀工炕工的工资，都是计件给钱，每一百刀给工钱六角至七角，伙食由雇主供给。他们每日最多只能舀八十刀或炕八十刀，所以一日工钱在五角左右。这种工资和下田的工资相同，下田虽费力，可是舀纸和炕纸的工作既要细密，又要费力，所以有一部分工人，宁愿改操别业，却不再帮人做这种工作了。

六 制造步骤及方法

造纸的第一步就是砍料，每年冬季他们用砍刀将嫩竹砍下，拿回村中斩成几段，再用砍刀劈成竹片捆起来，这步工作就算完毕。

将一捆一捆的竹片解开，铺在空坪上晒，晒了二三个月，到竹片比较干脆的程度，就停止。

把晒好的料子丢到池塘里，用石块压在纸料上，按纸料的数量加上石灰，每一千五百市斤的湿料加入五百二十市斤石灰，这样一直泡上三个月。

由灰池里取出泡好的料子再晒，用稻草盖上，这步叫捂汗的工作，一直晒上半月至一月。

拿第二次晒好的料子，浸入第二个清水池中再泡，泡了一二个月，就可拿去碾了。

将料子舀在石碾槽中，枷一头牛在碾子的两个横木中间，一人随在牛后面用竹条赶牛，使牛带着碾轮绕石碾走。料子在碾槽里被碾轮继续碾压，成了纸浆。大约一天一碾可碾一百五十刀至一百六十刀纸料，可供二人舀和二人炕。

将碾碎了的纸浆用畚箕挑至舀房，搁在盛纸浆的箩中，再取出一部分放到舀桶中；加适量的水和胶质，用扒搅均，成为一种胶质状态的水浆。舀工两手持竹帘，到舀桶中连舀两次，取上来搁在丁字架上，将帘子由帘框上取下，翻一个面，放到压纸台的一端的盛纸板上，将帘子的边比齐板上的两根短竖木，然后在帘底面轻轻一抹，提取纸帘，帘上的一张湿纸，就留在盛纸板上。这样舀一张炕一张，由清早到黄昏时，盛纸板上的湿纸，已经积到三尺多高，就开始压纸。

压纸的工作是拿一块木板，搁在一堆纸上，木板上再加上一二个木头，另有一根七尺多长的粗木棍，一端插到压纸架上两根长竖木的横木中，棍另一端用粗麻绳扣在木滚上，再拿一根三尺多长而结实的木棍，一端插入木滚上的孔内，两手攀住木棍的另一端，转动木滚，使粗绳继续绕在木滚上，紧拉着那根七尺多长的粗木棍的一端往下压，将湿纸压往下缩，水就由盛纸板旁边的槽流出。这样继续转动木棍，继续压榨湿纸，直至三尺多高的一堆湿纸，压得不过一尺半高了，湿纸中大部分水分也压出来了；然后松开绳索，抽出粗绳，取开木头和木板。舀工就将这堆压好的湿纸，背到纸房中，放在盛湿纸的台上。

炕工将一部分湿纸搁在擀纸凳上，坐在小凳上持擂纸捶在湿纸的一个角上用力一擂，湿纸被擂的一角凹下去，角尖却翘上来，用右手拇指和食指两个指头将湿纸一张张拈起一角，把每张湿纸的一头斜贴起来，折好搁在左手手腕上，右手持刷把，走近炕灶旁，左手平胸口提起，头垂下，用口向湿纸一吸，揭开第一张湿纸，用刷把往炕灶壁上一刷，再吸第二口，再刷第二张，如此继吸继刷，一直将左手腕上的纸刷完，然后复再去擀凳上撒纸。刷在炕壁上的纸，等到三分钟左右就干了，取下来积起，每积到二十八张，即横腰一折，搁在盛干纸台上就是一刀纸。每廿五刀纸用篾条捆成捆。造纸的最后一步手续到此才完了。

七 运销

本村的纸，销到川街，禄丰，猴井，广通等处，销到昆明的很少。有一位邻村赶马的少年告诉我，前年他驮了几捆去昆明，很不容易卖出去，据说是胶水用得不好，所以纸张要差一点。

就时间上说，每年三月清明，七月中元，十月扫墓，腊月和次年正月过年的时候，销路最好。所以本村人也赶着在阴历正月，二月，三月，六月，七月，十月，十一月，十二月几个月内造纸。这几个月不单是赶上了节气，而且由阴历十月到次年二月，是农闲的期间。至于四月五月和八月九月都是农田上工作最忙的时期，他们纸作坊就停工。这事实说明为销卖而生产的土纸手工业，一方面是和市场上需要的情形相适应，一方面是和农作日历相配合。

他们要赶着上面说的几个节气开工，一部分的理由是为了销路着想。易村造的土纸，质料粗糙不宜于写字，主要是用来包土烟，打锡箔，当纸烧给鬼神。有时他们还在舀桶里加上一点姜黄，做出敬鬼神用的姜黄纸出卖。每年春秋两次扫墓，七月中元鬼节，腊月过年的时候，家家户户都要敬神烧纸，尤其是住在云南的四川人，烧纸风气特别盛行，需要大批土纸消耗在人和鬼神的一种关系上，因此他们赶着这几个节气大量生产。

至于他们自己用土纸的地方倒很少。本村小学生的练习本是土纸钉成的；不过用的数量有限。他们自己扫墓时，要用一部分由土纸造成的锡箔纸，还用一部分外处出产的绵纸。所以他们所产的土纸，大部分还是销给四川移民，贩土烟的，和城市中人。

每逢以上几个节气，就有外处人来本村收买土纸。可是大部分的土纸，是由本村人运出的。有的是由生产土纸的本人直接运出去销卖，有的是由本村编篾器的向生产土纸的人贩了运出去销卖，多半是运到禄丰和川街两个街子上。在川街看见过卖布的人，在街子上收了大批土纸，托卖陶器的人运到易门县，每捆（二十刀纸）运费五角。

运输土纸的方法或用人力，或用畜力。一人可挑四捆（一百刀），约重六十斤；连工钱食用约合一元，每刀合运费一分钱。一马可负六捆（一百五十刀），约合九十斤（据他们说一匹马可运一百几十斤，不过纸的体积太大，多驮几捆妨碍马的行动）。连马租马食也要一元，若赶马的人空手不挑纸，连上赶马人的工钱和工食一元，合共二元，每刀纸约合运费一分三厘。若是一人赶三马，则每刀纸运费只合九厘钱。所以除非一次赶几匹马，或赶马的人自己也挑一担纸，运费可以较少；否则，还不如用人挑合算。

八　造纸经济利益的估计

上面曾计算出本村共收纸料215400市斤，每1500市斤可造纸800刀，故共造纸114880刀。设每作坊每日出70刀，九作坊一日可出630刀，则114880刀纸需九作坊各作182日才能作完，约合六个月。事实上他们每年也只开工五六个月。

现在再计算每一作坊造纸的经济利益是多少。说一作坊每日造七十刀，一年开工六个月，出纸12600刀；假设料子全系收买来的，他一共支出如下表：

表二　每一纸作坊开工半年的开支

开支项目	合价（元）	注
纸料	35.00	作六个月，每日作70刀，共需纸料15750斤（纸料秤）合23625市斤。
石灰	126.00	共需灰6300斤（灰料秤）合8190市斤。
运灰费	63.00	每100斤（灰料秤）的灰运费一元。
木柴	108.00	需360筒柴，每筒连运费三角。
滑药	42.00	一元滑药，造三百刀纸。
牛饲料	45.90[1]	90天，每天五角。
赶牛工人钱	45.00	90天，每天工资五角。
工人伙食	45.00	90天，每天伙食五角。
舀工	88.20	每舀一百刀纸合七角。
舀工伙食	90.00	180天，每天伙食五角。
炕工	88.20	每炕一百刀纸合七角。

开支项目	合价（元）	注
炕工伙食	90.00	180 天，每天伙食五角。
修理费及工具折旧	100.00	约合作坊总设备费十分之一。
总共	1245.40	

注：1. 原文如此，疑为 45.00。——编者注

在设备费内已经列入了一头牛，故不必在支出项内列入牛租，这头牛一方面用来犁田，一方面用来碾纸，所以牛的预算还可以减少一部分，归入到农田上支出项内。牛吃的是稻草，属于农田上的副产物，不必拿钱出去买。每年应修理的工具有碾子和炕灶，修了可以长久用下去，只有竹帘才须多年换一次。在纸料一项，算是全部买来的，其实每个坊主自己都有竹子，要收买进来的料子，平均不过一半左右。所以实际上支出的款子，并没有表中所列的那样多。

一坊每日造七十刀纸，开工六个月可造 12600 刀纸，在本村贩卖的价钱是二十元一百刀，12600 刀合 2520 元，除去开支 1245 元尚可剩余 1275 元。全坊设备费 1025 元，将支出加上设备费，再除盈余，得出利率 56%。作者前曾分析到雇工自营农田的利率是年利一分以下，造纸比经营农田好，是显而易见的事了。

上面又说到租坊造纸的事，这里试分析出租作坊对坊主人的利润怎样。假如他把纸作坊租出六个月，六个月中出产的 12600 刀纸，有十分之一归他作坊租，因此他可以得到坊租钱 252 元。若租坊的人无牛，向他租牛三个月，每日合钱五角，他得牛租钱四十五元，一共他得 297 元。可是他全坊设备费及修理工具和工具折旧费就花去 1197 元，他得利率是 26%。所以出租作坊的利息，还不及自坊自作的大。

进一步我们看看租坊来造纸的利润怎样？假如他把作坊全租下来，六个月出纸 12600 刀，付出十分之一的租钱，还剩 11340 刀，得价 2268 元。除去修理费及工具折旧费 100 元不由他付外，他连牛租要付出 1190 元，实可盈余 1078 元，得到 90% 的利率。租坊造纸比自坊自作的利润大得多。所以有坊的人不愿出租，无坊的人想租而不可得。除非坊主自己的纸做完了，为着宗亲邻舍的情谊，才愿租给无坊的人做几百刀纸；他们做纸的量既少，做纸的时间也短，虽然利息大，可是总收入却比自坊自作的人所收入的少得多了。

没有坊的人多是村子里田地少，家境不好的，若他们自己有点料子，还可以想法租坊造一点纸。若是自家没有料子，就没有余钱买料去租坊造纸。更谈不到投下一千多元的资本，去开纸作坊了。就是有了纸作坊的，每年还要投下一千多元的资本，才能开工出货。作者在易村时见到有四个作坊还停着未开工，有些工具还待修理，当时疑心造纸的利息不好，所以他们不愿干，现在分析起来，才想到或许是因为缺乏大批流动的资本。管有这几个作坊的人家，在坊股一阶级中，是比较家产少一点的；而开工的几家坊股，都是村子里殷实的村户。有田才有资本，有资本才有作坊，资本多的料子收得早，收得多，开工早，开工久；资本少的料子收得迟，收得少，开工迟，开工短。有钱的开作坊，无钱的织篾器。开作坊的利息大，织篾器的利息小，所以富者有愈富的机会，贫者致富的希望，就有点渺茫了。

九　易村造纸手工业的前瞻

像易村造土纸一类手工业的前途怎样？我们可以由两方面来看：一方面是最近物价高涨，对于易村造纸手工业发生了什么影响？另一方面是将来新式造纸工业发达，对易村造纸手工业，会发生什么影响？

在讨论物价高涨对于易村造纸手工业的影响之先，我们要把握住上面所说的事实，就是在易村开土纸坊的，大都田地多，他们既生产土纸，又生产米谷；土纸几乎全部进入交易市场，米谷一部分是他们为自家消费而生产的，一部分却也是为交易而生产的。土纸的生产在易村整个经济中只占一部分的地位。

在廿七到廿八①两年间，物价变动的情形，是谷价常比土纸价涨得高。在廿七年一百刀纸可换三斗米，到廿八年只能换一斗多米了。不过他们不是拿土纸去换谷米，而是拿土纸和谷米，同时去街子上换货币。谷米价格比纸价涨得高，虽对纸坊主人心理上有种影响，觉得造土纸的实际利益不如前，但造土纸在货币数字上的收入，却仍比从前增多；而且在进入交易市场的一部分谷米，因价高更获得较多的货币数值。

再就两种生产品的性质来看，谷米的生产量比较固定，不易随意增多

---

①　1938～1939 年。——编者注

或减少，因此进入交易市场的数量也有一定，受到谷米市价及土纸市价高低的影响很少。至于土纸的生产量的变动则较大。在以土纸换货币而不是以土纸换谷米的情形下，土纸生产量受谷米价格的影响较少；主要是取决于土纸价格与生产成本的问题，以及有无其他便于投资而利益比土纸尤大的事业而定。

假如土纸价格低于生产成本，他们只有停工一途，而且规模很小的作坊手工业，停工是容易的。当土纸的供给量缺乏，而土纸的需要量并不能减少，或采用代用品时，土纸价格自然要趋向上涨。上涨到土纸价格高于成本时，他们即可随时开工。如果土纸价格比成本高不了多少，他们仍可以酌量少做一点土纸；当此供给减少，而需要不变的情形下，土纸价格仍将上涨。所以像易村土纸作坊一类能自由调剂生产量的生产事业，生产品价格，是不会太低的。

上面说到他们有自由增减土纸生产量，因而发挥维持土纸价格在一般物价水准以上的功能。进一步我们分析土纸资本来源及其性质的必要：纸作坊主的田地较多，田地上的收入除食用外，尚有一批余资，他们把这批余资一部分用在放高利贷的事业上去。高利贷的利息很大，不过所能吸收的资本也是有个限度的，因此他们把另一部分资本用在造土纸的生产事业上。这批资本是田地上剩下来的，是放高利贷所吸收不了的资本；这批余资若是留下来不用去生产，当然是可惜的损失，这理由他们也很知道。造纸就是他们容纳这部分资金的一种生产事业，如果有别种事业可容纳这部分资金而利息又大，只要那种事业便于做，他们自然可以改做那种事业，否则他们只好仍操纸坊的事。不管造土纸的利息比放债或生产谷米的利息怎样低，他们还是要同时兼做的；与其留下那批资金不生息，不如用在生产事业上赚一点利息。即使这点利息小，但少赚钱总比不赚好，这是乡下人也会打的算盘。由这事实可以看到过剩的资本，是可以以不同利息分别投到不同的事业上。

其次试分析农民由市场上取给的一部分日用品涨价时，会发生的影响：如果日用品价格比谷价和土纸价都高，农人当然要吃亏；不过他们需要日用品的数量并不多，而且这些需要的数量也不无减少的可能性，因此他们吃亏并不多，如果谷价和土纸价格比日用品的价格高，他们当然占便宜。如果日用品价格在土纸和谷价之间，则他们在一方面所受的损失，可由另一方面弥补起来。因此不论日用品价格怎样变动，不会影响易村经济很大，而且更不会给易村的造纸手工业以致命的打击。

到底新式造纸工业能给予作坊造纸手工业一些什么影响呢？我们不妨逐步分析一下在易村一带发展造纸新工业的可能，新工业发展后是否会摧毁易村造纸手工业，以及手工业摧毁后对于易村经济可能的影响。

就造纸原料的竹子说，易村附近各地现在所能供给的数量并不足支持一个新式纸厂所需要的原料。只有易门几县附近大山上的松树是可能利用的最好原料，但松树宜于造报纸，报纸多用来印报章，杂志，书籍及写字；而易村造出来的是土纸，土纸多用来做冥纸，包土烟及手纸。两者用途既不冲突，报纸很少剥夺土纸销场的可能性，因此不会摧毁易村造纸手工业。

倘若竹子数量逐年增加到足够供给一新式造纸厂所需的原料时，新式纸厂开设起来，迫使旧式纸作坊停工。但竹子的所有权既属农人，他们可以提高竹子的价格，单靠出卖原料也仍旧可使他们得到大批入款，足以补偿他们因作坊停工的损失。

而且纸作坊的资本并不大，他们经营农业的资本，不是依靠纸坊的收入；所以停闭纸坊不会影响到他们的农业经营，因而使整个农村破产。

总之，易村纸坊是有其不易受摧毁的特性，在最近的将来可以乐观；即在较远的将来，也没有悲观的理由。若能在技术上更进一步由生料纸改做可以写字的熟料细纸，则易村附近土纸业将更有其光明的前途。

家庭与生产事业[*]

　　在榆村，差不多各种生产事业全以家庭当单位：农田是以一家一家去经营甚至管有；熬酒业从设备、制造到经营，也是一家一家各自成单位的；货船也是由一家一家经营和管有。其他如布店、杂货店、缝衣店、皮匠店，以及种种生产事业，都同样是由一家一家分别经营和管有，这种以家庭当单位的生产事业，资本由家庭负责筹措，经营结果的盈亏由家庭全部承担，生产事业的开办和进行也是由家人去主持。只有少数规模较大的生产事业，才雇用了家外的人当店员或技工；但受雇者必须依照雇主的意旨去参加和从事生产，无权过问和干预到生产经营上去，他们领薪资工作，并不负生产盈亏的责任，而且一当雇约解除，即须退出这一生产事业之外去。所以即使在雇用外人的情形下，也没破坏了生产事业以家庭当单位的完整性。

　　村人要使生产事业的单位贴合于家庭的企图是很明显的，这从他们分家时对生产事业亦要加以瓜分一事上可以见到。本村的情形，遇着分家时，凡可以分划的：如农田，则分成几份，每份仍由各家各自管有和经营。凡不便于分划的：如货船、酒坊、店铺等，或则采取所有合有而轮流管理和经营的方式，每家轮流使用若干时，举凡流动资本以及管理和经营之事物及责任，全由轮到了使用机会的那家去独立从事和负责，不与别家相涉。如不采合有轮管制，则由其中一家独自承继着，凡未承继着的其他各家，则多承继一些其他财产以为补偿。例如两兄弟分家，哥哥分得货船，弟弟即分得田地或房产，尽管两人所分到的财产的形式不同，价值则大约相等。若家中单有一条货船，别无田地房产，当事人往往宁愿卖掉了船去平分卖得的钱，而不愿由兄弟两家共管共营此船。总之，分家时，各

---

* 原载《社会科学》（福建永安），具体发表年代、卷期不详。

家务求家财（包括生产的财富）的分管分营，避免合管合营方式，以便分出后的小家，各自成为一个生产单位，亦如其各自成为一个消费单位。

至于超家庭的生产合作事业在本村简直少见，就我们所知，只有一个布店是叔侄合伙经营的。他们原来是一家，后来分家，双方都不愿卖了店铺来分钱，也不愿轮流经营讨麻烦，才同意合伙共同来经营，就这样成了本村诸般生产事业中唯一以合伙姿态出现的例子，至于素不相干的几家，尚绝鲜合伙和合作生产的事例。

因为生产组织以家庭当单位，资本由各家各自负责筹措，一家所能筹措资本的能力自不如结合许多人家在一起大，以此家庭成了生产事业资本筹措的局限。更加他们又大多是小农之家，经济贫弱，各家所能筹措出来的不过是小额资本而已，以此小农经济给予了生产资金的筹措又一层局限，在家庭的和小农经济的双重局限下，遂使得资本的筹措很感困难，所能筹到的数目殊少。资本少，只够发展小生产事业，而较大的生产事业由于各家经济能力担负不起，也就没有发展的机会。

如上所说，虽然每种生产事业的经营单位系局限于家庭中，但家庭却并不局限于一种生产事业上。换言之，家庭不仅是一种生产事业单位，也往往是几种生产事业的单位；每一家在一种生产事业外，大多从事其他种种生产事业。如种田之外，还熬酒、开成衣店、或贩杂货。这许多生产事业共同包括在一个家庭单位内，各方面的收入用来共同维持家庭生活，每一生产事业在家庭经济上不过尽了一部分的贡献，家庭收入的来源是多元的，一种生产事业的衰微或没落，对家庭经济的打击乃是部分的，而不是全部的，因此也非致命的。靠了多种生产事业同时存在，彼此扶掖，遂使得有些生产事业在利益菲薄，收入微小，甚至不够供给从事者的饭食钱的情况下，竟能继续存在，悬而不绝，它们是在并存相倚中获得了各自生存的机会的。

但也由于多业并举，分散了一家的资本，使得每一生产事业都不能充分发展，本来小农的财力就小，小小的资本即使全部用在一种生产事业上还嫌不够，若更用到几种生产事业上去，则每一生产事业所分配到的资本更少了，因此每一生产事业益陷于资本不足的贫血境况中，不得充分发展。——这是以家庭为生产单位，多种生产事业并举的恶果之一。

还有另一恶果，就是当为生产单位的家庭，也是生活的单位；生产和生活同以家庭为单位的结果，使得生产资本与日常生活费用混杂不分，前者遂容易被移挪到生活消费上去，以致资本短缺而不固定，生产事业以此不能预立计划；在无计划的情形下，生产的发展自不免受了阻碍。情形严重的，每因家中一二分子染有吸烟或赌钱的恶习，把生产资本花去了，因而陷生产事业于停顿或破产地步的，亦颇不乏例。内地生产事业有时所以失败，并不完全是由于经营本身不得法，也可能是由于消费过度移挪了生产资本。在消费和生产两种款项不分而移挪便利的情形下，为一时消费方便计，很易挪动了作生产用的资本；若不存心克制，更不免要移挪过度。所以两者之间的"便门"一经开放，消费蚀亏生产的趋势即存在了。不比公司组织的生产事业，公司生产用款另自划分，不能移作股东家庭的消费用。那样生产成败全由公司营业的好坏去决定，不受股东家庭消费的影响。更因生产有了的款，可以预立计划并按照计划进行，营业也就便利多了。因此以家庭为单位的生产事业常竞争不过以公司为单位的生产事业；也因此，农贷生产放款工作易归于失败；农家在生产上和消费上的款项既不分划，农贷生产放款也就难于保证其不直接间接移到消费上而不作正当的生产之用。总之，生产费用和消费费用互相移挪要为以家庭当生产单位所不免发生的现象，结果可能会使得消费蚀亏了生产费，使得生产愈益陷于资金不足和不稳定状态中，因之妨碍了生产的发展。

但话说回来，若不是生产资金和消费用款彼此得以自由融通，则农家有些生产事业也许根本无力举办，像本村熬酒的人家，资本都不算充足，他们只能零星的买原料，有时甚至要变卖吃米作生产费用，没有几家能专为熬酒用而预先筹有款的，大多是临时凑合。也正因靠了拿消费用的款子去融通生产所需资金，有些生产事业才能开办和进行。这是消费和生产的款项彼此挪移对生产的益处，但也只止于使生产事业能断断续续的存在而已！

这些以家庭为单位的小生产事业，其劳力大多是由家庭自给的。此不仅因家内有劳力可以供应，亦因迫于生产本身条件非劳力自给不可。据我们考察所知，有些生产事业如熬酒织布的收益，少到还不够给付工资，若是请工做，经营者付了雇工工资外，不但赚不着钱，甚至还要亏本。所以一般情形是由家人自己做，省下几文工资就算是赚款了；而营业的目的，也就是为的自家赚着这点工资，营业不过是求取卖工的机会。这情形在易村①编篾器一

①　张子毅：《易村手工业》（商务印书馆版）。

项手工业中也清楚见到，编篾器除赚取工资外，实别无盈利可言。又在易村农田租营中，也见到租营收益还不如替别人帮工强的现象，然而仍有人愿去租田经营的道理：一是社会地位较帮工高，二是工作机会较帮工有保障，帮人的不一定经常有人雇用，帮自己的却不会自己辞自己的工，不会自己和自己为难，只要生产事业能继续进行，自己帮自己还有一个好处，是做工的时间可以由自己支配，即使是余时余工也用得上，例如在家内织布的妇女，就是利用家事农事之余的闲时闲工去织布，若是帮人的话，起码要以"日"为单位，在一"日"以下的零时，就不便在出雇的情形下利用了。室内生产给予了家人余时余工的利用机会，而这种余时余工的得以利用，遂使得从事者不仅可以不计利润，而且可以降到不计工资的多寡，这也就是在农村有些无利润可图甚至收入还不够成本的生产事业，居然能够继续存在的道理所在了。

至于利益较高的生产事业，如皮匠店、成衣店、杂货店及布店等，虽然雇工做后仍有利润可图，但因生产规模小，业务简单，自家人做做就对付过去了，所以劳力仍以自给的居多，只有少数发展得规模较大的生产事业，由于家人照顾不到，才加雇外人去帮忙。

小生产事业中的工作机会，既然大多由家人包办了，这些由家人担任的工作的报酬，也就无须特别提出来支付，而是混在生产收入一起为全家所共有，并不单独提出来交给工作者本人。无论是替自家织布的也好，熬酒的也好，管理店务的也好，都不直接取工资或薪给，形成了家内无给方式的职业。这种无给职业是随小生产事业中劳力自给现象而并存的一种普遍现象。反之，固定的有给职业反而不多见，因为本地大生产事业不发达，雇用家外员工的需要不大。

由于小生产事业中的职务多由家人担任，无一定工作报酬，亦无一定工作时间，因此也无所谓雇佣关系。开了工就做一阵，停了工就憩一阵，做做憩憩，没有定规，有时做这样，有时做那样，也不一定。我们很难找出个标准去断定某人是就了业，某人未就业。一机布往往是成自家里几个妇人的手，一锅酒往往是全家合力熬出的，每人出了一份力气，每人都没有用全副时间和力气专一用在某一工作上。所以实难在就业和未就业间划出一条明显的界限。不比近代工厂或机关里，可依雇佣关系作标准，被雇用者即清清楚楚是就了业，当这关系解除了，被解雇者即算是失业或未就业。因之，谈到以家庭为生产单位并由家人担任生产工作的情形，其职业问题也就不同于近代工商业社会中所发生的，这层我们在另文分析失业问题时将特别提出来讨论。

上面已把家庭和生产的一般关系和影响加以说明了，可是家庭的财富各不相等，其中有较富裕者，也有较贫穷者，此种发生于家庭间的贫富分化，势必在生产事业和职业上表现出种种分化的情形。因为家庭既为生产单位，则家庭的经济能力即成为决定生产事业的有力因素。这只要对本村各项职业和从事者的家境加以比较，就可见到家庭经济怎样有力的左右了生产事业的开办和职业的选择。如开布店、杂货店、当军官及公教人员，多是在村里比较田多的人家。如打鱼、卖工、做手艺、犁田、赶马驾船、熬酒、贩卖零货的一些人，多是村里无田或田少的贫农和小农。——这是因贫富而发生在生产事业或职业之间的分化，贫富的分化，不仅反映于不同种类的生产事业之间，也反映于同一种类而不同经营方式的生产事业之间：如布业中钱多的开布店，钱少的当店员或布贩。又如杂货业中开店的、流动贩卖的、在本村小街上摆小摊的种种型态，也是基于家庭财富等差而形成的。同样，缝衣业中，店铺、职工和散工之分，亦是基于各家财力不同之分。此种分化情形在其他地方也见到：如易村穷人织篾器，富人造土纸。如玉村[①]贫人种菜园，富人种农田。——都是在贫富间职业分化的显著例证。各地各业依财富等差而分化的情形和程度各有不同，但或轻或重的分化现象总是在各社区普遍存在的，若是生产单位不局限于一家之内，而以家与家间的合作方式出现，则情形就不会如此了。假定开个土纸作坊需资本十万元，在以家庭为生产单位的情形下，凡筹得十万元的人家方可从事，凡筹不到此数的，即无从问津。但若不限于以家庭为生产单位，而采用合作方式，每家出一二万元，合若干家就可凑足资本开工；于是虽筹不出十万元的人家，也有机会参加造纸，如此造纸业遂可不再成为富人独占品而排斥穷人于门外了。可知生产单位和生产组织的变动，即可改变生产事业的分化性质。在以家庭为单位的情形下，则家庭贫富分化必然反映在生产事业与生产事业之间，而不是反映在一生产事业之内。

在此种分化中，我们见到贫人所从事的生产事业比较偏重在劳力利用方面，富人所从事的生产事业则比较偏重在资本运用方面。地主和佃户的关系不用说，前者是运用资本和田地，后者是利用劳力。布店和杂货店需

---

① Hsaio－tung Fei，Chih－i Chang：*Earthbound China*（Univevsity of Chicago Press）。

资本多，富人才能从事。至于军官及公教人员一类职业，均需学历准备，也唯较富人家的子弟才有此机会。打鱼、卖工、打铁、泥木等工匠，都是用体力多，比较穷的人才从事。犁田、赶马、驾船等业，虽然要牛、马和船的设备，但在资本设备外，还要加上体力劳动，故富人虽养了牛马，却不用来帮人犁田，也不用来出雇驮东西；只有较穷人家养的牛马，才不得不加上自己劳力出租出雇。熬酒一业，若资本足，终年开工不息，未尝不可将体力劳动的工作交给雇工做，让投资者单负经营责任。无如村里富人已在布业、百货业方面有出路，于是留下熬酒业给较穷的人家去从事，那些人家好容易备办齐一套设备，更哪有大批余资再多购原料，长期开工和大量生产，生产因资本缺乏而萎缩到无力添雇工人，只好把生产中辛苦的体力工作亦交付家人担任。这样熬酒也就被人视为贫贱苦作之一了。像熬酒一业，主持者本可偏向资本运用方面发展，而让劳作由外人担任，但因穷人代了富人来主持，也就不能不以劳力补资本之不足，来维持其陷于萎缩状态的小生产事业。同样的分化情形，在易村和玉村均见得很清楚：在易村的编篾器和造土纸的两种手工业中，前者设备少，生产以劳力为主，利得不过赚取一些工钱，从事的全是穷人；后者设备多，需资本大，利得也大，投资经营者是富人，至于其中劳作部分则另雇穷人来担任。在玉村的农田和菜地两种经营中，由于农田在雇工经营方式下，仍有利可图，自田如此，租田来经营亦如此，故有富人在自田外尚大批租田进去而雇工耕种的，形成了脱离劳作而纯为追求利润而经营的型态。至于穷人则大多种菜园，菜园的缺点是规模不易扩充，资本容受量有限，所以为富人所唾弃。菜园的优点是比农田更能实行劳力的集约耕种，能长期如一的容受许多劳力，故为穷人所欢迎。总之，在偏"资"和偏"劳"的生产事业之间，富人往往从事前者，穷人往往从事后者；而凡富人所主持的生产事业，亦往往向偏"资"方面发展，留下的劳力部分交付给家外穷苦的人来做；至于穷人所主持的生产事业，相反的，却往往朝偏"劳"方面发展，——即使其生产事业有朝向偏"资"方面发展的可能，这可能性，由于缺乏资本，也无法实现。

在生产事业间，偏"劳"和偏"资"的分化，不仅是家庭贫富分化的结果，也是家庭贫富分化的原因，一是就家庭对生产事业的影响而言，上面已经详加说明过了。一是就生产事业对家庭的影响而言，详言之，即偏"资"和偏"劳"两种生产事业将对家庭经济发展上发生如何不同的影响。

要答复这一问（题），我们只须比较一下资金利用与劳力利用的优劣之点就知道了。资金利用和劳力利用在性质上是大不相同的：资金不用时可以存起来，不用并不失，故凭借资金者可以待时利用，可以找到有利的机会去运用，以求取较大利益。至于劳力则不能储存，闲着不做工就白白耗费了，凭劳力赚钱的人不能待价而沽，往往被逼在较低报酬下亦不得不出卖其劳力。——这是劳力不如资金的第一点。其次，劳力是根据体力的，是及身的，是先天赋予的。自然赋予人的体力大致相差不远，而且也有限，不因利用递加，凭力气卖钱，谁也比谁强不了多少，以此体力劳动者总是没有多大前途。资金是身外的，后天的东西，数量是根据过去的积累而定，而现有的又奠定将来新积累的基础，故能随利用得当而递加的，这决定了资金利用的发展无限。——这是劳力不如资金的第二点。

因为劳力利用有如上所述的两点劣势，故利用劳力的，任是一个精强力壮的人，做工的收入总有限，能够维持生活就算不错了。贫穷逼得他们要讨生活，贫穷又使得他们没有多量资金去充分发展生产事业，去充分训练他们的就业能力，以至不能不采用体力劳动的方法去谋生，收入复少至不能维持生活，难得有赢余和积累，只有做一场，吃一场，为了吃要动手做，动手做了往往又只够吃，在此手口循环中穷人们做个不了，仍不能免除生活的威胁，仍不得不忍受体力劳动之苦，无休止的一直是为生活而挣扎着。

至于利用资本的，情形就比较好些：资本若是利用得法，就可愈转愈多，而愈多又愈能善其用，故偏"资"的生产事业可能使家庭从维持生计的水准上升到改善生活和积累财富的较奢打算上去。这是偏"劳"的生产事业所敢想望也想望不到的，偏劳的生产只可能守成，而不能像偏资的生产那样具有前进和发展的作用和希望。所以偏劳的和偏资的生产事业的分化，也将更加促使家庭间的贫富分化，虽然此种分化有继续扩大的趋势，但因生产事业仍然局限于家庭以内，偏资生产事业的发展，不免大大的受了阻碍，因而，也缓和了分化的加剧趋势。贫者变富的可能性固小，富者变为巨富的可能性亦不太大，就这样维持了传统农村经济一种近乎停滞的前资本主义状态。

从农村社会经济的背景申论妇女问题[*]

一　妇女的工作和义务

除了极少数例外，榆村妇女，无论是老的少的，已嫁的未嫁的，贫的富的，专是务农人家的或兼做其他职业的人家的妇女，都一律要做工作。她们的工作，一般情形：包括家事织事和农事。家里烧茶煮饭洒扫洗抹以及抚育儿女，一切琐碎杂务，全是由家内大小妇女共同担负起来；男子不做这些事，甚至连用水也交给妇女挑。家事之外，妇女最普遍的工作，就是织和耕了。村里妇女，差不多没有不会织布的；——虽然依各家情形，依织季旺淡，依利益高低等等因素而有织多织少的不同。同样，多数的妇女也做着农事：有栽秧、薅草、打豆麦等轻松的工作，有做到掼谷、挖田等笨重费力的工作的。在一年里，忙过农事忙织事，从年头到年尾都有工作做；再加上日常的家事杂事，刚好配成一个本村妇女工作情形的大纲。——这是一个属于一般家庭的妇女的工作大纲。

此外，还有些特殊的工作，——不是一般妇女普遍参加，只有少数一部分妇女才从事的，——如熬酒、在街子上摆小摊当小贩、卖鱼、卖酒、在码头上背东西、缝衣、教小学、做女红、当产婆、当巫婆，以及其他等等部门，都有妇女在工作着。其中最主要的一项，如熬酒，几乎全是由女子担任；就靠这些女子，才把本村特业——制酒——支持下去。这些从事特殊工作的妇女，仍旧也做着一般妇女所做的普通工作，家事不用说要做，就是织事和农事，也有不少人还是做着的。若说："本村妇女，鲜有不做事的。"这话切近事实，则近一步说："本村妇女，鲜有不够忙的。"

---

*　原载《社会科学》（福建永安）1948 年第 4 卷第 2 期，第 21～38 页。

一话也同样切近事实。

二　妇女对家庭经济上的贡献

　　从妇女所从事的工作和全家经济活动的比较中，我们即可见到妇女在家庭经济上的贡献为如何。这也即是从家庭整个经济的配合中，去衡量妇女所扮的角色占个什么地位。在本村，一般家庭的经济活动：包括自给和交换两方面。自给方面，如耕织，差不多全部都是由妇女担任；交换方面，如做手艺和商贩，则主要的是由男子担任。自给经济和交换经济的分野，正是男子所任工作和女子所任工作的分野。这样，我们为了要比较出男女两者在家庭经济上贡献的情形，和指出妇女的独特贡献的一方面，就势须进而先把握住自给经济和交换经济的关联性，以及两者的比重如何。

　　本村的自给经济和交换经济的配合，和其他农村的情形不相同。我们不妨比较一下：先说禄村①，在自给经济之外，虽也有交换经济；但由于其项目和参加的人数都很少，在该村整个经济中，不占重要地位。不像榆村的交换经济那样发达，从事者那样踊跃。再看易村②，从事交换经济的人不算不多，穷人家差不多都织篾器，富人家差不多都造土纸；但织篾器的人和造土纸的人仍旧下田耕作，农忙下田工作，农闲才织篾器造土纸，不以织篾造纸当专业。而且织篾造纸的人仍是在村里住，在村里工作，只将成品拿去城市出卖。这"兼业化"以及从事者"乡居"两点是易村这一型态中交换经济的特色，和榆村从事交换经济者趋向"专业化"和"城居"的情形不相同。再次看玉村③，种菜卖的也多兼种田，他们仍是住在村里，做商贩虽也出门去，但或则做几个月一年就回村住下，或则出门之后若干时，爽性将家室也接去，全家住在城里；留在村里的田，或出租，或出卖。因此，除了种菜养鸭者外，事耕织者，全家事耕织；事商贩者，全家事商贩。自给和交换的分野，不在家人中，而在家与家之间，至于榆村，差不多家家兼事耕织和工商，事工商的家人，多是居城；事耕织的家人，全部居村。以家作单位看，自给并兼交换；以个人作单位看，自给者

---

　　① 费孝通：《禄村农田》（商务）。
　　② 张子毅：《易村手工业》（商务）。
　　③ 费孝通、张子毅：*Earthbound China*（芝加哥大学出版部版）。

多专于自给，交换者多专于交换。自给者村居，交换者城居，家人分居各专其业。这就是榆村自给经济和交换经济在家人间配合的独特性质，和易村的不同，和玉村的也不同。

造成这些不同的许多条件中，最主要的一点，就得归之于榆村妇女工作情形方面去了。无论是禄村、易村、玉村，都不像榆村的妇女在农事上所担任的工作那样多。榆村的妇女，在农田上不单担任轻的工作，也担任重的工作，几乎把全部农事肩负起来了。这样，榆村妇女把一些重活计，——在其他几村是留给男子做的，——接过来肩在自己身上，使本村男子从土地上解放出来，可以自由自在往城里跑，专心一致的做手艺和商贩，不用担心田地会荒芜，不用把田出租或出卖。可知本村妇女的贡献，不仅在其肩负起了全部自给经济活动的一方面，更在其给男子向外专心从事交换活动的便利。本村交换经济特别发达而又普遍，虽从事者是男子，然妇女确有其不可抹煞的间接贡献。

本村妇女担任起全部自给经济活动所产生的影响和贡献，除了以上所说的外，还有其他种种。其中显而易见的，就是使得家庭在经济活动上有进退的自如。有了妇女管着家，耕着田，织着布，男子无后顾之忧，可以放心向外。在工商上碰碰机会，试探的进攻一下，找点钱贴补家用，甚至发批财，使家业发展起来；若不幸在外不成功，也无妨退回村，住在家里，还有住房，吃米和衣着的土布，生活不致太过不去。

总之，本村妇女担任起自给经济的结果，是给予了男子出门从事工商的方便，减少了男子从事工商的顾虑，保留了男子在工商上万一失败的善后基地，因而促进了交换经济活动的盛况，形成了家庭经济上自给和交换的均衡配合的独特形态，以及在这形态下，自给和交换得以相辅相成，使家庭经济能一面图谋发展而一面又不失其安全稳妥性。

三　女子在家庭中的权利及地位

本村妇女对家庭所作的经济贡献和所尽的义务，可说是够多够大了，但她们所享的权利并不多，所处的社会地位并不高。女子仍不能和男子享有同等的权利，获得与男子对待平等的地位。这可以举出许多事实来说明。

大家知道，在现在这样一个社会中，读了书的人，在就业机会上，在社会地位上，都比较没读过书的人占便宜。可是读书的机会，却受了种种条件的限制；除财富这一主要条件的限制外，另一主要限制就是性别。这依性别而有的限制，在乡村比之在城市，要严格得多。就榆村情形说，本村小学里一百多个学生中，女的还不到十个；女子在小学毕业后，一般就不再升学了，全村只有一两个女子进了中学，还是因为她们家住在县城里开铺子；至于升大学的，则尚无一人。反之，男子方面，全村有十多个中学生和两三个大学生。一般做父母的，对于男孩子，总尽其能力所及的去帮助他们入学甚至升学；唯独对于女孩子，则反对她们念书，不让她们有入学的机会，更不让她们有升学的机会。像村里赵某家，钱财很多，儿子已进了大学，可是女儿要进高小，也竟被父亲拒绝了。在教育机会上，正像贫不如富一样，女子也大不如男的！

这种发生在男女间的歧视，也表现在一些风俗习惯上。如"头生男"有"立把火"的资格，而"头生女"则没有。每年旧历六月二十五晚上，村里照例要庆祝火把节，燃着大大小小的火把；其中小火把是用手持着，由各家私自随意购置的；大火把则立定在空场上，由本村各屯单独或联合建立起来的。这笔大火把的费用，概由本年内头胎得子的那些人家分摊；除了南屯外，其他各屯均只限于头胎的男孩，而不许头胎的女孩参加立火把。生了长女不必负担立火把的费用，减少了义务，岂非乐意的事？但要知道，这类"负担"和普通的负担并不相同，在普通的负担上，村人唯恐多出，在生子这类"负担"上，则又唯恐少出。因为生子是喜事，在喜事上花钱是光荣的。生了长子可立火把，生了长女却不能立火把，无异只承认前者的光荣，而抹煞了后者的光荣。换言之，也就是抹煞了长女的社会地位。——社会上不认长女具有和长男同等的地位。

在庆祝火把节的大会上，另有一事亦足以表现男女地位的不平等。当大火把焚烧完了，在火把附近摆上些水果糖食面点和酒，村里有点地位的男子，都围坐在桌前吃饮，可是却没有一个女子参加。像这样摈斥女子参加的情形，也同样发生在其他公众集宴的场面中，都足以反映重男轻女的一般。

在婚姻上更加表现出男贵女轻来。如丧偶的男子，可以续娶一个童女，至于丧偶的女子，则不可再配到一个童男，村人认为童男娶寡妇是对男子大不体面的事；反之，他们却不认童女嫁鳏夫为不体面了！

妇女不仅在续婚的对象选择上限制较多，而且在续婚的程序中，也处处受歧视。照村里习俗，寡妇再嫁的程序：先是男女家私下议定身价钱，约定一个时候在田坝里由男家将身价钱交给女家，此外别无订婚仪式。成婚时，女子要反穿皮袄，戴红顶子，趁黑夜由几个人陪着走到男家，进屋吃茶交拜，就算成了亲。很少有用轿迎亲和请客者。据说寡妇再嫁是不吉利的事，所以要偷偷的在田坝里交身价钱，要偷偷的赶黑夜里走，为了怕有人挡路，不让通过。"二婚女过街不顺利"，碰见了的要倒霉。至于反穿皮袄戴红顶子的用意，则在恐吓夫家前妻的亡魂，使之不敢作崇而已。

不管怎样在续婚对象的选择上，给女的许多限制；在续婚的简陋仪式中，给女的许多含有侮辱性的禁忌；但续婚的权利和机会，总算是开放给予妇女了。至于在重婚的"权利"上，则唯有男子能独享，轮到女的没有份。男子在结婚多年后，如果妇人尚没有生儿子，即可提出"不孝有三，无后为大"的理由，再娶一个妻子进门去。其实，无子不过当为一个重婚的理由而已，即使妇人已有儿子，丈夫硬要娶亲，妻子也无可如何。例如村里那姓某家，大妻已生有儿子，但是丈夫仍然娶了亲进门去。这种重婚的情形，就是在入赘的男子中，也发生过。杨某的父亲，本是上杨家门的姑爷，还不是在原配之外，另娶了一个四川女子做妾吗！普通都说上门的姑爷地位低，和其他男子比较起来，这话是对的，但和女子比较起来，这话就不对了；因为即使是上门的男子，也仍然比女子地位高。

回头来，我们再从上面所提到的"身价钱"一事上，来说明"女子不当人"的事实。在婚姻程序中，无论是新婚还是再婚妇，都规定了一笔由男家给付的"身价钱"。在新婚中，有时又称此钱为"针线钱"。实在也因为"身价"二字太不雅了；但雅虽不雅，"身价"二字却确确实实道出了此钱的真义所在。也许觉得这笔钱对女的不太体面，所以有些女家不肯接受；就是普遍接受这钱的，也往往把钱用在女孩嫁妆上，这样多少冲淡一些身价钱所包含的买卖意义。但对于再婚妇女，则婆家或娘家就老实不客气的把身价钱收起，只需费事一下，把女的发嫁出去，此外不必破费一文送礼钱。若妇人常住婆家而由婆家发嫁的，则此钱完全归婆家所有；若妇人于夫死后即回了娘家，而由娘家发嫁的，则身价钱由娘家和婆家平分。根据调查当年的情形，再婚妇的身价钱由三万元至十万元不等。这里清清楚楚见到，一方交钱一方交人的买卖，而且根据这"人"的所属权去分配价款，或为婆家独得，或为婆家和娘家分有。至于具有此"身"因而有此"价"的妇"人"，则完全沾光不到这钱的一分半文。原来男方是从女方父母或公婆那里买得此"身"去的，此"身"乃是属于娘家或婆家的，而不是属于具有此"身"的妇女本人的。试问此种"人"和钱的交易，比之普通货品和钱的交易，有何差异？最多不过是以"人"代货而已，至于其为交易的性质则一。当为一个"人"的妇女，而竟任别人当为货物一样的转让，而竟被社会将其独立自主的人格抹煞掉，这已够充分说明妇女地位的低贱了。

因为妇女地位低，她们遂往往被当为奴隶一样遭受虐待。榆村也如中国其他农村一样，丈夫打妻子是家常便饭。我们在村里就亲眼遇见过两桩丈夫打妻子的事。一桩事是起因于婆媳不和，儿子刚从外面回家去，听见了母亲一番责难媳妇不是的话，于是那位丈夫——一个受过高等教育的丈夫——就借词妻子用钱太多，着着实实把她痛打了一顿。另一桩事是起因于后妻和前妻儿子不和，那丈夫——一个带儿子上门的丈夫——祖护前妻儿子，竟将后妻毒打到晕倒过去，半天不省人事。像这类的事情是非常普遍的，轻则骂，重则打；多数妻子常是逆来顺受。我知道曾有一个身强力壮的妇女，被她吸鸦片烟瘦弱不堪的丈夫累次毒打，那女的竟不敢还手一次。据说村里曾有过妻子被丈夫逼得跳井自杀的事例，也有过妻子被丈夫逼打得逃走的事例。像这类事真是不胜枚举。普通情形，妻子被打一顿完事，事后当妻子的也不再理论，旁人当然更不去打抱不平；就是被打死了的，只要娘家不出面追究，仍可草草了事，地方上的看法：丈夫打妻子，习以为常，毫不足怪，甚至认为理所当然。除非在特别严重的情形下，像上述那桩丈夫把妻子打得晕死过去的事发生后，乡公所曾将行凶的丈夫拘押起来；但当那妻子复醒转过来了，乡公所即将那位丈夫释放出来，原来那位丈夫在村里是无权势和地位的人，否则连那几小时的拘押都不会有的。

上面所指村里妇人挨丈夫打骂，均限于因家庭日常生活上细故所致，若是妇人犯了不贞的事，情形就更严重了；丈夫可以将妻子用绳索吊在梁上，让妇人光着身子挨皮鞭。如果丈夫愿意的话，还可请村里其他男子帮忙打。而一班男子遇着别家妻子不贞的事，也多自告奋勇的去打，仿佛非要维持"正义"不可！相反的，若是丈夫不贞，则大家若无其事，妻子除与他吵闹一番外，竟无可如何。除非其不贞事牵涉到村里其他人的利害，因而触犯了其他人的愤怒，才会闹到乡公所或村里公众团体去，由公家出面惩办；但决不能像对付妇女一样，可以在家里用私刑。这里我们见到女子比男子的人身是如何没有保障！在这样一般人民的身体和权利均少保障的国度里，男子若和女子比起来，似乎又可算得是特殊阶级了！

特权和享受似乎是相结成不解缘的。在贫苦的农村中，当然谈不上洋楼和汽车一类高级的享受；农村里所谓较优越的享受，就是不做事而能吃饭"闲散"而已。我们曾见到村里有些男子，终日闲散游惰吸烟赌钱，却很少见到游惰不做事的女子。这并非女子不好游惰，而是女子不能游惰，不能获得游惰的权利。所谓"各尽所能"，对男子言是随他尽不尽其能；对女子言，则是非尽不可的。所谓"各取所需"，对男子言，是予取予求，直至败家而后已；对女子言，则是取之并非易事。所以男可不工作而仍尽情享受，女虽工作而不得较好享受；男的往往挥霍无度，女的却无从挥霍起；男的可随家财之增而扩大其消费，女的则不能如此。总之，村里妇女们是在工作上尽义务多，在消费上享权利少。比之男子们，刚好成一相反的对照！

造成男子在消费上可以任性而女子却不可的主要因素，也许要归之于财产继承和所有权上去。大家都知道，在中国传统社会中，家产是由男子单系去继承的；榆村也没有例外，女子并没有承继权。虽然我国新法律中早已规定男女同等享有承继权，但事实上在乡间仍是按照旧传统而不是按照新法律去处理继承问题。在旧传统的规定下，不用说出嫁到别家的女儿无权继承财产，就是在家里招赘的女儿，也只是用赘夫名义而不是用女子本人名义去分享家产，在赘约上明明写着赘婿对家产的继承权利是："有子均分，无子独受。"等到正式分家时，更由赘婿具名于分家文书上并承继到所分得的那份财产。当然我们不能否认：赘婿之所以有权承继女家财产，乃是通过女子的关系而来的；但女子只是赘婿得到继承权的根据，而承继到手的财产，乃是由赘婿而不是由女的去支配和处置的。可知即使在招赘的情形下，仍没有改变男子单系继承的原则，将继承权交给女子手上。

无论如何，在农家，女子是无权处置财产的——即使在夫死子幼由妇人当了家的场合。主妇不过管理着全家生产和消费的事物，一经涉及财产处置的问题上，即超出了主妇权力范围之外。例如转让一笔田产，无论是买进还是卖出，在转让的文书上均不能由主妇具名，而需用她儿子的名义。因为只有儿子才是家里的真正主人，有处理和转让财产之权，至于寡母不过是暂时代幼子摄理家政而已。

可是在几种特殊的情形下，女子也可多少分沾到一点家财的。一是养老田：在分家时，通常总提出一小部分田产留给老年父母作养生送死之用。父母均在时，这田仍是以父亲的名义留下的，如果父亲早死单留寡母在，这田才算寡母所独有。这份田产的数目很小，仅够维持老人生前最低生活费用和死后送终之需。不像儿子们那样，可以根据继承权去均分家产。其次是妆嫁田：当分家时，间或也有父母为年幼未嫁的女儿留下一点妆嫁田的，作为女儿嫁前生活的辅助和出嫁时置嫁妆的费用。但这须看家产是否富裕，父母兄弟是否愿意如此作；因为是否拨划妆嫁田之权，须由父母兄弟去决定，女子本人无权要求。所以遇着父母兄弟狠心的，就一点田产也得不到，以后生活纯靠女子自己赤手维持，将来出嫁就靠男家所付身价钱随便置办点装奁了事。最后要说到的是脂粉田：遇着好的家里很阔气而本人又特别为父兄所宠爱的情形下，一个女子在出嫁时可以很幸运的得到一点脂粉田，这田是拨归女子经管的，由女子自耕或出租均可，但不得将其出卖。换言之，女子对其所得脂粉田，只有无偿的使用权，而无所有权。那种无偿的使用权也只限于女子在生的一段时期内，等到女子本人死后，这田仍须归还娘家的兄弟们。脂粉田也像妆嫁田一样，乃是出于父兄的恩赐，不赐时女子也无权要求。而且脂粉田还不如妆嫁田那样可以由女子自由转让。从上述三种特殊情形看，并没有根本改变或破坏农家家产由男子单系继承的原则，不过是在单系继承的原则下，偶有因顾及女子生活问题而设立的一种补救办法而已。主要的家产还是由正式的继承人——家里男子们——根据继承权而均分去了，只在特殊的情形下，才酌量留下一点点给生活上需要补助的妇女们；这是在仁慈和救济的意义下，才分沾到一点余滴的，显然和根据权利——即份有应得——的性质截然不同。所以即使在上述特殊办法实行的情形下，我们仍可维持女子无权承受家产的结论。

上面所述种种事实，都足以说明农村妇女在权利和地位上处处不如男子，处处受到歧视的一般。尽管妇女在工作和义务上贡献很大，并没有完全改变此种不平的歧视，而提高其地位。

四　女子生活的保障

因为女子无财产继承权，财产是属于男子的，所以只能通过男子的关系，女子才能共享——不是共有——到财产的利益。能将财产给女子共享的男子，不外女子的父亲、丈夫和儿子。依照女子的一生，幼年时靠父亲，出嫁后靠丈夫，晚年靠儿子。这三段生活史是归属于娘家和夫家两个生活环境中，出嫁前，幼年和少女的生活是在娘家过的；出嫁后，壮年和老年的生活是在夫家过的。因此谈到妇女生活保障，就要涉及她和娘家的父兄，以及夫家的丈夫与儿子的调适情形。下们就根据这"两个环境"和"三个阶段"作线索来讨论妇女生活保障的问题。

一个女子在娘家这段生活，比较问题少。幼年在父母的抚养中长大，和男孩子的情形差不多。虽然待遇上或不免要受到多少歧视，但只要整个家庭经济上过得去，女子幼年生活当不致成问题。稍长，就一方面帮母亲做做家事和田地里的工作，一方面进行择夫婿出嫁。出嫁后，娘家生活即告一段落。以后的问题是在夫家方面了。这是妇女生活的一般情形。

但若遇着了某些特殊情形：如在娘家分家前尚未嫁得出去的，尤其是在分家后父母又死去的；又如出嫁后和夫家调适不好再转回娘家来的；那些女子所处地位就比较尴尬甚至不幸了。娘家财产，如田地、房屋、家具，主要的是分派给女儿的兄弟，轮不到女儿份上去。而女子既未分到房屋和家具，最多得到一点不够供养一己生活的妆嫁田，试问分家后，她的吃住怎办？靠兄弟吗？要知分了家的兄弟，多是各人忙着自己的小家去了，鲜能注意到姊妹的生活问题上去，兄弟不比父母，也不比丈夫，可以把她当为家庭一份子收留进去，许其共享其财产的利益。从前在父母主持的大家庭里，她还能算作家里一份子，一直到出嫁为止。这"家里一份子"的资格，不必等到她出嫁，就随大家庭的分裂而取消了，在兄弟的新的小家庭中，她最多只能以客人和寄居者的身分被收容而住下。但接不接纳她的权柄，全操在兄弟手里，接纳多少时候，接纳的条件怎样，也全视兄弟的慈悲而定。无如慈悲观念碰不过铁的利害打算，一般兄弟们，并不愿意收留未婚的姊妹去他们家里长住。因为女的自己没有田产，即使得到一点妆嫁田，究竟数目太少，兄弟们一考虑到姊妹当前生活和未来出嫁所需费用，就生怕收容下去使自己增笔负担。就算兄弟良心好，不计利害而愿收容她，但被收容后怎样和兄嫂或弟媳相调共处，仍是问题重重。然而可以断言的，就是如果调适不好，她除了退出那家外，并无提出满意不满意的要求的权利。反之，兄嫂或弟媳则可以对她提出要求和责难，必要的话，可随时逐她出去。——这是一种寄人篱下观人颜色的难堪生活啊！

所以凡是有父母健存的，由分家游离出来的未婚女，总是愿意依着父母住。求靠父母远比求靠兄弟好，当父母的总有一番爱护和体恤自己女儿的心情，不至于不加收容，也不至于在收容后过分给女儿难堪。可惜分家后的父母，所留养老田不多，难于有力对女儿照顾周到。又在父存母亡的情形下，女儿依着父亲，也有许多不方便之处；较不如在母存父亡的情形下，依靠母亲为好。更有些父母，在分家时并不留养老田，完全靠儿子们轮流的或分派的去供养，在那种情形下，女儿只能伴着父母一同到兄弟家过寄食的生活。

至此，我们不妨举出两个实例，来补充和证实上面的概括性的说明。例一：榆村中屯某户有个女孩子，年纪还只十六岁，尚未出嫁，可是家已分了，父母又已双亡，兄弟与她意见不合，不能在娘家容身，被逼得寄居到同屯某寡妇家，帮人做田，卖工过活。

又有一个例子①，虽是发生在路南县的某村，但由于该村的家庭结构和财产处置情形和本村的很近似，不妨借来说明上面的分析。那村某家也是有个女孩子，在分家后还未出嫁，母亲已死，只好和父亲一块儿吃住，女儿做饭，父女分房住。没有多久，父亲就死去了，留下的养老田全被她三位哥哥卖掉作父亲丧费之用，丧费用剩的钱，也被哥哥们分光了。她除两工妆嫁田外，无房亦无家具，势非寄居于哥哥们家里不可。但没有一个哥哥愿收容她，为的是她田少不够维持她一年生活，而每位哥哥各有得十四工多田，乐得各自管各自的小家，不和妹子打往来。逼不得已，那女子只好恳求堂叔出面代为向她二哥说情，因为二哥对她的感情比较还算好些。好容易获得了她二哥的同意，把她收容下去。而她的那一坵妆嫁田，也就归她二哥耕种，田上收获全部由二哥收去。此外，她还得帮二嫂挑水，打扫和洗抹厨房用具，以及晒谷物和背谷物的工作。她只能在晚上偷空编点草帽，卖出作自己零用钱。二嫂却找故欺侮她，处处占她便宜，有时向她借零用钱，过后就不还给她。她总是逆来顺受，既不敢向二嫂抗争，也不敢禀告二哥；而二哥也乐得假装不知情。如此过了两年，当她十六岁时，二哥就委托舅母做媒，草率急切的把她嫁给了一个裁缝，扣着妆嫁田不给她，就连陪嫁的新衣服也没有代她制一套。在兄妹"感情"尚好

---

① 游钜颐：《分家与农业经营》（云南大学社会系毕业论文）。

并有叔父说情的情形下所博得的待遇尚且如此！若是情形更坏的，真不知将要受到如何可怜的待遇？

较好的办法，是趁分家前嫁出去。夫家是为妇女安排下的壮年和老年生活处所，它把妇人由她娘家接过来，承担了她娘家已不能继续担当而交付过来的任务。妇女在夫家取得了家庭一份子的资格，正替代了她在娘家所失去的。从此她是以夫家为家，而不复以娘家为家了。这就是妇女壮年老年生活的传统安排。但在这安排中，是否能够没有坎坷而顺利的过活下去，就得看今后在夫家适应情形如何而定。（一）她是否能和丈夫及丈夫的家人如翁姑合得来。（二）她是否能生育儿子。（三）她的丈夫是否不会夭折。以及（四）晚年她儿子是否不会先她死去，不会游荡得谋不到生活，不会忤逆她。这些情形如果全是正面的答复，则要算她非常幸运。否则的话，她能不能在夫家安下去，是否安得幸福，晚景将怎样，就难免要成问题了。

谈到妇女和丈夫及其家人调适情形，是非常微妙、变异、复杂而不易作科学的一般处理的。虽然，我们仍不妨从妇女在夫家所处情境中去分析妇女生活上可能遭遇的种种问题。上面说到：一个妇女不能终老在娘家；而且莫说是终老，即使出嫁晚点，家分了，就失却在娘家容身的余地。所以她们到了一定时期，即非出嫁到夫家不可。出嫁后就不容易打回去，娘家已不复是她们的家；硬要回去并可能回去了，也不过是依托父母兄弟而过着一种寄食的生活；且不说，父母会死去，兄弟会变心，寄食生活究能继续多久，都不无问题。寄食是不同于一种家的生活，得不到家人的温慰、互助和保障。所以退出夫家即不啻退出她仅有的家，此外别无作她退路的家了。这种事势使得她们非在夫家求适应不可，即使是种委屈的适应，也不能不委屈一下，除非万不得已，谁愿轻于破裂，谁敢冒破裂以后的危险。如果不幸破裂了，所牺牲的不仅是家庭生活，而且同时牺牲了对于家庭的共享权利。丈夫可以没有妻子而仍有他的财产在，生活不致马上成问题；妻子离了丈夫，即无家亦无财产，完全要靠两手糊口。这后果是已婚妇女所不能不考虑的，不得不在夫家委屈的求适应。难的是委屈不一定能适应，因为不得不委屈，可能就成了多受委屈的原因。后面没有退路，要退就退在无家无财产的孤立无援无恃的地步，前面是一个属于丈夫的家，家产在丈夫或其父亲手上，家人是丈夫的父母兄弟姐妹，家庭的社会关系是建立在丈夫基础上的。一个孤零零的女子，进入那样一个家，要和那些远比她势力强的家人谋调适，不委屈简直不可能。当然，也有些妇女遇着丈夫及其家人待她好的，但那是可遇而不可期。当然，调适好坏，要由妇女本人性格和态度决定一半。当然，夫妇不和或决裂了，对丈夫也有不利。然而妇女在决裂中所牺牲的，实远比男的大。这条件已足使妇女不利了。她或是不惜决裂而担当决裂后所有一切不利于她的后果，或是安于夫家委曲求全，二者必择其一。大多数妇女都选择后一条路，她们的生活，在付出了重重委屈后，得到了保障。少数的妇女走前一条路，收回了委屈，却付出了牺牲家庭生活和财产享受的重大代价，完全靠出卖劳力过活。二者何去何存，虽然任她选择，但无论所选择的是哪一条路，都并不能使人认为顺适满意。

在夫家适应的问题，委屈卑恭是必需的条件，但并不是足够的条件。除此以外，她还须能生育出男孩子来。若是她自己或丈夫的生理上有缺憾，以致婚后多年无生育，或单单生女而未生男，则罪过落在妇女身上。且不说无子养老的问题，就在年壮时，即要失却丈夫及其家人的宠爱和欢心。村里某富家的媳妇，因婚后无出而一度失却了丈夫和婆母的宠爱，丈夫因之另取一妾，曾将宠爱归之于妾；终因妾亦无出，才慢慢回心转意而恢复了对发妻的感情；反之，那妾则陷于挨打受骂的生活中过活。那妾是一个无娘家又无谋生能力的女子，若果自动或被动走出夫家，只有饿饭一途；所以不得不在丈夫的慈悲和皮鞭下讨"生活"。造成苦难的主因之一，就是因为她亦无子。又像本村的两对母女，都因无子，以致和丈夫分居而母女相依过活的。甲妇是由于丈夫借无后为大的理由而重婚的，夫妻结成一体排斥她母女俩，迫得和丈夫分离而另谋生活，丈夫在外县开旅馆，一文钱也不接济她母女俩。于是母女二人住在本村，种着亩多园子，收点鱼塘的租钱；母亲每天上午在家门口摆小摊，卖些吃食杂货，中午把摊子移到村里小街上去，直到下午三四点钟才收摊；女儿有时在家做点打布壳一类零星活计，有时帮母亲一同摆摊。——就这样勉强维持了母女二人生活。乙妇是续弦的，单生一女，由于丈夫偏爱前妻的儿子及子媳，闹得反目离家，由县城来到本村寄居，靠女儿在村里小学教书和做手工过活。由于女儿识字能干，代母亲出面向父兄争产，涉讼到法院，父兄被逼得私下让出了一点田来，但母女仍不服，讼案亦仍未了。这些不幸事件所以发生，主因就在妇人未生得儿子。在乡间，妇女无儿是会失去丈夫的宠爱，甚至要被逼出夫家，即时陷生活于困境，年壮力强时，尚可自力谋生，到了老年，由于无子无产又无能力做活了，生活将益陷于绝境。儿子对于妇女在家庭中的生活和生存问题，如此利害攸关；无怪乎婚后妇女急切求子，未生时要求神许愿，要吃洗太子神的神水①；生子后要酬神还愿，要于年内火把节时立火把。有子不啻给了妇女一重生活保障，妻随子贵，怎得不求神酬神，不特别重视儿子呢！

对于妇女生活保障另一个重要的因素，是丈夫的寿年问题。妇女由娘家进到另一个新家庭，就是基于丈夫的关系。靠了丈夫，她成了夫家的一份子；靠了丈夫，她才和夫家家人形成各种社会关系，和获得其家中的社会地位，因而也获得其生活基地。一直到结婚后生了儿子，她在夫家的资格，才算在丈夫外，另多了一重根据和保障。因为儿子正如丈夫一样，是名正言顺属于夫家正统的人，作为"丈夫的妻"或"儿子的母"的女子，也就因攀附而得侧位于夫家系统中成为一员了。若是婚后无子而又夫死，即妇人失却了成为那家家人的根据，地位也随即动摇了。更有进者，是她可能分不着夫家的财产了；或虽分到了财产，但由于无子嗣，将使得这笔财产落于子侄族人手上去；无论是前种或后种情形，都同样使得妇人老年生活成问题。总之，一个无子而又夫死的妇人，孤零零的易被人欺凌，所以为了物质的和精神的生活着想，都非改嫁不可。甚至有子的寡妇，也还要改嫁。村里就有带着儿子去改嫁的情形，有一家，除寡媳的儿子外，家中别无男性了，可是婆婆仍让那媳妇带着孙子出嫁去了，据说因婆婆听信女儿的话，不喜爱那媳妇，让媳改嫁后，好留下女儿在家招个儿婿进去，于是女儿及其赘夫可以独吞全部家产。姑子尚想逼嫂改嫁，叔伯当然更不用说了。寡嫂抚孤不改嫁，分占了其他兄弟一份财产，不免被视为眼中钉，必欲去之而后快。在利害的打算下，也就难于发挥手足之情，因而也不愿考虑亡兄弟的后裔问题了。好在寡妇可欺，幼子无力，已死的兄弟不会说话。在这种局势下，一个寡妇要想抚孤守节，乃是难上加难了，所以年少居孀的妇人，不如改嫁为好。

至于年老的寡妇，即事实上已无改嫁可能。这种寡妇的生活，大多是悲惨的；没有儿女的不用说，就是有儿女的，也往往得不到儿女的奉养。

---

① 太子神是一具裸体中空的小铜像，村俗每年太子神生日，已婚无子妇人皆前去焚香叩拜，将水由神像头顶的孔中贯入，水经过神像体内，由阳具流出，妇人即时接饮此水，谓可助妇人受孕。

所谓"养儿防老"，在宗法严密的社区里，可算是父母的如意算盘。换在一个宗法力量比较薄弱的社区里，儿子是否肯奉养父母，就要看他孝心如何为定了。一般情形，儿子比较怕父亲些，不敢不奉养；对于母亲，就比较没有畏惧了，儿子高兴怎样就怎样，不养也奈何他不得。村里就发生过女儿连同赘婿欺负寡母的事，那是一对年轻的夫妇，经常在外面谋生，毫不接济留在村中的老年寡母；相反的，倒不时回村去和寡母吵闹，向寡母索取钱财。其实那个寡母既年老又贫穷，家里已无一点产业，纯靠她自己赚钱过活，想不到那样辛苦赚着的少数的钱财，还要被忍心的女儿和赘婿敲索去一部分！同样忤逆的事情，我们在路南县某村也见到过。① 在那村里某家，两个儿子都讨了媳妇，兄弟俩都懒惰偷闲，彼此时常责骂吵闹，父亲被逼得受不住，只好让两个儿子分了家，每个儿子分给十工田，外给长子二工长孙田，父母自己仅留下六工养老田。分家后不到三年，父亲一命呜呼，竟弃其老妻死去了。两个儿子，一点也不顾及老母生活问题，在办理父亲丧事的借口下，把六工养老田全部卖掉。意犹未足，连丧事后所余剩的九公石多谷子，也想一并提去，寡母苦苦力争，经亲友出面劝说，结果只由二个儿子提去了三公石，留下六公石给寡母。谁知那两个儿子恶念未泯，趁母亲不提防时，又把寡母仅存的六公石谷子，全部偷去均分了，寡母徒呼奈何，竟无法去对付她的忤逆儿子！如此看来，妇人不仅在中年时须要丈夫防卫叔伯和族人的欺侮占产，就是在老年时，仍须丈夫健在，以便防卫自己亲生儿女的侮谩苛索和变卖养老田。虽然如上面所举两例的忤逆情形并不多见，至少忤逆程度不至如此严重；但奇怪的是，社区中竟能让那种忤逆绝顶的事发生，事先不加制止，事后不加惩戒，即凡是老迈的寡母，皆有任族人或其子女忤逆的可能。如果这可能性没有成为普遍事实，也不过是由于有些族人和亲生子女不肯昧心而已。若是寡妇生活的保障，单是建立在捉摸不定的"心术"上，而不是同时建立在宗法和社会制裁上，则不能不为所有寡妇们的命运担心！

妇人丧偶已属不幸，更何堪寡居生活备受别人欺凌。所以丧偶的妇人，除了年纪太老的外，大多设法找再嫁的机会。我们试进而一论再嫁问题：在上面曾谈到妇人再嫁时，须在田垄间议婚，交身价钱；须趁黑夜赴男家；须反着皮袄和戴上红顶子进男家门。凡此种种作为，无异视再嫁妇

① 游钜颐：《分家与农业经营》（云南大学社会系毕业论文）。

为"不祥之鸟"。然而为了避免寡居更痛苦的生活，也不得不担负起这种种侮辱，以求再嫁。问题乃在有无再嫁的机会上。据村人告诉我们，居孀的妇人，凡年轻的，貌端正的，工作能力强的，有钱的，均比较受人欢迎。至于年老，貌欠美，能力欠强，而又贫贱者，虽求再嫁亦不可得。所以在街子上，在苦力群中，都可见到一批老、丑、穷的寡妇，在为生活而挣扎，那些都是失却再嫁机会，由婚姻中淘汰下来的。

至于能得到再嫁机会的妇女，虽算得是寡妇中比较幸运的，但再婚之后的生活，未必比新婚时幸福。（一）因为再婚妇只能嫁给再婚男，而且是些家境较坏，年纪较老的男子；凡是年青家富的男子，丧偶后，仍不难取得着闺女，闺女比寡妇身份高，在选择中，后者自不如前者受人器重和赏识。所以再嫁去的人家，往往不如新嫁去的人家好，在后夫家的生活大多不如在前夫家好。（二）因为后夫家里大多有前妻留下的子女，调适殊为困难，若再加上自己带去的女儿甚至儿子，则调适问题更复杂、麻烦和困难了。前面述说过村里某一男子曾因袒护前妻的儿子，而责打后妻至于晕死的地步，正好说明后妻和前妻子女间调适问题的严重。要之，女子是依婚嫁而改变其生活环境，再嫁一次，即改变其生活环境一次，愈再嫁而环境亦愈坏。固然守寡不好，但再嫁又何尝是理想之策！

最后，试一论招赘与妇女生活问题。由于招赘婚是男子上女家的门，女子婚后仍住在娘家，未因婚嫁而改变其婚前生活所在的环境；反之，赘夫则换到一个新环境中来了，必须重新谋适应。这对于女子自较对于男子有利些，因为女子本人可以省却由婆媳和姑嫂关系所引起的纠纷，仍然依在父母兄弟身边，亲人比之陌生人也较易相处。而且由于这种婚姻的成立，她在娘家的地位也由"客"变"主"，可以由丈夫出名去取得娘家家产的继承权了。而所承受的田产房屋，虽是丈夫具的名，但究竟是她娘家所有，通过她和娘家的关系才能承受到手的，是丈夫沾她光，而不是她沾丈夫光，这也足以使得招赘的女子比之出嫁的女子，在丈夫前的地位要好些。不过若认为招赘婚的夫妇地位刚好完全反过来了，那也不近事实。例如财产仍用丈夫名义而不用妻的名义去承受，实无改于男系继承财产的原则，只不过把"系"的限制由嫡血的儿子推广到非嫡血的赘婿而已。随着婚后日子的增加，妻子的优势也就逐步下降。因为慢慢的赘夫就会在新环境中建立以他为主体的社会关系和地位来，于是一天天比妻子的势力加强，所以能见到赘夫打妻至晕死的情形发生，也见到赘夫重婚而弃发妻不顾的情形发生。只要财产权在男体系手里和社会以男性为中心的情势不改变，以招赘代出嫁方式，并未能根本改变妇女的地位和生活，最多不过稍微改善妇女在丈夫前的地位而已。但在另一方面，妇女却因招赘受到了间接的损失。入赘的男子，均是比女家较贫贱的，故事实上她是选择了一个不如自己的人做丈夫；反之，出嫁却有可能性找到较娘家有钱有地位的夫家。再者，赘夫虽在名义上可以和自己兄弟平分财产，但实际所分得的总比较少些。有些情形所示，在分家时，赘婿往往意外的受歧视，意外的受到不平等的待遇，以致只分到些坏的家具，坏的房子，和坏的田，田数也比其他兄弟少些。这直接是虐待赘婿，间接还不是虐待了女儿。夫妻是一个共同生产和消费的团体，丈夫的损失，也即是妇女的损失；分产上如此，在家的发展上亦如此。在农村，不管是由出嫁或招赘所构成的家，家主同为男的，故选了社会地位低的赘婿，即不啻选了社会地位低的家主，因而降低了家的整个的社会地位。地位高低，不单是面子问题，它还关涉到事业发展的机会好坏上去；所以地位低的赘婿，在事业发展上也多少要受到损害。虽见丈夫受损害，妻子并不能代替丈夫的地位去发展去活动，在此男性中心的社会中，还得让赘夫出外张罗。所以以招赘方式结婚的妇女，在丈夫前可能占点上风，在社会前却落在下风，得此失彼，这里没有两全之策，留给她们！

五　工作与妇女人格的发展

上面谈到妇女的生活，必须依靠家庭而得到保障，开始是娘家，后来是夫家。在娘家时，一当"父母之家"变成"兄弟之家"以后，即顿失依靠；在夫家时，无论是丈夫的夭折，子嗣的夭绝，以及与夫家家人相处失和等等因素中的任一个因素，均足以使其依靠陷于不稳状态甚至失却依靠。——她们是安排在不太靠得住的"依靠"上！其实，所谓"依靠"，乃是依而不靠，除了在孩提时，每个女子都一直是在工作着，闲散只是男子的专利，何尝轮得到妇女！妇女不工作而闲在家里吃闲饭，这是难得有的例外事。她们似乎是注定了要工作才得有饭吃。她们虽依在家里，却是靠工作吃饭。——在夫家如此，在娘家又何尝不如此！

奇怪的不是妇女都在工作，而是妇女大都起劲的去工作。这不可能完全是皮鞭的作用，因为用皮鞭鞭策工作，必须不断的鞭策，才能使工作进行不断；而要维持不断的鞭策，并不是一件容易事；即使执着鞭子的男子有这股勤快劲儿，无奈事实上也做不到，很多男的还有其他工作要做，往往还得离家赴外处工作。然而我们并没有见到由于男子离家而使得女子在工作上表现松懈的现象。何况鞭子的效率，最多不过能鞭策着人去工作，却无法鞭策着人起劲的去工作。

这也不全是由于休戚相关之感使然，因为有些已无家庭可以产生休戚相关之感的妇人，仍不失其工作的劲儿。又有些处在显然不太和乐的家庭中的妇人，也并不对工作不起劲。对于这两种妇人的工作能力，似乎用不上休戚相关之感的理论。

较适当的解释，似乎从妇女的处境中可以探索一二。上面说到，社会虽替妇女安排了生活其中的家，最初是娘家，继而是夫家；但要想生活其中，并非易事；付出了多少眼泪和血汗，有时还不得生活上的保障。她们虽大多走那条由娘家而夫家的路，但她们自己明白那并非一条千安万妥的路。本村三爷的女儿和她的女友和同学们，都是十几岁的少女，尚未出嫁；大家在一起就叹惜女儿命薄。耳闻目见身受的实例太多了，她们从自己数到别人，从亲人数到生疏的人，从少女数到老妇，絮絮不绝话着各种情形，各别的，大大小小的，关于妇女的不幸遭遇和苦痛。事实是最好的教训，一般妇女的遭遇，正系一面社会的镜子，每一妇女可以从中照见自己未来命运的轮廓来。怎样去对付自己未来的命运她们也可从此中参照出一些办法来。对于她们，婚姻是什么意思，工作是什么意思，从现实里清楚了解，很少幻想狂想的成分掺杂在内，——像都市妇女那样所有的。在农村妇女看来，婚姻是个未来实际生活问题，不是什么紫色的美梦，可以供陶醉。工作也是个实际生活问题，不工作不得饭吃衣穿，没有侥幸和取巧之路。十二岁的赵淑爱，每天下午忙着赶街子做小生意，从生意上积下些私钱来，不为家里穷，要愁日用，而是预备出嫁时能有一笔私款，像村里一般女子一样，可以置些嫁妆用品；或者还留下一些钱作嫁后私用。论她个人现在所处环境，娘家田地多，又开了个大布店，未婚夫家也是富有的商家。依常情讲，婚嫁时应不会寒酸，婚后生活应亦无问题，似乎无劳她多此一番用心。然而她仍自动的去筹营，正因为她意识到夫家财产是可能享受而不一定可享受到，可能依赖而又不一定可依赖；因此她不能不作不可依赖时的准备。情形相同的例子是十四岁的延龄，父亲当中学校长，有田有布店，仅此一个独女，爱之如掌上明珠。但是那女孩子假期由学校回家，每日总要做些事，收获时帮着晒谷子，闲时就偷偷的溜到织机上学织布，不是为了当前生活，更不是受了父母的逼迫，而是为了较远的一种准备，准备婚后在夫家能正式担负起工作，必要时可借此独立谋生。我们诚不能不惊奇于她们对于生活问题顾虑之早、之远、之深，在上述实例的情形看来，那些顾虑似乎不必要；然而谁敢担保她们未来生活定有着落，不需要靠自己工作过活。她们的顾虑，正是从实际例子里体会出来的；她们如此做，正是把生活问题摆在实际可靠的自力基石上，而不是摆在不可靠的依赖别人的浮沙上。处境的安排，使她们有自力的需要，自力是解决和保障妇女生活的不二法门；而从自力的实践中，她们更体会到自力的快乐和自尊。下面即接着对后一层加以申论。

虽然好逸恶劳为人之恒情，为了衣食的驱策而去工作是相当痛苦的。但由于工作而得到的衣食享受中，却也别有一番自力的快乐和尊严。工作不全是痛苦，也能产生快乐。正因为这些快乐，才使得人们不单是消极的被动的去工作，而会有时候积极的主动的去工作。若是工作者对于自己工作的意义有种了解，知道工作对自己某些希望和欲望相关，由工作可以满足自己那些希望和欲望，则工作有了目的，也就成为快乐的源泉。在传统农村的家庭中，妇女既无财产，又无经济支配权，手头无钱，要用钱时得向父母或丈夫手上讨；不要说难得全如己意得到所要求的，就幸而遇到了慷慨的父母或丈夫肯随时给钱她们用，但要求的人总不无顾忌或发生难堪之感。不如靠自己工作去赚来的钱，可以由自己随意支配动用，以满足自己某些欲望。当然，女子工作所得，无论在未婚或已婚时，并不都积作私房；——这在事实上也不可能，因为替家庭所作工作，都是无给的，只有替别人服务的那部分工作，才可能取得现款报酬；而且已挣到手的钱，大部分仍是交给全家用去了；特别是穷苦人家的妇女，挣的钱大多拿出去养了家；故妇女可能私蓄下来的，只是工作中有给部分中的一少部分钱而已。——但工作仍为私房的主要来源，不工作就根本谈不上私蓄的问题。如此由工作而私蓄，由私蓄而能保有一笔可供自己自由动用和支配的钱，不用向父母或丈夫伸手，即可满足自己一些小小的欲望。这里面就包含了由自力到自主所有的快乐和尊严。

工作之于妇女，当然不止于私蓄以满足自己欲望一方面的快乐和尊严，有时更可扩大到有关全家的福利方面去，企图帮助全家兴旺，并从工作中一步步的去实践那企图，从而意识到自己的能力，和对家庭那番伟大贡献所引起的快愉和自高自傲。这最好拿本村那位女教员作例子来说明。那位女教员和母亲住在本村，靠教书、刺绣、养猪，和经营农田维持生活。她丈夫在昆明某机关任职，往往寄些钱回家，但她将那些钱全放出去生息，不肯动用。暑假里，丈夫会回村接她去昆明，她却不同意，说是"想在此地再住一年，买些田地，以作将来退身之步。待一年之后，置就了产业，再和母亲一道去昆明和丈夫同居"。这里更清楚见到一个女子，对自己的家庭在怎样计划兴家之策，并怎样准备靠自己工作以实现那一计划。她要对家庭表现出一些成绩来，她不愿单是仰食于丈夫，她充分意识到自力是可以自尊的。她累次都向我们提及她自己养活自己而不去仰仗丈夫的事，并不惜有声有色的描绘她怎样刺绣，怎样拿去市场上卖，以及由村去市场途中往返情形。言谈间傲然自得。不管她所说的有多少夸张不实之处，而那种自得态度已足表明：一个女子如何把工作视为一种光荣，认自力为可珍贵，相信自己有能力可以达到自己的希望。——一种不止自助，并能助家的希望。她的希望引导她工作，她的工作引导她快乐，她是有理由可以自傲自尊的。

妇女既具有工作的能力，这能力在正的一方面，可以用来养家，甚至助丈夫兴家，如上述女教员的情形。但有时亦可用在反的一方面去抵抗丈夫或其他家人的暴虐，农村妇女是安排在权力小，地位低的一种可怜处境中。丈夫打妻子的事，简直是家常便饭；甚至有些丈夫贪吃懒做，游手好闲，嗜烟烂赌，完全寄生于妻子，而又时时要挟其妻子，稍有不遂，就打起妻子来的。虽然，大多数女子都是容忍了事，但有些性质倔强的女子，却起来反抗了。村里闹离婚，闹分锅的事，已经发生了多起，年轻夫妇闹离婚，年老夫妇闹分锅，在分锅的情形下，夫妻各吃各的，各人挣钱养活自己。在这些离婚和分锅的纠纷中，大多是妇女方面主提出的，即是妻子要求和丈夫离婚或分锅吃。例如张某家，夫无能而又凶恶，婆母亦狠毒，妇人平素备受虐待，徒以为儿子福利计，不敢与夫家决裂。其后儿子夭折，妇人即回娘家，终于与前夫离异再嫁了。又如某氏，与夫结婚三年后，由于不满丈夫贫穷而又吹着大烟，即回娘家长住，在街子上卖糕，帮娘家老奶种田，遂赖此取得寄居权和维持了一己生活。一住已几年，夫家累次去接，氏执意不回，要求离婚；其夫硬不同意，说是如能再给他娶个妻子便可答应此事。双方相持不决，仍处于一种不即不离的状态中。又如那某的妻子，就是因为不高兴丈夫偷懒而回娘家，与夫离了婚再嫁出去的。在上举一些例子中，全是女的主动要求离婚，在乡间，离婚时，女的并得不到赡养费。如果由男方主动，只可退回嫁妆去。至于由女方主动的，不仅不退嫁妆，而且要由女方赔给男方那笔身价钱，在领不着赡养费甚至另须赔钱的条件下，居然有些女子敢于提出离婚要求，仗的就是自己工作能力而已。此外，娘家撑不了多少腰，回到娘家住下，一面要帮娘家人做纯尽义务的工作，一面又要靠自己工作养活自己。若无工作能力，就难于出走到娘家去。村里有一位当妾的妇女，由于自小生长在城市里，不会种田，也不会做其他活计，虽然受婆母虐待，受丈夫打骂，始终不敢提议离婚，只不过哭一场，怨一场，口口声声要图自尽。其实要逃脱那种命运，既不能自食其力，不死何待！不能工作的妇女，根本不能摆脱丈夫的压迫。至于能工作的妇女，必要时就可用离婚方式和丈夫断绝关系。

妇女既留下这最后一着棋子可走，当丈夫的，在对待其妻子时，多少要考虑一番，不敢毫无忌惮的压迫她们，因为离婚虽然给女子损失很大，但对男子也不是全无损失的。娶一个妻子是很费钱的事，即使前妻赔还了身价钱给他，也不过抵偿其损失之一小部分而已。再娶时，必须再筹出一大笔钱来，这是贫苦人家所无法筹到的。再者，凡被妻子遗弃的丈夫，大多不是好东西，不会做事，不会赚钱，生活还大多靠妻子养；发妻走了，其他女子由于前车之鉴，当然不易去上当了。因此男子也并不愿轻易离婚，诚恐离后无钱续娶，更恐无妇女愿上门来。但要使得妻子不走，自然非改变或收敛些对妻子无理的横蛮态度不可。——妇女也不是可以无条件的受人欺凌！她们用自己的手去工作，靠了工作，多多少少争取了一些地位。据村人说，当织布业兴盛的时候，妇女收入多，地位也确实好些。这里明明见到：工作和妇女地位的提高，多少是有些关联性的。

虽然，靠了工作，妇女可以有恃无恐的提议离婚，但那究竟是不得已的最后办法。因为离婚一事就够噪闹了；若已生儿育女，弃之既不忍，由己独立抚养，又不免拖累太重。而且再嫁也非易事，更难嫁到个硬是如意的丈夫。所以与其婚后闹离异，反不如在婚前慎重为好。不过有些女子的配偶，是从小由父母选定的，在订婚时，因为年龄幼小，女子本人没有选择能力；男的亦在幼年，将来成龙成凤亦不易看得清楚。订婚以后过了若干年，有的女子才发现或了解了其未来配偶的种种缺点，怎肯再错一步与之结婚，何如趁早解除婚约，解约比之离婚究竟要妙得多。以此有些女子，就主动的向男家提议解除婚约。村里杨家某女，自幼许予某男，现女子已经长大成人，自己另外找到了一个如意对象，打算招去上她家的门，因此向其未婚夫提出解约要求，无奈男家不允，闹到法院，女家一再败诉，但女子仍执意要解约，已由村人出面代为调解其事，结果如何尚未定。又有杨家某女，与某男订婚后，发现其未婚夫行为不检，另有外遇，也是打算另招姑爷上门，欲与未婚夫解除婚约，女母及男家均反对解约，所以此事一直悬而未决。这两个坚毅勇敢而有远见的女子，为了免得将来婚后受痛苦，正在作殊死斗，要去挣脱那种明知其将于己不利的安排；她们能工作，所以有勇气，也有力量去挣脱。法院和母亲的强制，恐怕终奈何她们不得。据说村里这些年来，专由父母包办的婚事已逐渐少见了；婚前须要征得子女本人的同意才可以订婚和结婚。这当然是由新知识和新观念贯输到那地方去了，但使得这些观念能付诸实行，却不能不归功于妇女具有工作能力那一重要事实了。

闹离婚或解约的，多是年轻夫妇。年老妇人与丈夫不合时，就另采取一种分锅吃的方式，即是分开住，分开吃，各管各的生活。如前面所提及的两对母女，因为母亲和父亲合不来，带着女儿另外起火，另外居住，生活上另自成为一个单位。那就是分锅的实例。又如那姓某家，大子和大媳去外县开皮匠店，全不顾念父母；二子独身在外游手好闲，也是自管自；留下一对老夫妻在村里，夫年已六十四岁，妻年亦已六十一岁了。这对老年夫妻，居然也闹意气，彼此分锅吃，老夫在村里做补破鞋的挑担皮匠，此外还种了近三亩的田，生活还过得去。老妻就可怜了，既无田地，又无手艺，全靠卖工过活。那种晚景是够悽惨的！但是为了不肯讨丈夫或子婿的脸色过依人求吃的生活，仍要拼着最后一点气力，挣口硬气，自食其力，其情可悯，其志实可嘉！

六 妇女问题的症结

从上面各节的叙述和分析中，我们可以见到：在中国传统农村中，一般妇女的命运是够悲惨的；权力小，地位低，而又义务多。她们是处在重重的压迫下，不易伸张；仿佛有一个不可冲破的铁幕在囚困着她们。——是一个家庭无给制，男权和财产权所组合成的铁幕。这三者把妇女紧紧的桎梏起来了。我们试就此三者由分别的到总合的加以论列一番，以明农村妇女问题症结所在。

　　首先我们一论无给制妇女问题：无给制是我国农家主要特色之一，它是和共同消费共同生产自给自足的共产制家庭配合在一起的。农村里主要的生产工作是种田，恰好这种种田的生产事业最适于以一家当为一个单位，田场由一家管有，全家住在田场附近，家人就一同参加田场上的工作，田场既小，也不常雇用外人。这批共同参加生产的人，既是共同消费的家人，生产的结果共同享受，所以不用另外给付工资。而生产的结果——田上的收获物——在收获后，也一总由家长掌管了，全由家长支配和动用；以至从事生产的子女，既拿不着工资，又拿不着生产的结果去由自己支配。恰好妇女所从事的工作，如家事、农事和织事，既全是在家中工作，容易受到管制；又主要的是为自给，少有进到交换经济去取得现金酬报的机会，以至其工作的贡献和价值亦往往被忽视。我们可以举出一个实际例子来说明在无给制下，妇女的工作价值被家人所忽视的情形。我在昆明居住时，曾经请了一个女佣人，那女佣人的丈夫早死，她原先住在娘家，天天煮饭、挑水、洗衣、磨麦、养猪，帮娘家做了很多工作，拿不着工钱，只吃到一点饭，衣服都破破烂烂，不给她缝点新的；而且还时常挨母亲和兄弟的骂。自从帮我家后，每月拿了工资，就替自己做衣服；不到几个月，全身焕然一新；还剩下了一点钱，偶尔买点橘子和糖食给娘家母亲吃。娘家的人倒比以前瞧得起她了，带着另外一种识赏的神色看她，她自己也觉到在娘家人前面比从前神气些了。论理来说，她以前帮娘家做许多事，现在不帮娘家做事，仅仅给了一点小惠给娘家，所贡献的还不如以前给娘家的大；可是她在娘家地位，却反而比以前高。这是什么道理呢？就因为娘家把她的无给的工作的价值忽视了所致。她从前虽有贡献，却没拿着工钱，娘家人遂未能理解那种贡献是值钱的，以此虽得到了她的贡献，还不觉得应该感谢她；现在她把力气由家拿到市场上，换到了现款的工资，凭这工资，才把她曾被隐没在无给制下的工作价值显示出来了，"她也能赚钱，而且似乎赚得不少"，怎不令娘家人另眼相看！像这种把隐没在无给制下的工作价值忽视和抹煞掉的情形，是很普遍的。乡下人有时骂妻子，"我赚钱养你，你还作怪！"言下显然没把妇女对家事的贡献认可在内，无非由于她们做的家事未取到工资，没机会用货币将那份贡献表现出来，以致完全被忽略了。无偿的家庭工作，一方面使得妇女拿不到现钱可以由自己支配，一方面使得其贡献的价值亦被忽略了；如此牺牲了动用自己工作结果的自由，还落得家人的贱视。原因不在妇女没有工作，而在她们不该在家内做着无偿的工作，不该她们没有进到交换经济中去工作。妇女如果要争得自己权利的伸张，必须在交换经济中开辟出一个属于妇女的领域来。榆村妇女进到交换经济的机会，比较其他乡下妇女都要多些，因之，她们在家庭和农村里的地位也比较别处乡间妇女的要高些。这也可以解释，何以榆村妇女能那样响亮的提出离婚、解约和分锅的要求声，反之，在另外一些自给程度高的农村中，妇女向男子的抗争声，就沉寂多了！

其次，一谈财产权与妇女问题：农家财产完全是根据男性单系去继承，只有男子有承受祖业的权利，女子则没有。虽然榆村盛行女子招赘办法，女儿招个夫婿上门后，即可在娘家分到一份财产，但出面承受财产的，仍是赘婿的名义，可知招赘并没有根本改变男性单系继承财产的原则。财产既握在男子手上，于是妇女不依附男子，就享受不到财产的利益。无论她是从父、从夫、从子，总是要从着当时握有财产权的男子。男子可以离开女子而仍有产业过活，女子离了男子即同时离了产业，成为一个无所栖止和无田地可耕的赤贫。产权直接决定了生计问题，间接即决定了男优女劣的地位。虽说男子所掌管的家财，总是要让女的去享用的；但那份享用财产的便利，乃是女子向男子低头和降低身分的代价所换来的。其实低头只不过取得共享资格，要保持共享资格不失，还必须加紧工作。但无论如何加紧工作，终不能在财产上由共享进而到共有。即使那份财产是由她的贡献全部或部分添置起来的，她也只有享受权而无所有权。总之，在添置的财产上亦如在继承来的财产上，女子均不得有所有权。女子私人不能有产业和置产业，除了一小部分私蓄，任何家产都是全家所有的，其实也就是握有所有权的男子的，当她与握有所有权的男子决裂时，她对家产的享受权即将丧失掉。所以没有所有权的享受，事实上是一种依附和受制于所有权的享受，她得依附和受制于握有所有权的男子。这样，她们一直是被财产权梏桎在男子下面。必须争得了财产权，才能争得和男子平等的地位。

在农村里，主要的财产是土地，争取财产权，主要的就是争取土地所有权，在我国新民法中，已经正式承认了女子和男子同样有继承土地的权利。这一法律上的规定，用意虽然良善，但实行起来，并不容许我们乐观。不可乐观的原因何在呢？乃在其忽略了某些客观的事实。显而易见的，是农田经营上将发生许多麻烦和困难。一个女子从娘家分得的土地，大多位置在娘家附近，但是女子必须嫁到夫家去，她的居住地因此变动了，但她所管的田地位置却移不动，于是发生住所和农田不在一处的现象。她将无法经营远在娘家那边的田地，势非将那边的田地出租或出卖不可。如此随着嫁娶的进行，田地也相应的增加了一番买卖和租佃的烦忧。兹以一个最简单的假设来说明这烦忧情形。如有一家，有田十亩，子一女一，子娶女嫁，女嫁出分去了五亩，媳讨进亦刚好带来了五亩，在一嫁一娶后，田的总数不变。不过从前的十亩都在家宅附近，可以全部经营；后来的十亩，却有五亩在远处，经营不着，非出租或出卖不可。若仍要维持十亩的经营数，非租进或买进已嫁女儿的那五亩不可。于是发生一面租出或卖出，一面又租进或买进的可笑现象，若是子多女多的人家，则租进租出或买进卖出的情形当更复杂。反之，在原先由男性单系继承的原则下，则无须增加此类纷杂而不必要的租佃或买卖关系；尽管婚嫁进行，而田地所有和经营却不会因而添出一番变动来。——如实行男女双系继承原则所引出的变动情形。

再次，要谈到由于男女双系继承所引起的另一问题，即夫妇子女间在消费和生产上怎样去划分。妻子田上收入是拨充自己一己用，还是全家用。如果拨充一己用，则丈夫亦可简单的采取同样办法，问题是家中老人和小孩们的消费，将采用什么方式由夫妻去分担？是采用合伙消费和部分的各自消费？哪些部分合伙消费？哪些部分分别消费？凡此均为最复杂不过的问题。若再加上生产上分营或合营分益等问题，则更属纠缠不清了。本来在农家中，生产规模小，消费单位亦小，应该合一省钱省事。现在由于家中所有权分划而使得消费和生产亦一一分划岂非多找麻烦，多付出一些冤枉的钱和力气。即使不怕麻烦，硬要在自给程度尚高的农家中去实行分划办法，恐怕事实上，也会发现到无法分划清楚的困难。

更困难的，是在夫妇将财产继承给子女的问题上，是否夫的财产给子？妻的财产给女？还是夫妇财产合一平分给子女？在分配时，远处田地怎样分配和处理？这里都引出了枝节横生的一串问题和麻烦来。

大凡熟习农村情形的人，都知道土地问题中如租佃、买卖、经营和继承等等，全是异常复杂的问题。由于多子继承使得农场划分过碎的结果，已引出多少不便和违反经济使用原则的困难来。所以英国有圈地运动发生，德国有独子继承田场的办法颁布，其用意乃在使田场面积加大，使农场空间整合，使农场和农宅的距离缩短，以便能收到集中经营和管理之利。我国由于工商不发达，无大城市以宣泄农村里过剩的人口，不得不大家挤在农村里靠土地吃饭，因此也就不得不实行多子继承制，必使得农场更趋于碎小，租佃问题更为复杂，对于农业经营的损害尤大。订制男女平等继承财产法的诸君，他们的眼光，只着重在维护女权一方面，而忽略了此法将危害整个农村经济的另一方面。试问若因此项法条之推行，而使得农家受了损害，则农家妇女不可能超然于损害之外而不分担一部分的。女权的提高，固然要紧；但农村经济的繁荣，也未尝不要紧。为了维护女权，而不惜危害农村经济，这办法多少还有商榷的必要！

最后，我们试论家长制的产生和根据，及其与农家妇女地位低落的关联性。在乡间，男的充任家长，和男的继承财产以及婚姻中从男定居办法，是整个的一套，以适应农村中共同生产共同消费的共产家庭的需要。我国农村中有一特点，即是生产单位亦如消费单位，均是放在家庭中。生活的那批人，也就是消费的那批人。生产结果即直接用来自家消费。生产是每一份子对家庭应尽的义务，消费是每一份子由家庭所享到的权利。但怎样使得每一份子不只享权利而不尽义务，不只消费而不生产呢？当然家人感情是一层保障，由于爱自己的家和家人，每一份子可能愿意为家和家人努力工作；但也往往由于感情的因素，不作事只吃饭的份子，也竟被家人容忍下来，或因不能容忍而致家人感情破裂。故单靠情感尚不够使人人勤俭为家，甚至有时还因感情误事。所以除感情外，这须另有约制办法。——父权和家长权即系应此需要而生。全家在家长的统率下，从事生产和消费。怎样计划生产进行程序，分配和督促工作；怎样保管和动用生产的结果；均由家长负责主持，使生产能顺利进行，消费有节制而又公允，无过逸过劳之不当，以保持家庭之和谐与完整。其实任何生产事业的进行，都必须具备相应的一套组织，一有组织就有管理和受管理者，非如此不足以约束众人共同推动生产的事业。农家既然负起了生产的事务，于是沿着家人关系很自然的将管理权交付给家产的所有者和生产中的主要份子的男子。在家长掌管之外，子女别无钱财，以是在生活上不能不一切唯家长之命是从。像这种附从的地位，对男孩子言，只是暂时的，他迟早要取得家长的地位；对女孩子言，即是终身的。不管家长的人选，最初是娘家的父亲，后来是夫家的父亲，其后是丈夫，最后是儿子，继续有变迁，但妇女附从的地位不改。只有遇着夫死子幼的情形下，妇女才有个主家的机会——一个时期不太长久的机会，而且是代理的性质，其权利仍不能和男的比，如财产权就落不到主妇手中去，妇女既终身不易有当家长的机会，在消费和生产上就不能不处在隶属于家长之下的附从地位。在那种家庭中，不做家主，就只有做没有自由的附从者。更由于女的所参加的生产活动是家事、农事和织事，活动的范围小，很少离家的机会，而且主要的是无给性质的工作，更容易受家长的控制和监视，不像男的，由于进到交换经济系统中去了，为了工作得出远门，而且工作结果，可以取到现钱报酬，家长要想对其严格加以控制，无奈事实上也不大可能。所以不仅在被管制的时期上，男暂女久；就在被管制的程度上，也是男轻女重。所以在家长制下牺牲得最多最大的，仍然是妇女而不是男子，家长制既是基于自给的农家经济的需要而存在的，除非根本改变此种传统的经济型态，进到近代工业经济型态，将生产由家庭移到工厂，将报酬由无给变为有给，则家长制无法取消；家长制不取消，则妇女地位不易提高。女权不易伸张。

由此观之，压迫妇女的社会因素，主要的就是无给制，男子单系继承财产制，以及家长制三者。无给制是基于农村自给的和共产的农业经济所造成的。男子单系继承财产制，乃为保持田场整合，使田场和住宅接近，不让田场过分碎小，为农业经营所切需的。家长制在于监督管理和计划生产事业的进行，保持生产和消费的调和，为以家为生产单位所必不可缺的条件。三者同一是为适应农村经济的需要而产生的，和农村共产经济构成一个整体，成为整合的一套安排。妇女地位是在那整套中安排定的。在那整套不变的情形下，单想改变妇女那一部分是不可能的，要变就得整个变，妇女问题必须和整个社会经济问题关联起来看，必须摆在社会的整体中去衡量和寻求解决之道。只要这一传统社会能蜕变为近代工商业的社会，则无给制将为有给制所代替，则土地空间的因素将失去其限制财产继承权的重要作用，则生产单位将由家庭移到工厂，因而也取消了为生产而加强家长权的根据。举凡不利于女权的传统因素，均将随传统社会型态的消逝而不复存在，于是女权运动也才能获得发展和成功的机会。这只要参照西洋妇女运动的历史，——如何伴随工业发展的过程产生了妇女解放运动，更如何由于近代工商业型态社会的长成而使得妇女解放运动获得某些方面和某种程度的成功，——就不难了解妇女解放运动与近代工商业的紧密关连性了。若不谋工业化，单在农村经济型态的社会里，求取女权之伸张，事实上是不会发生多少效用的。

农村人口的出流[*]

本文系就笔者廿九年[①]秋在玉溪县某村实地调查材料，分析该村（以后称为玉村）经济结构中贫富与人中出流如何配合的情形。这些材料虽是限于一隅的，但多少总可以揭示一点同类农村在人口出流方面的一般情形。

战后中国要建立成为一近代国家，必须发展工业，而工业发展中所不可缺少的一个因素，就是劳工；整批劳工的主要取给地，无疑的是具有广大人力基础的农村。所以对于农村人中流动情形的分析，不仅在了解农村经济本身方面为必要，而于谈新工业中劳工招致问题者，或不无可资参考之点。

一　刺激农村人口加速出流的两件事故

玉村不过是玉溪县里的一个中等村子，在廿九年秋，全村只有一五六户，七七七人。可是三四十年来，由村里迁走的，即有五十七户：其中二十二户是在民国十一年[②]内迁走的，八户是在民国廿七[③]至廿九两年中迁走的。至于个人出门仍在外处的，尚有七十五人；其中少数人已出门十多年了，大多数人近几年才出去；在廿七至廿九两年间出门去的，即有五六十人，占绝大多数。综计历年迁走，约占现有人家三分之一；出门的约占全村人中的十分之———玉村人口显然在大量出流。

从他们出流的过程上，我们且到民国十一年内以及民国廿七至廿九两

---

[*]　原载《当代评论》1943 年第 3 卷第 21 期，第 12 ~ 15 页。

[①]　1940 年。——编者注

[②]　1922 年。——编者注

[③]　1938 年。——编者注

年间，迁走的和出门的均较多。原来在此两段时期中，先后发生了两件大事，使得村里人口，呈加速出流的现象。

当民国十一年旧历三月初一，有大股土匪攻入玉村。烧毁大半村舍，所有村户财物，洗劫一空，劫后即有大批人家迁走了。这件事过去十五六年后，中日战事发生，因为兵员需要补充，于是政府颁布征兵法令，征兵的事，自廿七年起，就在农村里风厉雷行起来。但由于推行未能尽善，加之村民缺乏国民义务观念，不免引起了一些波动，玉村一部分人也就或迁或走，一时流出的人口很多。

这两件事的结果虽同样使得村人离走，但刺激的过程和情形，却各自不同。我们且先说第一件事：在那次匪劫中，村里富人财物损失自比穷人为大；但因富人田产多，恢复易；而穷人则往往难于恢复。富人在劫后所要对付的，是如何恢复旧业，并避免祸患的重演；为了求居住的安乐，一部分富人遂迁走了，穷人在劫后虽亦不免担心未来的安全，但主要的事，却在怎样对付目前生活的问题；为了维持生活，一部分穷人也就在匪劫后迁走了。

其次，说到征兵的事，全副负担均压在穷人肩上。因为当时兵役法规中，规定了学生教员及公务员等可以缓役。村中富农子弟大多具有或设法取得事项资格之一，因可免于征调。惟有贫人子弟没机会受教育，因此也没有缓役的优待。玉村被征去当兵的十一人中，穷户的子弟即占了十人，还有一人属中等村户。至于富户子弟，则无一人被征去。

征兵的事，既特别光顾那班穷人；而征兵结果，却又不啻加重那班人家的经济打击。我知道有一家妇人因为丈夫被征出去，家计无法维持，才携了两个幼子上昆明织篾帽谋生活去了。这是征兵间接所引致的被征家属离村。贫苦人家的子弟，常是家中主要生产分子，因此征去一个壮丁，就等于减少家中大部分收入，老少生活因此艰难。可是他们既得不到缓役的优待，也没钱可以雇人顶替，凡不愿被征的，就只好三十六着，走为上着。

但说走是容易事，要能走得动，却也困难重重。出走的地方要远，时间要长，要有安身立命之所，否则就走不了，玉村房东一位亲戚，在峨山开店的，曾和我谈及峨山一带的情形：那些人没出过门，土头土脑，外面情形一点不熟悉，离开家乡就不辨东西南北，既找不到熟人，更找不到做事的机会。他们无法远走，惟有呆在家乡，兵役轮到头上，就被征去，房东也说到山边夷人同峨山那边人一样,并不逃避兵役。他的解释,也是人笨不熟悉外处情形。至于玉村的情形,则完全不同:村人一遇征兵的事,就远走高飞,以求躲避,因为他们大多富于出门经验,见闻广博,熟悉外处情形。

二 离乡背井的传统

玉村人民在平素即习于出门,并不限于民国十一年和近两年的两段时期内,民国十一年前,村里即有十二家迁走了;近两年前,即有十五家迁走了。至于个人出门,也先先后后皆有,可知离乡背井,已是他们的传统行为。

这种传统行为的形成,可从玉村经济结构及其地理环境两方面来说明。先说玉村经济结构情形:全村田地对人口的比例既小,加之分配不均,所以贫人特别多。全村一五六户中,有四四户完全没有田地;还有七五户,虽有一点田地,但面积却很小,所以村里五分之四的人家,是在患着土地饥饿症。这辈穷人,靠着种田地,也不过多少减经一点土地饥饿的程度,并未能根本解决土地饥饿的问题。此外他们还有劳力可以出卖,但不巧的是每年另有大批山地夷人也来村卖工,那些人受得起"吃稀汤"的熬炼,生活程度低,可以接收较低工资酬报,本村工人难于和他们竞争。除耕田和卖工以外,村里谋生的机会,还有养鸭和织布两项副业。养鸭需要较多资本,赤贫之家多半筹措不出,而且一年能养鸭的时期不长,养鸭期又与卖工期相冲突,这些条件,都足以使得他们难于参与养鸭的活动。织布所需资本较少,筹措稍易;但工作酬报每日不够饭食费,一人生计尚难赖此维持,养家活口当更不易。总之,村里谋生机会有限,收入微少,穷人维持生活很困难,经济的压迫,驱使他们有出外谋生的必要,他们有如附水浮萍,并未在泥土中深固着根,随风漂移。既然无土可安,当然也不很"重迁"!

村里富户怎样?他们原不用忧心生活问题,但由于农业本身利息低微,经营规模不易扩展,田地买卖并无完全自由的市场,这些条件限制农业大量积累财富。农业以外,村里主要生产事业还有养鸭和织布两项,但上面提过养鸭的限制条件多,不能充分发展,发不了财,织布仅能取得不够一饱的工资,更谈不上怎样积累财富。总之,村里并无较好生产事业,供富人在经济上图谋发展。生产不增,无奈消费却随人口繁衍而逐年增加,一个富有的家,往往经过一二代分家后,就穷下来了。可知呆在农村里,不特鲜有发展,即连守成也并不容易,村里富人也多少意识到这点,所以一有机会,就有人到外面去,想碰碰好运道。

恰好玉村所处地位边近玉溪县城,玉溪是滇南商业重镇,北通昆明有汽车路;东南通个旧临安,南通车里佛涛,西通楚雄大理,均有旧式驮马商道。交通便利,过往客商极多,本县人出外经商的,几乎遍及滇省各县。玉村人处在这种环境中,耳闻目见,无非是外地风土民情,以及经商概况。熏染浸触,心理上对于出门的畏惧和乡土的留恋,都不略存在,要出门时,更多的是指引和照顾的人,方便极了。所以一遇了外加的刺激,无论是兵役也好,经济压迫也好,利得的引诱也好,这一切全可激励他们离乡背井。

三 迁移路线及距离

综计三四十年来,玉村迁走的富户有二十户,十七户迁到玉溪县城,二户迁到峨山县城,一户迁到上海市。迁去的地点,全在城市里,没有一家在乡间,富户迁进城里的趋势,频为显著。这件事,可以由居住安全和经济发展两方面来看。自居住安全言之,城市的治安,常比乡村好,富居城市中,因此也较富居乡村中为稳妥安全。乡间富户们往往忧心安全的问题,顾虑多的人家,在适当时机就迁去城里。未迁去的,常自动发起组织保卫团,以维治安。但民国十一年玉村就因保卫团力量不足,终至沦于浩劫,而邻近的县城,却安然无恙。事实的教训,加上传统精神的支持,一批富户就立定主意迁进城里,而不在加强保卫团力量方面着想。

进城可以求居住的安全,进城也可以求经济的发展。就玉村迁到城里的二十家富户来说,其中有六家是在做生意,如洋纱号,百货店,糖食店,旅店,盐巴店,以及医院等。他们做的生意,规模比较大,应能在城市中安插下来。反之,若是他们迁到外村,则不易有活动的余地,因为住在外村所能找到的机会,不外卖工当佃户,这些事和富户的经济身份全不适合,反不如留在本村,还可经营自由。所以他们要么就留在本村,要么就迁进城里,总之富户迁移的路线,是在本村与城市间,不是在农村与农村间。

反观贫户迁移的路线，则不如此一律。三四十年来，迁走的三十七家贫户中，有十四户迁到乡村，廿三户迁进城里。迁进乡村的大多种菜园子，迁到城里的多半做小手艺，和小商小贩。贫户的迁移路线，或是本村与外村，或是本村与城市，不像富户迁移路线的划一。

再就他们迁移的距离说：三十七家贫户中，有二十家是迁到外县去；而二十家富户中，迁到外处的不过三家，其余十七家全迁到本县县城，距村很近这是因为富户已有足够财富，可以过活，迁去后，有机会就找点事做；没机会也无妨，好在迁到县城至少可以达到他们安居的目的，而且正因富户田产较多，田产本身也累得他们不得远走。反之贫户一离开本村后，就得另谋生计，近处有机会，当然可以在近处安下来；若是近处机会不多，而必得向远处找时，他们就不得不远徙地方。事实上，本县一隅谋生的机会，未必比外地各方所能找到的机会多。而且他们本来在土地上未曾深固着根，一身之外，鲜有长物，拖累既少，故易浮游到远远的地方去，这些理由，使得多数贫户迁到外县去，和富户就近住县城迁居的情形恰相对照——这里见到由于贫富不同所表现在迁移路线及距离上的不同。

四　职业选择

他们在外面所操职业，在性质上可以分为三类。第一类如金工学徒，理猪毛学徒，汽车司机练习生，特种化学兵队学兵，军医学校学生以及中央军校学兵，都是在邀到专门职业的准备阶段，他们虽尚无正式薪给，但皆另有津贴，不需要家庭在经济上的接济。同类中还有在机关上当会计员的，汽车公司当司机的，部队里当军官的，皆可算作有了正式的专门职业。需要相当学历与特定技术，职业固定性大，不便经易转换，需要长期在外，回村机会少，回到农业更少可能。

第二类如木匠，泥水匠，铁匠，篾匠，缝衣匠等手艺人，虽皆具有某特定技术，但这类职业可以成为专业，亦可成为农业以外的兼业。业此者可以长期留在市镇上，可以游荡于各农村间，亦可以安居在本村中。因此不一定需要长期在外，回村以及回到农业的可能性很大，此外出门艺菜圃者，亦可归入此类有特定技术的职业中，这些人在本村时就种菜园子。出门不过是由本村换到外村而已，仍未跳出农村和农业。

第三类如背矿砂工人，县府差役，机关及商店杂役，小贩帮工等业，不需常期准备和特定技术，职业固定性小，容易由一业换到另一业，可以随时就业，随时又弃业回村，他们往往游荡于各业中，徘徊于乡村和城市间。

合第二三两类职业来看，有一主要之点和第一类职业不同的，就是前者不需要学历的准备，而后者则需要中小学程度的教育。可是学历准备的时间很长，普通小学毕业要五六年，中学毕业要十来年；教育费平均每年在数百元左右。穷人家担负不起。而且穷人子弟到了十几岁就要参加劳作，从事谋生，不能让其长期在学校里，所以很少受教育的机会。村里的中学毕业生，固然都是富户子弟，就是由小学毕业的，也大多是家境好一点的——学校教育成了富家子弟的专有品。

玉村有钱的家长，都不惜花费送子弟入学。我房东的几个儿子，有的已经由中学毕业，有的还在中学里；我问他送子弟入学打算怎样？他说："读书总是好的，让他们（指他的儿子们）中学毕了业，做什么事也好。""读书总是好的"这个观念本身，当然包括许多经济利益及社会地位的算在内，在这里我们不必仔细去分析它。

我要指出的，就是在这个观念的支持下，村里许多富户家长就送子弟入学去了。子弟一经受过学校教育后——如玉村所有受过中学教育甚至小学教育的青年——就都贱视农业，不屑像父兄一样从事农业，村里没有他们好做和愿做的事，他们要向外另找较为满意的职业，不耐烦呆在村中。我房东家老二中学毕业后，进过化学兵队，做过土地清丈测量员，因病和失意后廿九年回家，在县城里当小学教员，他每天总郁郁不乐。某次，我去学校里和他们一起玩，他们自己谈起个人事业问题，话语间都表示困处在家乡太闷人；小学教书，待遇低，生活苦，前途殊无希望；他们一致认为家乡是磨人志气的园地，非设法离开不可。在那次谈话后不久，房东家老二，就进昆明中央军校去了。学校正好像一个染缸，农家子弟一经上染，即改变了原来的素质，贱视农业，厌烦家乡，不复安于农业和农村里。学校教育在这方面变（成）了促成农村人口出流的最大功用，它替都市里预备一班学徒，替部队里预备了一班干部；像上举第一类的职业，就是有待他们去填充的。这职业可以清楚的和第二三类职业分别开来。如此说来，农家经济的贫富，直接决定了子弟受教育的机会，间接却决定了子弟出门的职业选择。

五 人口出流与田地经营

无论贫户富户，一经迁走后，由于田地和居住地分隔开来，不便经营，往往就把田地租出去。玉村人所经营的田地中，有一一六％①的农田和六％的菜地，就是由这些迁走的人家手中租过来的，甚至有些贫户因田地太少，迁走后不值得遥遥领管，索性就把田地出典或出卖了。玉村土地饥饿的病症，所以未更加深沉，多少是得益于此。

迁走的人家，因居住和田地分离而不得不趋于放弃田地的经营或所有权。留村的人家，却因子弟出门而发生经营人选缺乏的现象，这现象是见于有子弟出门的殷实之户。即以我房东家的情形来说，自他那位业农的大儿子死去后，其余几个儿子，或已于中学毕业后出了门，或仍在中小学念书，因此他失却经营农田的帮手；请了一个长工，却时常嚷着不干。有一天房东很感叹的向我说："现在田地远不如大儿子在世时种得好。"

像我房东，原是农人，深懂农事；虽然缺乏经营帮手，田地上还可勉强过得去。若是经营者系一完全脱离农业的人，缺乏农业知识，则田地当种得更糟。村里五老爷，他是前清秀才，从未下过田，对农事一点不熟习；家里经营许多田地，他感觉难于应付，所以经常邀我房东去田地上逛，想学习一点农作知识。但终因为他懂得太少，子弟又出门去了，不能帮他忙，家里长工全不肯在田地上替他卖劲，一味敷衍了事，田里杂草比稻子长得还高。有一次，房东指着那些田上的稻子说："田耕到这地步，真不像样。"

上举两例，因子弟出门，家中缺乏经营帮手，以致田地种得不好。但由于家长的支持，仍旧把住田地在经营着。显而易见，这种局面不能长久维持，一旦家长本人死去，子弟若不愿回家安于农村和农业，则继承无人，势非放弃经营不可。出门发展和在村经营田地是不能两全的。村里富户既送子弟念书出门谋发展，则这人家可能迟早会放弃田地经营。现在，他们还所有许多田地，而且集中在自家手上经营着。将来，到他们子孙手上，也许只能保持所有权，而把田地的经营分散出去。

至于贫户人家，本来就田地少，劳力多，即使在子弟出门期间，也不

---

① 原文如此。——编者注

致使经营人选缺乏。而且，子弟可能随时回到农村和农业里。像村里王正仁，李忠良一班人，都是以前出外失意再回村的，他们仍在经营农业。又像杨义贵，王永安一班人，在外发了财，仍旧回村买田从事经营，他们不因出门而放弃经营，却可能因出门发财而回村扩大了经营的规模。这和富户由集中经营至经营分散的趋势恰相对照。若是我们不把这两种趋势平行的摆着，而依先后次序联结成一条纵线来看，则更有趣，我房东家是一个好例子。他少年时只经营五亩田，家里贫苦，才决心出门；在外赚了钱回村买田，现在经营了三四十亩田，家里富有，送儿子们进学校，儿子们先后出门去，多是选择了长期在外的专门职业，回到农村和农业的可能性很小。因此，将来家里无人继承父业，也许非放弃田地经营不可。这样，在贫富不同的两代中，前一代因出门而使得田地由小规模到大规模经营。后一代因出门而使得田地由大规模经营到全部放弃了经营。总之，无论同时从几家的比较或先后从一家的比较中，都可见到一个事实，就是农家人中的出流，在田地经营方面的影响，是依贫富而不同的。

农村"失业"问题的分析[*]

农村里的失业问题，是具有其独特的性质的，而不同于近代工商业社会中的失业情形。兹就所知试加以分析如下。

首先，我们必须明白：所谓失业的意义原是和就业相对的，当长期性的根据于雇佣关系和契约形式的职业出现时，才清清楚楚有受雇和解雇之分，受雇即是就业，被解雇即是失业，依雇用契约的成立或取消，才可以毫不含混的把就业和失业分别开来。

可是雇佣方式的职业的大批出现，是近代工商业兴起以后才有的事实。随着超家庭的大规模生产事业的建立，劳动者脱离了生产工具，也放弃了生产的经营，失却了独立经营小企业的能力，成了大企业的附庸，根据契约而将劳动出卖给大企业团体，于是职业的机会亦操诸后者之手，如果不被后者雇用，即没有从业的机会，即完全陷于失业境地，形成了近代工商业中的所谓失业问题。

但在我国传统农村中，像上述那种雇佣方式的职业，却为数极少。在农村部门中，主要的是以家庭为单位的小农经营，经营田地面积小，工作由家人去做，向家外雇用劳动力的情形很少见，尤其是长期雇用家外劳动力的更属少见，不易有机会让雇佣方式的农工出现。工业方面，如榆村情形，主要的是手工业，在许许多多的手工业中，只有极少数设立了店面的而且规模较大的成衣店及皮匠店中，才添雇了一二工匠进去，受雇总数殊少；其他手工业中，几乎全无雇用工匠者。总之，雇佣方式的职业在手工业中亦如在农业中并不发达。还有商业方面，多数小商贩不用说没能力雇用帮手，就是小型的店铺，所有生意也全是由家人去招呼，仅有少数几家规模较大的布店和杂货店，才雇用了家外人当店员，数目亦不多。此外是

    * 原载《社会科学》（福建永安）1948 年第 4 卷第 4 期，第 12~15 页。

学校、工厂、公用事业机关及军政机关里，方方面面都有几个本村人参加在里面，低级的当杂役和厨工，比较好一点的当粗工和技工，更好点的当教员、会计员、雇员和军官，凑拢来虽亦有二三十人，若和非雇的从业者比较起来，就不算一回事了。在近代大规模工商业尚未发展起来的内地农村，不会有多少雇佣方式的职业出现，原是极自然的事。比起来，榆村所在地的大理县，还是雇佣机会较多的，其他地位偏僻，工商业不如大理繁荣的地方，就更不用说了。

由上可知，在榆村亦如在我国其他传统农村中，雇佣方式的职业不占重要地位，主要的职业方式是小规模营利事业的经营，无论是农业、工业、商业或其他营利事业方面，多是以家庭为单位的小规模经营，在经营中所需资本和劳力，主要的是由家庭自己供给，服务者既是自己和家人，照例均不另支薪给和报酬，也不发生谁雇用谁的问题。既没有受雇和解雇的事，也就无所谓就业和失业了。既没有将工资或薪给与利润和利息分别开来，而是混融在一起，也就难于单独计算工资或薪给的厚薄高低了。由此他们所发生的问题亦和受雇用者所发生的不同。后者所关心的是如何选择职业，如何保持或改进职位，如何争取较多工资或薪给，如何应付失业恐慌之来临，以及失业以后如何救济等等问题。前者所关心的则是如何收缩，维持和开展业务，如何增加业务的盈利，如何应付业务不景气状态。总之，他们所关心的只是其业务本身，业务有办法，职业即无问题。他们虽是兼具经营者和职工两层身份，心理上却是以经营者而不以职工自居。这和受雇者的心理截然不同，受雇者所重视的只是职业本身而已。除非经营好坏将影响到他职业机会的得失，他绝不会关心到经营上去的。就连那一点点关切，也仅止于经营对职业的关系上，而不是在经营本身和其内容方面。所以分析到究竟，受雇者所关心的，完全是在职业上，而不在经营上，反之，小营利事业的经营者，都着眼于经营，而不着眼于职业。

自己独立工作者，虽如上所说，是以一个经营业务者的心理出现的。但事实上，其所经营的业务，往往利润很少甚至没有，经营业务的作用，不过是求维持劳力出卖的机会而已。如易村织篾器卖的，租次等田耕种的；玉村织布的，种菜园的；榆村织布的，熬酒的，打鱼的等类小生产事业，从事者均是自备资本，自有工具，自出劳力，而且从原料到成品甚至销卖的过程，全由自己计划营谋，究其结果，则盈利所得，往往还不够偿付其所付劳力的工资数，至于经营利润简直是没有。所以上举那一些小营利事业，与其说是为利润而经营，还不如说是为卖工而经营。从报酬上来看，那些旧式小营利事业的经营者亦如近代工商业中的雇用劳动者，同是属于收入微薄的工人阶层，往往前者还不如后者的报酬丰。

这两种方式的劳动者，在失业问题的性质上却大不相同。前面说过，雇用劳动者当其被雇主解雇时，即成了一个失业者，没有被雇用即没有工作机会，而雇用权是操在雇主手里，雇主是从他自己利益观点，而不是从劳动者利益观点去决定其雇用与否以及雇多雇少的问题。以此一个已受雇而就业者，他有随时被解雇的危险，他不担保自己在雇约满期后是否有被续雇的机会，俯仰不由自主，他随时为失业问题担忧，即使是在就了业的时候。比起来，非雇用的独立劳动者，就没有这一类性质的忧可担了，横竖是自己帮自己工作，自己不会分裂成雇主和雇工，像近代大企业中一样，造成前者不顾及后者利益的情形，只要事业继续存在一天，他就继续有一天工作机会。自己不会把自己的工作机会从业务中排斥出来，业务和工作机会是相依为命，业务兴则工作机会多，业务衰则工作机会少，但无论如何，不会因业务衰而完全夺去了劳动者的工作机会，如大企业中所常见的事情发生。

非雇用的独立劳动者亦自有其特殊的苦恼之处，就是如何使工作机会加多，如何使劳力旷废的日子减少。这对于非雇用的独立劳动者或小营利事业经营者是一个相当伤脑筋的问题。问题是在他们所经营的营利事业，规模太小且无发展。或者由于土地过少，如农田经营情形；或者由于资本不足，如榆村熬酒情形；或者由于地力窳劣，自然条件不优，如榆村捕鱼情形；或者由于市场疲滞而资本亦感不足，如榆村织布情形；总之，这些营利事业都是规模小而未能充分发展，以致劳动者只断断续续的工作着，没有充分的工作机会。他们遭遇了工作机会不够的难题。所谓不够的意义：一方面是工作日子少，闲空日子多；一方面是工作的收入不够维持生活，必须设法利用空闲的日子多找些收入以补生活所需费用的不足。如果说，近代雇佣职业所担心的是工作机会的有无问题，则传统非雇佣职业所担心的是工作机会够不够问题。这一个工作机会不够，劳动力被旷废的问题，迫着他们找各种事做：在农业之外兼做工商业；在制造或采集之外兼贩卖，如熬酒的也卖零酒，打鱼者也卖零鱼；在手工业中更有采用多种服务方式的，如榆村未出外的缝衣匠，一方面应雇去雇主家里做工，一方面在自己家里为顾客做定货，一方面自备布料做成品拿去市场上卖，无非利用多样服务方式以增加工作的机会。他们是用兼业多业和多种服务方式的办法，以解决在一事中工作机会不够的问题。他们反专业、反分工，因为他们所遇着的问题，谈不到如何使业务发展，只在如何使工作机会增加，如何使旷废的劳动力获得利用的机会，如何解决工作机会不够的问题。这个工作机会不够的问题，常常苦恼着传统的独立自营的工作者，诚然他们不会如近代工商业中受雇者那样有突然失却工作机会的危险，和因失业而陷于完全饥饿之中；但由于工作机会不够，所以经常的未能获得生活上的充分保障，经常的没有完全的温饱。——如在雇佣方式下就业所能获得的那种温饱。

由于工作机会不够而在职业上往多元多边发展的结果，使得生活的维持建筑在多源的收入上，因此当任何一样职业临于失败和断了或少了收入时，其影响也只是片面的，不致威胁其全部和生活。反之，雇佣方式的职业，工作时间大部分卖给雇主了，不容自己自由支配，不便于向兼业上发展，往往只能专于一业，职业是独一的，收入是独源的，一遇失业来临，收入来源全断，立即威胁到全部生活上，所以失业问题显得特别严重。

再者，农村的独立自营小工商业者和近代都市工商业中的雇佣职业者还有不同之处是：前者往往还保持有土地的自给经济基础，后者却往往没有那种基础了。传统经济中的土地小规模经营，又是偏重在劳力方面，所需资本很有限，因此有一块土地配上家内的劳动力，即可进行经营。虽然这种经营的利润有限，收入不多，所以才被逼而在土地之外兼向小工商业上找收入。但土地究不失为一条好的退路，耕种着田地的，总收得着一点谷子，当小工商业经营失利，收入减少或完全断绝时，回到乡下本家，食的米多少仍可自给些时，好在尚停留在自给经济阶段的土地经营，与市场尚少发生关系，市场的变动，不致直接和严重地影响到农田经营上来，它比之依市场而存在而发展的小工商业，具有较高程度的稳妥性，所以也较宜于作为最后的基地，收容和救济从小工商业上失败而退下来的家人。因此，有自给经济基础的独立小工商业者就不像没有这种基础的近代工商业社会中的雇佣职业者那样难经失业的打击。

上面我们说：一个失业者可以退到他家里去。这句话里已经包含了一个须待说明的条件，即是：必须是一个共产组合体的家，家内各份子在此组合体内是各尽所能，各取所需，个人的利由全家共享之，个人的害由全家共担之。这样个人的贡献和个人的享受可以不必直接成一种比例的关系，赚钱多的，赚钱少的，和没有赚钱的，也不管其是否已为成年份子，在家内所享受的可以完全一样。靠了家庭内财产的共享，于是一个人在失业后回到家里，仍可以得到其他未失业的家人的奉养。——只要家里还有相当的财产和收入，他可不必担忧个人失业后的生活问题。同样，若是一个人不幸只能找到一个收入不够维持一己生活的工作，他仍旧可以做下去，不够的数目可以由家庭取得补助，例如当织布业衰落，织布的利润降到不够维持织工一日伙食费用时，仍有人在织着布，这就是因为织工的生活，不须完全靠织布来维持。家人的打算：一个妇人在家里闲着的时候，还是要由家里供养，织织布多少找几文收入，也多少可以减轻家庭担负，所以还是让妇人织下去。若是她不能取得家庭供养，让她的生活单靠她自己供养，家庭全不负责，则她决不能继续从事那种报酬过低的织布工作，非另外找到收入较多的工作，就非半饿饭不可。总之，无论是从一业中失败了退下来的，还是从事一种收入过分微薄的工作的，或是从事一种工作机会不足够的工作的，均有赖于共产制家庭的全部或部分救济。

最后，总结的说：所谓失业的意义，必须在雇佣方式的职业中才能清楚理解。所谓失业成为社会问题，是在近代工商业社会中才发生的事实。在我国传统农村中，雇佣方式的职业尚极不发达。主要的职业方式，是独立的自己经营的小规模营利事业，他们在心理上以经营者自居，但在报酬上，与其说为利润而经营，毋宁说是为保持出卖劳动力的机会而经营。而他们常常为工作机会的不够所苦恼着，被迫着找多种多样的事情做，形成反专业反分工的显著趋势，以求增加工作机会，解决工作机会不够的问题，但他们之中多有未能如愿以偿者，不过也不致有完全失望的事发生，好好坏坏东拼西凑一番，说坏也坏，难为乎东拼西凑；说好也好，可以东损西补，一方面即使不利，其影响也是片面的，不致严重威胁生活全部，更仗村里家中耕着田地，万一诸事不利，必要时还可退到家里依恃田土吃口饭，好在田土较安稳，耕种必有收获，不会令人完全失望；更好在一家人有福同享，有苦同当，失业了的，报酬微薄的，工作机会不够的，均可从家庭方面获得全部或部分的救济。也正因为土地和家庭各自的默默的救济了各种职业中的不幸者，和担负起了因不幸而有的损失，所以没有在农村中演成严重的失业问题和社会问题来。——如近代工商业社会中所发生的。但这并非说，农村经济中即算完美如意了，它仍有它所发生的种种问题和缺点存在，如上举工作机会不够，工作报酬过低等等问题，却是农村经济中所特有的，其危害农村经济本身，也很明显，且是一种长期而慢性的损害，陷农村经济于萎缩不振状态，使农民过着非人的低下的生活程度，这影响也够恶劣了！其实谁好谁坏，倒是另一问题，本文的目的乃在指出：在农村经济形态的职业中，有其独特的问题，其问题有其独特的性质，且有其独特的影响，和应付问题的一套独特办法，凡此均与近代工商业中所有的不相同。

农村手工业在中国新经济建设中的地位[*]

在我国一部分农村中，除农业外，还普遍的存留着一种比较原始生产状态的手工业。其生产组织，或则由一家经营，或则由数家组合经营；其生产场所，或在家宅中（家庭手工业），或在家宅以外的作坊中（作坊手工业）；其生产性质，或则附属农业成为农家副业的一种，或则脱离附属地位独立经营——都是随着农村的客观环境而为适当的配合，对于农村以及社会经济贡献颇大。

自新式工业次第在国内兴起后，因为手工业的生产技术敌不过机械的生产技术，有些手工业渐被新式工业淘汰了，所以凡不顾新工业的趋势，而仍盲目地提倡手工业，必将引起种种不幸的后果。如何就整个国民经济着眼去重新估定手工业的价值，从而决定它应占的地位，是我们要讨论的。

手工业既是由农村中发展起来的，必有所以由农村中发展起来的理由和条件。已发展起来的手工业，又势必对于农村经济有所贡献，但随着整个国民经济的变动，手工业也必发生种种相应的变动。是存是废，以及如何而存，实有确立一新手工业政策使它适应这变动的必要。本文即就（一）手工业在农村中发展的条件，（二）手工业对于农村经济的贡献，（三）手工业前途的存废问题，及（四）农村手工业政策的确立四点来说。

一 手工业在农村中发展的条件

这问题可以从农村经济本身及手工业本身的性质来分析——先说前者，农村中有些什么特殊条件合宜于手工业的产生呢？我们不妨拿一个有

---

[*]　原载《中农月刊》1941 年第 2 卷第 4 期，第 4~9 页。

手工业的农村作实例来分析一下：廿八年①秋，我曾去云南易门县一个农村调查过（以后简称易村）。易村田地窄狭，农田上的正产量不够维持全村五十四家的生活，村中只有十一家在食用以外有剩余，其余四十三家均有亏空。估计全村食用，若单靠农田上供给，每年尚差四七五石谷，合调查时的时价约一三三○○元；加之分配不均，使得很多农家连一年的吃米都不够自给。村民利用附近竹子编篾器和造土纸，来增加收入，以维持生活。在每年阴历十月到次年二月，农田上没工做，他们的劳力，几乎全部用在造土纸和编篾器的生产事业上。由此我们可以看出：易村因为人多地少，田上收获不够维持全村人口的食用，故不能不在农业以外，另谋生产。更由于他们每年有四五个月在农田上是完全闲下来了，使得他们有闲暇可以从事别种事业。

这一例子所表现的意义，并不限于易村一隅。因为中国各地很多农村，均像易村一样有手工业。这些农村，也像易村一样的人多地少，不得不在农业外另谋生产。据中央研究院丛刊第八种广西省经济概况一书中所载："宾阳乃广西省著名之手工艺区，……该地因人稠地稀，土地生产力远不足以供养全县之人口；故人民除种田外，多从事一种手工艺以为副业。往往一村之内，全村居民均赖此以为生。该村即以此种小工艺而著闻于当地。"② 又据李有义先生在山西的调查："上郭村的农民，在耕田之外，都有一两种副业。特别是小农，他们常要靠副业的收入，补耕田收入之不足。……这种主要的副业是纺织。"③ 卜凯根据五省十二处调查得出："小田场组有副业者所占全体的成分，约有大田场组的两倍"的结论。④ 足见小田场比大田场，实更有农业以外的工作的需要。由于上面许多实例，我们可以说，因为农村人多地少，使得农人不得不在农业以外增加生产，这是手工业在农村中发展的一个主要的因子——但不是唯一的因子。

其次谈到农闲，也非易村特有现象。据方显庭先生所引的材料："金大教授卜凯研究华北及华中东部之农业经济，曾宣称各该地带之农民，每年直接用于农产事业之时间，仅约四分之一。前沪大教授克莱塞（G. E. Cessey）之地理研究，更说明中国之农季，因地不同。如满洲西部兴安岭

---

① 1939 年。——编者注
② 《广西省经济概况》第 154 页。
③ 系根据李有义《山西上郭村的农田》初稿。
④ 见《中国农家经济》第 131 页。

附近，每年仅约百日左右；而两广境内之邱峦，则全年三百六十五日，均宜种植；至华北平原之农季，则在二百日左右也。"① 前者系就直接用于农产事业之时间来说，后者系就农季来说；农季中的时间不全是直接用于农产事业，故前者估计出的农闲数比后者估计的大。概括的来说，除少数地方为例外，中国农人平均每年有半年左右之时间，由田地上闲下来。这些闲时，使得农民有闲暇来从事手工业。

此外，由于以往农村经济偏重于自给自足方面，也给与手工业一个发展的机会。因为农作只能是直接的供给粮食，其他日用品方面，既无法由外面取得，就只好在农村中用手工自制自给了。

但农村中如仅有这些特殊条件合宜于手工业的产生，而手工业在本质上并不适合于农村的话，则农村中仍不会产生手工业。所以我们有进一步由手工业本质去分析它何以适合于农村的必要。

一般说起来：手工业的规模比较小，工具和设备简单，所以需要的资本少，适于资本贫弱的农家去经营。其次，手工业所需要的是人力和畜力，可以零星生产，由一人一家或数家组合起来即可从事，故适于以家为经济单位的农家去经营。再次，因为手工业规模小，不用动力，故停工开工较自由，可充分利用农闲而不致妨碍农事。还有一点，就是手工业的分工并不精细，制造的各步骤有时可以由一人包办，不需要高深技术，故适于由农家兼营。

二　手工业对于农村经济的贡献

上节说到农村经济对手工业有所需要，而手工业的本质又是很适合于农村的。手工业既和农业结不解缘，到底它对于农村经济的贡献有多大呢？这是我们在本节要知道的。

作物的季节性，使农人在一长时期休闲下来，这是农村经济上一个大问题。就易村说，每年自立冬至次年春分，差不多有一百五十日的闲季；该村平常实际下田的五十一个男子和六十一个女子，一到此季均闲下来，因此一共闲下了七六五〇男工，和九一五〇女工；依当时当地工资（包括工价与工食）计算，两共折合一四九七〇元，约等于该村全部谷产品价值

---

① 见南开大学经济研究所丛书《中国经济研究》第 621 页。

的一半，这是一笔多么可惊的损失数字！该村手工业事实上虽没有达到充分利用这批休闲劳力的程度，但手工业究不失为该村利用这批休闲劳力的主要生产方式之一。此种利用农村休闲劳力在生产事业上，使其成为一种经济价值，是手工业对农村经济的一大贡献。

易村编篾器一项手工业，比较是偏重在劳力方面的利用；它生产的支出项下，几乎全部是劳力的费用；所获利益，实际上仅够偿付工资及原料费，此外生产者没有得到什么。但造土纸的收益，除偿付人力畜力及原料的费用外，还有大批利润，是由于经营与制造程序中创造出来的。换言之，像土纸一类手工业，不仅创造了休闲劳力的经济价值，且使原料配料经过一番手工的简单制造程序，而增加了它们的经济价值。

手工业对于农村或农家财富的贡献是很明显的，单就易村造土纸一项说，每年可增加全村收入一八八〇〇元，等于全村农田上谷子收益的三分之二。上面提到易村单靠谷子来生活时，要亏空很多，但此造纸一项收益，已够弥补全村亏空而有余。若就有手工业之个别农家说，其由农场作物牲畜所获得之收益，或尚不及由家庭手工业与副业所获得之收益之多也。

就农村金融方面说，造土纸是利用农村剩余资本的好办法，依廿八年秋的时价计算，易村每一纸作坊全套生产设备费总在一千六七百左右；此外原料配料及燃料等项费用，每年亦需七百元左右。这些资金，大部是本村富农由每年收入中除去生活费外所剩余下来的。他们将这笔剩余的资金，投在造土纸的生产事业上，因此增加了资金的效用。假如像这一类手工业，能在农村中多多的设立起来，则大部收藏在农家而不流动的货币，就不难找到一个利用的机会了——这是手工业对于农村金融第一点贡献。其次，因为手工业产品的生产，不像农作物那样过于受自然环境的限制，它比较可以由人的意志去支配它的生产期和生产量；于是农人可以按照其家庭经济的需要，将产品拿到市场上出卖，得到他所需的货币，这种使农家金融周转灵活的功用，是手工业对农村金融的第二点贡献。

以上是就手工业和农村的相互关系，说明手工业有利用农村休闲劳力，增加农村物品效用，补助农村财富收入，吸收农村剩余资本，调济农村金融等功用，但农村和农村手工业，在经济上并非和外界绝缘的——自从新生产方法的工厂将其廉价的制品大量向内地倾销后，农村手工业或被淘汰，或趋凋零，大多陷于悲惨的境地中。中日抗战以来，国外货品不易入口，国内工厂多沦敌手，后方少数工厂产品供不应求，于是农村手工业一时遂呈景气状态。但这种景气，是可暂而不可久的。关于手工业的前途怎样，这是我们后面要讨论的问题。

三　手工业前途的存废问题

上两节已经指出一个事实，就是传统的农村手工业，是在人多地少的条件下产生的。所以一谈到手工业的存废问题，就必须牵涉到土地和人口比率方面去；一谈到土地和人口比率，又必须牵涉到工业化的程度方面去；三者息息相关，互为因果。本文目的，只在指明这种关系的存在，使计划中国新经济建设政策的人，不要偏注于新式工业一方面，而忽视了手工业以及人地比率各方面的因素。并从此三者关系上，申论手工业和新式工业配合的问题。文中虽涉及工业化政策方面去，但实际上我国工业政策，应偏于大规模集中城市完全应用机械的工业呢？这是小规模分散于乡村兼用手工和机械的工业呢？则非本文所欲置辩。

手工业的前途，实关联于工业化一事实。假如一个国家能高度工业化了，则手工业大部被淘汰，是难免的结果。因此，有略论中国工业化问题的必要，由此再申论手工业前途的存废问题。

在中国经济建设中，发展新工业是全国一致的要求，而发展程度及方向，却各执一见，主张互异。一般说来，中国欲如英德诸国之成为一高度工业化之国家，使国内经济一以工业为主，重轻工业并驾发展，事实上是否可能，尚成问题。因为中国缺乏重工业中基本原料之铁砂，以及内燃机中所需之石油。

那么我们得考虑采取以农工并重或农业为主的低度工业化政策了，在此政策下，一部分人口被集中到都市去，但农业人口仍占全国人口颇高的百分率。若工业化的进展不快，都市工业所能吸收乡村人口的速率，因之亦不能快；而留在乡村的人口，仍在增加，因此农业人口绝对数的减少，就要取决于两种速率的消长了。即以苏联第一、二两次五年计划实施的结果来说，农业人口与全国人口的百分比虽减少了；但农业人口的绝对数却未大量减少。如中国工业化的进度赶不上苏联，而人口的增加率却不比苏联小的话，则农业人口绝对数，更不会大量减少。土地不加多，人口不减少，人口与土地的比率，既不能有多大改变，则小农制将无法铲除。在劳力贱卖与田场窄小的情形下，农业机械化并不是一回经济的事；即像德国那样高度工业化的国家，除了东普鲁士外，其他部分，也还是小农制，无法运用机械（苏联集体农场机械化之能成功，还是得力于旧有农场面积较大的缘故）。农业不能机械化，则劳力无由节省；土地吸住了大批劳力，却无力好好供他们，因之他们只好利用农闲从事副业，于是手工业和农业成了不可分离的关系。总之，如新工业不能供给农业大批机械，并吸收由机械节省下来的大批人工到都市去，则农村不能完全脱离乡村手工业，因此手工业不能也不应完全被淘汰。[①]

退一步我们姑且假定中国将来必能高度工业化，但在达到此程度之过程中，要不外由重工业或轻工业入手。如由重工业入手，则日用品之生产，势不能不大部仰给于乡村手工业。如由轻工业入手，则在繁荣农村以利产品销行的原则下，仍只逐渐淘汰手工业，不能操之过急，使农村经济凋伤。总而言之，不问乡村手工业将来是否有因高度工业化而被淘汰的可能，但在未被淘汰前的数十年过渡期中，它仍须在整个经济建设中扮一重要的角色。

兹引一段日本材料来说明手工业在新工业建设中的地位，据赵译 Popot 著《日本经济论》中所载："就日本的手工业而言，据一九二六年的材料其总生产额极大，被估价为十一亿三千五百万元，这个数目等于该年日本工业中工场生产物总额的百分之一六。日本手工业几乎遍及一切的生产形态，在日本有许多乡村的区域中，具有绝对重大的意义，除满足日本人日常需要的小手工业外，更有较高的手工业生产的形态之存在，这是非常特征之一点"，又"日本手工业中有很多的劳动者就业着，依据一九二三年的材料，其数为一百六十一万九千人，其中约有百分之五十为纤维劳动者"。又"日本的手工业，大多与农业相结一起，对于农业所供给之原料，施以加工。其最普及的，为日常家庭用品的生产——织物。尤其是绢织物，种种的食具、锡、箔纸，其次为各种工艺织物；食品——精米，制茶，酿酒等等。与上列的生产同样具有大的意义的，为日本自古即已普及的矿山业，即石炭、金、铜、铁的采掘，和金属制品的生产"。[②] 日本是一以农为主，而从事发展新工业较有成绩的国家，撇开该国将来手工业是否

---

① 参看新经济三卷八期巫宝山《我国农业政策之商榷》。

② 见赵译《日本经济论》，第 323～326 页。

能完全被新工业淘汰的问题不谈，我们对于日本手工业目前在其整个国民经济中占有如此重要地位的事实，应加以深切的注意。

但手工业也并非全部只适于过渡期中存留的，有些手工业却不易被新工业所淘汰而能长久存留。日人林癸未夫说："手工业照他全体看来，不免随着机械工业的发达而逐渐衰颓……但是就特种手工业看来，却未必没有存留的余地；至少像下面的几种手工业，现在和将来是总可以续存的：（一）技术上难以机械化的，（二）经济上机械化有所不利的，（三）如美术工艺品不适于大量生产的，（四）制品的毁损程度不一，很难修理的。"①譬如就易村编篾器来说，在技术上就难以机械化。就易村的土纸来说，其原料的数量太少，分布太散，原料重量与制成品的重量相差太大，由此不适于大规模设厂制造。此外如绘像刺绣雕刻一类的东西，若用机械制造，就失掉了它们在艺术上的价值。又如日用零件之损破情形不甚规则者，亦多靠手工修理之。

四　农村手工业政策的确立

在上面我从多方面论到手工业在中国仍有留存的价值，可是值得留存是一回事，怎样留存又是一回事；并不能因其值得留存，就主张固步自封，正因其值得留存，我们才应该注意到它怎样留存的问题。所以我们不应听任它自存自废，实有从新确立一农村手工业政策的必要，本节愿就确立手工业政策方面，略略提出几点。

（一）设立原料供给及生产品运销机构

我国乡村工业，多半是一种农家副业及家庭手工业的形态，各家为一单位生产组织，每单位组织所需原料不多，所出制品的数量也有限。假如要由每单位组织独自去较远地方采购原料或销售制品的话，就时间精力和经济来说，都不合算。因此许多运销的事情，常假手于一班中间的商人。他们将原料贩来，将制品贩去，一转手间所获利润，常高过生产者本人所获者数倍以上。于是农民们利用休闲劳力从事生产的结果，徒然供了这一批商人。生产所获仅够"糊口"，当然谈不到生产事业的改良了。要革除

———————————
① 熊译林癸未夫《工业经济概论》，第 18 页。

这种不良的现象，最好能组织一些原料供给及产品运销的机构；此机构或由农民用运销合作方式组织之，或由其他农贷机关暂时代为设立服务性质之运销机构，将来再过渡到农民手中。

（二）指导手工业发展的途径

以往我国手工业生产者，多各自生产，互不合作，产品运销则假手商人。因此对于市场变动的趋势，生产品式样的改良，种类的改变，以及供需的情形，完全不知道，无怪乎许多手工产品要被新工业所淘汰了！若我们能利用小规模手工生产的"可塑性"，对手工生产者加以适当的指导，使其改变产品的性质和种类，划一产品的标准，以适合市场需要，则手工业产品的销流，将大量增加。

（三）改良手工业的技术及工具

我国过去乡村工业所以没落的另一主因，就是手工业的技术和工具太落后了。这些技术，多是传统下来的；某种技术一经固定了，世代相传，不得不加改进，反有每况愈下的趋势，一和近代新工业的技术比较，当然相形见绌。因此应派受过近代科学知识训练的专家，亲去乡村对各种手工技术，加以研究，存优去劣，务使其能适合时代的需要。其次，谈到手工业的工具，也有加以一番调整的必要；或则改良原有手工工具，或则引用新式手工工具，或则局部甚至全部利用小规模的动力机械，使能与乡村经济配合起来。韩德彰先生曾在《今日评论》上举出农村手工业局部利用机器已有显著效果的一些实例，[①] 现在农村游资充斥，正苦无法利用，也许这种局部采用机器和手工互相配合起来各取所长以达到良好工作效能的办法，是值得国人考虑的。

（四）推广经营方式

与改良手工业的技术及工具同等重要的，就推广经营方式。我国农村中的手工业大多是以农家副业方式经营之。这种方式，当然有它特别适宜于我国农村的条件；但以略具工业生产雏形之家庭工业的经营方式，和以

---

① 看韩德彰在《今日评论》四卷十七期《战时农村工业新动向》及经济动员四卷十期《中国工业化与农业建设》二文。

小规模之工场生产的经营方式，也是可以在我国现时农村中找到的。如何发展并推广后两种经营方式，是值得我们考虑的。

（五）与新式工业取得联系

手工业在某些部门，不特不和新工业冲突，而且可互相联系起来。如由手工就农品初步加工后，再供给新工业作原料；甚至在新工业生产过程中，有些段落或部门，利用手工代替机械，反而在经济上是很值得的。最近各国一部分新工业，由于国防，原料、地租、工资、废物处置，以及安全卫生种种原因，有由城市外移的趋势，这使得农村工业与新式工业的联系，更加密切，这是从积极方面说，若以消极方面说，凡与新式工业相竞争的手工业，就不应提倡。

以上比较是就广泛的原则方面来说，若要实际施行，必须经过普遍而详密的实地调查与研究。就各地提供具体改良和发展的计划，由政府投资实施。如能将调查研究与实施等项工作，交专一之机关统筹办理，则更能收事权统一之效。

谈工人安厂问题[*]

在原子弹出现的这个新世纪，我们国家还停留在古老的农村经济阶段，要是打算继续生存下去，必须赶紧发展工业。在工业发展过程中，必然要发生工人安厂的问题。

这问题虽发生在工厂里，但它所以形成的一些条件，并不单纯的限于工业一方面，它是和社会，经济，政治和文化等关联在一起的。在不同的国度和时期，问题的内容和性质也自不同。为不使讨论落于空泛起见，我们将分别的，具体的提出工人供需，入厂趣旨，生活方式，和家庭影响四方面所见到的不安情形，而就中国社会，经济，和文化的特性上去着手分析。

这些只是工人不安厂的主要的几方面，而且是和社会文化关系最密切的几方面。此外如工厂实际管理情形，团体或党派偏见等等，亦足以使工人不安厂，但由于情形比较枝节殊异，实非根本与一般的问题，故略而不论。

一　工人供需不调

在抗战期中，后方工业骤然勃兴，一时对工人的需要激增，除了一部分由沿海内迁的技术工人外，大部分工人都得在内地就地取用，内地所能供应的仅是一些未经技术训练的工人，而且大多原先就未进过工厂做工的，于是形成技工缺乏的现象。有些工厂为济燃眉之急，不免用提高工资的办法，私下向别厂拉工，工人只看哪里工资高，就往哪里走，厂方彼此拉工愈紧，工人在工资的引诱下，跳厂愈急，结果是工资增高，工人流动

＊　原载《劳工》1946 年第 2 期，第 10 ~ 14 页。

的速率增大，得陇望蜀，不安于厂，工作效率当然不会大了。

上面所述的情形，虽是在抗战期中发生的，但问题的中心，是由于工人的训练赶不上工业发展，工人的供应抵不住工人的需要。战争不过是促成这问题发生的一个条件，若是将来大规模振兴工业，也将会发生同样的问题。战后由于复员不当，外货倾销，内战方酣，使得民族工业濒于绝境，工厂纷纷倒闭，在工业发展的过程中，倒退一步，工人需要骤减，形成一时供给过多，工人失业的现象。但这只能看作是一时的不正常的现象。若是我国还有机会由混乱进到和平安定建国的时期，则现有这点之工业基础实还不够建国需要。势非建立比抗战期中大过千百倍的工业基础不可，届时需要工人必多，若是工业发展速度过快，工人供应势将不够，则一时挖工跳厂，工人不安于厂的现象，必将再度而且大规模出现。

为了预防像抗战时期中挖工跳厂的那种混乱局面重新出现，在未来大规模发展新工业的过程中，必须事先订定一个与工业发展进度相配的训练工人的计划，按照计划从事训练和供应工人。该项计划须整个的由政府去拟定，若是听由各厂各自为政还是要出毛病的。这可以拿抗战时期有些工厂局部从事训练工人的失败经验来说明。上面说到抗战期中，由于需要工人多，供应不够，发生了厂方挖工，工人跳厂的不安现象，当时有些工厂，感觉加薪挖工不是根本办法，于是毅然决然的从事训练学徒的工作，即是由厂方招进一批学徒来，加以若干时期的训练，使其能成为技术工人供本厂用。虽然增笔训练费，若是训练出来的技工，都能长期留在厂里工作，也未尝不是合算的办法。不料这样苦心训练出来的技工，仍被外厂毫不客气的挖走，自己白白训练一番，结果自己用不着，这叫从事训练工人的厂方，如何不大感失望，不大为沮丧！这样听任训练者自训练，不训练者仍尽管去挖工的状态存在，可以想见的是大家只用而不愿在训练上花钱花心血了。所以问题就坏在政府对这方面无整个计划和管理所致。

诚然，在放任政策下所发生的混乱局面，未必会延续过久；因为在工业发展的过程中，工人供求问题，或快或慢的必会达到平衡。但总不如有计划的好，若能计划得当，依照工业发展情形，相配的紧密的合时的进行训练工人，则可使工人供不应求的程度减小，脱节的现象不致持续过久。而由供求脱节引起的工人不安厂的影响也可大为减轻。再者，将来工业必是在和平建设的正常时期中发展，在平时发展工业比之在战时，尤其需要一个整体的供应工人的计划。抗战期中由于海洋被敌人封锁，国内市场上唯有国产工业品独步，而且产品供应少，需要大，所以能以高价出售。货既能卖钱，故工人不安厂所加于成本上的浪费，还可不太在乎。在平时，为求和外洋工业争雄长，必须压低成本，要压低成本，则不能不使工人安厂乐业，增高工作效率。于是工人安厂问题，将主要的决定民族工业未来发展的成败。而安厂问题之一，即在使工人供应尽快的符合需要，这又只能在一个详善完满的计划下，才能完成。

计划的内容可以采取不同的办法，或是责成各厂一律各自供应工人；或是专责成国营工厂负担起训练的责任。其训练经费由国库另支，不列入工厂成本内；或是听任各厂自己供应不供应，但凡训练工人以自供应的工厂，其训练费全由政府津贴之。总之，在原则上，就是要使得各厂间在工人训练上的负担均衡而公平合理，并务期工人的供需相调和，以免发生供不应求而引致工人不安厂的现象。

二 入厂趣旨未合

工人不安于厂的另一主要因素，是基于工人入厂趣旨问题上。工人为什么进工厂做工，稍加研究，就知这问题很复杂。我们若设想做工只是为了钱，就不免犯了把问题看得太简单的毛病，结果会摸不着问题的要领。我并非说"钱"完全不重要，而是说钱不是唯一的，甚至也不是主要的兴趣，我们知道：抗战期中工厂里的工人，有些是为了逃避兵役的，有些是为了逃避家庭纠纷的，有些是为了增高身份的，有些是为了获得行动自由与婚姻出路的。工人进厂的动机的复杂，由上面所提示的几点也可见一斑了。兹逐项分述如下。

（一）逃役

抗战期中，政府为了扶植和保护工业的发展，特给工厂工人以免役的优待，这是说，做了工就毋须当兵，于是在农村里被征兵逼走的一些人中，一部分找着了工厂的门，这些人若不为逃役，也许根本就不会进门来。他们为的是逃兵役，工厂既能满足他们的要求，论理应安于厂了，但问题是：能安多少时？为逃兵役的工人就曾向我们诉过心愿，打算等事情（征兵）平息后回家去。这心愿清楚表示出他们在厂只作"暂安"之计，这一"暂安"在程度上甚至性质上自有别于"久安"了，我们不知其中有多少人后来由"暂安"变为"久安"。但若"暂安"之计未变，则不得谓为果安于厂。且所谓安于厂，应兼指心身而言，若单是身在工厂，心在农村里的家，似不能无条件的谓之安厂了！进了厂，不当兵，诚然他们很满意了，若是他们满意得不再他求，换言之，他们在逃兵役外，少有其他兴趣了，甚至找钱多少都不在乎。我们很难想象他们会卖劲做工，在技术上求精进，在地位上求升迁，以求收入的增加与保障。免兵役使得这些人进厂做工，但若不刺激起他们在工作上求多找钱的兴趣，则不能使得这些人卖劲做工。不幸事实告诉我们，这些避兵役的工人家庭，有些并不算坏，家里有田有地有饭吃，不做工也不在乎！

（二）逃避家庭纠纷

工人中还有不在少数的一部分，是因和家人不和，出走到工厂来的。不和的原因很多，主要内容不外家人间权利和义务的未得合理分配，对权威的反抗，和婚姻不满几点。表现在父子间，或兄弟间，或夫妇间，或婆媳间，或姑嫂间的种种冲突；冲突的结果，在家庭中地位低权力小的一方，往往走出家庭，进了工厂。这情形在女工方面最显著，多数女工都因家庭问题而借工厂作逃薮的。

这些不安于家的工人，是否能安于工厂呢？事实告诉我们，这些人并不太安厂。其所以不安厂的理由，据我们所知的，可以分几点来解释。一是为一时气愤和家人冲突而出走到工厂的举动，事先当事人未必对此着作过长久的打算，他们或她们不免把工厂暂作逃薮，一等冲突和解或本人气平了，可能又转回家去。这一在工厂暂安与上述逃役者的打算无二致。再者因家庭问题出来做工的，做工是为避纠纷，因避而不得不暂借工厂安身吃饭，动机上显然和以找钱为主的有别，这一"有别"就使得他们（尤其是她们）不易为工资的刺激专心致力于工作了，此又和避役者的情形相仿佛。更从社会选择方面来说：不安于家庭的这批人，在性质上较为强悍勇敢，不易驯服，没有耐心，甚至也较为懒惰，以及缺乏对环境位育的种种能力和德性。这些"缺点"使之不安于家，也同样可能使之不安于厂和厂里的工作。

（三）找丈夫

在女工工厂中，我们发现做工的以年青未婚的女子为多，她们多是城廓附近的下层妇女，这些女子进厂后，都一个个打扮起来，有机会就找男朋友，一经找到对象后往往就结婚离厂去了。工厂真是给予她们找丈夫的许多方便和条件。由家庭到工厂，使得她们和男人的接触面加大了，使得她们和男子交往的自由少受束缚了。使得她们有机会多见多闻多学习，使谈吐仪表都较摩登化了，而工资更帮助了她们能在打扮上有钱花。这样她们就有较多的机会找到丈夫，而且是地位较好的丈夫——这是她们不进工厂所不易期望到的。而借工厂对自己加番改造以求在婚姻上取得较好机会，也就成了她们进厂的主要动机。婚姻使得她们进厂，婚姻也使得她们不安厂。这也许是用年青女工必然发生的现象，每一年青女子能在厂中做上几年或一两年就算不错了，若能在这几年工作期中，使她们能兼顾工作和恋爱，不致偏废于恋爱方面，就更算不错了。女工既有这流动快的特性，所以也只有工作简单技术低不需长期训练的工作，才较为适合她们。

（四）增高身份

无疑的，工人中绝大部分还是由农村来的。农村里的人对于工厂，看作是和官府衙门相类似的，因此在工厂做了工，也就看作有如当了公事。进厂去赚钱固然重要，但同样重要的——甚至更为重要的，是提高身份。我们曾在农村中见到一些由工厂请假回家去的青年学徒，穿着碧蓝的工装颇为得意洋洋的大摇大摆；确实引起另一些留在农村里的孩子们的羡叹。我又曾有个机会和一批新由外省农村里招来昆明某工厂做学徒的孩子同路过十来天，旅途上他们真是高兴极了，对于昆明——尤其是那个工厂——充满了希望和新奇的憧憬，得知我在昆明住过多年，真是问长问短，高兴掩过了别井离乡的愁思。我当时也真受感动，认为有这样一批生力军加入，中国新工业前途大有办法，但也同时有点担心：他们过高的憧憬，不要带来更高的失望？不幸我的担心，后来多少被证实了。听说那批学徒进厂后，由于厂方采用军事纪律和刻苦的训练，对厂方大不满意，认为把他们当大兵对付，是莫大的侮辱。他们要的是厂方的尊敬，很好的学习机会（包括学识和技术上的），使他们能有专技专长，能成为工业中的主人；为工业而尽其神圣光荣的责任。本来这种对身份对荣誉的要求，用得好很可以成为工作的非常动力；但用得不好，却成了对工厂的失望，反抗，不安厂，和不安业了。

三 生活方式难协

工厂不仅是一工作场所，由于新式机器和新式管理的应用，无论工作方式，或生活方式都以一种崭新的姿态出现，和中国农业传统社会的迥然不同，甚至针锋相对。刚好这相对的情形，就表现在工人身上。这些来自农业传统社会的工人，他们的生活意识和生活方式都被传统熏染已深，进厂后这套传统方式并不如衣服那样容易改换过来，他们仍牢牢保存下传统社会的意识和方式，然而工厂的工作和生活环境，却完完全全是新的一套，而且强迫工人照新的一套去做。这样工人当然感觉不惯和不合适了，结果就表现为对工厂不满和不安心工作上。

在工厂中，工作性质和生活方式，刚好方方面面和农业传统中的相对。在工业生产中，一个工人的工作，只占整个生产过程中极小一部分，日复一日，始终专精在这一小部分上，没有变动调换，当然易生单调之感。分工既过细，一件成品的制造可能经过几十种甚至更多的部门，每一部门的工人，只照着上面的指示在本部门做，至于这一部门的工作和全体的工作怎样配合，工人不用管，也管不着，因此工人并不知道自己一部分工作在全部工作中的意义，做工只为拿工资，此外既不知工作本身的目的何在，也见不到自己工作的结果，在一件成品上，工人自己所占的一部分多么渺小！何况有时还不能明白指认自己的一部分贡献在哪里呢！这些成品，全是直接拿去市场上，工人做一阵，结果却享受不到自己做出的东西。总之，在工作本身，殁没了主动的创作性，夺去了工作结果的欣赏和享受的乐趣，使工作和生活分了家；工作成了既单调而又乏味的东西。反之，农村的工作，则富于变换性，工作者清楚意识到工作的目的和意义，能欣赏和享受自己工作的结果，在金黄的稻粒上，累累的果实中，人找到了工作的成绩，也体认了自己的价值和存在。

其次，在工作环境上，工厂里的工作同伴们，只是在工作上被动的被配合在一起，这种配和，仅止于生产程序上，此外在工作意识和目的上，在彼此生活上，殊少配合；他们无共同的事业，无共同的利害，原是一群彼此不相关的人，在找钱的"相同兴趣"下，凑合在工厂里而已。除非他们能由"相同兴趣"进到"共同兴趣"，由"凑合"进到紧密的"结合"，则彼此难生休戚相关之感，难于发生互相扶持的行为。彼此痛痒不相关，彼此无由向对方得到慰藉，各自陷入寂寞的心情中。不比在自己家里，工作者同是家人，彼此相亲切，相慰藉，生于斯，作于斯，工作虽重，也就不觉得苦了。

在工厂不比农村的又一显著不同，是前者的工作，完全在规律化下进行。工作的作息全由机器而不由工人自己，整日停在机器旁边，得跟着机器的转动而相应的工作，一时懈怠不得。再者，在工作的部门间，自己一部门随时得与其他部门看齐，一点不能落后。每日生活，上工下工吃饭睡觉全依厂方的规定进行，不能随意行动。此外和规律并行的更有层次井然的职位和管制职责分明，由上而下，层层嵌制，一点不能逾越。总之，机器也罢，时间也罢，空间也罢，规律也罢，组织也罢，一切的一切，似乎都在施给工人以束缚。而在农村里工作，这些束缚，或则根本没有，或则程度上松弛到使人不易直接感觉到，看起来工作是多么自由和自主！何尝像在工厂那样被动，就束得像奴隶一样在工作！所以由农村到工厂的人，最初就对这些束缚感到不耐不惯甚至想反抗，这叫他们怎能喜爱厂里的工作而安心工作下去？

四　家庭从后扯腿

我们知道，工厂里诚然有使工人难安心的一些客观条件；这些客观条件，再加上那些曾受农村传统文化习染已深的工人的主观心理，才更觉安不得了。但是，若使安不得而仍不得不安之，问题也许还不会如此严重。无如由农村里来的工人，大多有家在农村，家里有田园房舍和共"有无"的家人，可以收容他们。由工厂里退出去，不愁无容身地。家使得他们不必一定安在厂里。不必非安在厂里不可。合则安，不合则去，他们可进也可退。由于有家作退路，则稍觉难进，就不免要退了。靠了家，他们有所恃，谁甘受厂里的过分委屈！靠了家，他们无所惧，失业不算回顶了不起的事。不怕失业，也就不会有强烈的职业意识，不会对于职业过分爱护，坚持和挣扎，他们对于工厂工业，毋宁显得有点漠视和不关心，他们是在工业和农业两者的选择间，徘徊不安，这和西洋工业发达的国家里的工人的不安，颇不相同。后者不愿放弃工业和工厂，而愿在工业工厂里安下去，他们要求厂方能满足他们安下去的一些条件。纠纷和不安，是发生在这些条件的未能满足上，所以他们的不安，原在求安；他们的不安，不易牵涉到安业安厂的问题上去。中西工人在不安的性质上，两者颇有差异，这一差异，可能就发生在两者家庭的性质悬殊上，西洋家庭的经济功能，远不若中国家庭（特别是农家）那样重大。在西洋很多工人的家庭都已离了田地，他们弃工后，无农可就，而且一个成年男子得自谋生活，生活无着，没有依赖家人的方便。西洋经济史告诉我们，中古欧洲有些城市兴起，工商发达。主要的是靠了乡村封建制度下解放出来的一批农奴。那批农奴到城市后，既没留下家，也没留下土地在农村里；他们回不去，命运注定他们将在城市里生、死、和工作。为了自己能活下去，活得好，他们拼命干；他们和城市工商业连在一起，同兴衰。当时"基尔特"组织之严密，有非中国任何工会行会所能比拟，也许理由正在此，再看欧洲新工业的兴起，其中工人生力军，主要就是靠一些没有土地继承权而由农村里挤出来的子弟们（有些国家如德国就曾实行过长子单独继承法，长子以下的儿子都得不到安生的土地）。法律强制他们告别了土地，不管他们愿不愿，安不安，他们终究得在都市和工商业的怀抱里找生活；不像中国工人可以转回向土地和家人方面投靠。"归去来兮！田园将芜，胡不归！"这种在外失意时心情的特写，未必只适用于中国文人一方面！

在收束本文之前，且略为对上述四个问题作一总论。这些问题，有的是具有普遍性的，即无论中西，在工业发展的初期所必然发生的。有的却是具有特殊性的，即由于我国特殊文化背景所特殊发生的。如人才由厂向外流是在工业发展初期，社会技术知识的一般水准还低的时候，可能都要发生的现象。随着一般技术知识水准提高，工人供不应求的问题，也就会解决的。所以这问题的严重性，只是暂时的。工业进程远了，或许反过来，倒在供过于求的上面出问题——特别是在经济不景气，工业紧缩的时候。这是别话，此处不多提，又如入厂趣旨一节里的问题，就多是属于特殊文化背景中所发生的现象。像逃役的事，在西洋社会不仅不可能，也许还非西洋人所能想象的。又像因家庭纠纷而借工厂暂作逃避，也不易发生在西洋社会。在西洋，成年人出外（家以外）谋生，是普遍正常的现象，与家庭纠纷不纠纷无关。这些现象，虽与中国特殊文化有关，但并不会太长久继续下去。如逃役入厂的事，随役政的停止或改善，即不会发生了。如进厂求增高身份的事，原由对于工厂认识不够所致。将来工厂增加，社会上一般人对工厂认识较清楚时，就不会有人抱此奢望去进厂做工。大家将知道，工厂能给的是工钱，为找工钱也就是进厂的主要要求。或许上述问题中，较难解决的是生活方式和生活保障方面。在农村生活方式的比照下，工人总难免留恋农村生活，而不满工厂生活方式。在农家自给和共产的经济存留下，工人总难免不时要赋"归去来兮"。当然，这些古老的落后的农家自给和共产的经济形态及其所有的生活方式，迟早还是要被工业及工业所生的新文明所扫荡所摧毁掉。那么问题不是就不存在吗？事实并不容许我们这样太乐观，一是中国这一古老特殊的传统相当牢固，摧毁的工作虽非不可能，却并非太容易的，这老事的传统，将拖住和羁延中国新工业的发展若干不短的时期。在这不短的时期中，它将附在工人意识里，使工人对工业和工厂不满和不安。即使忽略了这些特殊的困难，仍有普通的困难在前面，这也是西洋工业社会仍在遭遇而没有得到解决的，乃是在工业和工厂本身，确实还不能给工人一个安定满意的工作环境和生活方式。农业经济诚然抵不过工业经济，但农业社会的生活方式，却确有许多优于工业社会的生活方式的地方。这些新生活方式的缺点，并不能因失去了旧生活方式的对照，而完全不存在。必须工业社会里新生活方式的种种缺点，得到补救的方法，然后才能使工人与工厂工业相安无间，不会发生罢工，怠工，缺乏工作效率的现象。这问题将要牵涉到整个经济形态组织和政策方面去，更要牵涉到文化整合程度方面去，非本文所应论列。我们只在这里提示一句，若不从整个经济和文化的根本上加以解决，单是增工资严管理，是不会根本解决工人安厂问题的。对中国言，这也许是很远很远的问题了，面对着烽火连天的今日，晴空正蔽满了硝烟，工厂的烟囱，已不见在吐煤烟。没有了工业和工厂，也就不会有工人安厂问题了！这果然是一种解决办法，可是难道我们真甘心让这一问题如此解决？

我要问！

一九四六年十月十九日，昆明

战后大后方农村经济的危机[*]

在这次对日作战中，我国东部沿海及中部腹地均相继沦陷，只有西部大后方还保持住半壁完整，成为作战的最后根据地，全国军事、政治、经济、文化所在之重心。在担负这一使命的过程中，由于人力物力的需要激增，促成了大后方社会经济各方面战时的繁荣局面，其中西南部的川滇两省，更居繁荣首位。

随着战争的结束，全国复员工作已次第进行，大后方在战时所负的特殊使命，宣告终结，而依附在这特殊使命上所造成的繁荣，今后势必日趋没落，它将没落到什么地步，虽难预知，但必不能继续保持战时繁荣水准，可以断言，在这种繁荣退潮的过程中，大后方农村经济方面将遭遇些什么困难——这就是本文所欲探讨的。

一　手工业没落

战时大后方手工业曾一度繁荣过，这繁荣主要是建立在下列三个条件上：（一）外地人口内流，消费激增。（二）外货进口减少或阻断，土产品居代用品地位。（三）消费者在日用品的质地要求上降低，由机器出品改用品质较差的手工出品。这些条件显然将随战争的结束而失却继续存在的根据，因此凡因战争刺激而增加产量的手工业，必将往回收缩，凡因战争需要而改变出口形式的手工业，可能要回复旧观，以求重新适应；凡在战时新发展出来的手工业，可能无法继续存在，总之，绝大多数手工业的命运，是被注定了归于没落一途。

手工业的没落，一般言之，对整个农村都不利，因为手工业大多存在

---

　*　原载《云南日报》1945 年 10 月 30 日。

农村，当为一种副业，以补农家收入的不足，只有少数手工业是在城市里，而其人力和原料仍大多取自乡村，无论城乡手工业，其没落必然直接或间接给予农村经济上一个严重的打击。

二 失业的巨流涌入农村

战争的需要从农村吸走了一大批人力，其中一部分人进到城市。由于战争结束，城市中工厂减工，停工，关厂，或迁走；机关裁人，撤销，或撤走；工程停顿或终结；商店收缩或停业，直接间接必然使得大部分人失业。这批人有多数原是从大后方乡村中出来的，战后在城市中找不到谋生机会，势必自动或被动的打回乡村去。

战时由乡村出去的另一部分人，是在军队里。战争结束后，迟早必将实行裁兵，那些由大后方农村征调出来的士兵，退伍后也将回到各自乡村去。

这两部分人汇成失业的巨流，将一齐涌回乡村，不管他们能不能或愿不愿回复到乡村工作的原先岗位上去。乡村一时也必不能给予他们这样多的工作机会。换句话说，由外面失业回到乡村的，必将仍然失业，失业问题没有解决，失业担负却由外面落到农村身上，农村人口膨胀，农村经济却萎缩。

三 工商业资金流入土地上

正当农村经济在手工业没落和失业巨流的双重绞勒而陷于贫血的时候，工商业资本一部分由都市退下来，像索命鬼一样光临到农村去——它们的目标是农村的土地。

战争结束将改变投资的方向。在战时，不管是商人资本，官僚资本，地主资本，工业家资本，城市资本，或乡村资本，或多或少都一齐投向工商业上，战争刺激百物飞涨，制造也罢，囤集也罢，运输也罢，都是利市百倍。反之，农田上资金转回慢，应变不灵，加之征实征购，买田利息远不如经营工商好，土地自然不为他们所追逐的对象，形成战时农村土地市场清冷局面。

战事结束后，因为工商业已大非昔比，无复是投资好对象了，本来投在工商业并为工商业利润所养肥的资本，必然有一部分要由工商业上退下来。退下来的资本，必须找个出路，这时土地的安全和不可毁性必特别让拥有资金者所重视，因此土地成了他们游资的理想出路。这样在战时清冷的土地，战后就转热起来了。

四　遭殃的是贫农小农

在工商业"退伍"下来的雄厚资金君临于经济贫血的农村的局面下，牺牲者当然不会是抽象的农村，而是那些可怜的贫农小农，贫农小农的命运注定了是苦的：战争所带来的繁荣，得利的是商人，官僚，和地主们，轮到他们身上已沾光无几，手工业虽曾繁荣过，但取得繁荣之果的是投资的企业主，出劳力的贫农小农所得利息有限；农产品是贫农小农种的，在战时很卖得起价，但大部分以租额形式缴给地主了，自己留下来的已很少，甚至自家还不够吃，得花高价买进来；反之，战争所派给人民的负担，兵役、力役是坐定派给他们一批"有力"的人身，捐款粮糈，名义上说是有钱人多出，但有钱的也就是有势的，几变花样，到头来大部分捐款还是落在贫农小农头上，战时带到的繁荣，他们没有份，他们收入不敷支出，经常在负债下过日子，小片田地，随时有出卖的必要——这就是他们经济上弱点所在，这也是资金威胁农村局面下，他们必然遭殃的理由。

冀西山区考察报告*

　　河北省农业经济规划冀西山区流动调查组一共四人，负责观察研究水土保持和各项生产建设问题。于一九五七年六月十七日由保定出发，八月五日回保定，在一个半月中，到过武安、涉县、邢台、阜平四县和十一个农业社，列席了邯专山区会议，听取了阜平农业经济规划组、农业社调查的汇报，在各级党、政领导的指导和群众的支持下，通过开座谈会，听汇报，实地访问，观察和阅读书面资料等办法，了解到一些情况和问题，吸取了一些可贵的经验和意见，最后草成这份报告。这次观察的时间短，走的地区不够广，搜集到的资料不够多。加以我的能力有限，因此报告中所提出的意见，不免有不全、不深、不透的毛病，有些地方甚至还会不正确，所以只能作为初步意见供参考，并希同志们指正。

　　下面将分成五个部分来谈，即：

　　（1）冀西山区建设的领导问题；

　　（2）粮食自给问题；

　　（3）发展林业的问题；

　　（4）发展畜牧的问题；

　　（5）水土保持。

一　冀西山区建设的领导问题

　　冀西山区包括邯郸、邢台、石家庄、保定和通县五个专区的 22 县，共有人口 □① 人，土地面积 4027.6 万亩，其中耕地 8619000 多亩。

　　几年来，在党和政府的领导下，在农业、林业、畜牧和水利方面均进

　　＊　本文未曾发表，根据张之毅先生手稿整理。

　　①　原文缺具体人口数字。——编者注

行了许多工作，取得了一定成绩，山区农民的衣、食、住方面均有了显著改善，山区交通、文教、卫生方面的进展更快。

但是，直到目前为止，就整个冀西山区来说，群众生活仍有困难。第一，山区的粮食一般还不能自给，政府每年都要供应大批粮食。第二，山区人民一般收入还不多，手头钱紧，山区人民赖以增加收入的果木在某些地区及某些土特产中生产尚未恢复战前水平。第三，某些地区的燃料和木材也很紧张，近年山区幼林虽大量增加，但成材却仍缺乏。第四，目前冀西山区水土流失现象仍较严重，去年和今春以来，就冲毁了许多梯田、滩地、桥梁、道路、树林和农作物，发生了一些人、畜伤亡事故，同时影响平原发生洪、涝灾害。水土严重流失的另一结果，是使山区长年陷于缺水苦旱的地步，特别是丘陵地区旱灾严重。第五，目前山区的商业、交通、文教、卫生等方面也均较平原落后，山区人民生活水平，一般均较平原为低。总体来看，目前冀西山区还是一个比较穷的山区。洪、旱为灾，粮、钱、烧柴和木材俱感缺乏，政府需要每年向山区供应大批粮、煤和救济款，所以动员山区群众力量，鼓足生产劲头，积极开展山区建设，把穷山变为富山，实为迫不容缓之举。

把冀西山区建设起来，变穷山为富山，变水害为水利，变"四缺"为"四余"，是完全具有条件的。第一，冀西山区林木，早在元代初年，由于统制者的"治安"需要，就曾遭受过一次大规模破坏，以后各代，由于战乱等原因，也历经多次破坏，所以冀西山区的贫困是与过去的历史政治条件密不可分的，今天，人民已经当家作主，有了国家政权，有了党的领导，有了国家的工业建设，可以给冀西山区建设种种支援。第二，冀西山区是革命老根据地，人民政治觉悟高，山区人民在长期向自然作斗争中，养成了艰苦朴素的优良作风和勤劳勇敢的工作精神。并在水土保持和各种生产方面积累了丰富的经验，他们已经组织在农业生产合作社的集体经济中，更具备了建设山区的无比优越条件。近两年来，冀西山区新建水坝、水库和大规模成片造林，就是山区群众力量的具体表现。第三，冀西山区自然方面，气候相当温和，雨量也相当充足，大部分地区能种两季，土壤相当肥，生产的物产种类很多，除各种农作物外，还能生产品质优良的核桃、花椒、柿子、枣子、栗子等类产品，还有木樨、漆树、檀香等特种经济林和大黄、党参、黄芪、柴胡、瓜蒌等多种药材，养猪正在普遍推广，养蚕普遍有习惯，养蜂也有条件。总之，生产门路远比平原多，而且可供利用的荒山面积相当广大，这些都是开发冀西山区自然方面种种有利条件。

为了能充分运用冀西山区有利的社会条件和自然条件，必须加强山区领导工作。过去几年山区生产建设工作，成绩是主要的，但缺点也有一些，主要是由于领导力量赶不上山区建设需要，一般中下层领导力量较弱，领导不够统一集中，未能针对山区特点进行领导，表现在各项工作上是：在粮食以外的其他多种生产方面抓得少一些，晚一些，水利和林业彼此缺乏密切配合，和农业畜牧配合更少，其他如供销、交通以至文教、卫生各项工作也缺乏明确为山区生产服务的方针，以致各方面的工作未能充分发挥其应有效果。山区和平原不同，在领导工作中必须注意山区特点：目前山区经济基础薄弱，交通不便，人民居住分散，基本建设的任务多，经营门路多，商品生产多，地区间自然和生产情况差异大，经济上不平衡性大。山区建设工作是极为艰巨而又复杂的，需要党和政府的领导远比平原殷切，领导赶来，远比平原困难，领导工作上更加需要具体、深入、细致。因此，必须把山区当为一种特殊类型来领导，应适当加强县、区、乡各级领导的力量！在财力上、技术上和权力上应比平原多下放一些，以便各级地方领导较能统一、集中和机动、灵活地因时、因地制宜去处理当地工作。

领导工作应有专人负责，据说过去有的专、县有重平原、轻山区的现象，有的县甚至没有县委专门领导山区，连山区的汇报也没人接纳。邯专山区会议确定半山区县应有专管山区的县委，目前山区各级领导已有实行划片包干进行领导的办法，这就可以使责任更为明确，不致发生大家都领导，大家都不领导的情况。

改进领导工作的办法应该克服领导工作的一般化，这就需要领导者深入现场，深入生产，深入群众。用深入现场的办法进行直接领导，用深入生产的办法去学习生产、领导生产，用深入群众的办法去了解情况，发现问题和解决问题，邢专拟将山区生产办公室迁到山区县去，这办法很好。

山区建设是一件艰巨、复杂、长期性的工作，需要安排多种多样生产建设工作，需要组织许多部门协同动作，而且需要有步骤地分期来进行工作。因此，省、专、县、区、乡、社都要作出规划，按照规划进行领导，才不致零敲碎打，临时手忙脚乱，缺乏预见性。过去各地也搞了"规划"，但由于制订规划时花的力量不大，对情况和问题摸得不全、不深、不透，和群众反复研究不够，偏重在增产数量方面算账多，认真具体考虑增产措施少，所以规划本身的质量不高，缺乏切实可行的根据，结果是规划大多停留在纸面上，不大发生实际作用，对领导工作未能起到它应起的作用。领导山区建设一定要依靠规划，不是规划没有用，而是没有切实可用的规划，所以我们要重新搞规划，要特别重视这次规划工作，做出一个切实可用的山区建设规划来。

为了做好这次规划工作，便于领导今后山区建设，我们建议必须明确以下几条原则，这些原则在后面有关农、林、牧、水各项问题中还要更为具体谈到，这里只是简略的先提一下。

第一，山区建设应依靠山区群众的力量，国家给以必要的援助。在规划和领导山区建设时，必须结合山区人民建设山区的要求，使山区人民把这项工作当为自己的事业，发挥群众自己的巨大力量。在这基础上，国家适当加强必要的援助。山区群众的潜力是巨大的，正如山区自然的潜力是巨大的一样，只要能结合群众的要求使用得当，就能把这种力量发挥出来，成为建设山区的主要力量，国家援助再多，总不顶山区群众自己的力量大，所以山区建设，主要应依靠群众力量，国家不能包办代替，也包办代替不下来，但适当的国家援助却是必要的，有些工作非要国家助一臂之力，就不易成事。如何把国家有限援助发挥最大作用，这是规划中应该好好考虑的，我们认为其关键是在于能使国家援助密切结合群众自己的要求和努力。

第二，山区建设必须密切结合群众当前利益和密切结合当前各项生产，进行建设工作要花费财力、物力，但通过建设工作也能创造财力、物力，因此，必须把长期建设和当前生产结合起来，用生产支持建设、用建设增加生产，只要两者相互结合得好，就可以相互推动起来。因此，在安排各项建设工作时应由小到大，由见效速的到见效慢的，多照顾一些当前生产，多照顾一些群众目前利益，生产增加了，群众经济力量雄厚了，就将有力量完成各项远大的建设工作。反之，一开始就好大喜功，脱离当前生产搞长远建设，结果必然会脱离群众和得不到群众支持，因而必然要失败。所以在山区建设工作中，必须极力反对脱离当前生产和当前利益搞远大建设的倾向，同时，也应反对另一倾向，即只顾当前生产不顾长期建设，只管当前利益不顾长远利益的做法，如滥垦、滥牧，应该坚决制止，这两种倾向，是违犯群众利益的。

第三，在具体进行山区建设工作中必须充分运用当地历史经验，注意总结和提高群众经验。对于确实优良的外地经验或新的科学技术知识，必须采取积极而又审慎的态度通过重点试行，因地制宜地加以推广。

第四，山区水土保持工作是一种综合性和全面性的工作，因此必须从整体利益出发来安排各部门的工作，必须从整个区域的利益出发来安排局部地区的工作，只有这样才能正确处理农、林、牧、水之间的矛盾，上下游治理之间的矛盾，面和点线治理之间的矛盾。

第五，在生产和分配关系上，应在服从山区生产建设和有利山区生产建设的前提下，来处理国家、社、社员之间的利益分配问题。

在我们的规划和领导工作中如能做到在力量上依靠群众，在利益上照顾群众，在技术经验上依靠群众，在水土保持工作中善于经济使用力量，在分配问题上善于从有利生产建设着眼去安排各方面利益，则冀西山区的自然和社会面貌都会很快改观的。

二　粮食自给问题

冀西山区目前粮食还不能自给，只 1956 年就缺粮 37000 多万斤，国家为了供应山区粮食，就要付出 3000 多万元的运费，并且引起人力和运输工具的紧张状态。有时还难于保证把粮食及时运给山区农民手上。因此，争取粮食自给的需要，在山区实比平原尤为迫切。山区基建任务大，劳力不够，交通又不便利，运输工具少，如果及早解决粮食自给问题。把运粮的劳力、畜力和运输工具省下来用于从事基本建设，把国家在粮食供应上的补贴用于支援山区建设，将更有利于加速山区建设的发展。

据邯专地委书记谈，几年来都是重视棉花，轻视粮食，去年在粮食问题上受的教训深，才开始重视起来，就我们这次考察所知，从专到县、乡、社各级干部，一般均已重视增产粮食问题，这是加快粮食增产速度的一个很重要的条件，但粮食和经济作物的矛盾，粮食和果树的矛盾却仍未完全解决。还有人在强调经济作物比粮食作物有利，不先去解决粮食自给问题就过多发展经济作物。这实际上是不顾政府运粮赔钱的不利一面，如果把不利一面考虑进去，恐怕有些经济作物就并不有利了。目前山区正在大力提倡种植果树，有些社的粮食地里已经栽下了一些小株果木，这就伏下了果粮争地的矛盾，在山区规划中，应该注意正确处理果粮争地和经济作物和粮食作物争地的问题，做到在人口增加和牲畜增加的情况下，仍能保证粮食自给。

冀西山区实现粮食自给的困难并不太大，各地信心颇高。邢台专区四个山区县，邯郸专区三个山区县，根据专区的规划意见，到一九六二年都可达到粮食自给，邯郸专区山区县到一九六二年粮食自给之外还余五千余万斤，邢台专区山区县第二个五年计划期内每年粮食增产指标是县比专高，专比省高。总之，邢、邯两专对山区粮食增产的信心是相当大的，但也有例外情况，保专阜平县最近提出的规划草案，认为必须到第四个五年计划期末才可达到粮食自给。除因阜平本来缺粮较多，增产条件较困难外，该县规则的消费指标也定得过高一些，阜平县在冀西所有山区县中，算是缺粮情况最严重的，不能代表冀西山区一般情况。

增产粮食的第一条办法是恢复废弃的梯田。冀西山区是革命老根据地，山区人民曾支持抗日战争和解放战争，当时仰给山区粮食的人口比现在多，缺粮并没有现在严重。据邯郸专区刘专员谈："过去山区粮食有余，现在年年缺，主要原因之一是山地，远的废弃了。"自从抗战后期开始，中经土地改革和高级合作化等运动，山区农民均陆续废弃了一部分离山远山的梯田。据邢台县统计，废弃的梯田约占梯田的三分之一到二分之一。邯专山区第二个五年计划中统计有四十六万多亩梯田、滩地，已利用的仅二十二万亩，未利用的尚有二十四万多亩，计划在第二个五年计划期中全部恢复，约可增加粮食一千七八百万斤。究竟全冀西山区共有多少废弃地，还尚无确切数字。在第二个五年计划期内把废弃地恢复耕种，是增产粮食主要途径之一，恢复废弃地的办法，是让原耕种那些地的农民重新上山。据邯专刘专员谈：一是在粮食政策上要照顾深山居民一些，包括余粮运输问题和供应粮的粗细比重问题；二是包工包产办法上也应照顾深山居民一些。武安县马店头农民上山有四个要求：一是供应他们一定的麦子吃；二是帮助他们修房子；三是供销社卖东西给深山居民方便；四是有事社干部上山去，不要老让深山居民下山来。此外还有种种有关生产上和生活上的问题，如派工下山问题，婚姻问题，疾病问题，小孩上学问题，娱乐问题等，也需要根据具体情况设法解决，酌量优待山上居民一些。

增产粮食的第二条办法是让社员充分利用闲散小片空地种瓜和豆角，谁种谁收。冀西山区农民过去就有利用闲散小片空地种瓜、豆的习惯，农业合作化后曾一度忽略这个问题，去今两年才注意起来。在山区可以利用的闲散的小片空地很多，如地边、地角、地埂、河滩、村旁、道旁、山旁、宅旁均有可以利用的小片空地。其中特别值得注意的是利用地边和果木地种瓜或其他农作物的问题。山区田地高低相连，田岸很高，垂直面大，可以大量在田岸边种植瓜、豆，充分把田岸的垂直面利用起来，目前山区还倡行"果农混作方式"，即在幼年果木的地里或鱼鳞坑中，兼种瓜、豆等农作物，果木归公，农产品全部或部分归社员私有，社员在培植农作物的过程中，即同时照顾了果木，这办法既利增产粮食，又利果木生长，社和社员都有利益，大家满意，这办法值得推广。山区闲散小片空地比平原多，利用起来种瓜、豆，据说可顶一至三个月的粮食，农民还乐意吃。

第三条增产粮食的办法是扩大耕地面积。冀西山区扩大耕地的潜力主要是在沟谷和河滩上，在这些地方要开拓耕地，必须搞好山上水土保持工作。冀西山区的许多沟壑，目前大多水土流失严重，已经治理好的，还是少数。如邢台县胡家楼的寺沟，景刘庄的仙人沟，武安县贺进镇的桃源沟等，均已满沟满壑修成梯田，寺沟是在深山区，毛沟、支沟和干沟连成一个沟壑系统，周围山高坡面大，流域面积广，水量大。经过综合治理后，沟底已变为由谷坊淤成的梯田，沟水傍着谷坊一边缓缓流过，成为清清的一条细流，沟两旁也是一级一级梯田，一直由沟底延伸到山半腰，满沟是庄稼、树木和青草，土厚墒好，生产丰盛。仙人沟在浅山区，沟头是仙人山，雨季时广大山坡的水归入仙人沟，沟两旁是丘陵岗地，这条沟是用修水库建谷坊的办法治理的，一道一道谷坊已经垫成平缓的田地。桃源沟也是在浅山区，整个范围是平缓丘陵地，除沟本身外，均已修成阶台地，有些水量不大的毛沟支沟，也修成梯田了。反之在未经治理好的那些沟壑中，沟底多是砂石，连青草也不生长，更不用说庄稼了，完全是一幅贫瘠面貌。目前这些贫瘠的沟壑，潜力均大，只要经过治理，就将像寺沟、仙人沟、桃源沟一样，由贫变富起来。

冀西山区的河滩均是非常宽大，但因砂砾很多，缺乏表土，所以不能利用，目前山区人民改造河滩办法是引洪放淤，即在水势稳缓的河滩，筑上围水堤和引水堤，把洪水引入围堤境内，让浮泥淤上一层，水去后就成为一片肥沃的河滩地。涉县一九五七年增产计划中拟在全年内成滩地5807亩。阜平县计划今明两年扩大河滩地一万五千亩，我们在阜平鹞子河和版峪河沿岸均见到一些规模颇大的成滩淤地工程，对这些成滩淤地工程，还未能统一地有计划地来做，有的工程质量差，有的堵水工程还引起两岸和上下游村落的纠纷，而且还可能阻碍河水正常宣泄。应进一步加强管理，和技术指导。滩地利用是有前途的，问题在于根治洪水，而成滩淤地只是目前救急办法，因为成滩淤地是利用洪水，洪水能在河川成地，也能在河川毁地，长期以来是成的地少，毁的地多，而且成地的浮泥，都是上边流失下来的，上边冲毁许多地，下边才成得一亩，不根治洪水而向洪水讨地，等于挖肉补疮。根本办法在于治洪，把上面山场沟壑的水土保持工作做好以后，大河里不易发洪水了，就可用挖河办法整理河道，整个规划出全流域河滩地的改造利用问题。那时可以利用的河滩地就多了。而且没有洪水再来毁地。所以引洪成滩目前只能重点的搞，不能把过多力量用在这上面，妨碍了根治洪水的工作。

第四条增产粮食办法是进行耕地护理工作。耕地护理是即须抓紧进行以保证粮食增产的办法。目前冀西山区耕地的水土流失情况较为严重，有些耕地已被冲毁，很多耕地已难于保土、保水、保肥，如不及时治理，情况会愈趋严重。正如邯专农村工作部冯部长所说："当年不修，来年减收，三年不修，变成荒沟。"目前最紧要的是要保住山场上的梯田，冀西山区是山陡土层松，一般的梯田均须在边上垒石堰。这是很费力的工作，把这样多梯田都垒上石堰，非经过山区农民祖祖辈辈长期继续不断地艰苦奋斗不可，特别是深山区的梯田，田窄堰高，更是费工。据涉县甲壁社干部谈，他们社去年一块梯田，一分大，花了一百五十个工才开成。试问花这样多力气开拓出来的梯田，怎能不着意护理，让它们被雨水冲毁呢？冀西山区农民早有护理梯田的优良传统。据说过去农民每年麦子收后和冬春农闲时以及每次雨后都要去地里整地，除了积肥即整地。但近年来，我们注意由于经常修整不够，[①] 雨水一来即易坍塌，事后不及时补救，于是坍塌的地方更趋扩大。近年来梯田坍塌的现象是相当严重的。邯专磁县山区去年梯田边堰被大雨冲毁的近十四万道，涉县塌堰九万多道。邢专山区梯田去年塌堰十七万九千道，其他山区县坍塌的边堰都很多。这种现象已经引起有些专、县、区、乡、社各级干部的重视了。邢专修复梯田边埝工作进行得较快。据说十七万九千道堰到目前为止已经修复十五万六千多道。但有些山区县，修复工作进行还很缓慢，如磁县十四万道堰中仅修复二万道，涉县709万方堰，仅修复一万二千多方，据磁县代表指出，要使梯田

① 加入农业高级社，剩地变为公有，如果经常修整不计工分，农民当然不会有积极性。

修复工作进行得快，必须解决两个问题，第一是要端正群众思想认识。在修复工作中存在的偏向是，只愿垒平地、好地、大块地的堰，不愿垒坡地、小块地的堰，但按水土保持需要说，则应该反过来着手，因为在半山的那些较为宽大的梯田，塌了堰一时不易引起更大危害，至于深山的那些窄小梯田，一冲毁就是上下连片，影响严重，晚了就更难修复，必须首先抓紧进行，并且深山的小片梯田，每亩产量相当高，如磁县五区深山梯田。经过整理后，一般能亩产二三百斤。好的有达到千斤的，所以亟应扭转不愿修复小片梯田的错误思想。第二是要解决群众生活问题，据说山区群众手头钱紧，在河滩打坝国家有补助（每工四角钱），修梯田没有补助，群众愿打坝不愿修梯田，为的是目前收入高，但为长远想，他们又感到非修复梯田不可。磁县中岔口乡，去年冲毁很多梯田，社里没有力量修复，社员很是着急，情绪极波动，认为山区没有坡上的梯田，单靠一点平地，今后将不可能解决生活困难，他们想去修复但同时还希望得到一点补助，岔口乡干部知道了群众思想后，即向政府请求到1100元辅助钱，规定每工辅助一角钱，今春群众即投工11000个，二十天内垒堰3000道，恢复梯田57.4亩，可以增产粮食6000余斤。从这个例子可以看出：恢复一亩梯田费工将近200个。每投二个工不过争取增产一斤粮食，支付的辅助费即是二角（这是地块小用工多的例子。从武安桃源沟计算要恢复一亩梯日要30－50个工）。但修复后可以保证以后各年继续生产，并可防护下面的田地和沟底石坝，减少政府供应粮食上的补贴，从长远和全局打算，还是合算的。今夏邯专山区会议已决定把修复梯田边堰作为山区增产粮食的紧急措施之一，并决定在流域治理中统一解决修复梯田用工的补贴，在今年内发动各社大力把梯田修复起来。

在梯田护理工作上除修边堰外还应注意整理田面，把田面修得里低外高，使地里的水不致轻易流失，并且要在里边修顺水沟，使过多的雨水由顺水沟流出去，防止雨水冲刷边堰外壁，沟口应修水簸箕，下面要修静水坑，免得跌水破坏下面的田面，并应随时将梯田边上的土砸紧，填实任何空穴，使土和边堰的石头结合得紧紧的，不让雨水侵蚀边堰内壁，为了保水固堰，有的梯田边应筑边埂。只要把梯田整修得合于上述规格，随时注意护理，就可防止梯田被冲毁，并可收到保水、保土、保肥因而增产的效果。我们见到的邢台县胡家楼寺沟内的梯田工程，算是比较好的，其他各处所见的梯田工程一般都较差。据说武安县西北深山区有一个农业社，竟去掉梯田边埂，为的是多种一垄地，"增产"粮食，邯专山区会议上已对这种破坏梯田水土保持的做法加以批判了，我们建议山区各县最好普遍把现有梯田检查一遍，指导各社把不合规格的梯田加以修整，并建立经常护理制度。守住梯田这一关直接即能使梯田增产，而间接又可保住下边的坡脚地、沟壑地和河滩地，梯田是山区农业生产战线上的关键阵地，必须赶快大力保住这块阵地。

其次，我们谈谈河滩地的护理工作。冀西山区河滩地被冲毁的也不少。因此保护已有滩地不被冲毁的工作很紧要，我们在阜平县四区东版峪店一个社见到，单是去年被洪水冲毁的滩地即达二百多亩。反之，我们在该县鹞子河史家寨见到，几百亩河滩成地工程，几年来却没有成出地来。又据阜平县农业经济规划草案所载，该县"从耕地和产量的变化情况来看，土地面积逐年加大，产量相对减少，……构成这种变化的主要原因是：逐年扩大的耕地面积大部是梯田地，每年损失的土地大部是肥沃的滩地"。该县 1955 年成的滩地是 5500 多亩，毁的滩地是 5954 亩。这一问题的解决除应一面抓紧全面的由上而下的开展水土保持以求从根本上治理外，还应赶紧有重点地在河边新建或修复一些护地坝，我们这次考察过的地方，有的社已在进行这一工作，有的社已提出要求请政府批准，对护地坝工程应检查和改进现有工程的质量，建立经常护理制度，比忙于新修工作更重要。

但成滩淤地和打坝护地均只能有重点地搞一些。恢复和整修梯田应该普遍地搞，不要反过来发生重滩地轻梯田的情况，邯专山区会议磁县小组一次再次提到这一问题。他们指出在国家补助用工办法上，打坝每工辅助四角，修梯田没有辅助（大会后来决定补助一角），打坝成滩一大片，护它一大片，修梯田护地小，愈是小片梯田愈难修，愈用工多，滩地产量高，梯田产量低，滩地耕种方便，梯田耕种不便，总之，从局部利益来看，各方面都是修滩地利大，修梯田利小。因此，过去磁县部分农业社存在重滩地轻梯田思想，例如，该县三区朝冠一个社，在漳河边，社干突出地重滩地轻梯田，很多梯田废耕了，很多梯田冲毁了也不修复，把力量几乎全用到滩地上，成滩打坝，打坝成滩，滩地一年年增加，产量三百多斤一亩，比该社梯田高得多，放弃梯田抓滩地的结果，全社总产量一年一年增加，曾经成为旗帜，附近农民争取入社，外社前去参观，不料去年洪水一来，380 亩滩地全被冲毁，整个社陷于生产和生活无法维持境地，社也垮了，他们还提到四区石场一个社 400 亩滩地，去年也全被冲毁了。他们没有这样算算总账。

（一）治理坡上梯田，对梯田生产有利，对保护坡下的田和水利工程有利，而治理滩地的利益仅限于滩地本身；（二）上面梯田治得好，根本制止或减轻了水土流失，下面有些水利工程就不必修建或少修建了，而治理下面并不能使上面的工程减免；（三）上面梯田治好了，即易保住，而上面未治治下面，工程难保，容易被毁；（四）梯田年年保收，不怕淹来不怕旱，平川滩地危险，洪水一来全完蛋。只要多看几年，并把上下联系起来看，不是单看一年二年，单就梯田看梯田利益，就会知道其中的缓急轻重了。

第五条增产粮食的办法是扩大水浇地面积和积极采取防旱措施。冀西山区的农业生产，最突出的问题是控制水。水若控制不好，就会发生雨季来时嫌水多，雨季不来嫌水少的现象。水多了从坡到沟壑到大河到处冲刷，带走了地上的表土和庄稼树木，尽管沟壑继续加深，大河继续加宽，洪水还是感到一时难于宣泄，水走后，又到处感到缺水，连河槽里也都是干的。虽然山区人民既怕旱又怕涝，但比较起来，还是最怕旱。他们说，当平原上闹水灾的年头，就必定是山区农业丰收的年头。山区有些地区饮水也感困难，当然更谈不到解决地里庄稼用水问题。每遇春旱时节，连种子也播不下去的事相当普遍，山区人民想望水的心情很殷切，据说邢台县丘陵区黄寺乡郭村新修一个水库，群众看到库里的水乐开了，叫它人造湖，舍不得去浇地。该县丘陵区其他许多水库，群众也是非常爱惜，一般总要在库里留下三分之一的水，不肯放空。我们这次到邢台县景刘庄，社干部领我们去仙人山走走，村里群众就传言"中央毛主席派人帮他们找泉源"，过去省里干部去过，他们也同样央求他们找泉源。山区人民迫切需要水。他们一直在想办法去满足自己的需要，也兴办了一些群众性小型水利工程，有一些传统经验，但是他们所做的距他们的需要太远了，他们有心无力。农业合作化后条件大不相同了，合作化加上人民政府的帮助，近年来冀西山区已开始了兴修水利工程的运动。有些是群众自动搞起来的，有些是政府倡导的。条件好了，力量大了，因此出现了一些新型的水利工程如小水库、大水渠、大水池、大水坝等。

把旱地变为水地和普遍进行各种防旱措施，是山区增产的关键之一。邯专山区规划 1962 年粮食产量要比 1957 年增加一亿六千多万斤，其中依靠把旱地变为水地一项措施即可增产二千一百四十万斤，至于一般防旱措施的增产效果，还要大得多。其他专县的山区规划也均重视了旱变水和一般防旱的问题。

目前冀西山区旱变水和防旱保墒的办法。主要有如下几种。

（一）田间工程

冀西山区的地形，倾斜度很大，水容易流走，除极少数涝阴以外，都不怕涝只怕旱，也不怕地里水多发生盐渍化、碱化的现象。所以冀西山区田间工程应以蓄水为主，用起高垫低、里切外垫的办法把坡面改为略为向里倾斜的平面，让雨水留在地里就地渗透。梯田就是按这种办法整理的，前面已经说过，但丘陵区岗坡地一般都不如梯田整理得好，因为岗坡地上雨水冲刷力小一些。所以田间工程也马虎一些。其实田间工程的作用，不单是护田，而且可蓄水防旱，丘陵岗坡地最受干旱威胁，从防旱的重大需要看，岗坡地也应该像梯田一样认真治理一下，邢台县丘陵区景刘庄社是个易旱地区，从一九五五年冬开始到一九五七年完成里切外垫修土埂工程的田地共计 3800 亩，几乎占该社全部耕地。一九五五年未修土埂前，麦地平均每亩 130 斤。一九五六年修了地埂，麦地平均每亩收 161 斤。附近火石岗社未做土埂，平均每亩麦子 70 斤。整理土地在增产上的作用很显著。该社在棉花地上也做了边埂，增产效果也很好。该社通过修地埂，里切外垫的整地工作，还扩大了耕地 147.5 亩，相当于原有耕地百分之四。该社田间工程的主要缺点是缺乏排水沟，去年因雨水过多，地里一部分水由上往下漫流，冲毁了一些地埂并在有些地里拉出沟来了。根据景刘庄的经验，丘陵区岗坡地的田间工程除应普遍修边埂外还应做排水系统。至于用石头垒边堰的工程则无须普遍搞，因为田块面积大而坡度小，水的冲刷力小些。我们认为景刘庄这种做边埂和平整土地的办法在丘陵干旱地区值得推广，据邢台县水利科干部谈，该县丘陵区二年来做了田间工程的田地已达三十二万亩。

梯田和岗坡地都不怕涝，就怕雨水冲刷和失水失墒，只要边堰修好了，田面工程修好了，解决防旱问题，也解决被雨水冲毁问题，则这些地就能成为不怕旱、洪、涝的保收地。地里有水有墒，再加上山区肥源充足，完全有可能成为高产地。抓紧认真在这些地上搞好田间工程，使其成为"保收高产"的宝地，是冀西山区增产粮食的重要措施，也是保护山场水土、削弱沟壑、河川水势、保护沟谷河川地和开拓沟谷河川地的重要措施。所以修整梯田、岗坡地直接、间接都有利粮食增产。

（二）修水窖

水窖又叫旱井，和水井不同，它盛的是地面径流而不是地下水，在地下水位深、打井不易地区，宜于打旱井，冀西山区农民有打旱井习惯，有的是为了饮水用，也有作农业生产用的。近年来旱井在山区推广得颇快，如涉县符山周围由1952年到1956年即修了水窖14769眼，能供十万三千人的饮水，邢台县景刘庄社，旧有水窖15个，1955年冬以来新增26个，计划再打169个，该社新增水窖均分布在地里，每窖可存2000担水，用来抗旱点种，每井可点种四十亩，用来浇地，每井可浇二亩。以上两处均是属于丘陵区或浅山区。据磁县参加邯专山区会议的代表们谈，浅山区在地里打旱井好，既防涝又抗旱，邢台水利科干部杨万忠同志谈，邢台县丘陵区历年干旱，地下水位深，打井一二十丈深，提上来很费事，不如打水窖，其实在深山区也可推行旱井，如甲壁社是在磁县深山区，单是1956年一年中，就打了五六百眼旱井，种红薯，对粮食增产起了不小作用，水窖浇地的好处很多，可以大量推广。（1）用工、用钱、占地不多，技术不太复杂，土厚的地方即可打，容易普遍推行，据说一个存水一二千担的窖，只须用一百多个工，平均用一个工可存水一二十担，而且一次用工，以后年年可存水。打水窖不用木石，只要五十斤浆料，不花多少钱，甲壁社打的五六百眼旱井，每井仅有水利部门津贴五元，他们认为不够一点，就是再增点钱也很有限。旱井口小肚子大，占地并不多。（2）雨季时防涝，平时防旱，一举两得。磁县山区2700多眼水窖，估计可控制196平方公里水土流失，一窖存2000担水，可浇地二亩或点种四十亩，存水不蒸发渗漏，保用。（3）一井深二丈左右，可出土四五十方，能垫二三亩地，磁县山区二十个乡打了二千七百多个水窖，垫了七千四百多亩地，每亩可增产15斤，共计因此增产十一万斤粮食。（4）浇水省工，水窖比深水井取水容易，分布在地里，就近浇很便利，甲壁社三百亩地过去浇水用十个工，有了水窖后，只用一个工。（5）依靠水窖不怕春旱，能及时栽红薯，给推广高产作物作了保证。（6）磁县代表反映，山区群众利用了水窖的水去治黏虫，比没有治虫省工很多，而且治虫及时，群众很满意。目前存在的问题是旧窖所有权不明确，无人负责修理，新窖有的质量差，技术上抓得不紧，涉县1956年修了三千多个水窖，有一半未贮水坏了，这是重数量、轻质量的严重教训。有些技术问题需要解决，如选择窖址不明地下土质情况，要求供应小钻探，井口遇有砂石土，不易浆得好，要求技术上想出好办法来。

附注：水池可能分两种，一种是泥底，能往池底渗水的，一种是水泥或三合土或石块底不渗水的，调查时未注它们这种区别。显然供饮水用的水池不让渗水。

（三）水池

冀西山区过去池塘不多，特别是大池塘不多，近年来新建的池塘逐渐增多。如涉县符山周围，除饮水窖外，由 1952 年到 1956 年还新修了饮水池 466 座，可供二万四千多人饮水，平均每池供 50 至 60 人的饮水，该县在 1956 年兴建了抗旱池 45 座，共点种 6928 亩，平均每池点种 150 多亩。我们在邢台县丘陵区景刘庄见到村落附近即有四个池塘，其中旧池三个，平均每个池存水一万担，新池一个，存水一万五千担，计划再打三个池塘，各存水一万五千担，目前四个池塘可浇地 45 亩或点种 900 亩。景刘庄农民还去池塘内洗衣、洗澡，给生活上带来不少便利。邢台县丘陵区（三、四区）新修的大水池不少，存水十万担以上的即有八个池，最大有存水三十万担的，我们在景刘庄附近的立马庄见到一个像游泳池一样长方形的水池，用石灰石砌得很好，据说用了二万个工，有一丈五尺深，能容十二万担水。又在赵各庄见到一个更大的水池，池底七亩大，据说用了七八千工，能容三十万担水。大池塘灌溉的效益大，但费工多，小村不易办，而且地址也不易选择，一般丘陵区打池塘的自然条件较好一些，我们认为池塘制可以在丘陵区推广，可以把池塘打在岗坡地高处的山湾、山凹里，地面径流汇集的地方。沟水源头的地方，池塘不妨打得大一些，多盛一些雨水，让水往塘底渗透，在地里由高处往低处浸润，可以提高岗坡地的地下水位，防旱保墒，这比让雨水流到沟内走了好，也比在沟内打水库好，因为丘陵区的沟比两岸田地低得多，水库的水要用动力扬水办法才能到岗坡上来。邢台景刘庄仙人沟的水库就是如此。在丘陵区利用高处建塘，地里搞田间工程和打旱井，并且在条件好的地点建些水库，尽量让雨水留下来，提高地下水位和进行灌溉，基本上可以使岗坡地防旱保墒，地里不拉小沟，大沟里不跑洪水。

（四）大小型灌渠

涉县漳河沿岸 1953 年有水渠 45 道，浇地 36160 亩，每渠浇 800 多亩，1953 年后新开石索、漳北、大仓三道水渠，浇 41726 亩，每渠浇 13000 多亩。我们到涉县县城，附近山上正在进行开渠工程，炸药崩山石的声音时时传过来，据说这是从漳河上游引来的水，拟经过山上流到平川来灌溉。以上都是由政府领导修建的大型渠道。群众修筑水渠的兴趣也在高涨起来，1956年涉县群众自修的渠道即有115条，加上新修的一些更小的渠道共可浇地12131亩。

阜平县版峪河沿岸水渠也不少，大台乡的同心社23000多亩地，其中渠水浇的地即占三分之一，东版峪店社1200多亩地，用渠水浇的地即占了880多亩，这些是由群众举办政府援助的，有的工程并不小，如同心社那道水渠横过村中一条山沟时，即建了一座三丈来高的大石桥，桥有两层，都有水渠经过，下面一层还能走人，建筑得雄伟、坚固。

武安县贺进镇附近北洺河上游群众用截潜流的办法引水浇地五万亩，以每亩五十斤计，共可增产粮食250万斤。从以上情况来看经过土改和农业合作化以后的冀西山区农民，在向自然作斗争的方式上正在向新阶段迈进！有了这些坚忍聪慧而又善于团结起来的农民，只要政府好好加以领导和支援，一定可以在最短期内改变整个冀西山区的自然和社会面貌的。

邢台县的七星河和白马河经过三、四两区丘陵地时，都发生潜流，邢台县政府计划在两河上游有水的地方开两条大型渠道把水引到下游两岸来灌溉，七里河水渠将可浇地七八万亩，白马河水渠将可浇地三万多亩，据说白马河引水开渠八华里长，用工三万多，这两条水渠除用于灌溉外，也拟用来分洪，保护邢台县城不受洪灾。

从上面这些材料，可以看出冀西山区各地开办河渠灌溉的劲头很足，这种干劲是好的，但是大型渠道是很费工的，除迫不得已或工程小而效益特大的可以重点搞一些外，最好缓一步办，把力量用到深山和岗坡上去，先搞面上的水土保持工作。上面治好了，河川的水情就会改变，那时会变为雨季无洪，旱季有水，不仅开渠灌溉的条件更好，而且工程也会省力些，现在就搞，可能有些工程将来会作废的。

（五）小水库

涉县符山附近西戍镇农业社在园子沟和明寺沟各修了两个小水库，园子沟的水库修得很好。明寺沟的水库修得较早，当时缺乏经验，一个水库溢洪道不好，一个水库因坝基不固被冲毁了。四个水库共花费了七千多元，除已毁的一个外，剩下的三个水库，可以灌溉一千多亩地，能增产五万多斤粮食。可惜水渠很简陋，据说目前只有三分之一的水送到田地里，如果把水渠修整一下，用水管理得好，还可增加一二千亩水浇地。符山周围的小水库，除上述四个外，还有三个。涉县计划五年内在符山再兴建十九个小型水库和一个中型水库，根据符山建库经验，平均一个小型水库的材料费用二三千元，用工三万个左右，浇地三四百亩，每亩增产100斤左右，此外还有防洪效用。像这类小水库在有泉源或长流水的山沟均可建设，只要灌溉面积大，群众就会乐意自力兴办，问题是他们迫切需要技术指导，找泉源，找库址以及解决其他工程技术上的问题。在邯专山区会议上有几处代表说当地有条件建小水库。邯郸县李要乡干部说该乡半山区旱地多，产量低，亩产60斤。变为水地后，可增至160斤，好的到400斤，通关高叫乡代表说，1956年修了个小水库，浇地后亩产400多斤麦子，他们认为过去水利部门抓大型水利工程，忽视了小型工程，形成下面单搞农业生产，忽略配合生产搞小型水利建设。

邢台县修的小水库不少，据县水利科干部谈，单是丘陵区在1956年和1957年即建了四十七个小水库，其中常年蓄水的有三分之二，群众很乐意建小水库，黄寺乡郭村群众，把该村一个水库叫人造湖，邢台县二十里外的尹郭庄，去年做了一个小水库，浇小麦，亩产由80斤增到300斤，该村过去买邢台县的菜，现在利用水地种了菜，菜价比邢台县的便宜，群众感到水库好处多，今年又做了两个，花一万七千多工。

符山小水库可以当为成功的典型来看，第一，这四个库均是依靠泉源，虽然泉孔看来不大，因是长流水，旱时灌溉用得着，并且可以继续放空继续积水，使用效率大，灌溉的面积多；第二，这四个水库建筑在高处，水库背靠符山，前临广阔的丘陵坡地，受益的田地多，可以充分发挥水库的灌溉效率。由此可以看出能充分发挥灌溉效益的水库必须是位置在这样一种地方，即既能保证源源供应灌溉用水，又能保证有广大的受灌溉的地，有水而又有地，这两个条件缺一不可，否则就不能发挥较大灌溉效用。丘陵岗坡地比较广阔，在这种地区的高处如有泉源，是最好建筑水库的地址。符山四个水库还有一个特点是上下连环式的，每两个连环一起，上下相隔不远，同一水源。在地形上不能建筑较大一些的水库，用两个小的连环起来代替一个大的，也是一种好办法。

我们这次所见到的一些小水库中，有些水库的灌溉效果小，有些完全没有灌溉效果，邢台县胡家楼寺沟内的小水库只能浇五十亩地，西河口村高邮沟的小水库只能浇三十亩地。高邮沟水库怕淤土，要保持水库不致淤塞，寿命长，就必须把整个山沟的水土保持工作做好，达子山谷水库和吏家寨水库因存不上水已成为干部包袱，农民意见很大，谁也不愿意去保护无用的水库。同样是水库，符山周围的受群众欢迎，达子山谷和史家寨受群众奚落，原因是，前者对农业生产利大，后者对农业生产无利。

（六）打水井

目前冀西山区群众性水利工程中，水井不占重要地位，水井不能防洪，只能抗旱。在干旱地区，地下水位深，打井极不易见水，而且井深了，取水太费劲，邢台丘陵区从 1952 年至今，打水井不少，失败的不少，接受这一教训，从去年以来，即以修理旧井为主，磁县也反映，深山区打井不如修梯田垒堰。我们在各地见到有些旧井的提水工具已用斗链式水车代替了辘轳，省劲省人工不少。现在不忙打井，等将来再说，这个方针是正确的，因为全面的水土保持工作开展以后，地下水位会提高，到那时，打井比较容易，而且有些地区将没有打井的必要了。

第六条增产粮食的其他一些措施是以下几点。

（一）肥料问题

冀西山区目前仍有施肥不足情况，随着增加水地，增加复种面积，实行密植精耕等项措施，增施肥料的需要愈来愈大。山区肥源潜力大，可以利用来作绿肥的树叶和青草多，山区牛、羊也多，特别是菜牛可以大量发展增加厩肥。羊粪肥效好，羊还可卧地把粪直接送到地里。目前山区已大量发展养猪，这又新增大批肥源，而且将是山区极主要的肥源，问题在于解决猪圈和猪病疫问题。随着水土保持工作的开展，和林、牧生产的增长，山区肥源的前途将更为远大。目前除应抓紧开辟和扩大肥源工作外，更应充分利用已有肥源，抓紧积肥工作，在肥料价格上应定得合理，使社员积极积肥，增加积肥数量，提高积肥质量。把土地长期固定给生产队、组，也有利于刺激社员积肥施肥的积极性。必须充分利用人粪尿和提倡有猪有圈、有圈有肥，并推行高温沤肥的方法。细肥供应方面，希能照顾山区特殊需要，适当增加一些。山区梯田多，在离村远处的梯田，运送粗肥费工多，山区基本建设用工多，如能供应一部分饼肥和化学肥料，将有利于节省一部分积肥运肥的劳力用于开展整地、造林和水利工程建设上去，在增产方面，细肥也往往效用大，据邢台胡家楼社干部谈，过去该社购买山西和顺县线麻子饼施在地里，增产效果极显著。他们要求能继续供应。山区发展油料经济林有条件。如木樨油可以供拖拉机使用，油饼可供山区作肥料。山区肥料潜力大，主要依靠发展山区林业和牧业，特别是林业，直接可作绿肥，可提供饲料，发展牲畜，间接取得厩肥，而且可以提供油用林产品，这是山区极为有利的条件，问题在于善于利用这一有利条件，来同时发展农、林、牧生产。

（二）作物配置问题

冀西山区近年推广高产作物很有成效，如磁县深山区甲壁社，邢台丘陵区景刘庄社都是由大批缺粮上升到大批余粮的社，主要是由于推广了红薯种植，邢台西河口村社近年大量增产也得力于增加红薯面积，据社干部说，群众尚乐意吃红薯，只要不太多。冀西山区雹灾、风灾危害大，红薯不怕风不怕雹，又抗旱又抗涝，种红薯可保产，山区地土干，打窖的条件好，把红薯藏在地窖里不易坏，邢台景刘庄家家户户院子里就挖了红薯窖，邯郸专区山区县过去红薯只 20 万亩，今年种了 40 万亩，据说可以增到 50 万亩，每人合二分红薯地。山区过去没有种红薯习惯，技术不够。今后红薯增产主要是靠提高单位面积产量，涉县深山区小西峡红薯亩产 4000 – 7000 斤，计划搞十亩万斤薯，邢台胡家楼社和景刘庄社均仅亩产二千斤左右，目前山区红薯推广情况各地还不平衡，有的社种得过多一些，有的社还种得少一些。红薯最北可以推广至阜平县的浅山区，至于该县山区（如炭灰铺）不宜于种红薯了，而以种植马铃薯较好，亩产 1500 斤。

冀西山区种的玉米很多，据邯郸地委说，山区种白马牙玉米合适，涉县浅山区西戌社认为当地种白马牙比金皇后好，涉县深山区小西峡火星社，种的却是金皇后玉米，1952 年丰产玉米亩产 1700 斤，去年丰产玉米只 800 斤，据说是由于种子退化，要重新换一批金皇后种子，今年拟搞丰产玉米地 100 亩，亩产一千斤（此计划已超额完成）。涉县偏城今年计划搞一万亩春玉米亩产五百斤，邢台胡家楼社玉米每亩四五百斤，计划 1962 年提到七百斤，白马牙玉米和金皇后玉米虽然产量高，但也有缺点，两者都收得迟，影响种麦，而且长得高大，易被风刮倒，阜平一区白河新生社主要种小玉米"山西黄"、"二发子"，每亩产量比白马牙和金皇后低一些，但可以二年四季，短小不易被风刮倒，阜平海燕社种一季用金皇后种，亩产四五百斤。种二季用小玉米种二发黄，亩产二百五六十斤，阜平炭灰铺种白马牙、金皇后亩产四百斤，玉米是高产作物，它适于在不太旱也不太涝的地区种植，在不缺水的地区，若是品种好，肥料足，加上精耕细作，则单位面积的产量可以提得很高。前面提到涉县深山区小西峡火星社 1952

年出现过亩产 1700 斤玉米的高额丰产纪录，涉县偏城今年订了万亩五百斤玉米的大面积丰产计划。在冀西山区只要搞好水土保持，解决缺水、缺肥的问题，就能使玉米既保收又高产，因而扩大玉米种植面积和提高单位面积产量，均是大有前途的。

近年小麦种植面积在冀西山区增加很多，涉县整个县一半以上的耕地都种了小麦，我们所见到的一些农业社，也是以小麦种植面积占第一位，有的社一半以上耕地是小麦。冀西山区今年小麦，几乎普遍受灾、减产，据说是由于下面几种原因：第一是天气不好，去冬到今春天旱，春后来一场冻雪，快收前又天旱；第二小麦品种更换，技术没赶上，今年很多地方是用碧玛一麦代替了由字 169 号麦，碧玛麦要地好，水多，粪多，种子下得多，成熟花日子多，而各社去冬却下种过迟，下种过少，水和肥也未能很好满足碧玛麦的需要，接受今年小麦减产教训，各地提出了关于小麦品种问题和种植面积多寡问题。

关于小麦品种问题，碧玛麦要水多，粪多，种子多，生产日子多，它的优点是梗子硬不易倒伏，抵抗各种灾害能力强。而由字麦的优点，缺点正和碧玛麦相反；在单位面积产量方面，由字麦每亩二百多斤，碧玛麦在涉县小西峡社去年曾出现过亩产四五百斤的高产纪录，碧玛麦比由字麦每亩产量高，但不稳定，如小西峡社的碧玛麦去年亩产四五百斤，今年下降到不足一百斤。邢台胡家楼社今年碧玛麦亩产仅八十多斤。相反的，由字麦却比较稳产，邢台胡家楼社去年由字麦在雨大倒伏的情况下每亩收了二百多斤。今年由字麦在受旱受冻的情况下每亩仍收了二百多斤，比碧玛麦多收一倍半，而且是种在比碧玛麦较次的地里。胡家楼社过去大批种由字麦，今年大批种碧玛麦，该社打算明年回到老办法，大批种由字麦，只重点试种碧玛麦。邢台两河村社去年主要种由字麦，今年主要种碧玛麦，两年都是每亩二百二十多斤，在两年中还看不出两种麦的高低来，小西峡社和两河村社都拟继续大批种碧玛麦，不像胡家楼社对碧玛麦持否定的态度。这三个社都肥料多，其中胡家楼社和两河村社都水浇地多，小西峡社缺乏水浇地，但因是深山区而又水土保持工作做得好，一般年成也不易受旱（今年例外）。至于条件不如以上三个社的，是否宜于大批种植碧玛麦，就值得考虑了。我们认为推广碧玛多或是由字麦，必须根据具体情况而论。在水和肥料均有保证而且气候暖的地区，可以推广碧玛麦，在水和肥料没有保证，或气候较高寒或多冰雹的地区，应考虑保持由字麦，重点试种碧玛麦。因为没有水的保证，碧玛麦受旱减产的可能性大；再者碧玛麦成熟期长，在较为高寒地区不能再种晚庄稼；碧玛麦收得晚，在冰雹多的地区，受雹灾的危险性大。

关于小麦种植面积多寡的问题，各地意见如下。涉县认为像去冬那样旱，强种亩产只几十斤，不如只种一季玉米、谷子或其他作物，次地可以保证收二百多斤，好地可以保证收四五百斤，所以小麦种植面积多寡，应依各年冬季气候情况而定，不要每年强求一律。如涉县小西峡社，缺少水地，今年小麦收不到一百斤，加上晚庄稼一二百斤，总共二三百斤，不如种春玉米，保证收五百斤，一季反比二季收得多。武安县有的社干部也认为过去发展麦地过多，缩小了春玉米的种植面积，有时两季也不顶一季收成多。小麦过多会影响"换茬"，阜平县浅山区一区白河新生社干部认为国家种植计划控制过死，影响社里园地种植，每年换不过茬，水地全是两季，冬麦夏玉米（或稻子），肥料赶不上，也越种越瘠，不如在晚玉米收后，让地歇冬，多积些肥，明春种玉米，这样二年三季，冬小麦三百斤，晚玉米四百斤，春玉米六百斤，一共是一千三百斤，目前二年四季小麦二次共四百斤，晚玉米二次共八百斤，一共是一千二百斤，少收了一百斤，人还多受累了，如果肥料足、劳力足，则可多换一季冬小麦和一季晚庄稼，但晚庄稼应每年轮换，一年晚玉米，一年晚稻。我们认为，关于小麦和复种作物的种植面积计划，最好稍为灵活一些，以便因时制宜，因地制宜去适应气温、雨量、水利、肥料和劳力等条件，但另一方面，也应防止保守倾向，即是老让种植计划降低以适应落后的水、肥情况，而不去主动努力改变水、肥情况，以适应种植计划的需要，小麦是细粮，种植面积一般不宜大减。

谷子也是冀西山区一种主要作物，在丘陵干旱地区以及其他干旱地区，谷子的种植面积均很多，谷子抗旱能力强，而且还不易被风吹倒，在易旱多风灾的冀西山区，种植谷子是适宜的。谷子每亩产量也很高，例如涉县浅山区西戍镇高峯社今年计划搞一万亩丰产谷子地，每亩保证三百斤以上，其中三千亩每亩保证五百斤以上。武安浅山区桃源社早谷子每亩270斤，晚谷子190斤，邢台深山区胡家楼社谷子每亩170斤，计划1958年增至303斤，1962年增至400斤，邢台浅山区景刘庄社每亩139斤，总之，各地谷子每亩产量高低还相差很大，提高单位面积产量是有潜力的。

水稻在阜平县有发展前途，因阜平平川水地多，河流终年有水，问题是目前阜平水稻品种产量不高，须要解决能适应于当地需要的优良品种。

在作物配置中实行间作也是一项增产粮食的重要措施，邯郸专区今年三月技术会议上已肯定了间作是一项重要增产措施，并检查出过去几年由于不重视间作所引起的生产损失不小。据邢台专署干部谈，麦垄间作谷子，一亩能增加产量三十到四十斤，邢台内邱二县百分之三十的麦地里均间作了谷子，马铃薯和玉米也可间作，涉县西戍镇三千亩麦子间种玉米，每亩增产一百斤，涉县小西峡社计划麦子带玉米，亩增五十斤。谷子带高粱，亩增二十斤，玉米带豆子，亩增二十斤，武安桃源社玉米带蚕豆，亩增三十斤，冀西山区有间作的传统经验，有待于进一步总结这些经验加以推广。

（三）其他措施

山区作物病虫害也很严重，我们去时见到长得好好的谷子，有些叶子正发黄，剥开谷秆一看，中间长了"老蛆"，在景刘庄棉花地里看到有些棉花被红蜘蛛危害得叶子全部枯萎，棉株矮小不结棉桃了。山区兽害比平原多，目前危害最大的是貉，有的社积极鼓励社员捕猎貉，规定每只给予奖金（二角、一角或五分）。玉米密植在增产上也有成效，玉米人工授粉一般推广还不够普遍，谷子密植和手提间苗办法武安桃源社实行得很好，劳力足的地方可以推广，在耕锄方面有些社抓得不紧，据说有些地区小麦受冻致死主要是由于去冬耕得不深所致。邢台冀家村乡党总支书认为去年耕种，有些社干部未抓增加肥产和耕作技术这两环，耕作技术脱节，旧的不用，新的用不上，密植每亩多少株，不能根据作物品种、土壤性质、水利和肥料等情况提出，中耕也粗，阜平史家寨第四区总支书也反映了同样情况。

三　发展林业的问题

冀西山区农业、林业和畜牧业三种生产中，林业生产的潜力是最大的，冀西山区人民目前已有的耕地少，每人平均不过一二亩地，今后扩大耕地的希望也不太大，可是冀西山区宜林的荒山较多，因此林业生产的前途是很广阔的。

冀西山区目前林木很少，必须加紧林业建设。第一，冀西山区是水土流失极为严重的地区，多年来水土流失对于冀西山区农业生产，对于河北广大平原的棉粮生产，对于京广铁路的交通以及对于京、津二市的经济，均带来了很大的损害，所以迫切需要发展冀西山区林业防止水土流失。第二，目前冀西山区的某些地区烧柴和用材均感奇缺，远不能满足山区人民生活以及山区农业、畜牧、工、矿、交通、商业各方面建设的需要，这也迫切需要发展林业。冀西山区距铁道极近，如能把冀西山区林业发展起来，以山区林木资源就近供应河北境内京广铁路和京、津二市需要，乃是极为经济的事。第三，冀西山区人民收入目前还不如河北平原，而增加山区人民收入的主要途径就是发展林业。

冀西山区是一个人口相当众多的山区，因此，冀西山区的林业建设，在林权上应以群众经营为主，在经营管理上应以集约的培育为主，在林种、树种的选择上应以首先满足山区人民生活上和农业、牧业及其他各种生产和建设上的需要为主。

目前冀西山区林业落后状况是远不能适应冀西山区生产建设的需要，这种不相适应的情况是相当严重的。更严重的是林业工作还没取得各方面的重视和支持，对于林业生产在冀西山区建设中的重要性和林业工作的复杂性还认识不足，林业的产品大多是商品性的，但商业方面在价格上和收购工作上尚未能给予应有的重视和安排以促进林产品生产的增加。有些林产品（如新鲜水果）是需要加工才便于保存和运输的，有些林产品（如木樨子、药材、漆树）是可以在工业上开辟出多种用途来的，但工业方面对于林产品的加工和利用问题还考虑得少。有的农业生产合作社还有重农轻林现象，社主任中没人负责管理林业生产，生产组织中没有林业的生产队、组；包工办法中不包括林业用工，用工计划中不列入育林、护林用工，收益分配中没适当解决林业用工的分红问题。关于农、林、牧之间的矛盾，有的社还没有合理地加以解决。关于林业发展的方针、方向，也还不十分明确。它需要和整个山区建设各项工作统一加以考虑，林业工作不是单纯的一个部门的事，它需要取得其他有关方面的支持，所以改进今后林业工作的关键是在于各级党政领导针对山区特点把林业工作摆在重要地位，抓紧起来，加强督促、检查。

（一）关于发展果木问题

冀西山区现有林业构成上的特点，是果木林多薪炭用材林少。冀西山区的果木主要是核桃、花椒、柿子、枣子、杏仁、酸枣仁等类干果，香料和药用产品，新鲜水果比较少。自从抗日战争爆发以来，这些果木遭受了一些破坏，特别是花椒树，所受破坏最为严重，因为战时花椒销路差，价格低，树易衰老，所以农民把大批花椒树砍倒当柴烧，如阜平一区白河新生社在七七事变前有二万五千棵花椒树，经过战争期中的历次破坏，到1949年只剩下450棵树。除花椒外山区其他果木树也或多或少遭受一些破坏。冀西山区战前果木多，基础雄厚，经过破坏，尚保存下来能结果的大树仍旧不少，近年来又新栽大批小树，所以恢复和发展冀西山区果木仍有一定基础。冀西山区果木的品质都非常好，冀西山区的核桃是以皮薄肉厚闻名世界的珍品，冀西山区的花椒和酸枣仁也都是国内和南洋市场上最受欢迎，且有很大声誉的名品。这些产品都有它们的传统市场和销路。据说冀西核桃目前销到加拿大后，美国商人还前去套购。酸枣仁是治神经衰弱病的重要药物，目前国内市场异常缺货。这些产品的经济价值都很大，一亩地最少可栽四十棵花椒树，按每树二斤左右花椒（中等收五斤，好树有收八九斤的），每斤花椒二元五角计算，总共可以卖得二百多元，比一亩地上粮食收入大许多倍。同样一亩地上的核桃收入也远比一亩地上粮食收入高。果木的收入在冀西山区人民收入中曾经占到很大比重，涉县战前果树收入占全县农民全部收入的百分之五十，比农业和畜牧业收入均多，虽然遭受战争破坏，目前涉县果木收入，仍占农民全部收入的百分之二十，仍比畜牧收入高。冀西山区其他各县果木所占收入比重的今昔情况，也大致如此。近些年来，我们在农业生产方面抓得紧，农民生产已迅速恢复并超过战前水平，但在果木生产方面还远远落在战前水平之下，山区人民因此感到手头钱紧。目前增加山区人民收入最快最有效的途径就是抓紧领导果木生产，使它尽快恢复并超过战前生产水平，正如涉县小西峡社社干说："果木增五成，社员不受穷。"果木和农作物比起来，用工少、投资小、收入高，不占耕地，增加了果木收入，还可给养蜂创造条件。

恢复和发展山区果木的办法，应从三方面同时下手，即加强对成年果木的管理，加强对幼年果木的抚育，加强栽培新果木的工作，三者中，目前中心一环是加强对成年果木的管理，搞好了这一环，就可推动其他两环。

目前在成年果木的管理工作上存在的问题很多。首先，最主要的问题是无人管，邯郸专署农林局江副局长在邯专山区会议上说："果木收入占山区人民收入三分之一，谁也说果木重要，但无人管。"邢台冀家村乡樊总支书谈:"这乡果树荒得多,合作化后,社员和社都不大管,管好可增产一倍。"阜平一区海燕乡查山社规划工作汇报:"该社枣树、花椒树多,收入大,近几年收入显著降低,无人管。"其次是病、虫、冻害严重。"山上发现'铁泡虫'能毁三四尺粗的核桃树,没法治,涉县后西峪能生产七八万斤苹果,品质好,过去销北京、进过贡,现在销汉口,目前百分之六十的树感染腐烂病,三年内可能全死完,驻乡干部不懂也不关心这问题。"涉县六区柿树多,因患炕烘病,使得群众自己吃的柿子都缺,目前柿树还受大头虫危害。涉县核桃黑病厉害,估计核桃因此减产二分之一(邯专山区会议涉县代表谈)。果树没有包工包产,社员不管,大树产量低,幼树死亡,北湾村从入社后,小核桃树死三千株,大树铁泡虫危害大,农民很痛心,他们意见(是)包工包产到队(阜平五区红旗社规划工作组汇报)。第三,技术赶不上,经营粗放。我们到过的地方,几尺粗的核桃树,树干被铁泡虫蛀得一空,干着急,没法治。据说派去山区的技术人员,学的是有关苹果、梨、桃、葡萄方面的技术知识,关于山区干果一套技术问题,学校里没教过,书本上见不着。冀西山区果木的经营,非常粗放,种下后几乎是听它们自生自灭,很多地区树下不刨树坪,不锄土,不施肥和灌溉(耕地里的果木例外,因能顺便沾农作物的光),不刮树皮,不刷石灰,不修残枝、败叶,不去枝头败果,也没有任何防虫设施。由于经营粗放,树木长得不壮旺,因此更缺乏抵抗病、虫、霜、冻各种灾害的能力。加强经营管理对于果木生长的效果是很显著的,耕地里的果木就显然比耕地外的长得高大、结的果多,我们在邢台胡家楼寺沟见到刨过树坪的柿子树,叶子黑青油亮,没刨坪的黄萎、晦涩。我们由邢台景刘庄到邢台县城,沿途酸枣树乱长,滋生、又矮、又小,只有驻军营地附近一些经过修理的酸枣树才长得很好。第四,在果品购销工作上也存在着一些缺点,邯专山区会议上谈到,1956年冬二千万斤柿饼没运出来,供销社等汽车运,没组织大车运输,到今春运出来,只能做酒。"去年涉县果树收果不少,卖价不多,糟蹋很多,不如包产和包销好,至于水果则销路很成问题,宁叫树下烂,不赔盘费钱,武安南庄二十多万斤梨,四分之三烂了,大大打击了农民发展果木的兴趣。"(邯专农林局江副局长谈)邯专供销社报告,过去一年收购花椒80万斤,近几年只收购20多万斤,为什么花椒大量减产,收购的人就没去了解情况。酸枣仁是名产,国内外驰名,1955年收购了十七八万斤,1956年收购业务下放,县级社重大宗产品轻小宗产品,竟忽视了收购酸枣仁的工作，以至目前市场酸枣仁脱销，邻省毗连地区同样产品的收购价格却不统一，如每斤桃仁涉县五角三分，山西六角八分；每斤核桃涉县一角九分，山西三角二分；每斤杏仁涉县二角九分，山西四角四分；每斤花椒涉县二元六角，山西三元一角。有些物品的价格也下调得不太合理，如花椒每斤由三元另五分下降到二元六角，主持调价的单从战前价格水平看问题，没看到产品质量有了变化，战前的花椒掺木樗子，现在不掺假个，提质不提价，农民有意见。涉县小西峡社社长王家斌（劳模）谈：抗战前一万个核桃合三十元，可买到九百六十斤米，现在却买不到六百斤米。

为了解决目前有关成年果木的各项问题，我们认为，第一，政府部门应设专门管理山区果木的机构，订立专业计划，这种计划要按每种果品来订，并应包括生产、加工、运销和技术等方面。最好责成供销部门负责管理，使产销能很好衔接起来。第二，合作社内应有一个社长管理果木生产，在县委领导下着手解决果木入社所遗留下来的问题。阜平县曾在今年八月间召开了三级扩干会议，专门研究解决果树林木入社问题。其他山区县最好也能抓紧进行，早些确定果木的所有权，凡应退还社员的树早些退还，应留社而作价偏低的树应适当提价或实行树下分红办法，合理确定偿还期限并按期还款，果木每年有收入，管理得好，是不愁付不出钱来的。第三，应对果木实行包工包产办法，按照树的所在地及其成片或分散情况，在村庄住宅附近的零星树，可考虑包给附近住户，在地里或田地附近的零星树，可考虑包给农业生产队、组，距离村庄田地较远的果木或成片生长的果木应包给林业专业队、组，专门负责管理。第四，在防治病、虫、霜、冻灾害和护理工作方面应加强技术指导，制订技术和护理的规程，把所需物资和用工列入物资供应计划和用工计划中去。第五，在供销方面，应研究生产和国内外市场情况，为生产开辟市场，根据市场情况指导和扶植生产，提出对于生产方面的要求来，价格方面宜采取薄利多销政策，缩小购销差价，以刺激消费和生产大量增加。收购手续方面，应从便利生产者的观点出发，简化收购手续，及时组织政府或群众性的运输工具，并考虑对某些果品的必要的加工问题。总之，果木是商品性生产，只有销售好，才能刺激生产好，所以供销一环对发展果木生产，是起决定作用的。

关于幼年果木抚育问题。目前在某些地区也存在无人关心状态，砾县甲壁社在农业生产方面由大量缺粮社变为大量余粮社，农田水利和推广高产作物方面均有一定的成绩，但是对果树管理不够好，据说该社种了四百多棵苹果树，已半人多高，却陷于无人管理的状态，原因是参加林业没有分益，去年有林业社长和林业专业队，今年取消了，剩下一个林业干部没法把工作开展起来，弄得情绪低落。同样，在其他社里管种不管抚育的情况也存在。我们认为幼树抚育好坏是与果木成长快慢、结果早迟和结果多少密切相关的，在抚育上多花一份力量，就能早些和多些取得收入，反之，就将延误并长期减少果木收入。如果社里力量较小，则宁可少种多抚育，也胜过多种少抚育的办法。少花些种树工，多花些抚育工，可使投在果木上的工早一些转化为生产收入，可使林业用工晚分红的问题早一些获得解决，种好一批果木再种一批，用先批果木的收入来支付后批果木用工的费用，这样可以避免财力上、用工上集中支付所发生的困难，可以大大鼓舞农民经营果木的积极性。种和抚育并重会更有利于果木的发展。目前各社已开始重视了加强幼年果木抚育的问题，最近有些社还创造了果、农混作制来解决幼年果木抚育和用工报酬问题，即让社员在种有果木的鱼鳞坑和梯田里兼种农作物，让社员在管理自己的农作物的同时，顺便负责管理社里的果木，农作物是社员的，果木是公家的，果农结合了，公私利益结合了，社里支付幼年果木抚育用工，社里让社员无代价地使用社里土地，就这样解决了果木用工的报酬问题。

关于发展新果木的问题。第一，应明确果木发展方向。冀西山区的地理位置距铁路线约有一二百里，山区交通还不便利，运输还不快速，冀西山区农业社均是农、林、牧结合的社，不是以果木当专业，因此，冀西山区的果木，应以发展用工少、保存易的干果为主，每个社的果木只宜集中搞几样，最好大批成片地栽，一种果木集中一处，这样才便于对果木加强技术措施和包工管理，便于果品的保存和运销。除已有优良种植水果传统（如涉县后西山的苹果）或位于土矿区附近的社，一般不宜发展水果。目前有些社在发展新果木方面的问题是：干果、水果一齐栽，对于水果将来的管理用工和加工、运销等项问题考虑少，而且同一沟坡，各种果木混栽在一起，样样有，样样少，这样，技术上难专精，管理上不方便，果品种类多而不成宗，必定是商品率低，生产收入少，运销上、加工上均不经济。有些地方干部提起水果很起劲，对经营的条件和利益，考虑少，而且幻想兴办罐头厂，我们认为这些想法脱离实际较远，希望管理果木部门尽快把冀西山区果木发展方向规划下来。由生产到加工、运输、交通、销卖以及技术等许多方面，统一分项加以规划。在规划各种果木时，必须从土质是否相宜，果木新陈代谢快慢，经济价值高低，用途多少，市场广窄和保持水土的作用大小等等方面加以考虑。果木不比粮食作物，可以一年一换，果木也不比粮食主要是为了自给，将来年年结果，年年要有销路。现在规划不好，将来农民怨，政府将要长期背包袱，所以要首先慎重考虑种些什么果木，每种种多少的问题。第二，在规划时还必须考虑果木在农业社里的地区分布的问题。邢台景刘庄社把核桃树种在下边好地里，这种办法不好，将来会引起果、农争地。但在地边地角适当分散地种些果木，既利果木生产又利防护农作物，却是值得提倡的，有些社把果木种在高处、远处的小片梯田里，暂时实行果、农混作，三五年后退农还果，这办法也很好，因为在过高、过远、过小的梯田里种庄稼，实在太费事，地小不能用耕牛，完全靠人工挖土，平地，走一趟都为难，莫说送粪上去，运粮草下来，农民将来生活提高了，每一劳动日收入大，终究是要放弃那些小片地不再耕种的。在成片种植果木时，关于树与树之间的距离问题也应注意。我们在邢台胡家楼社看见寺沟内梯田里种的核桃树，相隔两行的树种在同一列上，这就不如采用"邻行错列，隔行同列"的排列法，可以避免树大以后彼此争空间的矛盾。我们在邢台景刘庄仙人山的山场上还见到密密的鱼鳞坑内都种上了核桃树，树大后就会彼此妨碍生长，势非砍掉一批不可，不如改种一部分洋槐树错杂在核桃树之间，洋槐是快速林，很快就能利用其枝叶作燃料，饲料或绿肥，等到核桃树大需要砍洋槐时，还可取得比较粗大的成材。在地区远近上，还必须考虑把经常利用的树种在近处，我们在邢台胡家楼社听说有些桑树是种在远处高山上。结果妇女儿童去不了，非要整劳力采桑不可，路远采桑费工多，增加了养蚕的成本支出。林木种植是一种基本建设，开始没有配置妥当，以后就不好更改。第三，必须注意克服地区之间果木发展不平衡状况。我们在邢台景刘庄下面一带丘陵区，有些平岗缓坡荒废在那里没种果树，据说那一带过去根本没有种植果木的习惯，大家都不种，一家也就种不起来，因为人少种的果木少，结点果子就给小孩摘走了，根本收不着。像这类地区，就应利用农业社的集体力量，大规模种植一批果木，打下初步基础，以便继续发展。第四，在发展果木上还必须注意运用社员私人种植果木的积极性和闲散宅地。我们在山区见到有的地区家家院子里都有果木，但有些地区却没有这个习惯。邢台景刘庄曾准备了一批核桃树苗，每株一角钱，让社员买去种在院子里，但因社员不愿出树苗钱，结果是没有普遍发展起来。我们和该社干部商量的结果，认为不如由社里从年中分配中预先拨出几十元购成树苗分送给社员，就能保证家家院子里种上一棵核桃树，八九年后每家每年就可靠它收入几十元，社里负担小，社员将来获利大，这是利用社员积极性发展果木的一个有效办法。目前鼓励社员植果积极性必须解决的一个问题，是应从速确定社员宅地和自留地上的自留果木问题，让社员私有少量果木后，社员自栽的果木一定会大大增加起来。

（二）关于发展薪炭用材林问题

冀西山区林木少，其中尤以薪炭用材林少。近七八年来，林业部门领导山区人民在造林和封山育林方面做了许多工作并取得一定成绩。像这样大规模进行造林和封山育林，在冀西山区林业建设史上是从来没有过的。但由于冀西山区的林木，在历史上长期以来不断遭受严重破坏，基础极为薄弱，而林业建设又是长期的事，一时难于见效，近年来造的树，大多是用荒山播种的方法造的，长二三年尺把高，小树虽多，可是长不快，赶不上用，大树本来就少，愈用就愈少，论林木株数和林地面积是增加了，论可用的成年树木却不见增加。本来成年树木少，但护理工作却很差，据邯专农林局江副局长谈："树木入社问题延未解决，包工上又忽略了包修树工。社里树，都是主人，无人经管，听任羊啃，大树乱修理或根本不修理，小树更没有人去管，包什么工做什么，包工外的工作不管，对生产有利与否一概不管。"滥伐树木的现象，在有些地区仍存在，据磁县组代表在邯专山区会议上谈："去年受灾后社员生活紧，入山乱砍，二年内也恢复不了 1955 年的林木，本县不许开小煤窑，群众没有烧的，乱砍树，禁止不了。"最近几年发生水灾，也冲毁了不少树木，我们考察过的几个社，如武安小冶陶社，邢台胡家楼社，阜平东版峪店社，以前河滩上多是成片的树木，几年来被洪水扫得快成光滩了。邢台县三年来冲毁的大树即近八万株。

目前一般浅山区甚至部分深山区均感到燃料缺，供需脱节情况相当严重，我们这次到过的地方好几处都谈到了燃料问题，正在烧煤的地区谈的是有关煤的种类、价格、运输和保证供应量一类问题，没有烧煤的地区，要求扩大煤的供应量，要求开小煤窑，山区矿柱也缺，我们路过曲阳县境就见到一批矿木正用大车由平原往山区运，普遍运一斤粮去山区，要花一斤粮食的运费，运费这样贵，还要由平原运木料到山区去，这说明了山区木料如何奇缺，用材供需脱节情况已反映在山区人民争先向社要木材的现象上。有些老人生怕死后没棺材，有些社员生怕将来房子坏了没木料修盖，都急着向社里要树木。目前向社要树的现象颇普遍，其中一个重要原因是：树木作价入社偏低，价款久延未付，有树入社的社员认为要回树木比拿价款合算，担心价款将来拿不到手，因此借故向社要树木，就这样增加了一批并非急需的棺木和新房，人为地增加了木料需要上的紧张状况。为了这事，社员和社干部的关系闹不好。据邯郸专署农林局江副局长谈："由于符山周围树木均入社，引起社员向社要树，社干部感到很麻烦，有些社为此规定要树给钱，社员很不满意，说是树木入社不给钱，向社要还倒给钱。"阜平有些社也反映了同样情况。

今后山区建设工作大规模开展起来，需要的燃料和木材更多，供需脱节情况可能还将更为严重。如架设电话，修建桥梁，兴办水利工程，开凿矿井，添置大车、农具、家具，修猪圈以及建房屋等等，每项都需要木材，木材是各项基本建设的骨头，缺少它就不成。再拿燃料问题来说，今后应多开小煤窑，但我们决不能因此抱定完全依靠小煤窑来解决燃料问题的态度。目前供应煤只是为薪柴紧张状况缓一口气，以便林木借此机会发展起来，终于代替煤的供应，不能设想山区长期用煤作燃料，所以营造薪柴林必定和开煤窑同时并进。而且究竟有多少煤窑可开和能代替多少薪柴，还是一个问题。其次，开煤窑要矿柱，运煤要大车、马具，要修路搭桥，所以用煤代替薪柴的过程中又产生对于林木的新需要。第三，开小煤窑虽可增加燃料的供应量，但燃料的需要也将飞速增加，发展猪就要增加烧猪食燃料，发展果品要制果干燃料，发展蚕就要烘茧用的柴炭，发展土纸工业就要炕纸用的燃料。发展药材就要烘制药材用的燃料，山区人民烧饭用、取暖用燃料的需要，事实上也在起质上和量上的变化。在量上，过去山区穷人冬季不取暖，据邢台西河村社干部说："现在百分之八十的农民要取暖了。"在质上，过去穷人靠挖草皮荆疙瘩烧，现在为了水土保持，干部不许可用草皮荆疙瘩了，为了把劳力用到社里赚工分更较有利，社员也不顾用草皮荆疙瘩了，甚至还不大愿意去高山远山打残枝败叶，这就需要用煤或木料来代替草皮、荆疙瘩、残枝败叶作燃料。山区建设事业往前开展，燃料的需要量也就不断往上增加。燃料问题是如此，其他问题也是如此，如拿荆条、芭条、柳条一类"小问题"来说，增施肥料用箩筐，土木建设上用箩筐，运煤运果品用箩筐，筑土填用荆、柳条，其他方面面对于荆条、芭条、柳条的需要也在增加。总之，山区各种建设和各种生产一开展，对于林木的需要就飞速大量增加。在林业工作上必须对此予以足够估计，否则就会使林木紧张局面长期难得解决，就会严重影响山区建设的速度。

建设山区要用大量林木，这大量林木应该是由山区自己解决，就地取材，就地供应，时间上、人力上、财力上、物资上都最经济，国家在林木生产上多花点钱，远比由远道采购和供应这些物资省钱，没有林业就没有山区建设，目前林业工作的力量薄弱和群众对林业生产不够认真、劲头不足的情况，是与山区建设的开展对于林业的需要极不相称的，必须在林木生产上加一大把劲，使它迅速赶上去。

首先，必须加强林业建设的宣传教育，目前群众对于营造薪炭林和用材林不起劲，对于林业工作意见颇多，普遍流行的有如下一些看法："光是植树不见林"，"一年青，二年黄，三年四年见阎王"，"远水不救近火"，"造林不见利"，"任务大，造了算完事，管栽不管活"。我们认为必须从加强林业宣传教育和改进林业工作两方面改变群众轻视林业的思想，把群众造林的热情鼓舞起来。

其次，在林业方针上，必须果木林和薪炭用材林并重，改变过去重视果木林轻视薪炭用材林的做法。为了解决缓不济急、少不济多的矛盾，今后林业工作上应大量营造容易成活的速成树种，而且必须是集合多种用途于一身的速成树种，既能作燃料，又能作饲料、肥料和木料用的速成树，既能作生产用又能作防护用的速成树。树种少、用途广、成活易、生长快，易于大量育苗推广，易于受群众欢迎，在林业管理上，应该有计划地组织用林，边造、边用、边用、边造，使生产与消费相结合，林木的消费是可以作为推动林木生产的力量的，只要掌握得好，使生产多于消费，林木的数量就会不断增加。

第三，应该大力加强和改进林业工作。根据各地意见和实行情况，我们认为在林业工作上，要注意做到数量大，成活多，成长快，收益早，就可以使群众造林的劲头更足，并能较快克服林木供不应求的局面，因而更能促进林业工作的发展。

近两年来，荒山大面积上播种的林木很多，要加强抚育使它们快些长。有的地区荒山播种所以失败，问题是在于播种出苗后，抚育工作没有跟上去，所以形成"一年青，二年黄，三年四年见阎王"的情况。必须吸取这一教训。

幼林抚育是一项经常工作，无论是荒山播种造林，或移苗造林，均须加强抚育。今后，新造的林木愈多，需要进行抚育的任务也愈重，所以布置造林任务时，最好和抚育任务一起切实考虑一下，让山区农民既有力量造林，还有力量抚育，让他们不仅重视造林，而且重视抚育，把抚育的任务提得重要些，着重研究和解决抚育中存在的问题，建立一套抚育制度。有的社已开始建立林业组织，实行农、林统一分红，实行包山、包沟，实行包栽、包活、包修理等办法。据说邢台专区山区县有些社已制订林业包工定额，实行包造、包活、包管理，实行春造秋检查后再记工，邢台胡家楼社有林业队，在春季、雨季、冬季均有工作，武安小冶陶社九个村有九个林业队，一共三百人，其中妇女一百人。涉县小西峡社今年专门抽出一个林业队，一个党支部委员专门领导，二十六人专门搞林业。但也有些社成立林业组织后又撤销的。如磁县甲壁社，关于这方面的问题，目前各地经验不少，教训也有，需要实地去了解研究和总结一下，提出一套办法来，用建立一定组织和一定制度的办法来保证林木抚育任务的具体施行。

封山育林工作，各地均做得很好，大家都认为封禁对保持水土和防护林免遭破坏的效果很好。涉县小西峡社在未封禁前，仅有两小片风景林，自1949年实行封山育林以来，现有2200亩播种的林地，每亩均长了树苗，还有2210亩自然林，估算有450多万株树木，林地的土已变为黑色，水土保持也好；该社过去西陵沟开荒多，水土大量流失，沟里洪水为害，自从封山育林以后，西陵沟已完全变了样。阜平深山区新华社前年封的山，已有二丈多高的橡树、山杨、山柳、椴树等，一般深山区都较重视封山育林。目前封禁工作中的偏向，一种是封得过死，使农民感到樵伐和采集药材、林产品不便，一种是封得不严，使封禁不能发挥应有效果。在封禁的林区，应定期组织农民结合修理林木去打柴，采药材、蘑菇等林产品，在林业的经营管理上，应把修理人工林和自然林当为一项任务，使群众从修理林木中取得一些收入，而且也有利于林木的生长。我们在涉县小西峡山上看到广大的自然林区，就因缺乏修理，使得二千来亩林子像灌木林一样。修理一次，每亩至少打柴1000斤，共可打柴二百万斤。运到附近常堡镇上卖，可以收入二万多元。同时林子还会长得更好些。在茂密的林区，应有计划实行间伐，制成木材或烧制新炭。封禁是防止放牧和滥伐林木，而有计划的采伐林木和林产品，使封禁和生产适当结合起来，会使得农民更爱护林木和努力发展林木。

关于采集药材问题，多数社感到禁也不是，不禁也不是，有的社就采用划坡分队采集药材的办法，使一定的人在一定的地区内采集药材，而采药材者即负责保持水土，人和地区均固定下来了，监督和追究责任就有办法，这种谁用山林谁保护山林的办法，很可以推广到一切林产品方面去，小宗的利益归采集的户、组所有，大家的利益可以考虑包产到队由社、队分成的办法。这样使用林者和封禁护林者统一起来，使生产和培育结合起来，就可以封禁得更严，林木发展得更好，林木上的收益更多。在林木基础好的浅山区，目前封禁的山林，也应有计划地组织打柴草，解决燃料困难，封山育林养草，对于保持水土和发展林业的作用大，除一面加强封禁管理外，还应大量扩大封禁面积，把上面的山普遍封禁起来，适当造些母树，让其自然滋生。目前在上面主要是把山封住，大规模造林要晚一步搞，多借大自然一把力量，少花些人工。因此，应有计划地放牧和养草，以便封禁得好，封禁得多。至于造林则应集中在下面进行，主要是造果木林、速成的新炭林和用材林，而且应提高造林工作质量。

造林方面，各地多在提倡育苗造林和整地造林的方法。从我们考察的地方来看，许多人不赞成秃山播种的造林方法，涉县小西峡社干部说："荒山播种用工人多，真说补播、修理都困难，今年荒山补种二千亩，一亩地要四五个工，种子花费也大。"一般反对荒山播种办法的主要理由是不保活。小西峡社播了四千多亩山杏，只有二千亩长得好。邢专过去播的一百万亩林，百分之四十春旱冬冻死了，邢台西河村社 1950 年开始荒山播种橡栎林 1500 亩，大都死了，阜平一区查山社 1952 年起，一共播了六百多亩，现在剩下不过百分之四，据说是因为该社山上不适于播杏树，加以社干部思想上不重视，无人管，不封山，被羊吃了。主张荒山播种的人虽承认荒山播种成活率低，但认为播得多了，播的面积大，结果造的林木棵数还是多，我们初步研究这种粗放造林方法有如下缺点：一是成活率低，浪费了许多种子和劳力；二是成活慢，得利晚，不能满足早些用林的要求。

育苗造林方法各地已在推行，它可以避免播种造林上的一些缺点，但问题也有。第一，目前的社苗圃管理不好，育苗技术不好，移苗保活的技术也有问题。第二，推广育苗造林方法，苗圃就须扩大，苗圃场地摆在哪里合适，占用农地过多问题如何解决，也应确定办法。今年涉县和邢专上半年育苗计划均未完成任务，值得注意。这些新出现的问题，应该研究解决。

各地整地造林经验很多，主要是在鱼鳞坑内造林，除陡坡、沙质坡外，一般坡地均宜采用鱼鳞坑造林方法，在小片的梯田上，如果不宜于种农作物，应该用于造林。林用梯田也应像农用梯田一样加以复埝平地，这样可以让林木长得快些、好些，让上部的林用梯田保护下部的农用梯田，在沟壑可以利用作谷坊的方法淤地和挑土垫地造林，在低处坡缓地方应修树坪造林。总之，造林也应像种农作物一样，尽可能把地整平，把林木种在平地上，此外，还可以在林地里做些蓄水工程，如水平沟、池塘等，利用坑、池蓄水防旱、保林。整地是林业经营的一种集约方式，在冀西山区人口多，水土流失严重，林木需要快些成长的条件下，应普遍推行整地造林。

整地造林是结合水土保持，满足林木自己需要，也满足水土保持需要。前面谈到在林种、树种上应该结合农民生产和生活需要，一种树要结合多种用途于一身。前面也谈到林用鱼鳞坑和林用心片梯田里结合种庄稼，使农业与林业结合。此外，还应该用林业去结合农业，即在农用梯田和岗坡地边造林，在梯田边角上造林可以起保埝增产粮食的作用，特别是在丘陵区的岗坡地，目前最缺林木、最为干旱，在岗坡地边种树，形成田间林网，可以同时发挥护埝、防旱、防风多种作用。这是目前可以普遍造林的一个方向。只要说明田间防护林的好处，就易取得各生产队、组的支持，他们包了农作物的产，要求增产粮食，自然愿意照顾对粮食增产有利的田间林，而且田间林也可以包工包产，搞好田间林的生产，可以农、林两利，社与队、组两利。在林业工作上多采用与其他生产和水土保持的结合方式，使大公、小公和社员个人利益相互结合的方式，是值得提倡的，把林业工作大大推动起来。

在河滩应普遍造快速用材林，长得好，山头普遍封禁以后，梯田、岗坡地普遍修整以后，河川洪水会减小，河滩林被冲毁机会也会减少。

目前应该重点试行造林的有两个方面。第一方面是在丘陵区岗坡地高处集中造林片、林带，必要时可以占用一些耕地，在高处易旱地区当然不如低处沟壑造林容易，目前浅山区已有的林木大都集中在地沟里，林木在地沟里不易受旱，但却无从发挥林木保护高处耕地不受旱的作用，如何下一番苦功，用开池塘（或其他水利工程）蓄水办法，在高处把林木营造起来，林木自己首先克服干旱这一关，就可发挥防护丘陵上大片土地和农作物不受干旱的威胁，土地含的水分多了，就为林木自身创造了在高处进一步发展的条件，农作物单位面积产量提高了，也完全有可能退出一部分土地给林业。多一些林木，少一些耕地，在干旱被克服以后的丘陵区，农、林都会增产的，而燃料、用材、饲料、肥料等许多问题也就连带解决了。使林木从干旱丘陵区的沟里跳出来，立足到高处平岗上去，这是林业工作在浅山区的一个艰巨任务，然而也是光荣并有前途的任务。重点试行造林的第二个方面是水土流失严重的山沟。在水土保持上作为重点治理的山沟，也正是今后造林的重点之一。这些地方是无林少草，土薄，因而造林较难成活的地区，是最难造林也最需要造林的地区。在这些地区造林，必须创造经验，提高造林质量，如果结合水土保持在这些地区造林成功，就可使广大河滩免除洪水灾害，成为林业和农业发展的良好地区。通过提高造林工作质量完成最需要和最难于造林地区的造林任务，就可创造条件使林业工作在量上获得进一步大规模发展。

旱区高处的平岗以及水土流失严重的沟壑，这种最适造林和最需要造林的地区，这种地区造林成功就利及广大地区和农、林、牧、水各方面，最好是国家出财力和技术力量。农业上挑水点种，不过是救活一季庄稼，林业上挑水点种，则能救活长期生存下去的林木。用农业上艰苦的精神造林，加上国家财力和技术力量的援助，任何艰难的任务也完得成了。

林业是个长期建设工作，针对冀西山区缺烧、缺用材、缺钱情况，提出快的要求，因此要提高造林和抚育林木、果树的工作质量，要营造速成林，要在高处封山养草，低处普遍造河滩林、田间林、护村护岸林，估计山区建设工作开始后，修起梯田，岗坡地很费工，所以目前造林工作应该是质量数量并重，先把近处低处的林造好以后，第二阶段再转入在丘陵区岗坡高地普遍营造林片、林带，这是根治丘陵岗坡地旱灾很重要的一项任务，是岗坡地的林网与田间工程和水利工程密切结合起来的防旱措施。第二阶段还可以在深山区结合普遍治理山沟造林，在山沟普遍造林时还可以考虑仍采用上封下造办法，可以造得快些。第二阶段还可增加一些河滩林。到了第三阶段就可以完成高山、远山造林任务，同时结合河川治理还可以有计划地在河川造林。河川仍以速成林为好，高山远山则可以考虑营造一些价值高而成长慢的林木树种，如漆树、松树、檀香、木樨等。可以考虑作出发展计划，从工业需要上着眼，在特别地区集中生产，集中生产便于管理和加工，将来商品性大，收入高，因而也容易引起山区人民重视造林护林工作，比满山杂木林好。

关于人工培植药材的问题，目前就应开始抓，希望有专业机构去管。这是有关保护山场、增加收入和满足国家需要的一个大问题。

最后谈一下树种问题，冀西山区有许多在当地长得快、长得好的树种，有些树可能开辟出广大用途来或经济价值很高的用途来，不同树种应在不同高度、不同土质、不同季节里种，这些有关林业甚至工业方面的专门技术问题，花一定力量着手调查研究，可以收到提高林业工作质量，展开林业工作前途，满足山区建设需要，增加山区人民收入的效果。

还有一个养草问题，希望林业部门赶快注意，在上部封禁山场，目前不可能大规模造林，播种草子，压葛条是增加植被最快最省事的办法，以养草代造林，把上部山场水土保持起来，下面田地上的庄稼，以及村庄、田间、河滩上的林木均受其益。上部封禁多年以后，土就好了，墒就好了，等第三阶段去造林，逐步退草还林也不迟。

四 发展畜牧的问题

下面要谈的包括牲畜、家禽和昆虫（蜂、蚕）等动物，为了说话通俗，仍用畜牧来统称它们。

冀西山区发展畜牧的条件相当好，因山场较大，可以放牧和收割青草，树叶也大多可作饲料，农作物的秸秆也可作饲料，总之，粗饲料来源多，潜力大，目前还用不完，去冬今春供应了大批饲草给平原。但在精饲料（粗粮）方面，目前仍需由国家供应一部分，必须大力增加粮食生产，才能达到自给。

（一）役畜和菜牛

目前山区役畜，一般都膘好，瘦弱死亡现象已很少。各农业社大多采用了公有私养的饲养管理制度，更可以保证役畜长得好些。山区役畜数量多，特别是毛驴多，其次是役牛和菜牛多。

目前山区感到毛驴过多，卖不了，价格过低，养驴不合算，想减少驴，役牛也不愿繁殖，据说价格过低，不顶饲料和牛工的费用，销路也有问题，菜牛价钱，屠宰政策上也照顾不够，养了没利。

目前平原役畜极为缺乏。而山区却有条件繁殖役畜，应该设法在平原开辟销路，打破旧有习惯，满足平原役畜需要。此外，山区（本身）建设也将增加对役畜的需要。因此在山区应该采取积极大量繁殖役畜的方针，骡马应该大力繁殖，但同时仍应适当繁殖驴、牛，国家应帮助山区改进驴、牛质量，打开销路，并合理提高价格，赶快扭转山区目前轻视和淘汰驴、牛的倾向。骡马更应大力繁殖，以满足今后山区大量增加大车的需要，而且必须是强壮的骡马，才能胜任在山区拉大车的任务。

据说由山区淘汰下来的骡马，还可以用在平原拉大车。国家应从提高受胎率和改良品种两方面去扶助山区发展骡、马。菜牛可以圈养，饲草也有保证。养牛不伤山场，不像养羊容易引起水土流失，多养一些菜牛既能增加肉品和皮张的供应量，又能增加山区人民收入，所以应该采取大力繁殖的方针，有计划地屠宰，提高收购价格，及时收购，只要做到销路畅，价格合理，山区人民繁殖菜牛的积极性就会起来的。

（二）猪

猪在山区一年来发展很快。农民养猪热情高，劲头大，有的农民几次死猪几次买猪饲养，一点不灰心。配合这种情势，领导工作上应注意解决以下一些问题。

（1）要提倡圈养，抓紧领导农民修圈，改进不合规格的猪圈，邢台胡家楼社的农民把猪圈修在住宅外面，一般防护设备差，最近被狼吃了三十多头猪，而且猪圈过小，未修粪尿池，清洁工作差，猪易受热生病。

（2）目前猪瘟相当严重，有些农民贪吃因瘟致死的猪肉，并随地弃置瘟猪的毛骨杂物，这样既会影响人的健康又会增加猪瘟传染机会，应该严格教育和监督农民把死猪及时埋在地下深处，覆土要厚要紧，以免尸骸被狗和狼从土里翻出来。并应大力加强防治猪瘟工作和提高各社自行繁殖猪秧，以免向外面买回病猪秧。

（3）要解决猪秧缺乏问题，应加强调剂各地猪秧余缺工作，同时应领导各社建场繁殖。

（4）应从速指导农民寻找和调制粗饲料，山区粗饲料的潜力大，问题在于积极发掘和利用。

（5）改进收购工作，阜平深山区炭灰铺要求供销部门派人去深山区就地收购，免得有时农民因交易不成远道白跑一趟。猪是冀西山区目前畜牧生产中最重要的阵地，守住它，发展它，就能增加肥料，增加收入。

（三）羊

冀西山区传统就养羊，目前羊只已有一定基础，在放牧上常因羊只破坏林木和农村作物引起纠纷，此外还常常发生牛群和羊群争坡，羊群与羊群争坡等等纠纷。有的社，解决这类问题的办法是：

（1）把牛、羊倌组织起来。划定林区、牧区和牛羊通过农区、林区的过道，并按定群、定坡、定牧办法，再划分出若干牧牛区和若干牧羊区。

（2）解决有关羊倌的管理和报酬问题，羊倌工作极为辛苦，工作好坏对于羊群发展以及农、林和山场的保护都有重大影响，应该一方面定出惩奖制度加强对羊倌的教育。一方面并合理提高羊倌报酬，解决羊倌的特殊困难。关于羊只和羊毛绒收购五百，涉县小西峡社以为羊毛价钱太贱，要求不要将毛绒全部收购掉，留一部分给社自用，并要求放宽母羊到八岁才许宰杀的限制，因为有些社的羊只已发展到顶了，母羊过多，留下不宰又不让它受胎，反而成了包袱。以上是在维持羊的条件下去处理羊只问题，我们认为根本办法是去羊扩林扩草，用树叶、青草去扩大猪只、菜牛以及役畜，结合林业部门开展培植牧草工作，把放牧改为圈牧，使牧业由粗放经营转为集约经营，这样既有利于水土保持，又有利于畜牧业的发展，这是畜牧业方针上一大改变，首先就必须解决羊的问题，所以下面着重来谈羊只发展方针问题。

关于冀西山区今后羊只发展方针，各地意见极多，归纳起来大致有以下三种：第一种意见主张大量发展，这种意见单纯从增加农民收入着眼多，考虑水土流失问题少。第二种意见主张基本上维持现有羊只数目，根据草坡情况适当增加。第三种意见主张大量收缩。持第一种意见的人少，我们不去谈它，我们现在来研究一下第二第三两种意见。持第二种意见的是想既照顾农民收入又照顾水土保持，即在不破坏或少破坏水土保持的原则下维持或适当发展一些羊。

所谓根据草坡情况确定放养羊只数量，不要破坏水土保持这一原则很难掌握，执行起来很易照顾羊只发展方面多些，照顾水土保持方面少些，事实上仍难免形成"羊只第一，水土保持第二"的局面。

第三种意见则是把水土保持摆在第一位，水土保持有了保证，也就创造了发展农、林、牧（唯羊除外）各种生产的有利条件。羊只对于冀西山区水土的破坏实在太厉害了，我们在涉县深山区小西坡山上，草多树多的山上，看到放羊情况，当羊群往坡上爬时，砂石即纷纷下落，刷刷作声。树木和青草经羊啃过和践踏后也显得很凌乱，我们在邢台浅山区公路旁见到一群羊爬过公路旁一个一人多高的斜坡，坡脚即时留下一大堆砂石。"羊会爬坡，羊也会扒坡"，很陡的坡，羊都爬得上，有时爬到连羊也会摔死下来的陡坡上，这些水土极易流失的陡坡，经过羊群乱扒一番，造成的后果是很大的。邢台胡家楼是水土保持较好的深山区，那乡的乡总支书就坚决主张缩减羊，他说从历史上说来，冀西山区水土流失严重原因有三，即垦荒、大量喂羊、刨草根和荆疙瘩。他举出羊的危害的实例，"邢台水门十几群羊，算算刮了多少地，西河口大豆岗为什么任何东西都不长了，就因放羊"。他认为养羊也太不合算，"一个羊倌放八九十只羊，一年工资最低也要180元，放还在外，羊上山后，好几个月的粪用不上。一到灾年，农业不行，林业不行，羊即不起价"。（因草少、粮少大家争着出卖羊。）他说："不封山育林不能保持水土，轮牧也放不好，县社提出保持原有数量，提给群众讨论，群众意见要缩小。"邢台县水利科杨万忠同志谈："连放几年羊的坡，即砂石裸露。"为了水土保持，我们制止开荒，制止刨草根和荆疙瘩，制止滥伐林木，防护野火烧山，组织刨挖药材和樵伐，我们要求整地种庄稼和整地造林，我们举办许多水利工程来防止水土流失。总之，我们是想尽许多方法，从事种种努力去保持水土，防止其流失，但是独没有禁止放羊，我们堵塞了许多引起水土流失的漏洞，独独留下了"放羊"这个大漏洞。一只羊要五到十亩山场，算算目前养了多少羊，占了多大山场，从这些山场上流走了多少水土，损伤了多少林木，减少了多少植被，由于广大山场让羊糟蹋所引起的水土流失给洪旱灾害造成多大影响，羊是水土保持的大敌。"连放几年羊的坡，即砂石裸露"，没有不伤坡的羊，任我们放羊工作如何管理得好，也只能减轻伤坡程度。

冀西山区有二害，即洪灾和旱灾，冀西山区有四缺，缺粮、缺钱、缺烧、缺木材，冀西山区需要三供应，即需要供应粮食、烧煤和救济款，冀西的山是很陡的，山下面的河北平原是很平的，水从山区下来很快，水在平原流走很慢，山区洪水下来的时候，也正是平原棉花和晚庄稼长得正旺盛的时候，而所有以上这些问题能否得到解决，主要是看能否制止冀西山区水土流失的严重情况，冀西山区如此迫切需要搞好水土保持，偏是在这种山区保留了水土保持的大敌——羊，我们一面开放广大的山场让羊只在上面制造水土流失，我们一面又在田间和沟谷、河川里搞水土保持，用在水土保持上的劳力、物力其中多少就这样被白白葬送在羊的口蹄下了。为了羊我们付出多么巨大的代价，究竟我们能从羊身上取回多少利益呢？涉县县委办公室主任为我们算了一笔农、林、牧的账，全县 1956 年合计 1332 万元，其中农业收入 933 万元，林业收入 232 万元，牧业收入 20 万元（限于出卖的，没算繁殖的），副业收入 87 万余元，其他收入 23 万元，牧业收入占全县农民收入百分之二还不到。同年，全县牲畜数是马 954 头，骡 2035 头，驴 20901 头，牛 6644 头，猪 5000 只，羊 102000 只（其中绵羊一万一千多只）。即使这些牲畜全部收入都算在羊的身上，平均一只羊收入也不过二元，一只羊要五亩山场（草好的山场五亩，草不好的山场七亩甚至十来亩），平均每亩山场不过收入四角钱。如拿林业收入和牧业收入相比，前者要比后者大十多倍。

该县林业建设是：由 1949 年以来，造林 32.9 万亩，现有成林 16.43 万亩，宜林地 84 万亩，零星植树 908.5 万棵，结果的水、干果树 255.2 万棵。平均每亩地的林业收入，按成林面积是 14 元多，按造林面积算是 7 元多，按宜林地算是 2.7 元多。平均每树收入，按结果的水、干果树算将近一元以上。这是一个县的材料。

下面再引用几个社的材料，武安小冶陶社，1341 户，三万亩荒山，除去封禁的一千三百亩外，余下全社百分之九十五的荒山开放给了羊，据说顶多发展到三千只羊，养了三千只羊，按每年繁殖一千只羊出卖，按每羊七元计，也总共收入七千元。平均每亩还不到三角。该社一万七千棵果树，计划今年收入五万元，平均每树收入三元，以每亩四十株计，平均每亩果木收入是 120 元，涉县小西峡社 610 户，林地 4413 亩，牧场和荒山共 18000 多亩，养羊 3000 只。单是果树一项，去年收入 78587 元。今年计划果树收入 88745 元，平均每亩林地收入二十多元，平均每人收入 41.6 元，此外，山场修理一下估计还可打柴一百万斤。养羊收入：去年毛和绒共收一千七百多元，增殖小羊只六百只合一千八百元，共三千五百元，扣支出八百元，纯收入二千七百元，平均每亩羊场收入二角不到。林业方面二十六人照顾，而羊工是二十一人。最后再看一下一个专区收购方面的材料，邯郸专区供销社今年上半年共收购 17779 万元，其中畜产品（羊毛、绒及牛、羊皮张等）共十三万六千多元，药材十八万三千多元，核桃、柿饼、黑枣、花椒等项干果一百二十七万四千元。由去年第四季度起到今年上半年共收到一百五十三万四千斤核桃仁，另五十六万个核桃，共值八十三万一千多元。由上面一些材料看出：第一，在目前山区农民收入中，羊的收入不过占农民全部收入百分之一，占果木收入十分之一。莫说缩小羊，即便完全取消羊，影响农民收入也很小，只要果木增产一成，就顶得上养羊的全部收入了。第二，利用山场放羊，平均每亩仅能收入几角钱，利用山场种植林木、果树，平均每亩收入由几元到几百元甚至上千元。把一亩地用来放羊去收入几角钱而不用来培植树木、果木去取得比放羊多出几十、百倍的收入，这样的利用土地的方式是如何不经济！然而我们目前却是用较多的山场去养羊，用较少的山场去育林。邯专山场面积 270 万亩，现有林地 53 万亩，牧地 122.5 万亩，荒山 90 多万亩，目前牧地比林地多一倍多，若将荒山并入牧地中计算，则比林地多三倍，阜平山场面积约 285 万亩，现有林地 44.8 万亩，牧地 50 多万亩，荒山 190 万亩，目前牧地也多于林地，若将荒山计入牧地，则比林地多四倍多。一亩羊地的收入是几角钱，一亩林地的收入是由几元到几百上千元，然而我们却用了四倍甚至五倍于林地的面积去放羊。由于羊占地不能植林，算一算，因此减少的收入是多大。如果把羊占地植成林，算一算，因此增加的收入是多大。在土地利用上谁经济，林？还是羊？在土地利用上谁收入大，林？还是羊？第三，从物资生产方面看，羊生产的是肥料、肉、皮、毛绒，缩小甚至取消羊，增加肥猪、菜牛、役畜和家蚕，我们同样可以取得猪、牛的肥料和肉品，以及牛、马、驴皮和蚕丝，而且肥猪和菜牛均可实行圈牧，不会糟蹋山场。我们不妨从坝上和其他牧业基地增加一些羊只，去满足国家对羊皮、毛绒的需要，不必一定在冀西的陡坡上留羊毁林。总之，无论是从水土保持的要求上，从农民收入和物资生产的补偿上，从山场利用的经济价值上来说，去羊留林都是利多害少，实行起来也没有多少困难。因此我们的结论是让羊群下来，让林木上去，把目前山场的百分之十七到八十四的羊占地（阜平县是百分之十七到八十四，邯专是百分之四十五到七十八）封禁起来，就可把水土保持工作往前大大推进一步。去了羊的嘈杂声，山区的水、土、砂、石将可大大安定下来，林木将可更好的安全和繁荣起来，许多由于羊只所引起的矛盾问题解决了，而我们也就可以较为安全、省事和较为快速地把冀西山区建设起来。毁羊救林还是毁林救羊，这是关系冀西山区建设的一个关键性问题，希望有关部门就这一问题更进一步认真研究一下！

（四）鸡

鸡在山区发展的条件比平原好，还是由专员家庭饲养为好，集中饲养反而问题多，邢台冀家村乡有个社办了两个新式鸡场，二千四百多只莱亨鸡，死了两千多只，几年来已赔了一千二百元，群众意见大，说"哪有人吃窝头鸡吃粮的道理"。分散在各家可以利用杂食，集中起来费粮食，加上各种设备和专人管理，而新式技术又赶不上，如何不赔钱。莱亨鸡的推广不宜过快，邢台去年二万多只，死去十分之九，主要是不如本地鸡易养活，新东西旧技术，失败的机会就多。这里总的一条教训是新的东西没把握，还是慢点推广好，特别是牲畜这类活东西，远比林木不好对付。养鸡不应禁，冀家村禁止养鸡好几年，减少社员收入，各家妇女对禁鸡很不满意，今年算是开禁了。关于防止鸡损害地里庄稼的问题，可以组织五保户看管或组织养鸡户轮流看护或在地边上扎上篱笆，即好解决，不必采取禁鸡的消极办法。

（五）兔

兔在邯专山区县已推广，1956 年邯专 3000 只长毛兔，1957 年 8 万只，发展很快。据涉县县委说一对利克斯短毛兔一年能生一百只兔，每只兔连肉带毛三元，可以大量发展。兔增加后，应多种一点苜蓿，此外在饲养方法、剪毛技术以及收购工作上均应跟上去，涉县小西峡去年三十多只兔全死了。

（六）蚕

蚕在冀西山区由南到北各县均有饲养习惯，据武安贺通镇乡干部谈，武安东川等地共养 220 张，收入 22090 元，每张合一百元，庙上乡仙岑村养 107 张，由五月初到六月初一个月内收入 9500 元，每张合 90 多元。据说武安有六个村养蚕的收入等于农业收入的百分之八十，每工可以收入 2.6 元，另据武安小冶陶社干部谈该社去年养了三张蚕，今年增至九张，每工只收入八角六七分钱，目前问题是缺桑，拟改为蓖麻蚕。武安姚源社养蚕 10 张，收 480 斤茧，卖得 480 元，计划发展桑树。涉县养蚕也有条件。邢专养蚕 1500 张，平均每张 63.3 斤茧，邢台浅山区西河村社已有桑苗三亩，打算在第二个五年计划期末发展桑树三百亩，阜平过去也有喂蚕习惯，惟现在因缺桑养蚕不多。

为了将来大规模发展蚕，畜牧部门应与林业部门合作订出培育桑苗和大量造桑林的规划，桑种方面，我们在山区见到有种大叶桑（毛桑），长得好，据说是南方移植来的，希注意。目前先抓桑叶生产要紧，养蚕晚一步谈。

（七）蜂

武安六区有 124 窝大部分是土蜂，小部分是洋蜂。今春以来卖蜜 1367元，每窝产蜜十元多。涉县深山区小西峡社社员有养蜂的，涉县蜂少，还不大会养，今年只买四箱。武安今年买了三四十箱蜂。邢专部分地区养蜂有所增加，如孟庄由 45 箱增到 80 多箱，邢台胡家楼 1949 年以后才开始养蜂，曾发展到 22 箱，现在 13 箱全是洋蜂，计划每箱收入 36 元，但今年果木受冻歉收，蜜源缺，枣花荆条花还开得不错，但蜂不出去采蜜，现在还要喂蜜给蜂吃。胡家楼所在的那乡，一共有洋蜂 50 箱。邢台西河村去年20 箱洋蜂，今年发展到 40 箱，计划第二个五年计划期末发展到 200 箱，西河村过去也不懂养蜂，是从定县养蜂人那里学会的，定县养蜂多，每年夏季把蜂运到山区去养。我们在西河村就见到定县养蜂的。邢台景刘庄去年由 22 箱发展到 27 箱蜂，卖出五百斤蜜，今春缺蜜，又买进二百多斤蜜，不够吃，蜂死亡走失的多，只剩下十二箱，社干部谈起这件事就伤脑筋，认为蜂成了包袱，不能采回蜜，反而消耗蜜，今年果木开花不好是事实，但更重要的还是养蜂技术不好，否则今年定县来山区养蜂的早就不能留下去了。

阜平养蜂的多，炭灰铺就有四十箱，一箱能产五六斤蜜，一元五六角钱一斤蜜，武安刘振杰区长谈，土蜂蜂蜜一斤七角，白糖一斤八角四分，过去一斤蜜换三斤白糖，现在蜜反不如白糖贵，冀西山区果木多，蜜源丰富。气候也适合养蜂，蜂蜜在制药方面日常食作方面需要均大，所以在冀西应该提倡养蜂，问题是过去没有养蜂习惯，必须在加强技术指导的过程中逐步求发展，否则容易造成损失，邢台县景刘庄养蜂失败就是一个深刻教训。

五 水土保持

（一）冀西山区水土流失的严重性

前面谈到冀西山区有四缺：缺粮、缺钱、缺烧、缺木材，国家要供应山区大批粮食烧煤和救济款，甚至连山区矿柱都要由外面供应，一九五六年国家供给冀西山区的粮食即达三亿七千多万斤，国家把这批粮食运到山区要赔运费三千多万元。单是这个包袱已经够沉重了。

冀西山区二十多个县由南到北像一字长蛇阵摆开在河北西部，在地势上居高临下控制了它下面的几十个平原县，这是在京广铁路两侧河北省棉花集中生产和粮食产量相当高的地区。这是一块面积广大富庶的平原地区，冀西的山势很陡，在东西不过一二百里的距离内，海拔上升一千多公尺，山岭峻峭，缺林少草，沟深河宽，水路又短又直又陡，暴雨之后山区的水很快就到平原，山区雨量在一年中很集中，常以暴雨形式出现，所以每年雨季常易发生山洪，由山区直泻平原，而平原却是坡度异常平缓，出海的口子小，水到了水平原极不易宣泄入海；所以易于形成平原的洪涝灾害，每当涝年，正当河北平原上棉粮在地里长得旺盛的时候，山上洪水就像猛虎扑羊一样下来把平原地里许多棉粮吞掉了，这笔损失对全省甚至全国来说是异常沉重的。

冀西山区这股洪水不除，河北京广铁路两侧平原的农业社生产就无法保收，国家就无法卸下这样一个沉重的包袱。

冀西山区是既苦洪更苦旱，冀西山区在雨季里真是感到水多为害，连深沟和宽河都不够跑水，可是雨季一过，洪水走了，常年又陷于苦旱缺水的地步，河沟多是干的，深山区和丘陵区打井一二十丈都不易见水，很多地方连饮水都感困难，莫说农田灌溉用水，有时旱到不能下种，种下后也枯萎长不好，目前山区许多阳坡的草木反而不如阴坡长得好，就因阳坡日照多，草木旱得受不了，站不住脚，丘陵地区的土地干得很，雨水落下来就吸收下去了，形成"雨停路干"现象，空气也很干燥，刮的是旱风。冀西山区人民虽怕洪水，但更怕旱灾，因为洪灾危害一条线，旱灾危害一大片，山区人民说："当雨年平原大闹洪涝灾害和农业歉收时，山区就农业丰收，林收生产必也好，山区农业生产较好的土地主要是谷地、河滩地，都是比较低，比较近水的地，这些地虽然易受洪水威胁，但却不易受旱。"

冀西山区的洪旱，同是由于雨水流失引起的。正由于水在雨季里集中流走了，才造成一年长期缺水的情况。雨水集中流走时，形成山区和平原的洪灾。雨水集中流走后形成山区的旱灾。雨水流失引起洪旱两重灾，雨水流失给山区生产带来两重损害。这就是山区经济所以贫困，山区人民所以缺粮、缺钱、缺烧、缺用材的原因所在。没有水就没有山区生产，失水就是失财，在山区保不住水就保不住生产，所以发展冀西山区生产的中心一环是保水。不让雨水很快流走形成洪灾，让雨水长期停留下来防止旱灾，保水就可以无洪免旱，保水就可以保土，就保农业生产。

冀西山区水土流失严重情况一般说来超过其他山区。冀西山区是处在雨量集中的暴雨区，山场自然面貌是坡陡、沟深、河宽。植物覆被少，这些自然特点极易引起水土严重流失。而长期水土严重流失的过程又不断改变山场自然面貌，把山场变得更为山岭陡峭，岩石裸露，山场瘠薄，缺林少草，山沟深窄，河川宽大；所以水土流失的过程也是山场自然面貌变化的过程。长期以来两者起着相互恶化的作用。山场面貌愈恶化，水土流失愈严重，水土流失愈严重，山场面貌愈恶化。冀西山场的演变过程是坡不断加陡，沟不断加深，河不断加宽，植被不断减少。冀西山区洪水的发展过程是水势不断加急，洪水破坏力不断加大。在这种地形愈坏，植被愈少，水势愈急的自然演变过程中，农业生产的条件是愈来愈趋恶劣，洪旱灾愈多，沟谷开川的耕地愈少，这种相互恶化的趋势是愈来愈速，愈来愈烈。许多山区老年人说起沟、河、山林、田地，仅仅在短短的几十年中就大大地变了样，所以保持水土、发展生产必须改造山场自然面貌。

改造山场自然面貌的办法，要从改变地形和增加植被着手，即是把缓坡改成平坡，把急坡改成缓坡，并把有些地方改成低洼地以便停蓄雨水和平缓水势，无论山坡、沟谷、河川的地形都要加以改良，必须进行各项田间工程和水利工程去改变地形拦蓄雨水、控制雨水。

冀西山区的山场，沟河均特别陡，所以改良地形的工作特别重要。农业不结合改良地形，就谈不到搞好生产。所以修理梯田、修理岗坡地成为第一急务；甚至林业生产也要结合改良地形，要提倡整地造林，在农地甚至林地里要搞水利工程，增加植物的方法就是育林养草（和农作物），用植物去拦蓄雨水，减少地面径流，防止土地的水蚀和风蚀，冀西山区缺林少草情况严重，是引起水土容易流失的主因之一，所以发展冀西山区林业生产显得特别重要，封山育林养草工作，必须大力加强。滥垦、滥牧、滥樵必须严格禁止。总之，必须改造山场自然面貌才能保持水土。在冀西山区应尽快利用林业、田间工程和水利工程多种多样办法去改变地形和增加植物，不能把改造自然工作局限在水利工程一个方面，甚至局限在打坝和修水库方面，应该把改造自然工作扩大到广大的面上去，不能局限在沟谷、河川的点线上。应该把改造自然工作变为群众性的普遍开展起来的工作，用农、林、水"齐头并举"全流域、全山川的治理办法，以治面来削弱点线水势，先弱后治，以治面来发展农林生产，用生产来支持建设。

过去冀西山区的自然面貌和水土流失是一种相互恶化的过程，那是在阶级社会和私有制社会的必然现象，今天社会关系改变了，就有条件做到把山区自然的恶性演变过程改过来，改为往好的方面演变。用改变地形和增加植被的方法，就可以使水多蓄少泄，削弱水势，使水由急变缓，由粗变细，由一时很快流走变为长期缓慢地流，就可以使雨水下来，不致很快集中到沟河中去形成洪水，而是久停长蓄起来，供山区人民饮用和灌溉田地，克服旱灾危害，由于水势分散停蓄在山场田地里滋润土地，不再在沟壑河川中横撞直闯，于是山场将变为水足土肥，植物欣生，沟河将变为窄狭平缓而又常年有水，水将被驯服在山场中，好好地为农、林、牧各项生产服务，于是穷山变为富山，不再成为国家的包袱，而是国家的宝库。

（二）冀西山区的三种自然经济类型区

冀西山区按其自然和经济情况，可以分为三种类型区，即深山区、丘陵区和平川地区，其中丘陵区和平川地区均在浅山区。

深山区的山岭高而陡峻，悬崖绝壁多，沟在崇山峻岭中，又深又窄又陡，水走得快，沟内多是由上流和两坡推下来的大石头，山高谷幽、气候阴凉，数乏量小，故表土常湿润，加以山场较大，人烟较多，故植被较多，山上一般均长满了草和零星树木，在高山远山上还常有成片的林子，深山区山场大，田地少，田地中以山场梯田最多，另外还有少数沟谷地，农田水利条件不好，但不如丘陵区易旱，单位面积产量一般比丘陵区高，但由于每人平均耕地少，故粮食不够自给，深山区山场大，果树林木和羊只较多，农民收入一般比丘陵区多，深山区地下水位深，沟长期干涸，水浇地少，饮水也少。

丘陵区的山岭不高不大，山岭光亮的多，无林少草，岗平坡缓，除砂石地外，一般土层较厚，岗坡大多开辟成为耕地了，登高一望，岗坡起伏连绵，满岗满坡尽是田地，岗坡之间，常有深沟，由于多年流水冲刷，多已成为地下深沟，顺沟而下，愈大愈深，直达大河，这些深沟雨来走水，雨过沟干，沟内林木较多，并有一些田地。丘陵区山场少，草木少，田地多，田地多在岗坡上，岗坡地裸露在阳光和旱风之下，缺乏山林掩护，常年苦旱，单位面积产量较低，仅坡下和沟内田地较为润湿，单位面积产量较高。丘陵区的特征是：土地干燥，雨季时，小部分雨水留在土内，很快被蒸发和渗透走了，大部分雨水顺沟送到大河走了，所以地下水位深，水浇地少，饮水也困难。

平川地区是在浅山区的低处，背山、傍沟、面河，地形较为开阔平坦，地下水位较高，坡上、坡麓以及河滩的林木较多，田地间零星树木也较多，田地在山林的掩盖下，土地较为润湿，水利浇灌条件较好，一般是打井取水灌溉，如果大河是常年有水的，还可开渠引水灌溉，所以平川区水浇地较多，单位面积产量较高，是冀西山区最为富庶的地区，比深山区好，比丘陵区更好，平川区的田地包括平川地、山场梯田和岗坡地，其中平川地重要，旱灾不如丘陵区严重，但洪灾威胁大。

（三）冀西山区治理水土流失的程序

冀西山区的水土保持工作可分为三个阶段进行。

第一阶段的水土保持工作是普遍封山，普遍治理梯田、岗坡地和普遍营造果木和快速薪炭用材林。

第一，应考虑在山上（特别是高山上）大规模进行封山、育林、养草，封禁山林是水土保持工作中多、快、好、省的办法，目前封禁的山场面积过少，而且封禁不严，远不适应水土保持的需要，因此应考虑大规模扩大封禁面积。加强封禁管理，因此应考虑严禁滥垦，已垦地必须修成梯田或限期废耕，应考虑缩小羊群，并有计划组织放牧、轮牧。应考虑开辟小煤炭，增加燃料供应，严禁挖草根、荆疙瘩，有计划组织采樵和间伐，严禁滥樵、滥牧，应考虑有计划试种人工药材，有计划组织采集药材，严禁滥采药材。草，保持水土的作用大，甚至比林木还好，草坡面积短期内容易扩大，应扭转轻草的现象。考虑试行播草子、压葛藤，通过封禁，让广大山场草木自然生长，在现阶段不要大规模造林，只需重点造一些山塘，水平沟，重点造些母树。只需对已有的自然林和已造的幼林成林加以适当抚育，多播些草子，这主要是利用自然力量去增加植被，利用植被使雨水分散停留在高处的广大山场上，把水土保持在第一关，不要很快往下汇集。

第二，应考虑大规模开展修整梯田和岗坡地，凡已坍蹋和目前尚在废耕的梯田，应大力组织修复边埝和平整土地的工作，不合规格的梯田也应进行修整，必须在一二年内做到所有梯田恢复农业或林业生产，把梯田修得合乎下述规格，有田即有边埝，边埝严密整齐，田面里低外高，填实一切空穴裂缝，里边均有顺水沟，沟口有水簸箕，水簸箕下面有静水池，在过于干燥难蓄水的地区还应考虑修边埂，在岗坡地上应普遍整平地面，起高垫低，里切外垫，修筑边埂，在地里修建水窖、顺水沟及连环水池，考虑实行沟垄种植，务使雨水尽量停留在田地里，渗透在表土内，不让流入地沟去。这项措施花的力量多，但经过整地以后，田地护理容易省工，并可防止田地再被雨水冲毁，保水保土，保田地，对农业增产能起很大作用，既结合群众当前利益，又结合群众长远利益，既有利于农业生产，又有利于水土保持，这是用改变地形的办法，从面上把水土保持在第二关。守好第一关，就便于守护第二关，而第一二两关守护住了以后，就可以大为减轻下面第三关沟河的水量、水势，使沟河治理工程简便易行。

第三，应考虑在村庄附近和田间，河滩近处山麓及山沟普遍营造干果林和作为薪炭、木材、肥料、饲料、防护用的快速林，尽可能营造多种用途相结合的树种。在梯田和岗坡地（特别是岗坡地）的边沿，宜于营造一些果木林，既可护埝、防风、防旱，又可增加果木生产，在河滩宜于营造成薪炭用材林，应根据当地农民最需要的树种先造，由近及远，由山下往山场逐步营造。对于上述的地区已有幼林成林（特别是果木）应加强抚育工作，无论是造林或抚育均应进行整地。这样使造林育林与农民的生产和生活上的迫切需要相结合起来，不仅可以使林木生产很快发展，而且可以有助于其他生产的发展，不仅有利于村庄及村庄附近田地河滩、山麓、山沟的水土保持，而且由于这些林木的营造和抚育，可以增加农民收入和满足农民生产、生活上的需要，就有利于保证山上封禁工作做得更好。

第一阶段除全面性的水土保持工作外，还应有重点地进行以下三项措施。

第一，应重点抓丘陵山冈的治理工作。目前丘陵区是生产最落后和收入最少的地区，是山区最受干旱威胁、"贫水病症"最为严重的地区，也是增产潜力最大的地区，如果解决了丘陵区的水土保持问题，不仅直接有利于丘陵区本身，而且间接有利于减轻丘陵区下面的平川地的洪水灾害，关于丘陵区的水土保持问题，目前可以普遍全面推广的是进行岗坡地整地和田间查林工作，这在前面已经说过了，但除此以外，还应重点试办在岗坡高地营造防风林片或林带，以及修建大型池塘，创造根治岗坡地旱灾的经验，以便进一步推广。岗坡地易旱的原因，一是由于雨水流到深沟去的多，渗透到地下去的少，因此地下水位低；二是由于丘陵区岗平坡浅，不易阻挡旱风为害。因此表土水分蒸发很快，防旱办法，一是增加土壤含水量，即在岗坡高地营造一些大型池塘，把雨水截住不让它由深沟流走，使池塘内的水在高处往地下渗透，使渗透到地下的水再由高地往低地浸润，以增加土壤中的含水量，提高地下水位，这些大型池塘应建筑在众流汇集入沟的沟头上，或其他汇水的洼地上，只要池塘大贮水多，则池塘下部土地的地下水位可以显著提高，这种池塘主要是用于往地下渗透水分，所以挖土成塘后，除靠外一面的塘坝应进行加固工程外，无须进行塘底防漏工程，最多把土夯实一下即可。为了防止蒸发过多，塘周可以营造一些林木。二是营造防风林，即选定岗坡高地当风的地方，集中营造林片、林带，这些地方土地很干旱，造林很困难，应该进行整地、蓄水、拥土造林，营造以后应特别加强抚育工作，专人照管，及时浇水，必要时用挑水点种庄稼的办法，力求保证幼苗成活和成长起来，为了灌溉幼苗的便利可以考虑在林间空地建造池塘，这种池塘因位置在最高之处，没有多少地面径流可蓄，主要靠积蓄天雨，池塘要大些深些，并且防止池底漏水，为了加大最先营造的林片林带的防风效果，应在整个丘陵区内顺着旱风方向选定最先挡风的地区开始重点营造，这也可使继续营造的林片林带容易成活，为了建造片林、带林和大型池塘，必须牺牲一些岗坡、高地上的农地，但这样做是完全值得的，当丘陵区有大型池塘和林片、林带遍布到每一岗坡高地上后，再配合岗坡地的田间工程，和田间林网，遍地蓄水阻水，遍地防风遮阳，就完全有把握根治丘陵区的旱灾，使土地单位面积产量由低增高，并可使每条地沟免受洪灾，沟内绝大部分土地均将成为农地和林地，临河旁沟的平川地也可大大减轻洪水的危害程度。

第二，应重点选择水土流失严重的山沟进行治理。冀西山区山沟多，其中经过治理的少，但由于现阶段普遍进行封禁山林、整治梯田，岗坡地和营造并抚育近处低处的果木林和快速薪炭用树林，所以不可把人力、财力、物力分散到山沟治理工作上去。再者，由于山上进行封禁，山腰进行梯田和岗坡治理，这些治理工作的效果，将有利于减轻山沟洪水的危害程度，将使山沟治理工程较为简便易行。因此，山沟治理工作，在第一阶段不必普遍进行，只须选择水土流失严重的山沟重点进行治理。关于治理山沟办法，我们已经总结出了一套完整经验，即山上封禁、整地造林、育林养草、山坡整治梯田和沟底的水利工程必须相互配合，发挥综合治理的作用。在治理次序上，必须由上而下，由毛沟到次沟到干沟，层层进行打坝，必要时在适当地区建造筑水库，结合沟底的水利工程，并营造一些林木。过去的教训是违反了由上而下的治理原则，治下不治上，或由下而上治理，坝和水库的质量不高，选择的地点不适合，林业和水利不相配合，东沟打坝，西沟造林，忽视了治理梯田的重要性，违反集中治理和综合治理原则，在沙质山坡和陡坡上也挖鱼鳞坑，反而引起水土流失。只要接受以上教训，按着成功的经验进行治理，尤其因为只治理重点山沟，农村里各方面力量可以集中在同一沟内进行，综合治理，则不仅治一沟成一沟，而且可以收效快，可使农林各项生产早些收到水土保持的好处，因而更能鼓舞农民治理山沟的热情和建立改造山区自然面貌、发展山区生产的信心，所以重点治理山沟的过程即创造了第二阶段转入普遍治理山沟的群众条件和技术条件。

第三，必须重点治理平川地区，整个平川地区的全面治理必须放到第三阶段，因为直接在深山区和丘陵区进行各项水土保持工作，间接即等于根治平川区的洪水灾害，上游水土流失情况变了，下游平川地区的洪水情况也会跟着变，晚治可以防止早治所发生的工程过大和徒劳无益的毛病，将来河流情况一变，如宽河变窄河，枯水期缩短甚至变为终年流水，洪水量减少甚至变为不发生洪水，则整个治理方针和办法就和目前所设想的完全不同了。但是最近期内在平川区的一些重点地区进行必要的适当的重点治理仍是需要的，下面这些地区可以考虑选定为重点治理区。

（一）村庄和大片耕地不赶快修复或新建堤坝即将被洪水冲毁的地区。

（二）有成滩淤地良好条件和巨大效益的地区。

（三）有打坝开渠灌溉良好条件和巨大效益的地区。

以上这些重点地区应该进行打护村护地坝，修造成滩淤地工程和修建引河水灌溉工程。

第二阶段的水土保持工作是普遍治理山沟和普遍在岗坡高地造林片、

林带和池塘。

第一阶段水土保持的治理，估计整理梯田和岗坡地的工作，二三年内可以做好，故将最先拨出大批劳力来，在深山区的这批劳力可以投入治理山沟，使治理山沟的工作由重点治理转入普遍开展起来，搞好沟壑水土保持，发展沟壑内的果木、林木和农业。

第二阶段普遍治理山沟时，由于山上已封禁，山场梯田已整理。所以主要力量是治理沟底，并设法增加山上植被、草和树木，不要把太多力量用在高山造林上，否则会延缓山沟普遍治理的速度，在丘陵区的这批劳力可投入岗坡、高地，营造林片、林带和池塘的工作，由重点治理转入普遍治理阶段。

第三阶段水土保持工作是普遍在高山、远山造林和普遍治理河川，在第三阶段可把山沟治理工作结束后的劳力转到高山、远山造林，并把岗坡高地造林、建池工作结束后的劳力转到河川治理，在第二阶段普遍进行山沟治理时，同时已进行了一部分为山沟治理所必需的高山造林，在第三阶段是大规模完成高山远山封禁区内全部造林工作，除继续造一部分薪炭用材速成林外，应考虑造些优良用材林以及重点集中营造各种特用经济林如漆树、木胶等为工业需要的林木。到第三阶段时，由于深山区的高山经过长期封禁，梯田已经修整，山旱已经治理，丘陵区的岗坡地和地沟均已经过一系列治理，河川形式已起根本变化，在这样的基础上应该对河川作出全流域的治理规划来，然后着手治理河川工作，治理内容包括挖治水道和整理河滩地以开展生产。这时由于已基本上制止河川上游及沿岸水土流失，河川不易发生洪水和砂土砂石的淤塞，河水也较平稳，因此应在宽阔的河床上开挖河槽，使河水归入窄深的河槽内，不要漫成一片地流，结合开挖河槽工作，可以出土垫平河滩地进行清理河滩巨石工作、翻土压砂工作，把河滩规划为宜农宜林宜牧地区，进行耕种、造林、植苇和培草工作，并结合开挖河槽和清理巨石工作，可以在适当地区进行打坝，开渠引水灌溉工作，使河水充分利用，为沿河生产服务，并使河槽流水更趋平缓。

荒山造林和河川治理都是比较艰巨的工作，可以在全面规划下按利益大小和需要稳急再分期分片进行治理。

我们所以这样安排治理程序，第一，这样安排符合"先面后点线的原则"，点线的水主要是面上来的，先治好面上的水土流失，即是控制了点线的水源，故直接是治面，间接即起到削弱点线水量、水势的作用，起到减轻点线洪害的作用，面治理好了，水被控制在面上，然后去治点线，治理起来就远比不先治面要轻而易举得多了，所以这种治理程序是合乎水流的自然规律，这样治理在经济上也好处多。

（一）后治点线容易，这是合乎经济原则的第一点。

（二）农林生产是在面上，治面即是同农林生产相结合，利于农村生产的发展，这是第二点经济的地方。

（三）生产是群众的事，治面有利生产，则群众必然把治面的水土保持工作当为自己的工作，因而愿意自己出力量，只要求政府补助一点就很乐意了。反之，先在点线上搞水土保持，群众认为是政府的工作，政府花钱多，群众还不满意，原因是先治点线不易治好而且没有在面上结合生产。所以先治面容易取得群众支持，国家还省力量，这是第三点经济的地方。

（四）有人以为治面慢，治点线快，其实这是错觉。因为先治点线无补于面上的水土保持，不如先治面可以有补于点线的水土保持，一举两得，所以说先治面对山区水土保持工作收效快，问题在于普遍动手。再者生产是在面上结合生产去治面，群众力量可以多拿出来，所以易于较快地完成治面工作，不比先治点线，群众视为生产外的副业，能出的力量有限，反而完成得慢。这是先治面第四点经济的地方。

第二，我们这样安排治理程序是符合"先上后下"的治理原则，水由上而下是一种愈积愈大的过程，也是冲刷力逐渐增强的过程。在高处主要是天空降下来的雨水，在低处则除空降的雨水外还要加上高处流下来的径流，所以在高处治水易，在低处治水难，先治好了高处，则低处的治理工作由难变易，把水留在高处则能兼保高处和低处土地的墒，把水留在低处则高处的墒不保，低处有水防不了高处的旱灾。因此，先高后低，先上后下，是顺于自然，合乎经济，有利生产。所谓上下关系，不能范围局限在一隅一沟，应该扩大到全山区来看，深山区和丘陵区都比平川区地位高，因此我们先治深山区和丘陵区后治平川区。就每一局部地区来说，一开始即在上边封山、养草、育林，用植物作为第一关把水停蓄在上面，减轻山场梯田治理上的困难，一开始即抓紧治理梯田和岗坡地，减轻了下面沟谷河川的水土冲刷，我们要整理林地，整理农地，在农地上平整田面，分布水窖、涝池、林网，在岗坡高地建设林带、林片和池塘、水库，无非是使水留在高处，由上面起就让土壤中的含水量增加，提高地下水位，既防洪又免旱，这就和先在下面沟内搞水利工程的办法完全不同了，在水土保持工作中，应该是"上面为先，上面为主，上面为本，上面为重"。不能把先后、主次、本末、重轻颠倒过来，以致悖乎自然，违反经济，无益生产。

第三，我们这样安排治理程序是力求紧密结合生产和目前利益的，前面说过先治面后治点线即是结合生产的。因为生产是在面上，先治上部后治下部，也是结合生产的，因为威胁农村生产最强烈的旱实是在上部。这里需要指出的是我们除照顾了先治面和先治上的原则外，还掌握了"求快"的原则。我们一开始在高山、远山用普遍封山养草的办法，代替普遍植树造林的办法，这就可以使高处山场扩大，面积上的植物复被率增长得快。我们一开始几乎用全力治理梯田和岗坡地，这就可以使高处田地广面积上的水土保持快和粮食增产快，我们一开始即在村庄田地和近山抓紧生产果木林、速成的薪炭林、用材林，这就可以使农民增加收入快，燃料、饲料、肥料和木料问题解决快，而且林在田间还能发挥防旱效用快，如果我们一开始就在高山、远山造林而不采用高山封禁低山造林、远山封禁近山造林办法，则林业发展不快，如果我们一开始把劳力分散到高山远山造林而不是集中力量进行梯田和岗坡地的治理，则农业增产不快，如果我们不是一开始在高山普遍封山、养草，在梯田和岗坡地普遍整地，等二三年再普遍治理沟底，而是一条沟一条沟去治理，在一条沟内同时进行高山植林、山场整地、沟里搞水利工程的办法，则山沟反而治理得不快，因为高山造林不如封山养草快。不让封山整地早走二三年，就不会使沟底工程由难变易，如果我们不是先把深山区和丘陵区治好再治河川，而是先治河川或同时治河川则正是赶上河川洪水势力尚大时去治河川，我们必然要花费很多的工程和很大的工程去与洪水作斗争，我们将因此在河川治理中旷日持久，而又放松了对于深山区和丘陵区的旱田治理，因此早治沟谷河川，并不一定能使沟谷、河川治理得快，晚治沟谷、河川并不一定就会使沟谷、河川治理得慢。我们的结论是：按照我们所安排的程序去治理，在水土保持方面收效快，在各项生产方面增产快，按照我们所安排的程序去治理，就可把水土保持和生产利益结合起来，把目前利益和长远利益结合起来，把国家利益和农民利益结合起来。

为了保证以上水土保持的办法进行得更快更好，必须正确处理以下三个问题。

第一，关于劳动力的运用问题。

以上这套办法整个贯彻了节省劳力的精神，由上而下的治理即是最省劳力的办法，从近处着手造林，不仅省了造林和抚育幼林成年林的劳力，而且省了用林时所费的劳力，我们利用由上而下渗透保墒办法，也省了许多防旱灌溉上的用工，至于治上即兼收治下之效，使治下简便易行所省的劳力则更多。要保证这一办法执行，必须水利部门坚决贯彻由上而下、先小后大的方针。水利工作的重点，首先必须摆在全面普遍治理的工作上，而不要摆在沟壑和河川的点线治理上，水利工作部门必须首先把田间整地蓄水工程、林间整地蓄水工程以及山区群众亟待解决的饮水工程，列入自己工作计划之内，当为自己的任务，以配合农业和林业的需要，这就需要研究总结梯田治理和岗坡地治理的田间工程问题，研究旱井和池塘工程问题，研究地面径流方向和流量去确定工程地点和标准，根据蓄水缓水需要研究工程质量，何处宜造鱼鳞坑、水平沟，何处不相宜；何处宜造山塘、坡塘，何处不相宜；饮水问题究应如何解决，凡此均有待水利部门结合群众需要和经验进行研究指导，以及财力和物资的援助，要使这些工作完成得多、快、好、省，水利部门从各方面的支援是很重要的一环。其次关于沟壑和河川的治理，水利部门在第一阶段必须掌握得慎重一些，把任务尽量缩小一些，非迫不及待及用力小而收效大的不办，凡是上面治理后即能解决下面问题的工程不办，能缓办的尽量缓办，只有这样才可把水利部门的力量更多的用到山场和岗坡上去，并且免得把太多的群众的劳力，一开始即用在沟壑和河川的治理工程上。第三，山区建设繁重，需劳力多，希望平原水利工程不要抽调山区劳力，在山区交通建设方面需要劳力亦不少，但交通建设竣工后又有利于节省物资运输上的劳力，因此在制订山区修路计划时应根据费劳力少而建成后节省劳力多的原则行事，在物资供应方面应多供应一些饼肥、化肥、效率大的水车、农具以及大车等有利于节省山区劳力的物资，在山区上下游地区间，也可考虑组织下游劳力支援上游水土保持建设，在生产上合理组织劳力。合理安排生产，亦有利于节省劳力下来搞水土保持建设，但以不妨碍农业生产为原则。此外加紧治理山区地方性疾病，有利于提高山区人民的劳动强度。总之，在水土保持措施进行中，必须尽可能开辟劳力资源并合理经济使用劳力。

第二，关于建设经费来源问题。

其一，山区建设的经费主要是依靠群众自己出钱，因此山区建设工作必须密切结合生产和群众目前利益从速增加收入，通过建设增加山区财力，通过增加山区财力以支援山区建设，合作社有了钱，则水土保持用工分红这类问题就好办了，群众出工情绪也容易高涨起来，所以我们非先抓紧田间水土保持工程、果木生产和快速林生产不可，非缓办高山、远山造林不可。此外，山区的生产很多是商品性的产品，商业部门应该大力组织收购山货，应采取薄利多销方针进行收购，刺激山区生产，增加山区人民收入，解决山区建设中的经费问题。其二，在主要依靠群众财力的基础上，也必须加强国家支援，对于山区水土保持工程，应根据用工多少和水土保持的需要、大小、缓急，由国家适当进行补助，最近一二年梯田工程和岗坡地工程都是费工多的，应该研究出一套补助办法来，由水利经费中开支，从水土保持观点着眼，建设山区就是建设平原，治山治田地即是治沟壑河川。在上面的水土保持工程中适当补助一些，即可以在下面省出许多水利工程建设的经费来。总之，如何结合群众需要和根据水土保持治理原则去合理使用水利经费是开展山区水土保持工作的一个关键性问题，这就需要和地方各方面干部和群众结合一起研究确定出一个补助办法来。在这办法中最好根据用工，先补给一部分，然后根据工程检验结果，确定按质量高低再补助多少。

第三，关于羊只问题。

在上述水土保持办法中，扩大山区封禁面积是很重要的一项措施，但这项措施能否贯彻，关键在于能否解决羊只问题，羊只是山场封禁的一个大漏洞。目前冀西山区养一只羊要五至十亩山场，为了维持目前这批羊只使得多少山场不能封禁；羊是扒坡能手，由于羊，多少山场被扒坏，林木被损伤，青草被吃去。山上是保持水土很紧要的一关。这一关由于有了羊就守不住，径流汇集到第二关，增加了梯田修整上不少困难，带来了多少梯田边埝的倒塌，而这些边埝要费多少劳动日才能修复，再推而至沟壑河川的洪水危害。总之，我们养羊所收到的利益，是否能补偿羊只破坏水土保持所引起的损失，是一个值得研究讨论的问题。用五至十亩山场养一只羊与用同样面积造林木究竟哪一种生产价值大，也是一个问题。水土保持搞得好不好，快不快，又是决定山区甚至平原农业生产的关键问题。可是我们一方面不遗余力搞水土保持，一方面又保持羊只，甚至发展羊只去破坏水土保持，损伤植物复被和妨碍林业生产的发展，这是一个极为矛盾的问题，是否可以增加猪和菜牛去代替羊，用圈牧代放牧。无论如何至少是应该缩小羊，用绵羊代替山羊，用优良品种的绵羊代替普通绵羊，大量减少羊只数目，提高羊只质量，用最少的山场面积取得最大养羊收入。这一问题在前面关于畜牧生产问题中，已经详细谈到。因为这是一个有关山及水土保持和山区畜牧政策上的大问题，所以不惜重提及，希望有关方面慎重研究处理。

1957 年 6 月 17 日

第二部分

杂 文

新旧之间

——一段时间空白的超越*

　　自从人类由上帝那里挣脱出来，不再依附神明的脚下找安慰和讨怜恤的时候起，"人的存在"就由为神明而转到了为自己，人成了自己命运的主宰，能决定自己存在的价值。更在意识上体认到自己的尊严和力量，发展出自我改进的要求。为了要凭自己的力量追求完美幸福的生活，人找到了科学，一个开启自然秘奥的钥匙，一根指挥和运用自然的魔杖，凭这件法宝就把自然制服在自己的脚下，居然以主人的姿态，傲然独立于宇宙之内，追逐时空，摆布自然。于是人不仅解放出来了，而且成了宇宙中一种具有极大权力的灵物。

　　这是一个惊天动地的变革，随着神明及神明代表滚下了统治的宝位，人和人间一套旧安排也必须解脱掉，但旧安排中的秩序并不如神明那样谦虚容让，也不如自然那样容易制服，所以从旧秩序中解救出来的过程，是漫长艰苦而又深具战斗性的，表现在新旧间为一种相荡相激的局面，这种过程也一直还未走完，虽然旧秩序已日就瓦解中，但解放不就是终结，解放以后怎么样？一群脱了羁的马不定能好好运用其自由，也不保其不因滥用自由而侵害到他体的自由，而任一被解放者的滥用自由，其残忍可怕的程度，或尤过于旧秩序中的统治，这群凶猛有力而又幼稚的东西，或东奔西窜的乱动，互撞的，落入陷阱的，葬送在虎豹口里的，迷途不知所之的，惶惑惊恐不知所措的，一切在混乱迷离中，正如由黑室里走到光天下，眼睛不及睁开，或刚睁开点而缭乱昏昏的刹那光景，其痛苦困惑或尤甚于在黑室中所感所受。合此为解放而斗争和解放后而盲动两者的结果，就愈益加深了局面的混乱程度，在这种极度混乱情势下，不用说人们会充

*　原载《文萃》1946 年第 29 期，第 13~14 页，《国民日报》（长沙）1949 年 6 月 24 日转载。

满了苦闷，彷徨，痛苦，和不安。麻痹之后继以刺激，哭笑不得，俯仰不由自己，心神交瘁，战栗在神经战下。有时真不免叫人感到不如无生，不如无科学，不如无解放好——这是时代所给与我们的苦难，我们在此中受熬煎。

科学并没有如预期的带来人类生活以幸福！

"人的发现"和自为主宰，并没有给人们以预期快乐！它们只带给了我们一个苦难的时代，一个旧秩序在崩解中，社会进到一"无有秩序"时代的，一段时间的空白。

然而科学可以祸人，也可福人，为祸为福，不在科学本身，而在人自己。人从神明那里解放出来回复自由自主，也一点不可厚非，难道不做神明的奴隶，人们就不得过小康安定的生活？难道为了过过小康安定的生活，人就得支付自由作代价？不要说在理论上讲不通，在事实上也行不通，已发达了的科学，只有前进而不可能后退，已从神明的桎梏中解放出来的人类，决不能强他们抛弃了自由自主，再甘心在神明前就范，历史回不转去①，归真返璞，只是梦呓！

让旧世界旧秩序安葬吧！莫留连和惋惜！

自我主宰交给了我们尊严和责任，科学赋予了我们力量，凭它们摧毁了一个牢固悠久的旧世界，也得凭它们创造出一个新天地。

自然的秘奥，已给科学的钥匙启开了，然而更深更巨的人类社会秘奥，却仍原封未动，我们已精于自然的知识，竟仍昧于人的知识，这不仅是一大笑话，也是一大引致目前紊乱的基本原因，没有"人的知识"，谈何对付人，人生活着，不知生活的意义；人和人相处在一起，不知相处的道理；社会客观条件已进到有分工合作的必要，不知如何求合作其事，不知如何建立起人我间和人群间的新关系；怎样使人人自主而不把别人做奴役，怎样使人人快乐而不建基在别人的痛苦上；怎样使一切对待的东西不相反相消而相辅相成，怎样使人们的至爱超过一切阶级种族和党国的栅栏，而洋溢到全人类。这一切一切，都有待于我们用科学方法去研究分析和了解。这些全没有成规可循，过去的文化成果，最多只能作我们研究工作的参考，主要的我们得就现实的活材料中去了解。这"了解人"的工作，在科学方法的引用下，一定可以完成的，说难当然难，但不是不可能。

---

① "回不转去"，原文如此。——编者注

当"人的知识"增进了，人才能有了自由并能善用自由，善用自由的也才能永远保持自由，常保有自由的也即成为名实相符的主人。当人民皆能善用自由自主和保有自由自主的时候，黑夜也就会消逝，恶魔也就会随着黑夜而终结其活动和活动的机会，或许有人问，不终结恶魔，怎样终结黑夜？要知道恶魔乃是因黑夜而出现而存在，是黑夜创造了恶魔：只要黑夜继续存在，则恶魔将源源出生，去了一千，将带来一万，就是原来除魔者，也可能一变而为恶魔。君不见昔日革人命者，而今不正成为革命的对象吗？谁能担保后之视今，不亦犹今之视昔？只有具有"人的知识"的人，才能成为除魔的真斗士，才能不由"魔的敌人"变为"魔的同类"。当"人的知识"普及众人时，魔源才会断了。所以"人的知识"是光，它将烛破黑夜。

由"人的知识"可以调整人的关系使进于完善和谐，由完善和谐的人的关系中，自然科学的成果，才真能福人而不祸人，才能为人民服务，而不为恶魔的助凶。

诚然，前路是艰难的，我们还得准备应接无数的"神经战"，还得忍受惨绝人寰的千磨百难，还得不让神经麻痹，意志颓丧，而我们努力的果实，也不见得能及身就享受到。但是，为了未来新时代，我们这一代或两代人得自我牺牲，以自我牺牲的精神去肩负这时代交给我们去完成的巨大使命。从自我牺牲和努力，我们一定能把漫漫黑夜，恶魔横行，混乱痛苦无秩序的一段文化空白的时间缩短，带给我们子孙后代一个崭新而幸福的新世界。

德为本[*]

前些时，几个朋友一起聊天，偶然谈到大学生的生活情形，内中一位友人很感慨的说："从前大学生喊口号，游街，做救亡运动，那种幼稚举动，当时觉得好笑，可是看看现在的情形：一部分大学生居然大做生意，和商人小贩同干走私舞弊，囤积居奇的事，反令人想起从前大学生那股热情那股蛮劲，竟是难能可贵了！"

这句悲痛的话，不仅是某个人的感触；感触的对象，也不仅是一部分大学生，大家都在感觉着：整个社会——差不多每个角落里——已经漫溢了一种腐烂死废的酵母，快要腐蚀掉国家民族的根基，这件可怕的事实，刺激着有识之士的心坎，激起了惨痛的呼声，所以在此迎接军事胜利的今日，忽然《大公报》高唱"爱，悔，恨"，傅孟真先生来篇《盛世危言》，杨端六先生大谈《物价与公理标准》。

这不是无病呻吟，社会道德的败坏，确已情势严重，追本寻源，由来已久。论中国近代史的，以为民国以来，军阀嚣张，反道败德，是袁世凯一人开的祸端——这种论断一点不错，但除此以外，我们认为民初倡新文化运动的，和后来以"不择手段"一种作风出现的人，都应该担负一部分过错，新文化运动推动中国走向近代化的途径，功绩诚不可没；为了推行新文化，所以预先打倒旧文化的代表"孔家店"，这也是势所必至，但因此连根带蒂把旧社会中的道德精髓也毁灭掉，却不应该。新文化运动后，有些人打出"但问目的，不择手段"的旗号，身体力行，更把道德送了终，风气一开，流至今日，在社会动乱的初期，充分表现出了道德败坏的情形，群魔乱舞，丑恶横行，快到了不可收拾的地步。

说起痛心，多年来许多自认为有思想的人，居然也随声附和的在非笑

---

　　* 原载《自由论坛》1944 年第 2 卷第 1 期。

道德，凡是谈道德的，就认为迂阔①，不着边际，诚然，社会上确有假道德的招牌，做出种种坏事的人，但我们不能因为厌恶伪道德家，就根本厌弃了道德，诚然，救国千头万绪，我们要从政治机构、经济计划各方面着手，但是，假若道德根本败坏，试问政治机构何从建立？建立了又何从持维？经济计划何从推行？推行时又何从生效？我们承认：单有道德，缺少切合国情的政治机构与经济计划，不能建立起近代的国家，可是我们也要认识清楚，单凭政治机构和经济计划，没有道德去维系社会秩序，支持人的行为，到头来，一切都是空中楼阁，一切都无从做起，所以我们说："要建立起一个近代国家，单有道德不够，但没有道德，根本就不成。"

谈到道德，我们不可把它的本质和形式混杂不分，一个团体如果要坚固结合，强盛发展起来，主要条件，就是各份子对团体必须忠心爱护，靠了这个"忠"，个人才可不顾厉害，为团体去牺牲，这个"忠"是古今中外任何团体结合中所不可缺少的基本德行，是道德的一种本质，至于它在形式上的表现，它所寄托的对象，可以是宗法社会中的家族，也可以是近代奉为至高无上的国家，完全看当时当地的环境来定。

凡是具有"忠"的德行的人，如果生在宗法社会，即是竭力维护家族的人，如果生在当今社会，即是竭力维护国家的人，他们为了一种观念、一种团体，固执坚定，竭智尽忠的支持下去，不肯轻易更改，轻易迁就，因此，在社会变迁时，那些人总是保守的，不容易接受新的东西，他们往往成为推行新运动中的障碍，事实上不得不被淘汰，但从道德本质方面看，他们所怀抱对于团体的那股"忠心"，却是任何时代任何地域所必须的。

反之，另有一种人，在社会变迁时，很快就易接受新观念，在新运动推行时，这些人有如蚁附，为新运动摇旗呐喊，大壮声色，其实这种人对新观念易接受，也易放弃，对一切他们都是无可无不可，唯唯否否，全看一己利害，顺风转舵，不会为了任何观念去固执支持，以至牺牲的。一种观念，如单靠这种人拥护，是不能在社会上立根的。一个团体，如单靠这种人撑台，是空有外表，柱脚不坚，终究要坍台的。

罗家伦先生在《新人生观》一书中，慨然指出一个事实：就是在欧美国家，任何思想当初介绍到社会中，很难被人接受，往往经历许多冲突，

---

① "迂阔"，原文如此。——编者注

重重困难，才被社会普遍认可，但一经认可以后，这种思想也就为社会坚执不放，力行不懈。可是任何思想到了中国，很快就被接受，然而也很快就被放弃了，大家喊喊，一场热闹过去，没有人再认真去行它，中国今日是思想最复杂，花样最多的社会，然而也是空有花样，实际上是一种无可无不可的状态，所以社会乱七八糟，真可痛心！

由此可见不易接受新观念的社会，正是新观念将来可以深固着根的社会；不易接受新观念的人，正是具有一种道德素质，这种素质是支持新观念所不可缺少的，为了维护道德的素质，社会对那般有骨气，不肯随声附和的人，正应该致无上的敬意，应该奉为楷模，加以表扬，当作万世师表的。

这层道理，我国先圣先君早知道，不论在何代何朝何种思想之下，凡是忠义的人，所行忠义的事，后人总竭力加以表扬，不使淹没无闻，所以我们还能读到许多忠义的事迹，像文天祥、史可法一般伟大的人。仍能活现在我们眼前，令我们肃然起敬，油然向往，在这种道义凛然的文化传统下，清室也居然撇开情面，把当朝功臣洪承畴摆在贰臣传里，正因为道德是超乎一切，力量伟大，清室自己也不能不去维护它。

只有认清楚了道德的重要性，分别出道德的本质和形式，在政治上才能谈宽容，和政敌合理竞争；才能排除一己好恶，选贤用能，大公无私；才能明辨是非，权衡事势的缓急轻重；因此也才能使自己勋业立于千秋万世，永垂不朽，只有在道德不败坏的社会，才能万众一心，人人欢欣鼓舞的赴义直前。

在迎接军事胜利的今日，正欢逢着一个绝好的机会，可以把中国建立成强盛的近代国家，要做到这点，当然我们应在政制上树立民主机构，在经济上建立新式工业，可是我们更要在社会上倡导良善风气，奠定巩固的道德基础。今后我们能不能保持胜利，把握机会，复兴民族，我们将成为中华民族的功臣或罪人，这些全要看我们能不能趁此时奠定巩固的道德基础。

死的表演[*]

死是人生一大事，它是人生的尽头，也是人生的总结，在由生到死的交关上，前面是渺茫茫一片未来，阴森疑惧；后面是历历如昨的往事，任悲欢离合，成败得失，当此生离死别的顷刻，都同样显得亲切温馨，涌起了不尽的爱恋和悔恨。生之恋，死之哀，织成了复杂的心情，也必然发之为声音形色，为遗言遗容。

生是利害的纠缠，死是利害的解脱；由生到死，正是摆开纠缠出到解脱的一瞬；随着利害的解脱，是天真的回复，人性的重现。"人之将死，其言也善。"除了少数至死不悟的人们外，多数人在弥留时都得通过自己良心的批判。这种自我良心批判的判词，就真真实实的刻在死者遗容上。或长笑而瞑，或死不瞑目，或为安详，或为忧戚，从这些遗容见到了死者在弥留时内心的反应，更见到了他在生前所作所为幕后的精神秘藏。也许因为这个道理，法国蜡人馆就曾经把世界许多伟人的遗容塑下了保存起来。

死是不可避免的，怎样死，何时死，有的是不可预知的。但在某些场合，某些人，如身临祸难中的仁人志士，他们所以死，是"生"与"义"权衡后的结果。换句话说，他们的死，是自我选择的，是自主的。

好生恶死，本是人的常情，在危难中，能为着一个崇高的理想，视死如归，不求躲避，这是难能，因此也是可贵的。若不是笃信真理，一个人不会为真理丢了性命的。在舍生取义和舍义取生的选择中，也就表现出一个人的人格究竟是伟大或渺小来。

所谓在生死之际的选择，因时间长短而又有难易的差别。当感情激动的时候，即使是匹夫匹妇，也往往能奋身一逞，慷慨捐躯。但感情是不能

---

[*]　原发表期刊不详。

持久的，当感情退潮，勇气消失，怕死的念头就油然而生。所以靠感情和冲动去决断生死的，只能在感情高潮一忽间舍生，延到感情低潮时，就死不下去。真能赴义直前，持久不变的，不是靠冲动，而是靠理性，靠理性对于是非的真确认识，由认识引导去对崇高理想热爱的情操。这不是一朝一夕可以得到的，必须通过利害的试炼，得到感情和理智的调和。这是一种经过长期素养才能完成的至刚至大的人格。具有这种人格的，也才能从从容容的去就义，这比之凭借感情冲动去慷慨捐躯的，自然更是难能可贵了。

历史上能有此素养，从容就义的，文天祥是一个。他在宋朝亡了以后，领着孤军抵抗元兵，兵败被俘虏了。元人用尽金钱、禄位、女色种种手段去引诱他，他只是不降，只是请求一死，他也就终于成全了他的志愿，争取了忠义的气节，演出了人生一幕精彩的压轴戏。

后来有个洪承畴，遭遇也和文天祥很相同，当初也想来个同样精彩的表现，终因素养差了，一碗人参汤，一个如花似玉的清后，就把洪承畴屈服下来了，死心踏地做贰臣。——从容就义，岂是容易表演的压轴戏！

和上面文天祥表演作风不同，然而也很美的，是霸王别姬，在身困重围的垓下，英雄悲歌，美人泪和，场面的悲壮凄艳，妙奏化境——这是慷慨就义的一个最美典型。

时代变得太快了，平民快将代替英雄的场面去创造历史了。在这历史转换的过程中，一批纳粹领袖们竟以英雄的场面出现了。他们是叱咤风云的时代人物，以闪电战展开了全人类大屠杀的场面，他们都是自命为盖世英雄，为"超人"，为"力人"。全世界的信徒们向他们顶礼膜拜，颂之为人类"生力"的象征，雄美的结晶。全世界人民在他们下面，都显得渺小无力，卑贱不足道。他们的哲学是：世界一切都是为那些英雄而存在，做那些英雄的陪衬——这样也就是美！

可惜这世界疆土太窄，不能供英雄们无限扩展；生灵也不算太多，不能供他们涂炭。但渺小的人民，很高兴的能给那些英雄们一个临死表演的机会，预期中应是一幕非常精彩的节目，一些雄美活着精英，当然也会表演出雄美的死来。

先看墨索里尼怎样，死神给了他两个表演的机会，先是在"光荣"的罗马城中，灿烂的皇宫外，月明星稀的夜里，他被绑起来了，但发出的不是悲歌，而是扯破星空的猪叫声。意大利毁了，他却逃到难弟那里苟且偷安的活着。终于死神跟踪他到米兰街头，他还是对生命很吝啬，一点不慷慨，结果他像落汤鸡一样死了，死在毫不足道的人民手里，死在一个远不如罗马雄壮的米兰城中，这最后一幕压轴戏，和他当年几幕伟大场面比较起来，实在太不相称了。墨索里尼没有利用这机会，来个精彩表演！多少人为此失望？

希特勒如何？他生前的气焰远驾他难兄之上，他是比墨索里尼更"伟大"的人物，坐着轴心国的第一把交椅，操着人间的生死簿。他最后表演，自特别是为人所关切。希特勒怎样死？多久来像谜一样被人猜着，也一直在谜中。关于他的死，近来有一个比较详尽的报道，说他是和他的情妇在柏林重围中死在地下总指挥部里，原先他本打算逃走，是情妇劝阻住的。这场面有点像楚霸王垓围，相同的是英雄美人同一死。不同的：一个是正配的夫人，一个是私下的情妇。一个是英雄作主动，美人作配角；一个是"英雄"作配角，主动的反是美人。一个是为了羞见江东父老而死，一个是逼于情妇要求而死。一个是在疆场上杀得敌人东倒西歪，最后把首级当礼物送给不义的朋友，多么悲壮！一个却在洞房里龟缩不出，倒在情妇怀中死去，又多么温柔。若不想起柏林城头的炮声，简直叫人要认他是为情死，而并不是在殉国。希特勒的情妇应该死而无憾了，只可怜当下那些德国老小子民，求死不得，求生不能，再从何处觅取他们的"伟大元首"！若不想起他是借情妇的性爱去壮胆子，我们真不能不佩服他在兵马仓皇中犹不忘洞房之乐的从容劲儿，像这样别开生面，多么香艳的临死表演，可惜不曾把遗容留在巴黎蜡人馆中，供人欣赏。他们不是最会赞扬死的美吗？何以不让自己的"最美"表演留下来作纪念，难道有不能见人的隐衷？难道对于这种表演的价值——"最美的死"——也失却了自信？

我想起纳粹集中营内多少无辜生命的死去——惊恐，凄惨，哀切，然而是人性的真实流露。

我想起文天祥殉国的死——从容，镇定，而又多么坚毅不拔。

我想起项羽垓下突围的死——慷慨，勇敢，又是悲壮。

我也想起墨索里尼的死——暗淡，丑恶，但还坦白。

但我想不出希特勒的死——那是怯懦经过伪装后，自馁经过灭迹后，一种难于判断的巧妙的表演。

消除人类仇恨[*]

　　人和人，社会和社会，国家和国家的交往间，总免不了有些忿懑和不平的事发生，这类事相激相成，适足以造成猜忌和仇恨，仇恨的过分发展，必致引起横暴，残杀和战争，于是人类更陷于苦难。

　　我们痛恨独裁政治，殊不知独裁者正是利用人类社会动荡不安、人类彼此仇恨的局面才能把权力集中起来的。仇恨好比黑暗，独裁者好比鬼怪，鬼怪必借黑暗才能活动，同样独裁者也必借人类彼此仇恨才能施展其伎俩。

　　所以"以牙还牙""以眼还眼"，去对付暴力，只是除暴的治标方法，若是用得不慎，更可能助长人类仇恨心理，只要仇恨局面一日存在，则第二第三希特勒一类人物必然会赓续起来活动的。

　　所以，除暴的治本方法，还在消除人类仇恨的因子，使人类回复到平和相安的局面，这样人类才可以去忿懑不平，这样人类才可以回复理性。只有让理性抬头，然后人类才能明辨是非，分别良莠，然后才能脱离一己私怨，好善而恶恶，然后才能持正义，存公道，在公道和正义的社会中，暴力没有生存的地盘，而民主政治才真能深固着根，不可摧毁，因而人类幸福也可得着久远的保障。

　　我们要除暴，但我们尤其要除掉暴力所由发生的因子。这就是人类仇恨心理。

　　因此我赞佩美国两劳动团体的主张，战后不要奴役德国工人，这真是明智的见解，希望一方面如此，各方面也如此。国际间如此，国内也如此。

---

　　*　原载《自由论坛》1944 年 1 月 26 日第 10 期。

把人当人 *

　　要把人当人，这话说来简单，论理也该如此做，该做得到。可是事实告诉我们，自有人类以来，从远古到近代，从初民社会到文明社会，不把人当人的事，始终没有根绝，不过程度上有高低，形式上有殊异，范围上有宽窄罢了！

　　人生的可贵，不单是活着，而是要活得有意思。所谓活得有意思，对自己说必须有自主的生活；对人我间说，必须有和谐互尊的共同生活。但不幸是，由于人们的愚昧和自私，往往见不及此，偏要把人作贱，或则奴役自己，或则奴役别人；两种人相反相成，形异而实同。

　　大家也许听说过犹太守财奴溺水的故事。一位犹太富翁，某次落在水中，他的儿子在岸上发现了，急忙请旁人援救，旁人素恨那位犹太富翁吝啬，所以在先就提出酬金一万元的条件，他儿子却斤斤论价，只肯出三千元，不料那位富翁听见了，在性命交关时，还由水面伸出头来说：“一千元够了，够了。”因此旁人坐视不救，那位富翁就终归溺死了——为了钱，不要命，这是奴己的一个例子。

　　像这类奴己的事，实在太多了，试纵眼看看名利场中，多少人在低首下心，承颜察色，吹拍唯恐不及；多少人自甘为人爪牙摇尾乞怜，有类鹰犬勾当；多少人竞逐货利，不惜贿赂、偷税、运违禁品，用尽心计，落得脑满肠肥，一身铜臭味。总之，他们已没有自己的情操，喜不由己，怒亦不由己，一切唯名利得失是视。他们没有自主的行动，名利驱之进则进，驱之退则退，他们没有自己的生活，睡不安枕，食不甘味。家庭是基于名利的结合，朋友也是基于名利的结合，利聚相交，利尽交绝。他们没有灵魂，直同行尸走肉，失意时，则天地变色，日月无光，亦若茫茫人世，无

　　*　原载《自由论坛》1944 年 11 月 19 日第 9 期。

复一己存身之地；得意时，则又往往借声色把自己躯壳作践完事，他们满脑名利，满心名利，什么人生理想，或则丝毫无存，或则被名利观念污得一团漆黑，所有做人应具备的一切基本条件，他们几乎都没有了，为了名利，他们失了自己——他们不把自己当人。

这是奴己的一方面，还有一方面，就是奴役别人，齐亚诺的故事，想必大家还记得，在意大利侵略阿比西亚尼的战争中，齐亚诺有一次率领了飞机去轰炸阿国的军民，事后他向新闻记者描摹他当时杀敌的情景说：那正像追猎一群毫无抵抗，狼奔豕突，如动物一般的东西，看起来真有味——这段话，是如何明白的表示出来，他无意中就在不把他的敌方当人，他没有把敌方当人看待。

战争本易激发人们兽性的表现，所以在战斗中不把敌方当人，还是事所必至，不足为怪。若是日常生活中，亦有这类不把别人当人的事发生，那就不免要使人怀疑到人类理性是否存在的问题了。很不幸的是：社会上一班人奴役另一班人的现象，竟比比皆是，资本家对劳工们如此，有些将帅对士卒如此；上司亦往往奴其下属，居功自高，藐视一切；就是许多知识分子，也往往以自己在学问上一点点成就，作为轻视他人愚昧的根据；至于一般未受过教育的主妇，虐待婢女和仆人的事，更不待说了。论道理，那些人的地位，享受，和幸福，多少是由于别人的帮助和努力才得到的，应该更感激别人，尊重别人，报答别人，但这些道理，得意的人是听不入耳的，得意使他们忘了本，也使他们忘了形，所以他们最会不想到别人，不把别人当人。

所谓奴己和奴人，其实不过是一事的两方面，奴己者和奴人者并非截然相反的两种人，大体上说来，奴己者往往亦即奴人者，而奴人者往往亦即奴己者。

先说前者：那些奴己的人，原不把自己当人，他们为了名利，早已失却了人性。试问这些人性已失的人，自己还不当人的人，如何能期望他们尊重别人，把别人当人。在他们和人尤其是有势力的人，交往时，原不过玩一套敷衍，奉承的手腕，虽煞像是尊重别人，其实是把人当手段，用来达到他们求名求利的目的，他们和别人的关系，能维持多久，及如何维持，全视别人对他们利益多少而定，一旦他们名高利满，用不着别人了，就会使出颐指气使的真面目来，连敷衍也不愿意了。我们若看到多少奴才当主人后，也把别人当奴才一类事例就知道奴己者亦往往是奴人者。

再说那些奴人的人，论身世则大多数原是由奴才底子出身的，以往他们奴己是为了名利，后来他们奴人也是为的名利。总之，不管是奴己也好，奴人也好，他们同是以人为手段，名利为目的，他们是为名利而活着，名利是他们生活的目的，他们不是为生活而生活，不是为使生活意义丰富而生活，不是为使所有人类生活美满而生活。因此他们也就谈不上有自己的生活，有人的生活，这样他们自己不过是名利的走狗，何尝把他们自己当人！

上面自任何一方面说，奴己者终或奴人，而奴人者亦往往奴己，可知两者在气质方面很相近，再就两者行为的配合方面来说，则两者实相辅相成，缺一不可，如果世间上没有那班利用并豢养奴仆的奴主，则一班奴仆亦将无所附丽，他们或许会凭自己能力和本领，做个老老实实自食自力的人，反之，若是人人皆不愿做奴才，不愿逢迎奉承，靠献媚而讨生活，则奴人者亦将失却可奴的对象了，更何从颐指气使起，由此可见奴主和奴仆间，往往并非对立的，更非敌视的，两者正是相反相成，相依相傍，狼狈为奸。

对于他们的行为，尤其是他们行为所加于人类社会的损害，我们只感觉愤怒和厌恶，对于他们的错误打算，我们只好加以怜悯；因为他们用尽种种计谋，种种努力，只落得自己在黑暗，龌龊和腐毒的小天地中生活着。

让人们暂时离开各自那个小天地，回到自然怀抱中去罢！那里太阳正温馨，蓝空自宁静，湖风多清新，那里万物均各逐其生，各乐其乐，难道人们不应该回复自己本性，过一种适意，美满，光明而又自主的生活。

役物与役于物[*]

　　战争像洪水一样，几乎要把人性冲洗殆尽，多少人在物价面前战栗，筋疲力歇，形容枯槁，了无人生乐趣，多少人在奋臂攘拳，迎波逐浪，为了"阿堵"而神情紧张，瞪眼喷沫，弄得哭笑皆不由己，无论是消极就困，或积极地投身其中，同样是在法币的魔掌下的奴隶，供役使。

　　这年头大家见面离不了谈物价：朋友相交中，"钱""米"已成了不得不计较的东西，什么"友谊"倒是次要事了，若是你不知趣，有意或无意在"钱""米"沾了别人一点光，保准你当面或背面就要挨一顿骂，你若傻头傻脑论交情讲礼让，那才活倒霉！岂不见多少大学生，教授们，也卸了士大夫阶级的身份去经商了，岂不见一些为民谋利的官吏，也在与民争利，你莫笑有身份有面子的太太们，为了一只小鸡的得失争一场，你若还问礼节呢？荣辱呢？管子早就告诉你，那不过是衣食足，仓廪足以后的事。

　　一切陷在紊乱中，一切脱离轨道，人们痛苦癫狂，丧魂落魄，有人说：这是由于"钱不值钱"，我想还不如说"人不值钱"还恰当点。

　　你若不信，何妨去拜会一下有钱的大亨们，说"我是有身份有学问有品格的人，只要你得益于我一句话，终身可以受用不尽"。他准赏你闭门羹，假如你拿了几千万法币去和他成交一笔生意，他会一反以前倨傲态度，向你恭维备至，可知你身价远不如钱那样重要了，其实这道理，许多学者早就知道了，他们有的为了几万块钱就出卖了他们的口、笔、手、腿、甚至良心，你莫笑他们贱，他们清楚知道自己并不比钱贵。

　　在百货店里，你若随便看一下货物的价码，你定知道许多货物的价格，远比你一月，一年劳役的报酬还多，当你丢掉朋友一架单车，一只手表或一个热水瓶，而朋友因此和你绝交时，你当恍然大悟所谓可贵的交谊

---

　　* 原载《自由论坛》1944 年 11 月 26 日第 10 期。

原来不如一件物品，你的面子还不如一件物品面子大，你若气恼，试试出去旅行一番，坐在汽车上，你莫想指挥它走，它会爱走不走，随它高兴，你才会知道指挥者是"车"，受指挥者是你这个"人"，人反役于物了。

人役于物，这并非偶然的现象，世界上这种事倒经常见到，也并非不可解的现象，不少哲学还在支持它呢！牛油大炮重于生活和生命的哲学，希特勒不早提出了吗？人不过如大时代中一个齿轮，大潮流中一个水泡的哲学，不也有人在大吹大捧吗？

这真是一个大时代！"马达"在怒吼，炮声隆隆，通货膨胀的波涛在澎湃，人是愈来愈渺小，人的呼声也愈来愈微弱。

本来，人和物的关系，是人主物宾，人为了生活，特造下种种文物社会制度，谁想到这些文物社会制度，会反客为主，倒要压服人性，摧残人类生活，谁想到更有人会默认此种局面的存在为理所当然，不惜为它张目，甘心忍受。

让那些自甘愚昧的人们，支持其愚昧罢，凡是有眼有耳有脑子的人们，用自己的眼睛看看，用自己的耳朵听听，用自己的脑子想想，他们定知道，在这世界上，役物而不役于物的事例，在有些国土乃是通常而不是反常的现象，他们不仅不节欲禁物，而且大量制造出许多物品，大量利用机器，大胆在设施并维持其完满美好的政制和社会组织，而这一切一切，无非是用来提高他们人民的生活程度，增加他们人民生活的意义，他们为生活而造物，他们也为了生活而役使一切所造的文物，在这种人本的社会中，人类才真正是主人，人类的生活也才真正有意义，他们已经提供出好榜样，他们已经提出了这一正当的主张，并正在为此主张而扑灭那些邪说与利用邪说而荼毒人类的人。

马歇尔曾为这个战争的理想目的作过一个注解。

大约是一年以前罢，美国陆军参谋长马歇尔将军，指挥一些士兵们演习作战，士兵们在一棵大树下找到了一处适当的地位，可以安放大炮，不巧一根大树枝遮住了炮前视线，兵士请示参谋长，可不可以把树枝斫掉，马歇尔不肯士兵斫树枝，命令他们把大炮移到另一地位安放，事后新闻记者问他如此爱惜一条树枝的道理，他回答道：这树是老百姓的财产，未得老百姓的许可，不能随便斫伐，否则侵害了老百姓的权利，我们作战目的，就是为了维护人民权利，才去打倒摧残人类幸福的希特勒及其主义，现在若为演习就擅伐人民财产，正是有违我们作战目的，我宁可缓缓进军，却不肯摧残人民的生活和权利。

这里我们见到人类不是为的作战，作战乃是为的人类，为的恢复人类生活的权利，总之一切文物制度，应为维护人类生活的权利才存在，一切文物制度，应该是供人利用，供人役使，以实现人类完善的生活，人与物，并不是对峙冲突，人应该役物，而不是役于物。

人性可贵[*]

人性是可贵的，贵在它能正直无私的辨真伪，明是非。

说来很奇怪，然而确是事实，真能到底评判个人言行和规范个人行为的，不是外在的法律和伦理标准，而是自己的人性。人性这东西，不仅是顽固得可怕，也是忠实得可怕，任何价值观念，一经与它结合后，它就不肯离异，而且不遗余力，一丝不苟的去支持那观念。

当一件不公平的事，加在自己身上，自己免不了就要从心头激起憎恶的情绪来，甚至不惜起而反抗，这种反应，就是从人性发出来的。从这反应中，我们见到了人性的力量。

若这件事是加在别人身上，施之者和受之者都与自己素不相识，也无任何直接或间接的利害关系，可是就仅仅为了那事是不义的，往往也不禁要为受屈的人抱不平，对那施行强暴者无限痛恶，甚至要助受屈的人一臂之力。这就见到在和自己不相干的场合，人性仍然对是非有种反应。唯其这种反应是不基于自己利害关系上，足见它是超偏私的，它是大公的。

然而最足表现人性无私的，是当自己做了坏事时，人性就像一位审判官一样从内心崛起，偏和自己过不去，毫不容情的要直率的指责到自己不义的地方。任我们怎样极力为自己辩护，辩护得非常的妙，甚至使旁听席上的观众都为此感动，然而人性却铁面无私的对自己厉声说："歹徒，你还赖，你做的事，自己应明白。"这时要想再抵赖，简直不可能，除了俯首认罪，实在难得鼓起勇气和它争抗，更不用想掉花枪，欺哄它。反之，当我们做一件事，是正当公道的，不幸别人偏误会了我，并且极力非难我，打击得我快要软下腿去的时候，人性却又出人意外自内心崛起，喊出："孩子，不用怕，你做得很对，你应担起一切困难，做你所当做的。"

_*　原发表期刊不详。

人性和虚伪是势不两立的，这道理是再明白不过了，然而偏有些聪明乖巧人，要想把这矛盾统一起来。我们不难见到有种人，专爱编造些聪明的谎话，原初本也编得天衣无缝，别人怎样也不易识破，无奈编谎人自己心中怀了鬼胎，满不放心，惟恐人家把谎识破了，所以像补破洞似的去补谎；刚补过了，一想不妥，还有破洞，于是再补个谎。累次补谎，累次自觉不妥，如此连三接四的补下去，结果引人疑惑，看出了他那谎的破洞所在，因而识破了他的谎，反不如不补还不致被人发觉好。这真是弄巧反拙！何以他明于撒谎，却昧于补谎，只因编谎是他自己，识谎的也同是他自己，自己捣自己鬼，露的破洞就在他心里——一个补不住的破洞，一个无从统一的矛盾——他愈用心思，就愈益自陷其中不可拔。

人性是可贵的，只有它，才最明察。在它的评判下，一切谎言都不攻自破。在它的公正下，一切害人的，到头来害了自己。一切歪曲事实的，决不能逃脱因歪曲事实而起的内心的谴责。在存罪毁性和去罪复性两者间，他不能找出第三条偷巧的路子。

只有靠了人性的支持，社会伦理价值才能存在并有所作用，否则公理和正义必将成为人们的讥笑品。

谈感情[*]

　　人从母胎里钻出来，骨子里就包含了感情的种子。几个月大的婴孩，远不会辨别事物，却早有好恶之感，哭哭笑笑，表现得很清楚。直到老死咽最后一口气，还免不了要掉几颗老泪。每日从早到晚，忙忙碌碌中，喜怒哀乐爱恶之情，变幻莫测；闭眼入睡，梦中还纠缠不清。不论男女老幼，贤的愚昧的，生活里都少不了感情的成分，多多少少是在受感情的驱使和支配。无怪乎有人要慨叹人生不过是为感情所奴役。尽管某些宗教徒讲修行斩绝情欲，但何尝斩断得了！

　　感情斩不断，也不必去斩断。试想抽去了感情，人们生活哪能如此丰富有光彩。《红楼梦》是爱和恨的结晶品，赞美诗实在就是良善信徒对富人愤慨的表现，宗教的内容脱不了一个爱字，许多伟大成就，惊天动地的事业，就靠了感情在后面去推动。重视感情的人甚至说："生活不为别的，但求赢得人世间几颗眼泪去。"感情是颜色，把生活染得光彩夺目；感情是一团火，人们的心从它得到温暖光明；感情更是一种动力，靠了它，人类社会才得转动灵活起来。没有感情的世界，是暗淡无光，冷冰冰的，谁愿活下去？

　　人类能具有感情，实在是可以庆幸的事。感谢上帝恩典，我们得好好利用它，控制它。司马迁受了宫刑，一种耻辱和悔恨心，使他完成了《史记》一部杰作。刘邦削平项羽，正志得意满，有位儒生偏偏不识趣，跑去见他，刘邦自管洗脚，不去理会；那位儒生轻轻的说一声："乃公马上得天下，安得马上治之！"就使得刘邦抑住感情，揖客请教。他能安定天下，多少靠了这种克制的功夫。

　　感情须得理智的引导和节制。大凡一件事情，总有它客观的理性存

　　* 原载《生活导报》1943 年 7 月 11 日第 33 期。

在。遇着感情和事理，可以互相融洽的时候，不发生克制的问题。但有时两者互相冲突，这时若凭感情逞快一时，就要败事。所以不如暂时抑住感情，成全了事，终久也成全了感情。这样把感情迁就事理，是善用感情；反之，把事理迁就感情，是不能善用感情，只是感情任事。

但不幸，多少人就常让感情任事。王太太非常钟爱她小孩。她为了增加奶量，每餐大碗饭填下去；为了急于照应小孩，每餐狼吞虎咽，赶着几分钟内完工，当然说不上消化和营养那回事。她一天忙到晚，替孩子张罗这样那样，直像风车样转。日久胃撑坏了，身体累坏了，自己如此牺牲，孩子也受害了。这是一个小例子。在历史上，我们还见到许多风云人物，好大喜功，只因理智之光熄灭，放纵感情，弄到不可收拾，如吴三桂、袁世凯等，都是很显著的例子。

感情是一团火，用得好，可以烛破黑暗，驱除阴冷；用得不好，小则焚身，大则毒祸人类，甚至毁灭一切文化。

论中国民族性的形成及其转变[*]

　　讨论中国民族性的文章和与此直接或间接有关的文章如全盘西化保存固有文化的论战，已屡见于近年国内各报章杂志上，颇引起一班人士的注意，不过历次论战中似尚未得出一公认合理的结论来，本文目的只在就中国固有文化去体认中国的民族性，当然不会贡献出一个改革中国文化或民族性的具体方案来。

　　关于什么是中国民族性一问题，向来没有一致的答案，大约一般人多认为中国民族性爱保守，缺乏公德心，团结力弱，家族观念强于国家观念，但也有人认为中国民族性中有爱和平、懂礼义、知兼耻、重忠孝、尚仁爱等种种美德。

　　因为各人观点不同，对中国民族性的估价也不一律，有的主张全部或一部分维护它，有的主张根本毁弃它。前一种人认为中国民族性有种种优点，值得保存，西洋文化也不尽善，接受时应加甄别；后一种人认为中国文化远不及西洋的，致国弱不振，我们赶快接受西洋文化犹恐不及，哪里谈得上过细挑剔；此外还有一种人认为中国民族性先天劣根性太深，无法挽救，所以非常悲观。

　　到底哪一种主张合理，似乎很不易断言，而数十年来事实所呈现出来的，又是杂乱无章，令人见了头目晕眩，难于辨析，就我们看见的来说，一方面保守的色彩还是浓厚，他方面破坏和改进的力量也奔流莫息；一方面很多人仍如散沙，互不黏合，他方面有多少人结成一条心，一个信仰，一种主义；一方面囿于家园以自全者仍多，他方面为民族国家而牺牲者比比皆是。由以上种种事实看来，到底中国人是保守还是进取，是散漫还是团结，是家族观念深还是国族观念深，这叫人简直无从说起。

---

　　* 原载《今日评论》1940 年第 4 卷第 18 期，第 284～286 页。

　　大约不会一个人又保守又进取，又散漫又合群，又家族观念深又国家观念深，可能的解释是全国人中有的保守，有的进取，有的散漫，有的合群，有的家庭观念深，有的国族观念深。凡在旧文化中孕育出来的多半比较保守、散漫、家庭观念深；凡在新文化中孕育出来的，多半比较进取、合群、国族观念深。

　　这里看出民族性是可以变的，先天决定它的力量少，后天（文化）决定它的力量多。民族性主要的是文化的产物，文化会随时间变异，所以民族性也会随时间变异。而民族性所表现的主要部分是道德，道德的功用在维系个人间以及个人和社会间的关系。道德的功用虽不变，道德的表象却是跟着文化变的。在旧文化中有旧的民族性和旧的道德，在新文化中有新的民族性和新的道德。

　　因此我们必须由中国固有的文化中去观察固有的民族性和道德，由此才能体认出当前新文化的动态和新文化中新道德的面目，由此才能辨析出在此新旧文化交替期中所产生的种种光怪陆离的现象。

　　中国固有文化的雏形，似乎在周朝就建立起来了，至春秋战国时曾经一度动摇，当时百家并兴，工商也渐发达，孔子周游列国，根据观察所得想出一个政治的方案，归来著书立说，定纲常，制礼仪，排斥百家的学说，使天下思想归于一尊，才给此文化在学理上理出一个系统，历代的君王都奉行不懈，更使此文化定形了。

　　这种文化可说是以农业为生产方式的家族本位的文化，它的特色，可以见于重农轻商和维护宗法的政策，在以农业为主要生产方式的社会中，分工不发达，家族成为社会的基本组织，家族和家族间是平面的关系，各家族组织的形态相同，生活独立，经济自给自足，因此家族间很少往来，在这些形态相同而各自隔离的家族之上就是国家和政府。

　　每一个家族范围在一定的地域上包括许多家庭，各家庭的结构相同，生产方式相同，生活习惯亦相同，因此产生共同的感情和信仰，这种共同的感情与信仰的总体成为一个确定的系统，我们叫它家族的共同意识。

　　这家族的共同意识代替了国家的共同意识，换言之，当时社会中只有家族的共同意识并无国家的共同意识，国家是属于皇帝的，皇帝的功用在保卫这许多家族所在地上的安全和维护各家族的共同意识，家族对皇帝的义务是纳税和忠心于能维护这家族系统的皇帝本人。

　　这家族的共同意识更替代了个人的意识，在家族中只有共同意识，个人不是属于自己而是属于家族的，是父母的儿子，故"身体发肤，受之父母，不可毁伤"，"父要子死不得不死"，家族有权处死逆子，连国法也容许，个人没有地位，姓是家族传给他的，名是家族按辈分替他取的；和人往来时，别人只依他的门阀去定他的身份。

个人的责任是被动的（意识到或不意识到）使家族维持和延续下去，婚姻是替父母娶媳妇，替家族中加增一员劳工，替祖宗接进一具生育后裔（继任的劳工）的机器，因此得由父母作主，个人没有选择和逃避的自由。

妇人"在家从父，出嫁从夫，夫死从子"，父亲、丈夫、儿子是家族中的主干，妇人只是帮助家族兴旺的从员，她没有自主的人格。

财产是家族的，不属个人，个人只是替祖宗经营。卖祖业是羞耻的事，不长进的子孙才干的，未得族人许可，不能出卖。个人应替祖宗经营土地，因此农业是家族替他安排好的职业，个人没有挑选的余地。

在那社会中，个人不能轻易离开故土到他乡去，因为他乡的土地是属于别家族的，他没有资格取得它，而以农业为生的人，除开土地，就没法生活，同时他既是家族中的一份子，理应留在家乡中尽他对家族应尽的义务，"父母在不远游，游必有方"。到父母死后，家事又拉住他不能外出，由生长到老死，他被钉住在这块故土上，生活全靠他维持，因此养成了爱护乡土的观念。

在农业技术不发达的社会中，生产主要要素是劳力，因此多多生育是值得奖励的事。子孙多了，就免不了有分割土地的危险，而土地分割过细，在经济上很不合算，因此，"五世同堂"的大家庭，连皇上也颁匾奖励。

靠田过活，只要无兵灾水旱，生活是好不到哪里去，也坏不到哪里去，满足欲望的机会很少，枉费心机去找也徒然，所以生活的法则是避免痛苦，消极的去维持生命的需要，不是积极的偿付代价去追求种种欲望，"知足恒乐""知足不辱"是守身的最好格言。

老人是传统知识的传授者，是家庭中的长辈，是维护家法的功臣，是少年人从小到大的抚养者，因此在生活上，在情感上，在理智上使少年人不得不倚赖老人，信服老人，尊奉老人，而敬老孝亲就成为家族社会中至高的道德。

尽管年岁推移，世代变迁，生活的法则在那社会中只是不变，实用于过去的知识永实用于现在和将来，过去的经验总是不错的，而且够用了，一切安排好，只需照成法去做，用不着多想，也用不着什么新知识，生活是回望过去，不是展望将来，传统知识特别受尊重。

个人靠家族而生活，家族内能供给他一切，家族外无所求，因此家族以外的事不值得去管，要管也不容许，不如困守家门，保全自家的利益，乐得"各人自扫门前雪，休管他人瓦上霜"。

在那社会中，个人不会感受生活上的大威胁，幼年时家族会抚育他，壮年时祖业会交他经营，老年时家族会奉养他到安眠，在他一生依恋的乡土中，生活自是安定而和谐。

像那样安定、和平、自足而和谐的现实社会生活不是很好吗，但不幸环境不老是停留不变的，人口滋生多了，土地却不跟着增长，土地上的产物不够土地上人口的食用，当这情形不很严重时，他们还可以消极的节俭，压低生活程度，在贫苦中讨生活，勉强维持生命。

但当这情形严重时，饥荒和战争就在这社会中蜂起，直至饥荒和战争硬把人口减到和土地成一平衡状态时，生活又安定在古旧的方式下，像一塘死水似的，显不出一点变动的痕迹。

本来这种因人多地少而发生的人口压力，可能积极地驱使那社会转到工商方面去，但那家族本位文化的历史太悠久了，它固定得不易改过来，加之皇帝利用了一班士大夫，时刻替那文化做一种维护的工作，因此自发的变革成为不可能。

但锄头敌不住西洋的坚甲利兵，鸦片战争以后，西洋的武力和经济不仅征服了这古国的土地，也征服了这古国的文化，维新运动一发不可收拾，直到今日这运动还未终止。

在这运动中，我们听到"中学为体西学为用"和"认识西洋精神文明"以及"全盘西化""保有固有文化"的种种呼声，无疑的它们同是中国文化转变期中的产物，这些产物会因人因时而异也是必然的结果。

在这转变过程中，我们看到宗法社会的家族组织日趋没落，青年们冲破了家庭的藩篱跑到城市中去，他们否认家族共同意识的权威，不满意于传统知识的接受，争务新奇竞相改进，目光由远古移到现在和将来，由家族移到国家和世界，由故乡移到荒远的边地。

可是跑出家庭是容易的事，否认共同意识是容易的事（至少这步工作已经花费很多代价做到了），穿西装吃西餐更是容易的事，但旧的多已破坏，新的尚未建立，一切全靠瞎摸，而自己未能充实（也不知从何充实起），无力适应这不安的新环境，人生的意义还不了解，生活的目的不能把握，婚姻职业虽能自主却不知从何做起，迎着的尽是一些混乱复杂的现象，见着的尽是一些惊心动魄的刺激，茫茫前途，真是不知所从。因此苦闷、彷徨、叫嚣、盲动成为他们唯一的出路了。

　　变是既定的事实，悲观没有用，保守没有用，空口提倡也没有用，现在的工作是怎样使青年们完成他们自我的人格，发展他们健全的个性，使他们学得应付生活的新知识，使他们依各人个性人格和兴趣各位育在一适当的地位，使全社会分子分工合作建立起和谐的生活，最后而最紧要的是建立起一种社会的公道，这些是决定今后新文化成功和失败的主要条件，值得大家注意和努力。

谈湖南人性格*

心理学家把人的性格归为"外向"和"内向"两种类型，湖南人性格似应归入前一类中。凡属外向的人，性格明白显露，最易被人发现，给人印象深，也许由于这个缘故，无论在文字上或口头上往往有人拿"湖南人性格"作谈论的题目。各人所谈的当然不尽相同，但总括起来，要不外下面这些：

"湖南人蛮干，能干，舍得干，干劲足。"

"湖南蛮子，不讲理。"

"湖南辣子，尖刻，损人，无礼。"

"湖南人固执，顽强，自是，自信，任性。"

"湖南人忠诚，恳挚。"

"湖南人热情，爽直，坦白，痛快。"

"湖南人勇敢，直前。"

"湖南人各走极端，不团结。"

"……"

以上一些评语，各指出了湖南人性格的一面，大体上都很正确。但这些性格有何关联，零碎散杂之中，有不有线索可寻，是个怎样的线索，却不见有人提及。于是所谓"了解"零散而不统一，浮浅而不深入，知其然而不知其所以然也就止于一知半解难得令人满意。

我以为要了解湖南人性格，最好是从他们对生活的态度方面入手：他们对生活是怎样一种看法，他们生活的重心在哪里？

一个人对生活的态度，小时总是和别人差不多，生活阅历增长了，生活态度方发生变异和分化。小孩子对于生活，都是充满了新奇和喜悦，在

---

* 原载《国民日报》（长沙）1949 年 6 月 18 日至 20 日。

他们看，样样东西都新鲜、奇特、有趣、引人欢喜；另找新玩意去了。稍后他们对东西的看法，除新奇外，渐渐有价值的认识，有高低好坏的分辨，取舍不全根据新旧，还根据好坏；一有了价值的判断就走上对权威敬慕的阶段，这时，一般说来，他们羡慕成年人，佩服成年人，要学大人样，他们觉得成年的大人真了不起，能做很多他们不能做的事，具有他们赶不上的能力，尤其是自己的爹妈，简直神通广大，不由得不叫他们信佩——这是人生中生活态度变化的第二阶段。再后由于涉世稍深，见闻广了，以前认为了不起的，现在觉得原来很平常；以前认为没有问题的，现在觉得需重新考虑；以前认为准做得通的，现在处处碰壁。勇气动摇了，热情激降了，过去视为权威的，一一归于幻灭毁坏，这是第三阶段。由此就分出为生活而生活的，为欣赏而生活的和为另一个世界而生活的三种态度。第一种人，为生活而生活，收拾起理想和热情，眼睁睁看住现实，照着利害做，幸运者驾着利害跑，不幸者被利害拖着走，前者在利害中活得起劲，后者在利害中活得痛苦，但也无从摆脱利害，没有希望，没有光彩，没有劲，生活只是为生活，为过日子。第二种人，为欣赏而生活者，又有玩世者和思想家之分，前者把生活看成身外的一件东西，没有爱，似乎也不必恨，摆不脱，也就不去摆脱，不即不离，不亲不避，用一副冷眼，从旁看它变花样，这就是玩世不恭的人，至于为欣赏而生活的思想家，他们发现生活是个充满了奇珍秘宝的大领域，可供人探寻精研和体味，他们往往陶醉在对生活的思索中，以至忘了自己是在生活里。第三种人，为另一世界而生活者，是宗教徒，他们觉得是无意义，无奈又不能轻易脱离生活的羁绊，不得不生活在自认无意义的生活中，这一矛盾构成了他们精神上的痛苦。要解救这痛苦，他们发现了一个好办法，是求助于另一世界作救星，认定另一世界的天国是有意义的，是永恒快乐的，生活不过是达到另一世界的桥梁或手段，它本身虽没有意义，但从它和另一世界的关联中，找到了意义，这样他们解除了因生活折磨而引起的精神痛苦问题。

以上所说的，是一般人对生活态度的演变和分化的情形。

湖南人似当另作别论，其生活态度的演化情形，颇不同于以上所说的。从权威的信服阶段起，就不依普通情形进到权威幻灭阶段，相反的，却代幻灭而进为权威的崇奉。生活中，凡是他们所信的事物标准，即接收过去，和感情结合起来，置于精神界的殿坛上，奉为主宰，守为信条，恭谨护待，视为神圣。这种由生活材料转化出来的"宗教"反过来却驾驶着生活，成了生活的指导原则。而湖南人对生活的态度，也就具有宗教徒一样的虔诚意味。

但出自生活里的信条，究竟不比出自宗教里的上帝，上帝无所不在，无所不包，它本身高度的统一性，因此多人可以奉同一上帝和教义，可以结合在一个教门下。至于各奉自己的生活信条的湖南人，却难有结合的共同基础。因为每个人的生活经验是各别的不大相同，各人有各自的一套，这一套和那一套可以大相悬殊。加之，各人又把各自一套奉为神圣不可侵犯，除了自己的一套受重视外，对于别人的，总不好勤求了解，不愿轻加信服，也不屑虚心接受；这一套和那一套间难有相通的路线，彼此也就无由因交通而化异为同。因此各人不奋各自有个孤立绝缘的小天地，一个内容和别人不同的精神硬壳。

这硬壳一经形成，它的内容也就往往固定不变了。因为信心如是的坚强，竟做成了一个厚壳，这厚壳抵挡住生活中凶险的浪涛，不让这信条被冲毁；这厚壳也摒除掉可能替代或动摇信条的一些新观念，因此凡是已经被接受过去的生活信条，就成为不倒的权威，始终被供奉着，不大易变。由于权威永在，使得他们对生活不生幻灭之感，由于权威不变，使得他们内心少有矛盾和冲突。宗教式的信心，维护了湖南人对生活的勇往、热爱和乐观。尽管时光消逝，生理上由少而壮而老，精神却永远是年轻的。

是信仰使得他们青年样有精神，也是信仰使得他们老年样好顽固。凡人在年轻的时候，总是善变的，爱接受新事物，脑子最富于弹性，这弹性随年岁而渐渐消失，到了老年就像生理机能一样固化僵硬起来。可是一个湖南人，当年纪还轻时，往往就像老年人一样有一套东西固定在脑子里，不肯多接受那套以外的其他东西，遇事只按既定的一套做，难得有变通余地，老气横秋似的死板僵硬，脸孔严肃得不见有活泼天真的生意——湖南人在青年期就成了十足的老顽固。

顽固的特征是不善应变，本来生活是变动不居的，但湖南人各奉着自己的信条，不因生活而变动。此时此地所见的，仍原封不动的用到彼时彼地，我行我素，管它时移世易，局面全非，全不考虑，也不问那些原则是否成了古董，不合时宜；他们的行为不是根据时势，更不经过对时势的审度，而是根据于一些已信奉的原则。原则是既定了的，在时势中合也行，不合也行，他们本来不求合乎时势，本来就没想到顺时逆时的问题，更没有顾虑到顺时逆时的利害成败上，为了支持自己信条，虽背时，倒霉，失败也不悔。

关于湖南人固执的一个最好例子是长沙洋车夫对顾客的态度。在长沙洋车夫眼中，拉车只走不跑，从来就如此，大家都如此，他们已认为理当如此，既是理当如此，自然只有照"理"做，客人叫他们跑，简直是非"理"的要求，所以他们不惜把车停下来对客人说："我出钱，你拉着我跑好不好。"他们觉得凡事有个理，拉洋车也有拉洋车的理，拉车人照"理"慢走，坐车人也应照"理"听他慢拉，在这理上大家可成交，否则宁可不拉，不能为了几个钱，奉承顾客的高兴，就不讲"理"了。

当然客人方面是不会感觉舒服的，一则气洋车夫不听自己随心所欲的供驱使，二则不耐烦坐在车上要死不活的挨时光，三则骇怪于钱竟不能使得鬼推磨，可能因此不愿坐车，影响到洋车的生意，减少了车夫的收入，以至使车夫感受到生活的威胁。然而这并没有使洋车夫为此而放弃自己的见解，去迁就客人，这事充分表示出湖南人的固执，也充分表示出湖南人的不肯轻易作践自己的人格，他们觉得自己是人，不是牛马奴隶，所以不能任别人驱使，不能忍受自认为不能忍受的要求，人穷志不穷，在湖南任是微贱的人，也不肯贬低自己的人格。固执和自尊自负是有某方面的关联的。

但在有些固执的行为上，却也显得湖南人浅薄和可笑。有一次我和几个外省朋友走进长沙一家咖啡店里要汽水，一位女招待大模大样走来招呼，我们问她有些什么汽水，不想她竟回复我们："汽水就是汽水，分什么这种那种！"当时真把我们弄窘了，悻悻而出。在那女招待看来，"汽水只一种"，她天天习知的，难道还有例外，因此也就成了她所认为的"理"，而我们所要求的，不是出于无知，就是有意和她开玩笑，总之是不合"理"的要求，她自然不爱理会这不合"理"的要求，因为她只能按"理"招待她的顾客呵！但不幸她那"理"所根据的知识基础太窄狭了，天下并不如她所见的小。然而这也是固执己见行事者所难免犯着的毛病！

上二例，一是使人不舒服，一是给人下不去。表现虽不同，其实同是出于执"理"行事的结果，同一道理，我们也可用来解释湖南人的忠诚。有些人常说湖南人待人忠诚，这话是对的，然而也不全对，湖南人忠，是忠于他们自己所信奉的信条，原则或"理"，并不是直接忠于人。在湖南人心目中，如果发现一个人恰和自己的理想合，因为忠于理想，也就会忠于与自己理想相合的那个人，若是那个人和自己的理想不合了，也就难再忠于那个人了，若是那个人和自己的理想部分相合，他也就只在那相合部分尽其忠，不相合的部分，他会老实不客气的不服从。这和有些地方的人一味地忠心绝对服从是大不相同的。这最好也用一个例子来说明，某人雇了一个湖南工人，有一次主人家迁徙，一些家具从火车上卸下来，预备雇站上脚夫挑至十几里外的新居去，脚夫索价太高，主人正在和脚夫论价，不料那湖南人挺身而出，把脚夫逐开，自告奋勇的把那批家具，一批又一批的往返挑完了。事后主人向别人提及那位忠仆，还赞不绝口，可是没多久，那仆人竟辞工走了，在常人看来，那工人当初那样帮主人忙，远超出普通佣工对主人应做的，既然如此忠心，何以后来又辞工不做，莫不是主人先前待他非常好，后来又非常坏。其实这看法是不太正确的，当初撵脚夫而不惜拼命替主人挑家具，动机不在尽忠主人，而在气脚夫不过，他觉得脚夫要价不近情理，为了顾全他心目中那个"理"，所以不惜出力干。这行为超出普通雇工对主人应做的，但他和主人的感情，自始并未超出普通雇佣关系之上。

情形和此刚相反，道理一样，是另一个故事。一年，我和几个朋友一道旅行，路经柳州，把行李卸在月台上，闲着等另一班客车，偶然发现了一个脚夫是湖南人，他也闲着无事，大家用家乡话说着家乡事，颇为亲热，不料忽然发警报，当时不假思索就请那位湖南脚夫挑了我们行李走出站外田野里避空袭，不久警报解除了又由他挑回来，问他要多少钱，不想他却要了一个很高的价钱，简直是向我们敲了一笔竹杠，当时很懊丧。现在回想起来，也许那脚夫是把同乡亲热关系看作一回事，把雇佣关系看作另一回事，挑东西要钱，遇了空袭时要例外的多要，在他看来，何尝不合道理？只怪我们自己错把两回事合在一起看，才会生出另外的想头，反觉得那脚夫的行为不可解了。他一点也没利用同乡关系多要，也没因了同乡关系少要，他只是从雇佣关系把我们看成普通雇主一样向我们要钱。

当然，同乡是同乡，雇佣是雇佣，在理上分得清清楚楚，可是像那挑夫那样硬照理做起来，未免太违人情了。不近情的"理"，确易使人难受，使人不解。无奈偏执法理的结果，又必不可免的会有时牺牲了人情。在湖南，父子间，夫妇间，朋友间，因为意见不合而反脸无情①的，可说是常

---

① "反脸无情"，原文如此，疑为"翻脸无情"。——编者注

174

见的事。自由恋爱的观念到了湖南后，青年人把旧式发妻抛弃的例子，也以湖南最多。反对父母专制的观念到了湖南，青年人革父母命的例子，也以湖南最多。反过来，读经，复古，反动的观念到了湖南，也以湖南行得最起劲。在此一极端和彼一极端的观念相替代的激荡中，害了多少性命，害得多么残忍，种种行为，由湖南人做出来的，总不免流于残暴和反人性。这不是说湖南人没有感情，相反的，湖南人是最重感情的，但感情所寄托的对象不是具体的人身上，而是抽象的生活原则和信条上。为了坚持自己所信的原则，也就不自觉的把人牺牲了。在湖南人看来，对于自己崇奉的一套原则怎能不心凝神往，全力去遵行，若自己不这样做，固然难过，别人没有依他所想的做，也同样难过。他若觉得如此这般做，是对你好，他就会坚持如此这般对付你，并要求甚至强迫你"如此这般"做，他认为只有这样才是对人好，为你好，也就是爱你。至于你怎样想，是否愿意接受，是否觉得难堪，甚至不能忍受，他却不考虑。也因此一种好意反而做成恶果，一种爱反而变成恨，变成残忍行为。这是热情使用过度的悲剧！热情和成见结合后不免要发生的偏激！十字军战争的残忍，是历史上所闻名的，宗教的教义本都在爱人救世，然而为了维护各自的教义，结果所做出的是恨人毁世。病害也同是感情的过度发展这点上。

湖南人像所有宗教徒一样，都是偏在感情的发展上，所谓信条，原则，道理，不过做成了感情发展的基地，做成了感情结合的核心。它们本身并没有多少意义，并不是客观的，通过思想的，由理性维护的理。因为凡是客观理性的理，必不能"固"，不能"执"，不能"着"，而是要日新又新，随事物的推演而修改而考验，也就是随时要将已有的理，置之怀疑的地位，经常受考验，任何"道理"，若经固化执着，视为神圣不可侵犯，不能怀疑。则难乎其为理，只不过是偏见成见而已；偏见成见一经形成，即脱离了理性的领域，走进感情的领域中去了。偏见成见登上感情领域中的王座，它不仅对本人发号施令，而且通过本人做媒介要向别人发号施令。被成见支配的人，也往往是最喜支配别人的。所以自命讲"理"的湖南人，偏会被人认为蛮子不讲理，自命为重"情"的湖南人，偏会做出无情残忍的事来。这似乎是颇矛盾不可能的现象，其实矛盾的不过在外表，本质上却是可以解释得通的。

差不多每个湖南人有他一套生活上的偏见，原则和信条，自己被它们支配着，而又想凭它们支配别人。因此湖南人对了面，彼此想支配别人，彼此也支配不了别人。谁也不买谁账，没有容忍，也就没有协议，于是团结成为不可能。在湖南，结合的基础，不是相异而是相同，同一的获得，不外两种途径：一是所"见"相同，情投意合，这常见于平辈间的结合上；一是以权力推行己见，强人承认和接受，强人同己的同一，这常见于上对下的场合中。我永远难忘记中学里那段生活，在整齐，严肃，纪律，服从的作风下，难得见到自由，活泼，自动，自发和充满生机的气象。心头感到的是冷冽，想反抗。有一件事我至今还不解，但为什么当年我的中学当局，硬不许学生在教室里穿大衣，显然入室脱衣帽是西洋礼节，但西洋室内多有温暖设备，到冬天就生了火，室内温度远比室外高，入了室要不脱大衣也受不了。一套礼节多少是根据其环境和物质设备，可是我们那中学的教室里，窗户洞开，没生一点火，坐下来比室外还冷，怪难受，当然谈不上用心听讲了，眼见大衣摆在旁边不许穿，真是说不出的气愤，从西洋撷拾了一点礼节，不添置西洋室内的暖气设备，欲叫学生冻得听不下讲去，这种处置是否应该？我不是反对吃苦，但那是被强迫而不是出于自愿，何况吃苦也得有个代价，吃苦不是目的，增加读书效率才是目的，然而，校纪似铁，学校当局爱怎办，就怎办，成见支配了他们，他们又靠权力来推行成见，也就在那样方式下，使学生生活划一了。可是自愿自动自主的团结合作，也就被牺牲了。

做事要有原则，对原则要坚守，这在理论上未可厚非。无如事实上有些生活信条的内容。往往特别琐屑，而非陈义甚高。为了细故，湖南人可以不惜和人争吵一场，即使因此付出很大牺牲，亦在所不惜。我有一个朋友，在中学念书的时代有一次他由长沙坐帆船去湘西，路过一个小码头，他要上岸去玩，船夫不肯久停，对他说："你要去，船开走了莫怪！"他气愤地回道："你要开船，我就赶早路走。"竟自上岸去尽兴的玩，船夫无奈，只好耐烦专等候他；不想他玩罢回转到码头来，竟对船夫说："你为什么不先开船走，我已说过不坐你船了。"再也不肯上船，居然独自徒步走了四五百里路到目的地。这样做，无非要争口"硬气"，做个"硬汉"，然而所争的不过是非常琐屑的细故，却枉费了这样多精力，若把这精力耗在大事上，岂不更好，更经济。然而湖南人是不肯这样想的，他们对小事，反似特别要争，争得起劲，不肯放让。理由管不了，意义管不了，"我想这样做，就这样做"。争口气，吃苦也甘心！

其所以不争大，实在也因见小不见大；不见大，不知争大；仅见小，唯知争小。虽小所见，既奉为信条，已与感情相结合，遇了和他抵触的相反意见时，主观上自以为是大事，感情上更不能随便放过，此所以不得不争，虽小亦争，于是人家可以一笑置之的小事，湖南人遇着了，竟亦争得面红耳赤，彼此尴尬，大煞风景！芝麻大的事情上，亦不让有玩笑发展的地盘和幽默伸足的余隙；生活太紧促，太认真，太严肃！

其所以不见大，则由于为感情所蔽。偶有见，即奉为信条，凝为成见，成见塞住了理智的门，知识安能博大，经验安能丰富，见解安能堪深。知识既浩如瀚海，穷毕生之力赴之，犹有不及，况复扭于成见，固步自封，必然的结果，是孤陋寡闻。

感情一方面冻结了理性，局限了见闻；另一方面却和已受局限的见闻结合起来，使得那有限的见闻突出。见闻既小，自视甚高，毛病就发生在这里。因为见闻窄小，不能盱衡全局，也就不能把握部分在全局中的地位，轻重，意义和价值，也就不能对部分做客观适度的估价，此是说就部分而论部分的不免发生错误。若是进而以部分论全体，更不免错误百出，闹成笑话。譬如一个初次进城的乡下佬，带的是一套乡下见闻，用来看城市，当然附会曲解，难有是处。本来毫不足道的小小一个县城，比起纽约伦敦来，不过是小巫见大巫。但在没有见过大世面的乡下人眼中，简直要认为是世间独一无二的天堂，人间难见的繁华。这就是少所见，多所怪的道理。夸张和浅见多少有着不解的缘。

要使浅见不演为夸张，必须不看重自己所见，不喜多说，说出来也很小心对自己所见的不抱大兴趣和热忱，也就不至流于夸张，反之，浅见加上自是自信和热情，就不自知容易走上卖弄浅薄和过事夸张一途。楚人所以好谣，就在太重视己见，感情上好卖弄，理智上见地浅。

可是，话说回来，多言虽不免聒耳，总算有点喜悦的成分，不比深沉缄默那样富于忧郁的情调。夸张也是热爱生活的最好表示，表示他们对所见的爱好珍视，湖南人是异样地起劲的生活，不怀疑生活的意思，也就不会对生活冷淡，即使一种最渺不足道甚至毫无希望的生活，湖南人也会凭主观加那种生活以光彩的活力。任何一个穷苦的湖南人，也没有因了生活的压迫而失却了信心和自负。信仰给了他们力量和勇敢，他们生活得有劲！

信仰也把生活美化了，他们活在生活中，他们担当着现实的一切，然而他们绝不是为现实而现实，不，湖南人一点也不现实，他们是把现实理想化，凭理想去应付现实。由于前者，所以他们勇于面对现实而不觉苦；

由于后者，所以他们所作所为，往往不切现实，把现实忽略了因而在现实里跌倒了，牺牲了自己在现实中的利益。

感情是可爱的，虔诚是可敬的，在唯唯否否的国度里，我宁爱湖南人，诚然以生活当宗教的结果，会发生种种缺点。但问题不在不要感情，而在如何保持感情并能兼顾理性，在如何调协感情和理智，在如何使感情去推动思路，而不是去阻塞了思路。

湖南，在地图上是以一个昂扬的人头姿态出现，眼闭向着遥远的西方，多富于宗教的意味！湘江沅澧像血管一样奔流跳动，勇往活跃！洞庭湖像脑子，那里面藏着诗人屈原的精灵和热情。可惜绿油油的已多年淤塞不动！等待罢！也许它已闭的眼睛会睁开来，已淤的洞庭会浚通畅流。是今天，或是明天！

荣誉和职位[*]

人活着，除了为衣食营谋外，还要追求许多别的东西，"荣誉"就是其中最重要的一种。为了荣誉，人们可以像飞蛾扑火一样，不顾一切，拼死向前，凡是荣誉所寄托之处，也就是人们兴奋鼓舞努力追逐之所在。荣誉！荣誉！多少人为它而死，更多少伟大事业为它所促成。

但荣誉是抽象的一种观念，它要在人们行为和标记上才表现出来——这种行为和标记是经过社会特定标准所衡量过的：赛跑场中，谁最先跑到终点，谁就博得最大荣誉，在军国主义的社会里，国家至上，为国家去流血，去牺牲，是最荣誉的事，这些衡量荣誉的标准，各个社会，各有它不同的一套。

在中国，"职位"是一个重要的标准，人家用它来衡量人的贵贱荣辱，如果一个人拥有最高职位，他也就拥有最高荣誉，众人在对他咨嗟羡慕，生徒朋党在为他捧场吹嘘。至于他的职位是凭借什么得来的，他的道德才智和职位相不相称，大家却很少过问。

因社会把荣誉定在职位的高低上，所以大家都蜂起争夺较高职位，小学教员想爬个中学教员，中学教员想爬个大学教授，大学教授中不甘冷落生活的，想爬个炙手可热的官职。大家望着高处，不满意低级职位，也不满意现有职位，一心一意往上爬，恨不得爬到金字塔尖，领受最高荣誉，与日月争光，与上帝比美。

但不幸粥少僧多，职位越高，职位的数目越少，而争取职位的人越多。为了在生存竞争中可以优居高位，焉得不你排我挤？在你我排挤中，为了不被淘汰，又焉得不运用心机、毒计和诡谋，去拜干爹，结兄弟，牵裙带，拉皮条，以及一切卑鄙手段，闹得社会乌烟瘴气，人事纠缠不清，

---

* 原载《大国民》1943 年 9 月 1 日第 4 期。

互相摩擦冲突，演成一部洋洋大观的"官场现形记"？

在这种场合中，一个有才能有骨气的人，他既不肯做"鼠窃狗偷"的勾当，命里注定了他只有退避三舍，自甘敝屣，默默无闻，眼看他人飞黄腾达，誉满荣归。

既然大家的心智，多用来往上爬，用来你排我挤，故不肯勤于职守，尽其职事。既然贤能的人悄然引退，不肖的当道，故才德和职位愈不相称，于是空有职位，没有守职做事的；职位的声望越增，国家和民族的荣誉就越减。

一个合理的社会，荣誉应该是定在守职任事上面。凡能忠于职守，在职守上建立了事功的都应博得最高的荣誉。一个执法不苟的警察，和一个造福人民的总统，在职位上虽有高低，但在荣誉上，却同是值得社会尊敬的，反之，不管职位多高，他若不能做到职守上应尽的责任，他就是最不荣誉的人。一个不能尽职的将军，反不如一个忠勇为国的士兵，可以受人尊敬，博得最高的荣誉。在这样的社会，人人各安其位，忠心职事，凡才智高的，站在较高职位上，尽他最大责任；才智低的，安于较低职位上，尽他较小责任。人人不敢承受超过他自己才能的职位，以致不能尽其职责，免得到头来，反落得名誉扫地。在这样的社会，职位和才智方能配合起来，各就所能，选择适当职位，胜任愉快，实至荣归，而人类文化上种种伟大的事功，就是在此种分工合作下完成的。

物价问题的正视[*]

自中日战争进行一二年后，国内物价即逐步猛烈上涨，针对这件事实，许多人士已各抒高见，政府也实行限价方策，但尚鲜成效，眼看物价百尺竿头，步步逼进，真是惊心动魄，本文愿就经济和伦理两个角度，对此问题，加以一番分析，并指出其严重性所在。

从经济本身来看，战时经济与平时经济，显然有些差异。在战期因为军事紧要，各生产部门得重新配备一番，许多人力和物资转用到军需工业上，于是国内日用品供给减少，而国外的供给，在来源缺乏和运输困难的条件下，进口物资的种类数量，大多偏重在军需方面，民生用品的供给，因此也酌量减少了，供给减少，人民的需要却不能相应的自动减少，而大量军需品，更是急迫需要，少有缩短余地，因之物资往往供不应求，物价作适当的上涨，这是战期社会常有的现象。

在合理的情形下，物价作适当的上涨，并不是一件坏事，靠了物价高涨，限制人民购买力，可以从人民生活享受中，把一部分物资节省下来，用到军事需要上，为了达到这个目的，政府有时还强制的把一些特种物品的价格提高，这也并非不常见的方策。

不过物价过分高涨，可能发生许多恶果，政府为了预防或阻止恶果发生，往往不得不控制物资的来源、生产与消费。在日用品上，凭证作定量的分配；在军需和民间，人力物资有一定比例的分配，依此分配，就物价上涨趋势，或顺乎自然，或加以强制，使各项物品价格间成为某列比数，这些都要根据当时当地情形来缜密计划。总之，在不妨碍人民生活与健康，以及防止财富成畸形分配的条件与原则下，政府不惜用种种方法，以节省人力物资，用到军需上，以发挥作战的最高效能。

* 原载《自由论坛》1944 年第 2 卷第 1 期。

在这种合理的调配下，物价不致成为严重的问题。除非人力物资过分缺乏，顾及军事，则难应民生需要，以致影响人民健康及生活。甚至对于军事和民生两方面的需要都不能顾及，事态就异常严重了，不管这种严重情形，在放任状态下，表现为物价狂涨，或在政府强力控制下，不表现物价的狂涨，其严重性同样存在，坏到可使战期经济崩溃，不可收拾。

中国战期的经济问题，似乎并未达到上述的严重阶段。换言之，在人力物资方面，尚未迁到极端缺乏的问题，人力方面，据我们看，并不太缺乏。虽然为了作战需要，已由农村里抽调上千万壮丁和工人去，不过平时在民间本来就有一批闲下来的人力，可以补足上去，因此农业生产未被停顿，产量也未较战前减少。物资方面，舶来用品在战前与战期进口的很不少，市面上仍然充斥，加之土制代用品的加紧生产，使得日用品的供给，未发生非常恐慌的现象。至于需要方面，一因沦陷区人民仍多留在原地，移到后方的究竟占少数，不足以引起后方需要的大量增加。二因军用品由国外输入成品很多，不必全部仰给国内物资，以致引起军需工业和民生工业，在物资方面的剧烈竞争。所以人力和物资，尚未呈现供不应求的严重现象。我们虽不能把供给和需要情形，用数字表现出来，以证明上说；但由人民的享受上来看，直到现在，除了少数薪给阶级外，其余工商农民大部分人，他们生活的享受，似乎并不比战前减低多少；相反的，有些人且呈现过度挥霍的反常现象。这事实已经足够说明我国战期物资并不缺乏。

物资不缺乏，而物价却狂涨，此中原因，不能不归咎于通货膨胀，运输不便，囤积为患，与心理作怪诸般因素。战期政府，因事实所逼，不得不增发纸币，以收购物资，纸币流通市场过多，必然引起物价上涨。再在运输不便，各地供销不能畅达，于是亦引起某时、某地、某些项物价的上涨。而运输不便，生产者不易直接快当的将日用品送达到消费者前，更给与商人大好机会，操纵囤积，造成货物在市场上时有时无的现象，供需以此轮替，物价步步上涨，论者普遍认为物资不缺乏，则商人囤货不久，终将抛出，物价仍归平复。殊不知商人一经尝到囤积的甜头，满望物价更涨；除了资金少，转动不灵活的小商人，不得不抛售外，所有资金雄厚的大商人，他们宁可久囤下去，而不愿啞啞乎大量抛出。他们所以能如此做，还是靠了一种心理因素的支持。在战期，一般人总是诚恐物资供给将要断绝。这种心理上的恐慌，固未尝不无若干事实与经验的根据，但他有时也会离开事实，仍然存在起来；尤其在他发展过度时，竟可完全不问事实的根据了。商人利用此种心理，虽在物资不缺乏的情形下，只要狠心把货物不大量放在市面上，就足以造成恐慌局面，激起物价上涨。有时连商人自身亦有这种心理，这只要一查有些货物，竟在商人间循回转手的情形就知道。一般具此心理，于是见货就买，只要经济能力许可，总愿多存积一点物品，免得将来用更高代价去换来，或有钱无市的危险。至于军事机关，国防工业部门，以及公营生产场所，事实上对物资需要，是迫不容缓，他们又多数从政府手中支取大批纸币，因此不加计较物价高低，随时购买。本来在常态下，供需可以相应，但由于心理作怪，商人囤积居奇，众人急于求购，于是市面供不应求，物价遂一发不可收拾了。总之，通货膨胀，囤积居奇，心理恐慌，均足以招致物价上涨；而物价上涨，又足以促进心理恐慌，鼓励囤积居奇，加速通货膨胀。这些因素，互为因果，相激相成，才造成了今日的局面。

其实在任何战期社会，上述因素，皆是不免存在的。但由于社会对于人力物资供需情形，有精确的调查统计，根据统计材料，政府作适当管制，坚决执行，于是这些因素，无从放任发展，物价因此不致造成畸形狂涨。至于中国，因缺乏这类精确的统计材料，缺乏组织严密效率高超的统制机关，更缺乏不折不挠持久不断的统制决心，才使得这些因素，成为恶性发展，物价狂涨不息。

这种物价狂涨的现象，仅是上述一些因素在播弄作怪，并非后面真有物资缺乏的根据存在。只要舍得出高价钱，仍可购到所需求的物资。大部分人在民生上，仍可得到满足，保持战前水准。只有少数薪给阶级，才身受其苦；他们成事不足，败事也不成；故社会秩序，在外表上，仍枏安无事；经济本身，仍未崩溃。无怪乎有人说：中国物价高涨的现象，并非严重问题。

这种说法，单从经济本身方面看，是对的；但是从经济对于社会伦理的影响看，问题却很严重。由于物价高涨，引起财富的不均分配，贫富悬殊；而最不合理的，是这种分配，竟不以才智高低，贡献大小作准绳。影响所及，社会伦理价值观念为之破坏不堪。下面即就这层加以详细分析。

在物价狂涨，漫无管制的局面下，凡是握有物资和支配物资的人，他们碰到了一个在平时再也不会有的好机会，予取予求，把财富大量集中到他们手里，成为天之骄子。反之，那些"有定薪给"的人，如士兵、教员、公务员等，由于他们所得薪给，不能随物价以同等速率上涨，故实际报酬，大形低落，弄得生活九死一生，望着物价的狂澜叹息，贫苦不堪。比之志得意满的前一种人的际遇，真是一个沦在地狱，一个升到天堂！

这种报酬的悬殊，显然不是根据贡献与才智而定。一班冒枪林弹雨，出生入死的士兵，对于国家民族在抗战中的贡献，虽不必比较那些转运物资，生产物资的人的贡献为高，但我们决不敢说，前者贡献会不如后者。至于一个苦读数十年，经过层层考试的淘汰，才获得入选的大学教授，比之一个经过六个月训练的汽车夫，其准备工夫的难易，才智的高下，更是昭然若揭。然而贡献大、才智高的人，所得报酬竟微不足道。反之，贡献未必大，才智显然低的人，报酬却丰厚。可知报酬已不复定在各人才智及其对社会的贡献上。

报酬而不凭才智与贡献，于是一般人投机取巧，横竖物价是一往直前，有涨无落，手中设法弄到一点物资就可赚钱；若是硬把物资囤起来不放手，更可多赚。至于囤积结果，如何扰乱社会经济秩序，他们却可不管。只要利息厚，宁可运一些无关国防民生大计的奢侈品进来。至于因此会妨碍国家社会利益，减低抗战效率，也可置之不闻不问。越会干囤积居奇，偷运走私一类投机取巧勾当的，越会博得巨利，大发国难财。靠了投机取巧，就可面团团作富人翁。成功既快捷又轻易，则何必走正路去死死苦干，费力不讨好。他们在得意中，不特自己不肯在正途上努力，而且眼看一班蛮子，苦苦的干，只落得一个穷光蛋，真是愚不可及。"可怜的人们，你们努力有什么用？"他们坐在安乐椅上，不禁要发出一种轻视的语气！

靠投机取巧，不用死干，就可发财，因此使人多习于安逸。只要货仓里存货多，店铺门面上交易可有可无，一日随意开店几小时，一月随意关几日，顾客上不上门不在乎，谁还乐得张罗；不如索性坐在安乐椅上，抽抽烟，喝杯咖啡来得舒服？开车的，也可以在路上随开随停，不必争取时效，亟亟乎赶到。由你旅客发急，不关他的事，至于货的迟到，价还不是一天天高涨，只要挟带了一批私货，赚钱不愁，乐得沿途休息，和女友会会面，高兴就泡上几天。经济利益，并未激引他们勤于工作；相反的，造成了他们怠慢安逸的习气。

有钱，有闲，而没有脑子，生活无聊极了，因此要找刺激。于是追逐声色，挥霍无度，一席千斤，一宵嫖赌以万计，消耗战期大批可贵物资，造成社会奢靡风气，把自己弄得心脑麻痹，身体虚弱，在滇缅路畅通的时候，多少发国难财的人，其中有几人会好好打算过替家中留下笔赡养费，替子弟留下一笔教育基金，还不是消费在狂嫖狂赌欲中！

另一方面，那些士兵、教员、公务员，薪资微薄，自己都养不了，谈何养家中老小。士兵们能吃饱，已经算待遇不坏，至于鱼肉美味，食物营养，根本谈不上。教员、公务员在战前生活原来比较优厚，抗战以来，他们步步沉沦到生活困境中；旧时财物，变卖一光，身上衣衫，逐日破烂，补丁加补丁，无力添置新的；每日三餐，柴米油盐，样样无着，租人房屋，唯恐房租高涨，无力支付，将被房主人退租，若逢疾病死痛，妻嗟子号，呼救无门，情势紧逼，往往骨肉分离，各为生活做牛马，不及彼此救应。试问在此种凄惨生活下，长日忙于烹饪洗涤，累得形容枯槁；□①鲜精力和时间，可以坐下来宁静思索，专心学业。因此学术日趋没落，工作效率大为减低，眼看人逸我劳，人富乐，我劳苦痛。有些熬不住的，只好撇开理想，辞别学术之宫，在现实前低头，金元足下拜倒，和前一种人为伍，国家多年培植的人才，只落得流于市井利得之场。这岂仅是个人不幸，学术界不幸，抑亦社会国家的不幸！

所以有心人不禁感叹地说，若是前线士兵，能有机会看到后方城市奢靡淫逸的情形，哪能不怒发冲冠。更有人设想的说，现在这些大学生，在刚成年时，就过着如此穷苦不平的生活，也许心理上要留下对社会深深怨毒的因子。这些感叹和设想，我不敢把它看作"杞人忧天"，据说德国近年排犹运动，所以如火如荼，就因为上次大战时，德国的犹太人，垄断物价种的因。这种怨毒心理发展起来，消极的有些人会由社会引退，过着孤寂怪癖不和社会合作的生活。积极的，有些人会在社会上胡作乱为，提弄是非②，甚至把社会一切，恣意破坏，引为快乐。显然这都是对国家民族不利的。

物价狂涨，报酬脱离才智和贡献的影响，不仅是某个人发财某个人受苦，或某种人倒霉的局部问题，整个社会伦理价值，快要被物价狂澜扫荡无存。曾跑过滇缅西段的人，会告诉我们，那里最受人尊敬的，是有钱人，不管钱是怎样得来的，有钱就不愁没人尊敬。最近我们听到一个故事：有一位大学毕业生，在学校服务多年后，即离校经商，在昆明开了一

---

① 原文模糊不清。——编者注
② "提弄是非"，原文如此，疑为"搬弄是非"。——编者注

家商店，他有一位素来亲近的教授，常去他店里走动，一天，那位教授不小心，打破了柜台上一面玻璃，当时很窘的只好倾囊赔偿了事，不料那位学生，反认老师未照时价赔偿为恨事。为了钱财，学生可以向老师拉破脸孔，他眼中只认钱，不认师生关系。他知道，有钱就有社会地位，不必去维持师生关系了。还有一个故事，一位大学有名的老教授，他有一个大学毕业的儿子，背后竟向人表示："老头子真无用，读一世书，每月也不过赚几百元！"其他如公务员受洋车夫奚落，中级军官被守门人轻视，以及许许多多哭笑不得的例子，都足以表示整个社会的伦理价值，在经济利益的非法追逐下，正迅速趋于崩溃。

我们知道所谓社会伦理价值，多少还是要靠经济价值去支持的。因为一切名词和尊荣理想，并非完全空洞洞，全无具体东西的寄托。所有报酬以及文物典章中，如勋章、阶衔、服饰等，无非由形器上的等差，以表彰荣誉的大小与高低。一个国家，所以值得爱，是因为国家是全体人民生命财产所依持的。为了全体利益，所以人不惜为国家牺牲，若是国家而不能代表或保护全体利益，众人牺牲，让少数人安享其利，则国家失其功能，在人们理想中，失缺它崇高的地位。如此则仁人智士，尚何勇气与热忱去为此奋斗牺牲？当此同盟国捷报频传，胜利在望的今日，我国社会上一般人民，反而颓废不振，鼓不起热诚。无论车船、码头、窄街、僻巷，大家不谈世界大势，国家前途与事业尊荣，只谈物价如何高，生活如何难，社会士气如此低落，未始不是由于大家缺乏理想根据使然。一个国家中，如果大多数人没有理想，失去热诚，试问胜利将何所寄托？国家将何从振兴起来？物价狂涨，劳获不均，虽未即引起经济上的崩溃，却可能引起社会伦理秩序的崩解。而后者影响的恶劣，未必有逊于前者，这是我们对于物价问题不可不有的认识。

第 三 部 分

社会学与社会调查

社会调查的一些经验体会[*]

我也无一定题目，只是谈谈我的调查研究经验和点滴体会。其实是否单有一个社会学的调查研究方法，这就是一个问题。因为真正讲科学的社会学还是在历史唯物主义主要的论点指导下进行研究的。历史唯物主义是任何社会科学都要的。从这意义上讲，很难讲社会学有个什么特殊的研究方法。不过各个科学也有各个特殊的或第二级、第三级的各种研究方法。另一方面，若推而广之，就是不仅社会科学，而且自然科学，很多方法上也有相同的地方。如唯物辩证法，无论是社会领域、自然领域和思想领域都能运用。总之各种科学的研究方法，既有它们的共性，也有它们各自的特殊性。所以，我的题目是两可的，说社会学有研究方法吧，有，也没有，问题看从哪方面看问题。

为什么这些年在西方出现一个现象，就是在社会科学里，社会学跑得最快。社会学有个什么特点呢？第一，它看问题是从整个社会角度着眼，来研究它各个部分的问题；第二，社会学有个传统，它很注重调查研究；第三，社会学以人的研究为对象。社会科学也都可以说是以人的研究为对象，但它不如社会学对人与人的关系、社会制度等各个方面注意得那么多。所以，出现了其他社会科学都有社会学化的趋势，社会学渗透到了其他科学领域中去了。

究竟什么是社会学？有些想法，不成熟。第一，社会学是把社会当整体来研究，哪怕研究它一个部分，也是研究它整体与部分的关系；第二，社会学过去有些领域，比如把农村、城市和妇女分别当作对象来进行研究，而其他社会科学没有进行这方面的研究，这就是说，社会学是在空白点里发展起来的；第三，就是前面讲的，在社会学与其他社会科学之间搭

---

   * 本文为张之毅先生在社会学讲习班上的讲义。

个桥，社会学渗透到了其他社会科学中去了，换句话说，其他社会科学有社会学化的趋势。不仅如此，它还向下渗透到了应用技术中去了，因为在技术的应用中，不能不考虑到它所引起的社会后果如何。

现在从我自己学习的过程向大家作个汇报。

过去我在清华学化学，后因身体不好，转到了社会学系。念了两年半书，又是在兵荒马乱之中，在学校是老师讲，学生记，没学到什么东西。那时也有一个社会调查课，老是那么十几个问题，感到没什么收获。1938年春天，从长沙经过贵州到云南，参加徒步旅行团，有意沿途看看农村情况。也做些访问，但深入不下去，没取得成功，这是失败的教训。1938年秋至1939年夏我做毕业论文，题目叫《昆明的越南人与中国人的接触》。这时我认识了费孝通先生，论文是在他指导下写的。在同费先生讨论的过程中，我感到自己与费先生相比，考虑问题不细致、不全面，尤其是不能深入下去，原因何在呢？原来，费先生受过两个老师的指导，一个是在清华的史禄国，他很有学问，有套经验，费先生受过他的启迪式教学法；再一个就是马林诺夫斯基，他很善于领导小型学术讨论会，引人思路开阔和深入。

1939年秋到1940年初我同费先生到禄丰县一个村子进行实地调查，也叫社区调查。通过私人关系，在那里的一个教徒家里住了下来。当时村子里有两派，那个教徒又是医生，与全村关系都好，住在他家很合适。我们又问保长要了户口册和土地册，在这个基础上依靠老乡加以核实、改正。自己还带了点药，帮老乡治小病。主要是与村里老乡交朋友，包括不同经济状况的，尽可能去了解一下，家里最脏的，也要去看看。而且不完全靠问，还要用眼睛去看，不摆知识分子架子，住的时间长了，有的与我们建立了很深的感情。这样的调查，资料精确度高，资料又全面又深入。回到昆明后，就由费先生写成了《禄村农田》，花了很多时间写，还改写了好几次，我还去禄村补充了一些材料。

随后又去易村，易村比禄村更苦。那里附近没有市场，买不到菜，后来回到昆明，买了点花生米，我又第二次进易村。村里的地主富农办纸厂，他们怕我抢他们的饭碗，不让我住进村里去。后来我想个办法，请个小孩帮做饭，了解些情况，其后，又遇到村子里一个对地富反感极深的老乡，偷偷跑来，把情况告诉我。同时，我又用观察的方法，看看村子里有多少可以做纸的材料，有几个纸坊，并了解造纸的过程。就这样，在村子里边调查边分析情况，发现村子里同一个姓分成了两支，穷的那支田少子女多，是织篾器，织篾器只能谋生。富的那支田多独子多，是开纸坊的，开纸坊可以谋利。这样才慢慢把全村的社会经济结构摸出来，写成《易村手工业》这本书。总计调查不到一个月，写了十一个月，费先生帮我改了一次，我自己也改了一次，才定下来。

在那以后，我又到了玉溪县，研究农业与商业的关系。在那里同一位姓冯的农民结成很好的朋友，他的记忆之强，知识之渊博，给我留下了永远难忘的印象。

再举个例子。有位同志，现还在新疆，他去调查基层政权，保甲长不肯讲，就请他吃酒，酒醉后他就把内幕谈出来了。

费先生很重视培养年轻人，他能让我们独自上阵，这样就加速了年轻人在研究工作上的成长过程。我们经常举办小型学术讨论会，由一个人作专题报告，大家提意见，在费先生领导下，会开得很活跃，收到集思广益的效果。费先生民主作风很浓，我们平起平坐，对他写的文章也能改，意见也能驳，这样不仅不伤彼此和气，而且还使年轻人很尊重费先生。在我们那个小团体中，认为个人的发展是有利于集体的发展的，不把两者对立起来，我们团体小，不分科研第一线和第二线，我们的著作自己油印，费先生善于刻写，几乎所有蜡纸都是由他用铁笔刻写的。我们当时大家都住在一起，彼此见面机会多，谈世界、国内大事，互相启发。我们有个特点：对事不对人。所谈的不是政治上的大问题，就是学问上的问题，从不议论别人之间的私事。还有，那时科学研究是与教学相结合的，而且以科学研究为主，教材比较独出心裁，很少照搬人家的。那时有个想法，就是想研究中国的社会，建立中国的社会学，写出中国的东西来。

禄村、易村及玉村三个调查报告，由费先生合在一起写成了《乡土中国》。出版后，国外反映主要是觉得方法上有贡献，并认为马林诺夫斯基在少数民族上，芝加哥学派在都市社会学上都达到了较高的水平，而在调查农村上，则是我们那本书达到了一定的水平。美国地理学会还来信，希望我们参加他们的地理学会。

在玉村调查后，我还搞了个榆村调查，榆村农民是白族，那里盛行招赘，即男子到女家住下来，尽管这样，我发现赘婿的社会经济地位仍然比女子高。从中看出中国封建社会男尊女卑的思想如何强有力地渗透到少数民族中去了。

离开云南以后，我在福州市设计了一个福州市手工业调查方案，其所以能完成设计任务，第一是由于我过去在农村调查中了解许多手工业情况，其次是由于我们在设计时初步摸了一下福州的手工业情况。本来进行调查是为了了解情况，然而若是完全不了解情况，也设计不出一个能切合实际的调查方案来，这里包含了一个已知和未知的辩证关系。

解放后，我参加了政府部门搞农业统计工作，我对统计学是个外行，过去对农村情况的了解限于南方地区，北方农业情况比南方复杂，全国农业情况更复杂。过去搞的都是一个村子一个村子的小而精的调查工作，现在却要搞大规模的调查。解放前，我国的农业统计工作人员很少，农业统计资料也很少。因此解放初必须在条件极不具备的条件下满足领导上对农业统计资料的需要。在统计工作上照搬苏联那一套不行，照搬资本主义那一套也不行。条件差、时间紧迫，但任务大，这就必须结合中国实际创造出各种各样的简单易行的方法来。这对我来说，是一个严峻的考验。有一年，组织上派我参加河南全省农业普查工作，要设计出一个普查方案来，怎么办？我想到解放前做过的调查工作的经验，所谓调查工作实际上也是一个向调查对象的学习过程，例如，在易村，老乡就告诉我，"不饥不饱三担谷，不咸不淡九斤盐"；在玉村，老乡就告诉我，"养猪不赚钱，回头看看田"，意指养猪只赚了猪肥。又告诉我，"富人爱耪田，穷人爱耪地（菜地）"。当时河南各专县来了许多负责干部，他们对农村情况了解，可以向他们学习，所以我就初步设计出一个普查方案，交给他们讨论。讨论进行得很热烈，提出了许多宝贵意见，在总结他们意见的基础上，我把普查方案加以修订定稿，找出了一个切合实际而又简单易行的普查方案来。

在云南玉村调查时，附近有一个中等农业学校有个附设的小农场，我发现农校农场里的作物，反而不如玉村老乡种得好，当时给我留下一个深刻的印象，即农校老师为什么不向玉村老乡学习，再在老乡经验的基础上加以提高。在河南普查中，对于农业普查方案初稿所进行的许多小型讨论小组中，有一个小组的参加者是某个农学院学农业经济的学生，和别的小组的热闹气氛不同，这个小组却冷冷清清，讨论不起来，这又给了我一次深刻体会，即不去亲自了解农村实际情况，单停留在书本上进行学习，是不可能使学习深入下去的。

由政府部门调到经济研究所后，我参加过一个小组去河北省太行山区调查研究水土保持问题，这是属于经济地理或生产力配置领域中的问题，我对这两门学科都没有学过，但在调查过程中，通过文字材料，口头材料以及实际观察，我向农民学到了一整套有关山区水土保持的经验和教训。在这个基础上加以总结提高，写成《冀西山区考察报告》。从而我对山区经济建设的重要性以及如何进行山区经济建设有了一个比较全面的看法。

1958 年我参加无锡、保定调查，早在 1929 年和 1930 年就有些学者同志分别在两地农村进行了调查，当我们对已有调查资料进行整理、分析时，发现原先的调查资料不够精确。于是我们打算对三十年前的农村情况重新进行调查，并且还打算加选两个年度，即 1936 年和 1949 年，以便观察解放前近二十年来两地农村社会经济演变的情况，这是对历史情况的一种调查，能否取得精确的资料，当时有人怀疑，我认为有可能取得精确资料，理由有两点：第一，农村生活简单，农民长期定居本乡，对过去的事情是能够记忆得起来的；第二，解放后的政治条件变了，农民相信党和政府，肯说真话。调查结果表明，资料的精确程度是相当高的。

在整理无锡、保定调查报告的过程中还遇到两个问题，第一个问题是，保定的织布业有两种类型，一种是织土布，一种是织洋布，后者属于高阳织布业的一种比较复杂的类型，高阳是保定的邻县，是这种织布业的中心所在地，为了充分说明高阳型织布业，单是保定调查资料是不够的，幸好有个高阳织布业的调查报告，是吴知写的，我就利用他的调查报告完成了我的需要。第二个问题是，怎样证明土地所有权向农民手中分散是农村经济进一步贫困化的表现，根据两地调查资料虽然也能说明这一问题，但说服力还是不够。一个偶然的机会是我在华东区土改资料中发现了一条资料，即无锡的田底价格长期保持不动，而田面价格由低到高，涨到和田底价格一样高，而田底和田面的价格之和，就是上涨以后的土地价格，田面权是一种使用权，土地价格上涨的原因，乃是由于争使用权引起的，这和竞佃引起地租上涨的意义完全相同。增加地租是对农民不利的，增加田面权价格同样是对农民不利的，两者都同样使得农民经济进一步贫困化。这就使得整个调查报告的中心论点具有完全的说服力，证实了马克思在《资本论》中提出的关于小土地所有制的出现是农民经济进一步贫困化的论点。无锡、保定调查报告写作经过告诉我们，在写作调查报告时，除了利用自己的调查资料外，有时还应参考其他的有关资料，才能把调查报告的质量提高一步。

调查研究的方法是多种多样的，我不想概论一切调查研究方法，这是我的能力做不到的。只是就我的有限的调查研究的点滴经验向同志们作个汇报。就我的切身体会来说，要做好调查研究工作应注意的有几点：第一，在调查中应尽量力求调查资料精确；第二，根据自己所要调查的问题的需要，应尽量掌握较全面的资料；第三，在写调查报告时，要从全部资料的钻研中得出自己的结论，不要先入为主地作结论并根据这种结论去任意取拾资料，这是避免主观主义的重要一着。总之，无论做调查和写调查报告都应重视质量第一的观点，与其打十个浅尝辄止的井，不如打出一个深及泉源的井来。成品与人品是相结合的，在调查研究上要求高，不仅能写出有一定水平的调查报告来，而且还能锻炼和提高自己的思维能力。搞调查研究是从具体到抽象的一种思维过程，养成这种思维的习惯和能力后，就应在日常生活中随时运用这种注意观察和思考问题的方法。从事调查研究是一种"亲知"的方法，但一个人的亲知原是有限的，还要利用别人的"亲知"成果，即第二手甚至第三手的资料和研究成果，所以在调查研究之外，应多读些书籍，提倡调查研究决不能理解为"唯调查研究论"。

如何搞好调查研究没有什么捷径可走，主要是多思、多吃苦，古时有个庖丁"解牛"的故事，庖丁所以能够既快又好地完成"解牛"的任务，就是由于他在长期解牛的实践中掌握了牛的全身骨骼结构的知识。王国维有首词，可以说明研究工作的三个阶段，写在下面作为结语：

"独上高楼，望断天涯路"——这是观察事物的第一阶段，要搜遍海角天涯；

"衣带渐宽终不悔，为伊消得人憔悴"——这是苦思的第二阶段，义无反顾，百折不挠；

"蓦然回首，那人却在灯火阑珊处"——这是取得心得和成果的第三阶段，苦尽甘来，有志者事竟成。

（1980 年 5 月 27 日，根据记录整理）

关于如何发展我国社会学的初步设想[*]

第一，什么叫社会学？

首先，它是以整个社会为研究对象，这是一种宏观社会学，也可叫综合社会学或理论社会学，孔德就是这样做的，其他有些资产阶级社会学者也是如此。由于在研究整个社会时采用不同的观点，就分为各种不同学派，如物理学派。孔德在不打破社会学的完整性的情况下，把社会分为社会静力学，即研究社会的结构，和社会动力学，即研究社会的变动。随后有的用生物学的观点对整个社会进行研究，叫生物学派；有的用心理（学）的观点进行研究，叫心理学派；有的用结构－功能观点进行研究，叫结构－功能学派。在把社会作为整体进行研究的学者中，马克思的贡献，毫无疑问是最为杰出的，马克思和恩格斯提出了历史唯物主义的观点，马克思用这个观点作指导，写出了《资本论》，同样恩格斯用这个观点作指导，写出了《家庭、私有制和国家的起源》。《资本论》偏重在政治经济学方面，但除生产关系外，也谈了其他一些社会关系和上层建筑方面的问题，所以也可看作资本主义社会的社会学。恩格斯的《家庭、私有制和国家的起源》乃是一本有关原始社会的社会学。当然，无论是《资本论》或《家庭、私有制和国家的起源》都没有结束对原始社会和资本主义社会的研究，还要随着民族学调查研究的发展以及考古学的发掘和研究，对原始社会学加以补充和发展。关于资本主义社会学除了随着资本三义社会的发展需要加以补充和发展外，我认为还应该以一些发达的资本主义国家如美国、日本、西德等为对象，展开对资本主义社会的研究，以充实和发展资本主义社会社会学。马克思的《资本论》研究的一个主要目的是阐

※ 此文为张之毅先生 1980 年 7 月 12 日给费孝通先生的信，1981 年 1 月 22 日又修改定稿。信中所谈为办社会学所的一些设想。费先生让全慰天教授打印出来，"给更多的人看，鼓励大家动脑筋，出主意"。

明资本主义的地租、利润、利息是来源于生产过程中的剩余价值的，为此，他假定在交换过程中是按价值或生产价格进行等价交换的，把交换关系作为一个常数（K）来进行研究的，这在自然科学研究中是一种普遍的方法，在多种因素影响下，把某些因素控制不变，以便观察某一特定因素是如何发生变化和起作用的。在马克思其他著作中就谈到工、农产品交换中的价格剪刀差问题，通过这种价格剪刀差，城市对乡村、工业对农业的交换中就发生剥削和被剥削的问题。我在《易村手工业》中就发现做篾器只能谋生，而土纸作坊则能谋利，换言之，前一种产品价格中只包含必要劳动部分，后一种产品价格则包括利润在内。列宁在《俄国资本主义的发展》中也指出手工业中存在这两种形态。又如在《资本论》中提到的原始积累问题，是就英国存在的问题说的，在美国甚至澳大利亚的资本主义发展的初期阶段就不存在此种现象。由此看来，在研究资本主义社会的社会学中，还要根据不同国家情况以及资本主义在二十世纪，特别是第二次世界大战以来的发展情况进行探索。

再者，马克思主义社会学或科学社会学是以历史唯物主义作指导的，恩格斯在晚年曾在多处指出："历史发展追根究底是以经济因素为主导的，但并不是说经济是唯一的因素，除此以外还有许多因素也影响历史的发展。"恩格斯还自我检讨，认为他和马克思对经济以外的其他因素所起的作用阐述得不够，并指出他们那样做有其当时的历史原因。恩格斯还推荐了他和马克思的四本著作，要人们进一步去学习他们是如何运用历史唯物主义的。我认为，为了充实历史唯物主义，其他一些马克思主义者的著作中以及资产阶级有成绩的社会学家、历史学家以及其他社会科学的著作中还有些成果可供我们学习的，重要的是善于批判地吸收。恩格斯就指出圣西门的著作中充满了许多盈盈欲滴的天才思想，由于他的天才思想过于丰富，以致他自己苦于理不出一个头绪来。由于马克思经典作家都善于从资产阶级学者的著作中吸收营养加以改造、丰富、提高，才写成了许多有价值的马克思主义的著作来，所以在推进科学社会学的过程中，除应努力学习马克思主义的经典著作外，还应善于向资产阶级有成就的学术著作中吸收一些有价值的成果。

科学社会学中，马克思、恩格斯提出了历史唯物主义这一指导思想，这是了不起的贡献，除此以外，还提出了社会经济形态的观点，从而把社会的发展分为原始社会、奴隶社会、封建社会、资本主义社会和社会主义社会（包括其高级阶段共产主义社会），这也是了不起的贡献。对于原始社会和资本主义社会，如上所述，马克思和恩格斯都写出了成系统的社会学来。至于奴隶社会社会学、封建社会社会学和社会主义社会社会学则尚付阙如。我认为，今后最重要的是要把封建社会社会学和社会主义社会社会学搞出一个轮廓来。

自从 1917 年苏联十月革命以来，至今已六十多年，先后又出现了许多社会主义国家，其中有成功的也有失败的，正反两方面的经验是相当丰富的，时间虽不算长，也不能说太短，我以为宏观社会学或理论社会学是应该开始进行社会主义社会社会学的研究了。千里之行始于足下，我们应该开步走。这无论从理论意义和从实践意义来说，都是很需要的。现在全世界都把我们叫做"政治大国"，与此相适应，我们在社会主义社会社会学上也应达到相当水平，不然在国际社会学会上，就不能与资本主义国家社会学抗衡，也不能对修正主义社会学开展斗争，在和兄弟社会主义国家的社会学竞赛时，我们就会相形见绌。怎样建立和发展社会主义社会社会学，除了学习兄弟社会主义国家的社会学理论和研究其实践外，更重要的是要研究我国自党的三中全会以来一系列的理论阐述和实践改革。我们必须赶紧把三中全会以来的报纸和杂志上的有关文章加以搜集、学习和吸收，可能的话加以综合和提高。报上公开了许多过去我们不易获得的材料，有助于我们进行思考。

其次，我要谈谈实用社会学或分支社会学的问题。自第二次世界大战以来，资本主义国家社会学的发展成果很值得我们注意，在理论社会学方面，似乎发展不大，他们认为在理论上贡献较大的不外韦伯、迪尔凯姆、帕累托和帕森斯，有的还提到马林诺夫斯基。听说迪尔凯姆的《社会方法论》① 并没译全，又听说法国社会学中执牛耳的是迪尔凯姆的学生。帕森斯这个美国社会学家是从西欧学到的，似乎他现在颇有名气。在理论社会学上他们当然都不如马克思，但是这不能排除他们的学说中仍有可以批判地吸收的东西。尽管资产阶级理论社会学造诣不如马克思，但资产阶级的部门社会学和社会问题的研究，都得到了很大的发展。这些也许可以叫做微观社会学或实用社会学。在欧美的社会科学中，社会学是发展较晚的一个学科，然而在发展过程中，社会学的发展速度却远远超过其他社会科

---

① 中译本为《社会学方法的准则》（商务印书馆，1995）。——编者注

学，这是很值得注意的一个现象。资产阶级的实用社会学，是从实际出发得出研究成果，并为资产阶级社会解决社会实际问题而发展起来的。这些实用社会学，在战术上而不是在战略上，在微观上而不是在宏观上具有科学的价值。这种微观社会学并不为整个资产阶级社会的存在作辩护，如果它研究的成果无补于实际，资产阶级是不会花一大笔钱使它快速发展的。听说美国有一种小型的企业性的经济研究所，它专门全面连续地对几个农场进行研究，将研究成果专门为这几个农场服务，从农场方面得到报酬，可知这种研究在小范围内是很科学的。我想实用社会学和上述的实用经济学一样，在比较小的一定领域内也是具有较高科学价值的。

为什么社会学的发展会超过其他社会科学呢？我想，不外三点：①社会学的传统就重视调查研究；②社会学比其他社会科学看问题更全面、更范围广阔，它把整个社会作为研究对象；③社会学比其他社会科学看问题的方面多，如果说其他社会科学从一个侧面看问题，社会学家则从多方面看问题，包括巨细无遗的各方面。正因为社会学看问题面广，所以对问题看得远；正因为社会学看问题方面多，所以能看到问题中多方面的联系性、复杂性，从而看问题深。这就是社会学所以具有特别强大的生命力的原因。现在社会学正在向其他各个社会科学渗透，而其他个别社会科学也多采用社会学的观点，他们把这种现象叫做其他社会科学的社会学化，这就是社会学的分支学科或专科社会学大量出现的原因。分支社会学或专科社会学不是研究专科本身，而是研究其社会组织、结构、社会效果、组织成员的行为、思想和成员之间的社会关系。有人把这叫做学科之间的边沿科学，这种说法不完全确切，分支社会学不是研究其他社会科学两者之间的边缘，而是研究其他社会科学与社会学之间的边缘。其实，社会学不仅渗入到其他社会科学中去了，而且渗入到技术应用、军队和医疗工作部门中去了。社会学渗入其他社会学科甚至人文学科和技术自然科学的应用部门，这是社会学研究领域的第二个方面。

最后，社会学研究的是社会现象中其他社会学科没有进行研究的第三方面，就是空白点，如家庭问题、农村社会学、城市社会学等等。

总之，研究社会整体，研究社会学与其他社会科学甚至科技应用相连的边际，和研究其他社会科学所没有研究的领域，这就是社会学的整个研究范围。什么叫社会学，我认为把社会学研究的范围提出来就可以了，不要从定义出发，为社会学的定义去多费功夫。以《资本论》来说，既是资本主义政治经济学，又是资本主义社会社会学，同时又是辩证法。毛主席的《论持久战》是军事学，又是唯物辩证法。一种研究成果可以同时属于几种学科的现象是常见的。只有在大学教课时，才把科学的划分看得很严格，为了适应大学教课需要，过去有人把《资本论》改写成资本主义政治经济学，把《帝国主义是资本主义的最高阶段》改写成帝国主义论，简介是必要的，但有时由于简介工作没有搞好，以致阉割了原著的灵魂，把活的原著弄成甲、乙、丙、丁和一、二、三、四的条条，以致差之毫厘，谬以千里。恩格斯晚年劝人们学他们所写的第一手专著，不要学介绍他们著作的第二手、第三手资料，是很值得我们深思的。

目前在世界教育学中有种趋势，即大谈智力开发，就是要培养能独立思考和能创新的人，这就需要把过去偏重灌输式教育方法改为偏重启发式教育方法，为此，旧式教材编写方法相应也将发生变化。

第二，谈谈重点翻译。

实用社会学的问题。在社会学中，从大的方面说，从战略上说，资产阶级社会学是不能和马克思主义社会学或科学社会学相比拟的。可是马克思、恩格斯没有时间也没有必要（他们的研究任务主要是革资本主义的命，推动社会主义社会的实现）对资本主义社会的细节方面做过多的研究，单就这一点来说也非要把资本主义社会社会学向前推进一步不可，非要用微观来补充马克思的宏观不可。对社会主义社会，马克思经典作家们只做了几条原则上的说明，不愿对社会主义社会的建设方面提出空想来。列宁面临着一个如何建立社会主义社会的实践问题，但他来不及为社会主义社会建设的实践和理论提出一套成熟而又全面的东西来。为了建设社会主义社会，对资产阶级实用学科采取什么态度，列宁做出了榜样。列宁一方面骂资本主义企业实行泰罗制，骂资本主义工业托拉斯的组织形式；一方面又想引进泰罗制和托拉斯组织形式来为当时的苏维埃国家服务。列宁骂的是它们为资本家服务，把它们拿来是让它们为社会主义服务。我们现在拼命学资本主义的企业管理，其道理是同样的。日本有些企业管理还搞以厂为家，向中国学习过"两参一改三结合"。我们虽有三十多年办企业的经验，但由于企业的规模愈来愈大，技术的复杂性愈来愈高，在企业管理上，已由泰罗制进到运用社会学的行为科学和研究工作环境对工人心理与生理的影响了。企业管理尚且需要社会学，那么整个经济体制管理就更需要社会学了。在经济工作方面需要社会学，在其他工作方面同样如此。

我认为，赶紧把应用社会学翻译过来是迫不及待的任务。因为四个现代化很需要，广大实际工作者以及有志于学习社会学的许多青年很需要，大多数人不能看外国原著，这就需要译本。分支或部门社会学大多是应用社会学，不下四五十种，如果每种选择一两本有代表性的水平较高的著作翻译过来，就是社会学的一次大普及、大宣传。之所以迫不及待，还因为既懂外文又懂社会科学专业的多是一批老年人，至于学过社会学的人就更是如此，几乎没有五十岁以下的了，死神是无情的，过一时期要少几个。社会学研究会成立一年多了，然而组织翻译这件事却仍未进行，如何安排我们的工作，应有个轻重缓急。我有个印象，似乎我们有点过于偏重外事工作了。我们的任务是开展中国的社会学研究，外事工作是附带的，学术交流是必要的，但对学术水平不高也不重要的外国学者，我认为连会也不必召开，把他（她）们的学术报告翻成中文发给有关同志，提出书面意见，汇总翻成外文给他（她）们就行了（如果外籍学者中懂中文的就不必翻成外文了）。至于他（她）们要到什么地方调查，介绍给外事局经外事局同意就让外事局去安排好了。对于杨庆堃先生等人来华，当然要慎重接待，如果不是不礼貌的话，是否可以把他们的学术报告译成中文发给有关同志，阅后提出书面意见，再根据所提意见组织一两次小（中）型学术讨论会，可以同时有几个小型会，这样就省了听报告所花时间，而提高了学术讨论会的水平。在讨论会上少设些政治禁区。如果有和外人不好畅所欲言的话，最好最后开一次没有外人参加的中小型学术讨论会，活跃学术空气，提高到会人的学术水平。把外国的实用社会学翻印过来，或者把我们的学术著作翻译（利用美籍华人等）过去，这种进行学术交流的方式，可以大大节约面对面进行开会的时间。以后美国和西欧国家一些学术工作者和我们的交流一定不少，而我们有学术素养的又多是七十甚至八十左右的人了，实在没本钱赔下去。翻印实用社会学，不仅对我国广大社会群众有此需要，而且对我们学过社会学的人也有此需要，因为我们将近三十年和外国社会学脱节了，而正是这三十年中，实用社会学有很大发展，不了解这些著作就提不高我国社会学家的学术水平。外文水平高和对外国社会学学术著作学习较多的人，本来人数就不多，而且大都七八十岁，所以不抓紧翻译，我们就愈来愈没有翻译的力量了。年老的搞调查不成了，有的连搞研究工作精力也少了。由于社会学的特殊情况，我建议向领导汇报一下，请特别照顾我们一下，给调一二十个（能有二三十人更好）有外语水平的中青年人来，跟老年人（学会内及社会上的）一起，让老年人口译进行录音，再由外语人员根据原著和口译录音进行整理成初稿，再经老先生校正出版。这样做不仅能较快出版一批译著，还有个更大的收获，就是培养出一批既懂外语又懂专业的中青年，这批人既是专门翻译的接班人，又可以用来进行学术交流上的外事工作，其中有的人还可以成为社会学研究所的研究人员。这是解决接班人问题的一个方面。在翻译方面，除组织国内社会力量外，还可以利用我国香港的力量甚至日、美、英、法等国的华人（包括加入外籍和没有加入的）。此外，凡是香港和台湾有译本的就不要重复搞，但要出点钱买到在中国大陆公开出版的权利。另外，在香港或台湾还可能有一批由中国人写的社会学著作，可设法购进来，在保证译者或著者的版权条件下，进行印刷发行。在分支社会学的翻译方面，还不要单看社会学研究所方面，可能其他社会科学所、系方面也有此需要，可能有的已在着手翻译，如能建议院部有计划、有组织地进行这一工作就更好了。

除此以外，还应系统地把资产阶级已有的社会科学成果介绍过来。因为无论从马克思主义三个来源来说，从《家庭、私有制和国家的起源》来说，从《帝国主义是资本主义的最高阶段》来说，都是在别人的学术研究成果上往前发展的。那种认为资产阶级的社会科学一无可取的看法，是不完全正确的。这是为建立我国社会学队伍和创造高水平的科研成果的重要一着。

第三，抓紧做好访问老年社会学家的工作。

像吴泽霖先生，如果请他多搞点翻译，我想他一定乐意。法国迪尔凯姆一派在理论社会学上的贡献，至今仍为各国社会学家所公认。杨庆堃先生留法多年，请他翻译和介绍迪尔凯姆一派的主要内容，是能胜任的。我有一种想法，凡是一个在社会学的教研工作上干过大半生的人，肯定对社会学有一套自己的看法，或尚存有未出版的成品、半成品。我想我们派人跑一趟，带上录音机把谈话录下来，回来再加以整理。

第四，关于开展社会学研究会的工作。

学会是面向全国的，是一个很好的机构，运用得好不仅可以帮助所的发展，而且可以在全国范围内促进社会学的发展。人调不来，所里也不能容纳过多的人，但尽可以通过社会学研究会包括进来。现在有些青年自发地利用业余时间搞社会学业余研究，他们迫切要求我们帮忙：一是提供有关社会学的书籍；二是需有关学过社会学的老前辈的带领和业务指导，如果动员散居在各大城市老一辈社会学家的积极性，帮助当地青年学社会学和指导他们从事社会调查研究，就可以推动全国范围内社会学的发展。我建议把社会学研究会和社会学所在人员上分开来，在学会中设一个班子，办一个不定期的内部刊物《社会学通讯》，发给所有社会学会的会员（收印刷、纸张等费用），介绍外国社会学发展情况，尤其是国内社会学活动情况，使彼此互通声气、互相鼓舞、互相促进。有些外事活动还可以推给社会学会去干。这样就可以减轻社会学所的负担，使所能专心搞研究工作。我想社会学研究会还是可以广开门路一些，一是把有关业务部门的中级负责同志吸收为会员，二是把凡是在业余研究社会学中有成绩的同志吸收为会员，三是把原来社会学毕业的同学都包括进来。如果国家不能给学会拨一笔经费，可采取会员捐赠办法解决。要把学会办成有实际内容的团体，不搞形式主义，主要把学术活动搞好。到一定时期，甚至可以吸收台湾会员和海外会员。能用文字交流进行活动的，就不要开会。至于经过准备有内容的小型学术报告会和讨论会则可以适当开一些。总之，学会搞得好，在发展社会学和普及社会学方面是大有可为的，怎样把学会办好，除向已有成果的其他学会学习外，还应就社会学研究会本身实践中总结经验教训加以提高。

第五，谈谈关于图书资料问题。

最好从武汉大学图书馆学系招聘一至二个毕业生来，让他们到北京办得好的图书馆和资料室实地考察和学习一番。图书馆资料的建设是一个任务很艰巨的工作，没有图书专业知识领导不起来，在五至十年内，应该打下个基础。在国内进行资料交换，在国际上进行图书交换，可以大大扩充图书和资料来源。粉碎"四人帮"后，全国性的和地方的报纸杂志多种多样，提供了很多宝贵的材料和有水平的文章。社会学是一个分支很多的学科，绝大多数的报道、文章都是社会学所需要的资料。各报馆的记者做了很多调查报道，有不少是高水平的，甚至有些文学作品，反映和抓住了社会问题的核心所在，都应搜集起来。报刊上所讨论的问题，反映出的既有阴暗的一面，也有光明的一面，是生动活泼的历史，只有我们自己能分析研究出成果来，外国人是无能为力的。现在多方面已出现了百花齐放、百家争鸣的萌芽形势，相比之下，我们社会学是显得落后了，这就难怪关心、爱护社会学发展的人不能不提出较严苛的要求。而实际为学会、所而操劳的人却又有苦难言，这就要求我们不仅有任劳的精神，而且要有任怨的广大胸怀。如果集合任劳而又任怨的同志们在一起，把所有的切身感受，对事不对人地加以总结提高到学术理论水平，就会看到形势比人强，反映我们已有制度的变化跟不上形势发展的需要，会看出我国社会主义发展过程中在剧变时期而且是关键性的历史转折关头的一种社会变化，这就是社会主义社会社会学的绝好资料，有些还是我们调查不着的，从这一意义上来说，我们没有在一年前及早把国内报章、杂志全部订下来，应该说是一种失策。搜集、保管资料是一个方面，资料工作本身还有个研究和提高的问题。就以研究青年人为例，大一点从全社会来看，是否仅需要"解剖尸体"而不需要了解新生事物呢？如果我们调查一千个青年，假如其中代表社会失调者8%，代表新生力量者2%，我们做出统计的百分比来，是否能得出我国前途悲观的结论来呢？显然不能。当然社会上存在8%的失足青年，是个大问题，需要进行挽救，但从质上来看，代表并决定历史前进的乃是那2%的青年，反之，那8%的失足青年，是会被历史前进的浪涛所淘汰的，一个代表历史前进中新生力量的青年，比之一千个甚至一万个失足青年具有更强大无比的力量。如果不懂得历史发展规律，用统计数量代替质的分析，只能得出荒谬错误的结论来。这里涉及一个我们怎样建立社会学所的资料室的问题，资料不是一个简单的收发问题，也不是一个单和剪刀、糨糊打交道的问题。这里有个资料识别问题，很需要有高水平的同志来担任。凡事开头难，发展的规律是由慢到快，由小到大，由低级到高级，为了把图书资料这一摊子基本建立起来，我看非五至十年不可。总之，为了提高图书、资料工作，我认为图书资料人员也要搞点研究。反之，研究人员也不能不自备一些图书和自己搞些资料积累，那种全靠助手提供资料的办法，是提不高研究水平的。在研究人员和图书资料人员之间，也应稍有流动，凡是在图书资料工作上表现有水平有新观点的人，即应调来搞研究，反之，在研究工作上表现不出水平来的，就调到图书资料部门工作。

第六，关于调查研究基地问题。

建立调查研究基地很重要，基地要永久固定下来，还没有入门的研究人员要长期在基地定居下来，取得感性知识的亲知，搜集调查资料并写出报告。要帮助他们把调查报告写好，对调查报告的质量要求愈高，愈有利于他们研究水平的提高。在写实地调查报告时，主要是利用点上的亲知材料，但也应看些有关的书籍和有关的他人调查资料。在社会的调查研究工作中，调查的和写调查报告的应该是同一个人。（大规模的调查，参加的人多，不能不形成调查人和写报告人分离的局面，即使如此，在写填表格调查之外的专题文字记述调查报告时，仍应责成并帮助参加的人既调查又写调查研究报告。）这一关很重要，我在河南曾搞过农业普查，当组织上把拟出的农业普查表格和调查指标说明书交给地、县负责干部分组讨论时，由于他们了解农村情况多，对普查设计表格讨论得很热烈，并提出很多宝贵意见，反之，某学院农经系的学生则根本讨论不起来，因为他们只有书本知识而不了解农村实际情况。吴知写过一本很系统很全面的调查报告《高阳的手工织布业》，材料非常好，我在写《解放前无锡、保定两地近二十年中的社会经济的演变》调查报告时利用了这本书，但发现他并没有把调查资料提高到理论水平上来。一个好的调查报告，应该是一个调查研究报告，资料与理论相结合的成品，光有调查而无研究不可。对调查报告提出这样高的要求，既利于出质量高的成品又利于出质量高的人品，这是成品与人品的结合。一个开步走的研究人员，搞一二个或三四个成功的调查研究报告，这是非常必要的，因为这可以锻炼他们由具体到抽象和由抽象到具体的思维能力。现实生活是生动而又复杂的，通过调查研究多接触一些实际，就可以避免研究人员的头脑僵化和简单化，这是关系到一个研究人员的学术生命的大问题。搞基点的全面的系统的调查研究时，要最后写出一个调查报告来，根据我们过去调查研究的经验要费很长时间，这是必要的，但是有些青年未必有此耐性，而且社会上也迫切要看成果，因此在调查过程中，不妨陆续定一些专题调查研究报告。

定点调查研究的优点是能够使研究人员观察深入，但也是缺点，即观察范围过于窄狭，所以在以定点调查研究为重点的前提下，在调查研究工作上要搞点面结合。例如，在农业现代化的过程中，会出现一些引起广泛注意的关键性问题，可以在定点调查外开展流动的地域较广的专题调查。例如山区经济就是一个目前及今后最重要的课题。不过这种调查，要有一定调查研究经验的人才能胜任。否则的话，会形成蜻蜓点水，停留在零零碎碎的现象表面，抓不住事物的本质。除了搞以点为主、点面结合的调查研究外，研究人员在写出二三部有水平的调查研究报告后，可让他们去大学教一至二年的课，这也是扩大调查研究人员的知识面的一个办法。

把社会学的研究基础摆在调查上，我是坚决赞同的。但也须防止单打一搞调查研究。历史研究就主要摆在文字资料上，都是第二手、第三手的记载，同样可以搞出研究成果来，我们不搞调查唯一论。当一个研究人员的思维能力在调查研究过程逐步培养起来以后，就应该让他们利用他人的资料，即利用第二手、第三手……的材料，并多看些基本理论和专业书籍，以扩大视野，提高视力。就一个人在学术上的成就来说，靠自己的亲知和领会只是一小部分，而绝大部分来源于间接的知识和在别人的领会的基础上进行分析综合。一个时代调查研究资料提供的多少和学术著作成果的多少以及水平的高低，决定了伟大科学家是否能出现。

第七，关于在职干部培训问题。

我们是学术研究所，我建议——管资料、图书的同志在管好资料、图书的前提下，应锻炼搞研究的能力，扩大学术研究范围活跃学术研究空气，不要办成衙门式的机关。我认为凡是管图书资料的，一天工作六个小时就行（如两个人，就让一个人早两小时下班，另一个人晚两小时上班），其余两小时帮助或让他们进行业务学习。根据需要或补习外语，或指定一本书训练写全书简介，直至写简评；管资料的可以按专题分工，让他有时间阅读专业范围内的重要资料，训练写读书心得，培养识别资料重要与否的能力，成为既能收集、管理资料，还能进行编辑资料的工作人员。如果可能的话，还可以半日工作、半日研究学习，把后勤工作与研究工作结合起来。图书、资料人员的学术水平较高，可以对专业研究人员起高级助手作用，大大有利于推动整个研究工作，而且还能从中培养一批具有研究能力的研究人员来做补充研究人员的后备军。这种办法是否可在所内试行取得经验？西德的一所新式医院，实行临床、教学、研究三结合，另外还有一位心理学家和一位社会学家参加。现在国外的工厂、公司都实行在职培训，甚至还实行脱产培训。国内有的部门也已重视在职培训工作。我们所内是否可以规定凡本职工作做得好而成绩卓著者，除让他带好接班人外，就让他享受脱产或半脱产的培训机会，学习成绩优秀的转入高一级的工作。这样可以鼓励后勤人员都勤于事业，精益求精，在业余时间也能抓紧学习。社会学所也可以办成科研、培训（即教学但不一定讲课）和业务三结合，以活跃科研和培训工作。我们要在办所的实践中，摸索出一套办所的好经验来。

第八，我们是学术研究机关，应按学术发展规律办事。

自然科学一般来说有个实验室，非到实验室去不可。社会科学人员并不需要什么实验室，除了公用的图书和资料外，自己还得自备很多书籍、杂志、报纸和其他资料。每人在家里需要一间书房，常用的书刊报纸摆在书房，这就是他的"工作车间"，就是研究人员的工作条件之一。我在报纸上看到个别部门已经提出并着手解决这个问题。但是还应该呼吁一下。

第九，应怎样看待研究工作的规划问题。

研究工作的规划不同于国民经济的规划，更不同于工厂生产的规划。在研究工作中，基础理论和应用科学的研究，在规划上又应有所不同。而且研究人员中，有的自愿局限于一定的专题范围内，有的兴趣很广，不愿受专题或专业的局限，而向博的方向发展；有的人在研究工作上要求很严谨，有的人在研究工作上要求的严谨程度低一些，凡此均使得规划的要求应有所不同。马克思在写作《资本论》时要求很全面、很系统、很有层次，一句话，在质量上要求高而又高，简直到了要求无止境的地步。恩格斯多次不同意马克思这种做法，认为不切急需，要求马克思适可而止。究竟两者谁对呢？我认为各有利弊，并存不悖。其实，恩格斯的治学态度和治学方法的严谨程度，以及研究领域之广，也是无与伦比的。只是和马克思相比，恩格斯的治学态度和治学方法有所不同。马克思的《资本论》，从着手研究到最后成书整整经过了五十年，除了做其他的工作，折半计算，也有二十五年时间之长。摩尔根写作《古代社会》花了四十年时间，远远超过一年、五年、十年计划。所以，科研规划不能像机器生产那样要求，如果规划工作在时间上限制过严，那么《资本论》和《古代社会》这样的划时代著作就会中途扼杀了。我们既要求有求博的学者，也要求有求专的学者。为学要举一反三，为学的过程是博与专的辩证发展过程，如果一个科学研究工作者，在选定一个专题进行研究的过程中，感到需要向博的方面探索一些问题，这样做将有利于他所选专题的深入，提高专题研究的水平，这有什么不好！但这样做，很可能不能如期完成计划，所以在社会科学的规划和计划上，其要求显然不能像经济生产单位的计划那样严格要求，否则的话，就不利于学术研究的发展及学术人才的成长。

第十，关于研究工作的重要问题。

据我所知，写社会主义社会政治经济学的，孙冶方同志有一摊、薛暮桥同志有一摊、许涤新同志有一摊，看来似乎重复，好像是浪费人力，实际上也符合百家争鸣的原则，有利于发挥各人的独立见解，有利于整个社会主义政治经济学的发展。在规划中，不能要求一点也不重复，但要互相通气。

第十一，关于规划工作中的集体研究问题。

解放后，我见到一些集体研究的实际情况，都存在一些问题，他们在总结经验教训时均指出：应以专题研究为先为基础，然后才能写成综合的成果。这在方法论上显然是不正确的，其结果只能是一本专题论文集，不易成为互相联系和层次分明的有机整体著作。系统的综合观点虽然要在逐步研究的过程中形成，但绝不是一种简单诸专题的数学之和，如果缺乏系统的综合观点，就谈不上集体研究，就谈不上指导各项专题研究者分别进行专题研究而又保持互相联系。在系统的综合观点指导下去搜集、整理、分析资料进行各项专题研究，在这一过程中，无疑地会不断验正、修改、补充系统的综合观点，使之更趋于完善、丰富，出现系统的综合观点和专题研究的相互促进的辩证关系。否则是搞不好集体研究工作的。要于展一项比较规模大的集体研究工作，一个领导人不具有方法论的学术水平和独创的见解，是谈不上把学术研究工作搞好的。

第十二，上面所谈，其实已牵涉到一个假设在科学研究中的地位和作用问题，牵涉到资料与观点的辩证关系问题。

科学研究虽不能脱离资料，但重要的是要善于理解资料，善于想问题。通过工作、学习和生活的实践，一个研究者的脑子中会存在许多问题和许多重要观点的，这些观点在脑子中酝酿，所以一遇着资料就有所启发，逐步修改增益往往在脑中形成系统，例如马克思的辩证唯物论观点，早在《资本论》研究以前就形成了一个完整的体系。基本东西都有了，列宁说那时还是种假设，到《资本论》研究完成以后，就完全证实而成为一种科学理论了。《资本论》研究的成功，固然得力于占有大量资料，但若无辩证唯物论和历史唯物论的观点的假设作指导，恐怕也未必能单纯依靠资本主义社会的资料研究得出结果来，而所谓辩证唯物论和历史唯物论观点事实上是马克思从研究黑格尔和费尔巴哈的哲学中得出来的，并不是首先从直接占有资本主义社会大量经济资料进行分析后才得出来的。恩格斯在自然辩证法中指出，在自然科学发展史中，假设的地位极重要。我认为许多假设所以取得，往往还得力于哲学思维方法或理论思维方法与某些现象的结合引起思想火花的激发，开始是星星之火，以此为基础进行观察更多现象，逐步形成观念体系，从而被大量的事实所证验。黑格尔早在小学时代就形成了世界上充满矛盾的观点。达尔文的进化论观点，也早在他环球旅行前就形成了。如果不善于从现实生活中观察和思考问题，形成思想火花，则尽管材料充实于前，仍会是有眼无视，有耳无听。

第十三，社会学研究所的工作安排和要求上，应考虑到我们社会学的一个特点，即28年来大家都没有搞过社会学的研究了，我认为针对社会学这一特点，尽可能考虑和安排在职人员的学习问题。

现在的学习班培养各地来的人，而所内的在职人员却忙于杂务，这在建所阶段不可避免，但决不能长期下去。我考虑针对社会学的特殊情况，完全可以半日工作半日学习。社会学范围很广泛，学历史的可以搞社会发展史或社会学思想发展史，学农机的就可以搞农村社会等等。今后招聘大学毕业生时，可以从政治系、经济系、法律系、哲学系、心理系、历史系等等社会科学专业招人，互教互学，集思广益。一个研究机关，只要走上了轨道，行政事务是不会太多的，应该是充满学习和学术讨论的研究空气。问题在民主办所、集体办所，善于发挥每个人的积极性并使每个人感到有发展前途，集体的发展是建筑在个人发展的基础上的，两者完全有结合点。

第十四，长远规划或设想重于一切。

现在未来学已实用于各方面，都是用长远设想指导长期规划，用长期规划指导长期计划，用长期计划指导短期或年度计划。中国社会科学院各所比之地方各所更应重视基本理论的研究，更应重视长远规划。从《资本论》和《古代社会》的写作来看，一部划时代的巨著，必须经过几十年长期的艰苦的努力。如果没有一个长远设想，以写一些互不联系的短篇论文的发表为满足，或以某些极为局部的专题著作的发表为满足，是不可能把我国的社会学研究做到超过一切资本主义国家和一切社会主义国家之上的。我们的长远设想至少应包括如下几本巨著：我国《封建主义社会社会学》、我国《半殖民地半封建社会社会学》、我国《社会主义社会社会学》还有应在《资本论》《〈英国工人阶级状况〉1892年德文第二版序言》《帝国主义是资本主义的最高阶段》的基础上，根据资本主义社会发展的新情况，写出一部全面系统的《资本主义社会社会学》。有条件的话，还要写出一本《原始社会社会学》和《奴隶社会社会学》来。另外还应写出社会学理论发展史和社会学方法论来。还有一个很重要的巨著，而且也很迫切，就是《世界社会学》。当然还有社会问题的各种专著和部门或分支社会学，不过不在长远设想之中。只有有了长远设想，才会有社会学研究工作的发展方向，长远设想当然要长期才能完成，但不是要等到长期以后才考虑，而正因为需要长期才能完成，所以就必须及早提出这种设想、及早着手进行，要把长远设想和短期安排结合起来。有了长远设想存在心中，遇到资料就会注意收集，一点一滴、长流不息地从事资料积累工作，在此过程中就会出现一点一滴的思想火花，逐渐由无系统进到有系统，在五年、十年或二十年中就有可能形成一种系统的综合观点或假设。长设想是把眼光放远，短安排是踏踏实实，不发空议论。

第十五，"百年树人"。

我长期不理解为什么要百年树人，一个人还活不了百岁，为什么要"百年"才能"树人"呢？听到美英等国的理论社会学，由于在战争中征用大学生驾飞机使得多人被打死了，以致整整缺乏一两代接班人，而当第三代人入学时，能授徒的具有理论社会学水平的老一辈人都死了，形成后继无人的现象，才使我联想到"时势造英雄"和学术发展史上往往隔若干年才能出现一个百家争鸣的局面（还有一个原因是由于历史上当时的理论体系是否过时的问题，每一种庞大的理论体系都是既切合实际又有预见性。它能在相当长的历史时期不失去其生命力，只有当社会出现剧变时期，旧的理论体系破产了，需要建立新的庞大体系，这时必然有人出来承担建立新理论体系的历史使命），理解到"百年树人"的道理所在。任何一个在科学上比较具有划时代意义的成就，都是在前人的基础上有所综合创造的。基础不高，任何有才能的人也不容易有巨大成果的。就社会学而言，如果要在中国培养出一个在世界上划时代的人物或几个人物来，就必须为他们创造条件，这些条件据我的考虑有：要把西欧文艺复兴时代、启蒙时代、古典哲学和古典政治经济学以及空想社会主义的名著翻译过来，要把欧美在理论社会学上有水平的名著翻译过来，要把第二次世界大战后的实用社会学和部门社会学中有代表性的著作各翻译一二本，要把其他社会科学有水平的著作翻译过来。现在国内马恩全集已出版，《资治通鉴》正续篇已标点出版，二十四史已标点出版，还有其他一些古籍，再加上世界上一些重要国家不断提供的现象资料，就形成了一个以洋为基础、以古为基础、以现实为基础的历史条件，有特出才能的人就会"洋为中用""古为今用"和"从实际到理论"，创造出一代英雄来。

第十六，形势逼人，形势喜人。

社会学迫切需要发展，懂社会学的老人都余年有限，新生力量又没起来，这就是形势逼人。但我以上的设想，并不是未经分析的胡思乱想。其一，我们是社会主义国家，这是资本主义社会不如我们的，例如他们如果按社会形态进行研究，就不会受资本家欢迎；其二，中国古代文化数量既多，质量又高，是中古史上任何国家不能相比的；其三，从古至今，中国一直保持一种朴素的辩证唯物主义；其四，粉碎"四人帮"后创造了百家争鸣的种种条件，已开始出现百家争鸣的局面；其五，我们的设想或建议，只要能为党所接受，就会有巨大的人力、物力来支持我们；其六，社会学研究所不是孤立的，其他社会科学部门正在或准备翻译外国名著，社会科学中有一定水平的著作和论文不断出现，报纸杂志上反映中外情况的材料源源不断涌来，古代文化的研究也陆续出现有一定水平的著作；其七，我国人民中有的是千里马，综合能力之强是举世无匹的，知识分子的刻苦精神也是世界公认的；其八，中国从 1840 年至今一百四十年中的变化，特别是解放后三十年来的变化是非常巨大的，正反两方面的经验非常深刻，这有助于我们深刻认识问题。形势是喜人的，前途是光明的。

1980 年 7 月 12 日初稿，1981 年 1 月 22 日改稿

社会调查研究[*]

　　这次讲的课不可能一个问题一个问题地全面答复同学们。我来不及系统整理，有了录音带，回北京让北大的同学听录音，以后慢慢地系统化，逐步地由不系统化到系统化。我自己调查研究工作做了不少，也有一点点经验，向同学们介绍一下。再加上大家学了些理论，我们共同把理论和实际结合起来，这是我们的共同任务。

一　什么是社会学的调查

　　同志们有一个问题，即什么是社会学的调查，我总的意见是不要争这个问题。在学校教学不能不分科，据我了解，各学校都分科。也有些学校不一样，如马林诺夫斯基上课就以讨论为主，大家弄懂为止。我们的大学制度，是从解放前搬过来的，是分科的。关于这个问题，我自己没有在世界各大学考察过，不敢乱说话。不过，教育制度是要讨论的，是不是搞几个个案，从前讲到后，这个问题不是一天能够解决的，是个大问题，值得研究。教育制度中还有一些问题，如怎样把教学搞好，同学和老师的关系等，这已不仅是社会学的问题，还是教育学本身的问题。

　　我举一个实例，说的不要来争什么是社会学的调查，如易村手工业的调查，有人看成是农村经济学，有人则看成是人类学，是人类学方法在中国的运用。费孝通先生在英国跟马林诺夫斯基学了人类学调查方法。在中国应用，写了《禄村农田》，我写了《易村手工业》，所以有人讲是人类学。我写的《易村手工业》，其实也就是实际调查，解剖麻雀。这些调查也叫现实研究，实际调查或实地调查，有各种各样的名称。有些调查涉及

　　* 此文为张之毅先生在南开大学哲学系社会学研究生班上所做讲座的内容。

的问题相同，或从某一方面，或从全面研究。关于调查的名称不要争。

二 典型选择问题

再讲一下怎样选典型。一般讲，一个农村，既有其他农村的问题，也有其特殊的问题。而典型呢？就是它的特点更集中，代表性更广一些。只有个性，没有共性，是不可能的。所以无论什么典型调查都有共性和个性。关于选典型的问题，我曾系统地搜集了马恩的论述，结合我自己的调查研究实践，写了一个一二万字的序言，放在"无锡、保定调查"中，专门讨论选典型的问题，但"文革"期间丢了，以后若有时间再搞。

关于易村手工业的调查方法。费孝通搞了禄村农田的调查，我调查了易村手工业。我还在玉溪县搞过一个玉村农业和商业的调查，禄村、易村、玉村，这些名字都不是真的，因为我们搞调查是为了掌握农村的情况，借这个地方说明问题，不在于搞某个具体地方，不用真名，还可以防止引起一些麻烦，调查中，我们把调查和研究结合起来，认为应提高到理论的高度来认识。这三个调查结合在一起，出了本书，叫《乡土中国》（*Earthbound China*）。费先生有篇论文也叫《乡土中国》，这样就有两个《乡土中国》，不要搞混了。

以上讲的三个调查，禄村是农业，易村是手工业，玉村是农业和商业，所以，把这三个调查结合起来看就有意义了。这三个调查都围绕着土地集中这个问题。调查显示了三种不同的农村在土地集中问题上的表现：农业中资金是如何积累的，农业和手工业配合是怎样集中土地的，农业和商业配合是怎样集中土地的。我们的调查是有中心的，我原来还准备搞一个升官发财、购买土地的调查。我们县有许多国民党的官，升了官后购买土地，这就是讲官僚资本怎样购买土地，可是后来由于时间来不及没有搞，未能完成对官僚资本的研究。在土地集中上，商业资本和官僚资本是最主要的。易村中有作坊手工业，也集中土地，这是较少的。还有高利贷者集中土地，禄村也有高利贷，在农村中利用高利贷集中土地还是不算多的。刚才讲的三个调查就叫作分类选点，要将其联系起来看。

《乡土中国》是集中研究土地问题的，在美国出版后受到了重视，他们对这三个调查的方法较感兴趣，向我们学习方法。他们讲，这是芝加哥学派方法在农村中的应用。马林诺夫斯基的调查是在少数民族中搞的，

《乡土中国》是在农村中的调查。在农村调查问题上，我们在世界上是有成绩的，去年有个美国教授沃尔弗来华，见到我时，他讲他在读社会学课程时，《乡土中国》是他们的必读书。我们的调查报告，在世界上还是有一点水平的。

《易村手工业》在国内也受到重视，曾获得过"杨铨奖金"（杨铨即杨杏佛）。《乡土中国》发表后，美国地理学会来了个通知，邀请我加入这个学会，我考虑到调查和地理关系不大，没有加入。

我们那次调查，是亲自动手，从调查到分析资料，写调查报告都是亲自动手，所以我们叫实地观察、实地调查。社区调查是一个综合性的考察，是全盘的考察，不是抽样。严格地讲，一个社区有其特殊性，社区研究就是研究一个社区的特点。关于社区调查我就不多讲了。

费先生在江村调查后，外国人相继去过几次，费先生也去过几次，这就是连续观察。

解放前我没在任何政府机构工作过。解放后，我到中央财政局搞农业统计，搞了六七年，后来又调到经研所搞农业经济。我当时有个设想，在北京附近几个县，把互助组、初级社、高级社的情况，还有其他情况全面掌握，进行连续观察。当时于光远同志在中宣部科学处，由他主持在北京召开了一个研究农业经济的会，我当时想搞一个好的调查，作为典型示范，然后在北京推广，以后再考虑在全国召集有关领导、各大专院校搞农业经济的同志研究，在全国搞各个方面有关农业社会主义改造、农业经济的调查，这样，全国的农业情况就掌握了。但由于当时正是（一九）五七年，未能进行。如果有了在全国分类选点的这些调查，在这一基础上，写农业经济学、农村社会主义发展过程就容易多了。万事开头难，掌握材料有困难，但以后就方便。如人口登记，搞一次以后就方便了。所以，系统全面地搜集资料，进行分析，从中发现问题，这无论在理论上还是在实践上都是有价值的。

我还在云南大理搞了一次调查，题目叫"社区生活的整合"，调查的内容很广泛，从经济到家庭、宗教、风俗、妇女问题、人口外流等都包括在内，同费先生的江村调查一样。这个报告大约有四十多万字，我写了很长时间，从1945年写到1949年，后来带到北京，被人给弄丢了。这个报告写得很杂，但我认为后面几部分还是有价值的。这个调查可以说是社会学调查，也可以说成是民族学调查，所以一个具体的调查，不要把它的名字看得太死了。

如马克思的《资本论》，大多数人说是政治经济学，但《资本论》中也有许多逻辑学的内容，《资本论》还证明了历史唯物主义的假设，所以也可以说它是历史唯物主义的书。马克思写《资本论》时是以英国社会为背景的，所以也可以把它看作研究资本主义社会的社会学。如有人把恩格斯的《家庭、私有制和国家的起源》看成是社会学著作，还有《英国工人阶级状况》、列宁的《帝国主义论》，这都是对资本主义社会的研究，构成了研究资本主义社会的社会学，但这些还不够，因为情况是在不断发展的，需要我们来研究补充，恩格斯曾预见到工人和资本家的关系会发生改变，二次大战后，工人阶级和资本家的关系同以前有所不同，资本家的剥削手段发生了变化，有些年轻人对资本主义产生了疑问，我们有些同志，对这种情况有点束手无策，这能怪马克思主义有错误吗？是我们学习的错误。可见，马克思主义是科学，真正的科学是有预见性的。

我们对什么是社会学的调查，什么不是，不要想得过死。如果能把马恩全集的文章细细看一遍，很难将其分成什么是哲学的，什么是经济学的，社会学的，等等。我并不是说分科不重要，我只是说不要把分科看得太死。

关于调查方法有许多种类，如典型调查、社区调查、深入实际等，江村、易村、禄村、玉村、榆村等调查都是现实调查。

禄村调查是我和费先生搞的，还有一个小张。这个调查用了调查表格，是费先生设计的。易村调查和江村调查都没有表格，我们那些调查不是通过政府部门下去的，而是通过熟人，住在熟人家里，和当地人先交上朋友，然后请他们介绍情况，我们把村子里保存的户口册和土地册拿来，然后再一户一户地核对。我们主要是亲自观察。在易村，有几个纸厂他们不告诉我，我便到处找，最后找到了，我在大理调查时，也没使用调查表格。后来，因为云南政治空气不好，国民党迫害知识分子，我便回到湖南，（19）48年初，福州有人看到我的易村手工业调查，邀请我到那去，我便到了福州研究院，当时福州研究院是由王亚南先生主持的，他们在读《资本论》。以后那里要搞一个农村经济的调查，要我参加，因为我在写大理的调查报告，所以没有参加。我把有关大理调查的经验、方法写了三篇文章，有万字左右，我认为这些文章还是有价值的。后来，他们搞福州的手工业调查，设计了表格给我看，我把他们的推翻了，我设计了一个，他们接受了，这是我第一次设计表格。我以前也没看过有关设计表格的书。

为什么我能设计呢？因为我以前搞过许多调查，先摸了一下福州手工业的情况，加以联系具体情况的思考。完全靠书，不看实际情况如何是不行的。这只是我的一点经验，供大家参考。

我只学过初等统计，学得非常差，没学过高等统计，到国家统计局后，有一次需要发表一个全国人口资料，我便把财政部、农业部、民政部的人找来，他们都有一个人口数字，我把他们数字中大的数挑出来，然后一个省一个省加起来，得出了一个数字。为什么要挑大数字，有两个原因，第一是过去我在搞调查时发现，户口册的人比实际的人数少；第二是因为解放后社会条件变了，人口增长快，因为我了解中国社会的情况，所以就掌握了这样一个原则。

再一个是全国农村产品产值的统计，当时没有具体资料，要搞一个全国农产品产值估计方案，这是估计学，我搞出来后，徐坚同志看了，认为这个方案不简单。所以，搞学问要活，活学活用，这个方案没写下来，具体情况也记不清了。举其中一个例子讲。中药材，当时我摸了一下，有八百多种，实际有一千五百多种，这样一种一种计算，十年也搞不完，我便把药材分为价值高的和价值低的两种，这样就容易搞了。别看这个问题简单，但要经过思考。当时局里有两个留苏学生，一个学农业经济，一个学统计，他们就没办法解决。可见，仅有理论是不够的。

关于估计学，我国有张心一氏估计法。国外也有估计学。农业统计不仅要靠数学资料，还要有估计，因为农业数字很难统计得清楚。在国外，农业统计也有搞估计的人参加，对于科学的方法，如概率论等，我们也要学习，方法是多种多样的。

三 关于河南农业普查与理论联系实际

我在统计局时，还搞过一次河南农业普查，当时农业部、中财委，还有一些专家都参加了。下去后，我们计划开一个计划统计讲习会，由专区、县的领导参加。河南省主席吴知福、副主席等领导向我们汇报，说区、县的同志对这个会有些思想问题，他们认为，统计是统计工作者的事，他们是搞政治工作的，这事同他们没关系。另外，他们认为统计工作自己也不懂。后来我们商量了一下，把会议名称改为"农业普查讨论会"，专家和群众相结合，先生和学生相结合，这些同志都是从下面来的，有很多实际经验。

我把普查的表格编好后，就交给大家讨论，参加讨论的河南省各县的同志，由于各地的情况不同，怎样给指标下定义，不好统一，而且一个农业普查表有许多指标。结果，讨论了一个星期，讨论得很热烈。相反，给我印象很深的是，河南农学院学农业经济的学生，不了解情况，让他们讨论，个个鸦雀无声，毫无结果，县里干部没有学过统计学，但谈得头头是道。我在讨论的基础上加以整理，把普查表定了下来。这个表的好处，就是能结合实际，能概括整个河南省的情况。有一个县的部长们觉得农业统计的指标并不难懂，没有学过统计的人也能理解。这样使他们对农业普查指标发生了兴趣。当时河南省的一位副省长，很有魄力，组织了一万个调查员，每人增添 100 斤粮食，一万人总共就是 100 万斤。把调查队伍组织起来，这样河南省的普查工作就跑在前，后来普查取得成功，同时搞产查的其他四个省全部失败了。河南农业普查表是个创造。同志们知道，我是在南方长大的。南方主要是种水稻，少数是旱粮；北方情况不一样，农作物种类复杂。河南农业普查表能概括总体的情况，并经过实践的验检。后来我把河南农业普查表交给华北五省计划统计会议讨论，经过修改后，制成全国农业报表。这样，尽管全国情况千差万别，这个表都能概括。这个表很简单，但编制过程却不简单，费了很大的劲。表里的指标介绍得很明确，但还是有人就怎样填表的问题提出疑问。确实，只有理解了指标，才能正确地填表。表中的指标是很明确的。有几位同志，他们是解放前毕业的大学生，对表中的指标有怀疑。我就叫他们当中的一个写一个指标的说明。他写了之后，我问其他同志是否同意，结果大家提出了许多意见。我又叫他们当中的另一个来写，这个同志写得稍好些。后来，我写了一个指标的说明，让他们来批评，他们却提不出批评来。此后，他们知道指标说明既要简单明了，又要科学，这并不是件简单的工作。他们后来才认识到，尽管自己是大学毕业生，但知识运用的功夫还是差的。河南普查后，我在南开大学、人民大学和河南农学院作过报告。那时我作过三次报告，今天是第四次报告。

我在国家统计局工作期间，主要工作是统一全国各种表格。要审查各种表格，包括诸如劳改农场的表格等。这些表格，不限于普查表，还有其他类型的表。我在那里工作几年，发现以前造的表格都有这样或那样的错误。我没有读过关于怎样做表格的书。我衡量一个表格或指标的标准，是看它是否符合实际情况。在统计局，有个俄国的统计专家，他编制的表格有错误，我给他指出来，他马上承认了，还说某某同志真有本事。这个统计专家是专门制表格的，他收集了俄国各种类型的表格，搬到中国来，但不联系中国实际，所以出了差错。因此，编制表格，首先要了解这种表格和指标的目的是什么，有什么用，然后结合实际情况决定取舍，创造出适用于中国的表格来。这就是理论联系实际。如果你不结合中国的情况，不知道这些表格的用场，生搬硬套，就不知道如何取舍指标。

我在统计局的工作是一环紧扣一环的。举个例子说吧。全国农副产品不变价格是我经手搞的。大家知道，定不变价格的目的是用来比较价格变化的。这个工作量很大。当时从外单位调来三十到四十个同志一齐搞，每晚工作到十一、十二点钟，弄得我筋疲力尽。机关的工作不好搞，我能做好工作，证明我不是书呆子，能够理论联系实际。后来，有人叫我写一本农业统计学的书。在国外，写一本农业统计学，都习惯于写一段农业统计的发展史，像河南普查，农产品不变价格的确定，都是统计学上的大事情，都应写下来，可是，我们却不重视这个。后来，我病倒了，就没有写这本书，没有把怎样编制表格的方法、原则、意义及经验记下来，以致许多东西都被忘记了。

设制一个表格，并非容易，我这次研究中国青年生育意愿，要写一篇关于《中国青年生育意愿》的介绍。《中国年鉴》要这篇文章。我觉得《中国青年生育意愿》有些东西讲不清，这是那个毛病。我在云南大学时就主张社会科学的学生应学些化学的定量分析。大家知道化学定量分析。一点点像粉笔末般的物质进行定量分析，要经过几十道手续，首先放在天平上称，要求准确，一般称三次。随后，又要煮，又要过滤，最后确定诸如煤的含碳量。就那么一点点东西，要经过几十道手续，两个星期的时间，精确度要达到千分之二。我们搞社会科学的需要定量分析，只有经过严格的训练，才能打牢科学的基础。做表格，如果指标不明确、不科学、不了解情况，那是没有用的，所以，我主张学社会科学的人要学点自然科学，这是个十分重要的问题。搞调查研究一定要细致。有个故事，说的是从前有个大官人，路过某地，一个小孩见到大官人来了，急忙把手中的花藏于身后，大官人见了便道："小孩子暗藏春色，大老爷明察秋毫。"我们做学问，也要做到明察秋毫。当然，我们不但要看到小，而且还要看大，调查既要进得去，又要出得来，过去有句话："不识庐山真面目，只缘身在此山中。"在庐山中看不到庐山面貌，只有在庐山之外才能识得庐山的面目，既要防止见树不见林，亦要防止见林不见树，辩证法要求我们了解局部和全局的关系。

四　河北调查和调查与研究的辩证关系

大家提到怎样搞调查的问题。我觉得搞调查要注重研究，所以，我习惯把调查称为调查研究，要边调查，边研究，反复进行。调查与研究是辩证的关系，只有这样，才能使调查深入进行。上面我谈过河南农业普查的问题。农业统计表很简单，但设制是不简单的，不能生搬硬套，必须结合中国的实际情况。当时，中央财经计划委员会主任是陈云同志，副主任是李富春和薄一波同志。农业表的编制，要薄一波同志批准，才能发到全国去，因为如果增加一个表格或指标，全国就要有几十万人跑腿。所以，农业表的掌握很紧。表中的指标看来很简单，但是制定过程却不简单。那些指标全是从几十个指标直到上百个指标里挑选出来的。因此要动脑筋，要深入研究问题。

我离开统计局后，就到经济研究所工作，我曾搞过和平县调查，但没有完成，我就不谈了，下面谈谈我搞的第二次调查。

1957 年 4 月间，我正参加一个会议，经济所的一个同志告诉我，华北五省要搞农业生产规划，要我参加。那时，华北五省都缺粮，尤其是河北省。当时，我参加了河北省的农业生产规划，我为什么选中河北省呢？河北省当时缺粮二十几亿，要全国支援。京广铁路、京沪铁路都忙于运粮。河北省整个交通工具都用于运粮。当时的河北省春天闹春荒、秋天防涝，再加上运粮，三件大事，搞得整个河北省忙得不可开交。北京和天津都在河北省境内，因此，河北缺粮是个严重的经济问题和政治问题，薄一波同志说，这次要整治我们北京的"盲肠"。中国历史上修南北运河就是为了南粮北运。粮食问题不是个简单的问题，它与国民经济关系极大。当时，我参加了规划，开会听汇报，材料一大堆。但还搞不清楚河北省应怎样解决粮食问题。所以，决定下去搞调查，我是经济所的，原本想研究农业生产关系，即农业生产合作社问题。后来，另一个同志搞了这个题目。剩下山区水土保持问题让我来研究。于是我带着许多年轻同志去调查。可是用不上青年同志，因为他们对水土保持的问题不熟悉。我决心下去到太行山区考察。从南边的邯郸（原赵国的首都）出发，途经各地。在太行山，条件很艰苦，但见识很广。我们从南到北考察。参加当地的生产会议，看了许多材料，我们听到山区治理的各种方案汇报，很高兴。有个地方的经验很好，我们马上到那里考察，我们在实地观察和思考问题。发觉山区的问题并不简单。我们去到深山区，那里没有路，那里有小孩子上学是很困难的。我们目睹了太行山区水土流失的严重情况，在一个县城前有一条河，河上有座桥，叫漫水桥，水涨时，水从桥面上过。桥用铁索链固在石柱上，洪水来时，冲下来的石头有饭盆那般大，把大石柱能冲断。太行山水土流失非常严重，当地人民生活很艰苦。他们吃的东西很粗，粗到我们都咽不下去。一次，我和另一位同志去看原始森林，山上无路，我们在石头堆上爬着向前，一不小心，就会摔下崖，在我们爬山的前几天，就有一个放羊的小孩在这摔死了。在抗战时期，我们的队伍夜间行军路过此地，曾摔死了不少的同志。经过实地走访，我们对整治山区有了感性的认识，沿途的观察，如果你是个作家或记者，一定能写出很多的东西来。所以，我建议搞社会学的同志，还是要搞调查研究。那次调查，实地走访，既走马看花，亲眼看到山区水土流失的状况，又请了当地干部座谈，整个调查花了一个半月时间。从南到北，行程一千余里。这也算是一种调查方法。尽管调查面很大，又没有什么表格，但全面地调查了水土流失问题。调查报告总共写了七万字，提出建设山区的意见。报告里谈到要依靠山区人民进行山区建设。这个调查报告，总结了农民治理山区的经验。这些经验很好，都是可以实行的。相反，有些工程师，不学习农民的经验，脱离实际，设计的方案都失败。所以，不向农民学习，不结合实际，哪怕是现代的技术，没有不失败的。而且，搞技术的人，眼光狭小，现在的设计方案要求经济师签名是有其道理的。因此，向人民学习，结合实际的土办法是比脱离实际的洋办法好，既节省钱，又多快好省。此外，报告还提出，自力更生为主，政府支援为辅建设山区，考虑目前利益与长远利益相结合，在着眼长远利益的前提下，要照顾山区人民的目前利益，并提出政府如何支援山区的方案，论述了平原建设和山区建设的辩证关系。

五 无锡、保定调查

后来，我又搞了无锡、保定调查，是研究解放前近二十年农村社会经济的演变。

无锡、保定调查的表格是我设计的。无锡、保定调查的表格有两套，第一套，挨户调查，即用意问卷表；第二套，是调查表，不像前者那样一户一户调查，而是设立几个专题，从整体上对某个村社进行调查，也可称作"专题调查"。

这次调查涉及了几个问题，这里因时间有限，不详细讲了，参加调查的人，原来属于"中国农村派"（过去有个《中国农村》刊物，薛暮桥、孙冶方等都是其中成员），三十年代他们与"托派"展开过有关"中国革命性质"的论战。为什么叫新民主主义革命呢？因为革命发生在封建社会，所以称之为民主革命；其次，国民党不可能完成这一革命任务，必须由共产党领导，因此又叫新民主主义革命，又因为革命发生在封建社会，所以革命的对象是反帝反封建，如果发生在资本主义社会，则是反资了。我们是建国后反资的，这时才是社会主义革命，这些就是他们争论的焦点，这些问题在社会学史、农村社会学、农会经济学中都十分重要。

下面，我想结合具体调查实例，较系统地谈一些有关社会调查的体会。

1929、1930 年，原农村派的一些人在无锡、保定一带搞了一次规模相当大的调查，主要采用表格调查法，解放后（1958 年）孙冶方、薛暮桥等发现这批材料，决定用马列主义观点，用新方法重新整理一遍，以便利用它来进行新旧对比，当时要我拟订调查方案，我们分析材料后，发现材料极不精确，几乎没有什么价值，所以打算全盘否定重新调查。这样一来，从 1929 年到 1958 年间隔三十年。三十年前未弄清楚的情况，三十年后是否调查得清楚呢？大家有争论，我当时持肯定态度，即认为可以弄清楚。我的理由有二条。

第一，农村信息传播特别快而且记忆长久。这主要是农村通过亲戚关系，男娶女嫁，村与村之间，户与户之间的亲戚关系，以及较为简单的人际关系，使人们彼此联系要比城市密切。

第二，农村人接触面有限，村子里发生的事也少，往往有些事对于城市来说是微不足道的，而对于乡村却相当宝贵，有的老人，全村人的情况几乎了如指掌。

综上所述，根据我过去的经验，我认为能够调查，采取典型调查或社区调查，我的意见说服了大家，调查主要内容之一是进行 1929 年到 1958 年的新旧对比（不过我对这问题兴趣不大，我认为，如果进行从旧社会到新社会的过程分析当然有意义，但假若只是简单地比较新社会比旧社会强多少，意义不大）。当然，我们当时还是搞了这方面的材料。此外还有许多其他内容。例如，解放前1929年到1949年这二十年中，人口问题、数量、阶级变化、生育等，如某一家，从1929年到1949年有多少人分别属于哪些阶级，以后迁出多少，迁进多少，生育多少小孩，死亡多少，嫁出娶进多少，等等，如同流水表一样。调查户数上千，从开始到结束，精确性高，为什么能这样精确呢？除上面讲的二个原因外，还因为社会主义制度的优越性，如调查组成员政治质量高，群众对党充满信赖。调查结果相当精确，材料宝贵。整个调查用两种调查表格，指标多，规模大，工作量繁重。

这次调查，使我想起我们解放前的调查，真是大不一样，那时，我是一个人来回跑，住食都成问题，生活相当苦，就拿《易村手工业》来说，也主要是靠个人调查。记得我第二次去易村调查时，途中住宿在乡公所，晚上一觉醒来，我感到浑身痒痒，心想一定是有虫子，开始企图忍耐一下，但后来实在受不了，于是起身，用手一抹，背上全是血和虫子。结果足足洗了二三个钟头。

我当时只有25岁，但充满理想，志向远大。在《易村手工业》序言中，我写了这样几句话："现实的艰难环境与未来的理想美梦，一起涌上了科技工作者的心头。"很多人都十分欣赏这几句话，它反映了科学工作者的普遍心理，总是把科学工作想象得十分完善美好，而现实环境却往往相当艰苦。

六 《易村手工业》的理论意义

下面我想谈谈调查的理论性问题，先讲《易村手工业》。

《易村手工业》的理论意义，是在书写成后，从五十年代起开始认识，后来逐步形成的。

第一，从人多地少的角度出发，分析了易村存在的问题。

这个问题过去一直受批判，认为是马尔萨斯的观点，其实人多地少这是中国农村中存在的一种客观事实，历史唯物主义应该承认，《易村手工业》被批判也正是为此，被认定是马尔萨斯的观点，我自己后来想到，没有提出土地改革问题。

第二，我想以列宁在俄国革命的发展中，把手工业分为二种为参考：一种是个体手工业，另一种有利润，资本家参加，属于工场手工业。《易村手工业》中也分为两种手工业：一种是竹器，一种是造土纸。全国许多农村都制竹器，造土纸，但是它具有很低的代表性，进而我又将这二种手工业一分为二：一种是谋生为主（维持生活），一种以谋利为主（谋取利益），这是一种朴素的政治经济学语言，那时我还没读《资本论》。农村中也无非就是这二类。

易村的情况是，谋生的手工业，多为农家副业，由穷人经管；谋利的手工业，形成作坊，由地主经营。易村手工业中，已出现雇工，但很少，这是一种相当原始的工场手工业，有资本主义萌芽，是否叫资本主义性质的，还很成问题。

第三，易村手工业着眼于农业与手工业的密切结合。旧的手工业仅仅是谋生，这是不是必要劳动，或必要劳动以下，其实谈不上必要劳动。它配合农业收入的不足，利用农活的余时、余工来进行。地主通过土地剥削农民后，剩余的还不足以维持农业生产力的再生产，所以必须从事这些副业，补充进去，维持生存，否则农民无法维生。这里，我们看到，手工业与土地制，即地主剥削联系起来了。地主利用地租中的剩余，收高利贷，投资办纸厂，而纸厂又为地租利润开辟了途径。反过来纸厂积累了资金，于是，地租积累、土纸厂资金使地主积累增加，有机会购买更多的土地，这两种手工业对农村租佃剥削、土地剥削制度都发挥了作用。

第四，以上情况解放前，中国农村中很普遍，而《易村手工业》不仅是调查报告，且上升到理论高度分析，从这个意义上讲，又具有代表性。

第五，《易村手工业》中的阶级结构。易村人分为二大类，即富人与穷人，前者是剥削者，后者是被剥削者，富人好几代都是独子，穷人则多子女，于是人们就说：穷人发人不发家，地主发家不发人。这里涉及一个问题，由于农业资金积累慢，如果子女太多，平均分配，平均生产，地主就会逐渐转变，土地权分散，所以欧洲的民主党制就变成长子继承制。中国是地主制。

第六，还有一个值得参考的问题。易村是汉族（村），离易村不远，10~20里有一个少数民族（村），地主把土地扩展到少数民族居住的领域中去，那里的土地很瘠薄，汉民不租种，而少数民族人却租了那种劣地，这是因为，他们生活比汉人更苦，这说明农民必要劳动有伸缩性，问题在于怎样看待必要劳动，例如，现在美国工人的必要劳动与资本主义初期比，就大不一样。所以，必要劳动是机动的，中国的劳动力价值就贱些。上例中，少数民族生活程度低、苦，维持其必要生活的起码条件低，必要劳动相对减少，所以他们能支付出地租，汉人耕种则付不起。

总之，易村手工业调查中，分五十四条，反映的理论问题已经不少了，具有代表性，书中写了事实，没有提高到我今天讲的高度。

七　玉村调查

玉村调查的手稿，现在我手中。玉村是玉溪县的一个村社，叫玉溪，简称"玉村"（在调查报告中，一般不写真名）。我认为它没有《易村手工业》的学术价值高，也许是我还研究得不够，我准备重写，并想参照费先生在 *Earthbound China* 中的观点和我自己的一些新的认识。

玉村与易村、禄村的特点不同，它发展种菜，但玉溪的菜地是谁种的？他们有句话："富人爱耪田，穷人爱耪地。"田，就是水田，种稻子；地，就是菜地。种菜地的人是穷人。地主买菜地出租，赚不了多少钱。富人是多爱买田出租，因为菜地数量也不大。我那时分析，为什么穷人"爱耪地"呢？原因是，虽然菜地价比水田价高一点，可是菜地的收入比水田的收入大得多。假如我是个自耕农，我买了一块田，收入则要低；又假如我买的是地，菜地收入多，我的收入也就增加了。田和地有什么区别呢？田里花的劳动力少，地里花的劳动力多。中国农业是集约农业，投入的劳动力很多，不是资本的集约，而是劳动力的集约。菜地中更集约，投入的劳动力更多。投劳动力多当然收入也多。然而，每个劳动力每天收入并不见得多。穷人为了多收入，而不管投入的劳动力多少，菜地一年可以种好几次。所以，老乡们就讲："富人爱耪田，穷人爱耪地。"这样，就区别出来了。我发现，玉溪在农业上，就是有田、地之分，而地比田里的劳动力更集约，菜地不是地主所看重的剥削对象，而是这个水田。一般讲，农民也可能买块菜地去租种，在他们所租的田、地中，菜地占很少的一部分。在地主的收入中，菜地不占主要的地位。而对经营菜地的佃户们讲，是更穷的佃户去租种菜地，收入可能会高一点。我可以多租几亩田去种，收入也多。可是，如果我的全部的钱只够租两亩地，与其我去租两亩田，不如我租两亩菜地，能维持生活。

以上我这个讲话，不是我原来想写的，而是分析到这里，谈到菜地的集约性时，才想出来。当然我这个分析也不够好。在我现在学懂了政治经济学后，提到理论高度分析材料，再写出来的话，那就比过去写得要好得多了。这也就是向同学们说明：我们学社会学搞调查，我觉得有两个东西非学习好不可。一个是哲学。哲学怎么训练？我觉得，还是要从实际出发，组织调查研究，要结合体会，结合哲学书本的认识，特别是结合第一手资料和经典作家的著作，来研究哲学。（哲学问题，我不想详谈，刚才在方法论中，我可能谈得多一点。）

其次，就是政治经济学的修养要搞好。恐怕《资本论》不是念一遍的问题，而是两遍、三遍、四遍的问题。我就知道党内有一位老干部，在苏联学习过，成为中国经济学的权威，就是陈云同志。他年事很高，在"文化大革命"过程中，他念了三遍《资本论》，并不是他在"文革"前没念过《资本论》。我在中财委时见过陈云同志，但见到过李富春、薄一波同志出来讲话及宋绍文同志讲话，可是没有听过一次陈云同志的讲话。陈云同志就是埋头钻研、调查。讲调查研究工作，我调查的精神、细致劲就比陈云同志差得太远了。

玉溪菜地经营者，属于一个单纯的小商品生产者的地位，他们也是商品生产，完全是出卖自己的劳动力，他卖给买主的菜很便宜。我提醒诸位，不是在交换过程中没有利润的过渡，《资本论》认为，是在生产过程里面的分配，整个流通过程没有创造价值，把流通过程等于一个常数，专门研究剩余价值是从生产过程中产生的。但这并不是等于说，在我们研究具体的经济活动中，流通过程里面没有利润产生，特别是在资本主义以前的商品流通过程里面。《资本论》也谈到，资本主义以前的经济是商人领导的；资本主义以后的经济是工业资本家占主导地位。所以，在资本主义以前的经济中，多半是劳动人民从事生产，这个利润全部为商人在交换过程中剥削去了。在玉溪，菜地的经营，就是这样的情况。可是，在解放以后，我看到一个材料，说天津附近有块菜地，因为天津城越来越发达，菜的价格也越来越上涨了，不仅使商人，同时也使地主获得了更多的收入。这样一来，其内涵的意义也就明确多了。天津的地主就重视菜地。

我在写玉溪的调查时，只就玉溪调查，没有使用外边的材料，而使用外地的材料就会弥补个人在调查时的不足，对不对？而且对一个村子做调查，看的面不是很窄吗？例如，我对易村手工业作调查时，我就有些想法，在写完《易村手工业》后，我又写了篇论文叫《农村手工业在中国新经济建设中的地位》。这篇文章还在，大约有一万多字。登在当时的农业刊物上。后来吴文藻先生写信告诉我，说大家很称赞这篇文章。现在我能够回答你们的很多问题，还有些预见性，这与我过去的调查已是分不开的。所以，很多青年同志到我那里去，要研究某些与这个有关的问题，我准备复印这些文章，以供大家参考。

我觉得，在你们研究一个农村时，当你们深入到一个地方，看出问题深入了以后，你们也可以从中看到大的面，我就是在研究了易村手工业后，写出了《农村手工业在中国新经济建设中的地位》。当然，这篇文章参考了其他的材料，包括日本的材料。于是，学术界就把我看成研究手工业的专家了。在（二十世纪）五十年代，讨论手工业问题时，就邀请我参加，其实我只了解一点点。

在易村还碰见过一个问题，修水坝，把高地变成水浇地，当地人认为不合算。我脑子里就一直存在这个问题，为什么不合算？前些年，我学习了毛主席有关读政治经济学的笔记后，领会了这一问题，并写了一篇文章，我认为是新观点，这个问题，我不准备详谈了。

从东北和华北一些地区中，我们可以看到这样一种情况，就是叫农民们垦荒，三年不收税，等把地垦熟后，才向他们收税，从这一事情中，我认识到一个问题，同时这也是理论上一个很重大的问题。关于此，今天我也不准备详谈了。但我为什么又谈这些呢？是因为从我对这么一个小小的研究里面，所看到的一些蛛丝马迹的东西，对我以后从理论上来认识，是很有帮助的。

在玉溪县，还有织布业的工场手工业。原来当地生产的土布，是由各户买进原料，织成布，再卖给商人，是分散经营。后来，变成统一发放织机，材料也统一了。它自己有工场，同时又发放统一的织机给织户，形成了织布工场手工业和商业个体制相结合的形式。因为那时是抗战时期，洋布不能进口。我们在昆明时，只能买一些宽幅的、比较厚的土布。所以，那种工场手工业非常发达。那些工场主的场名，有的叫"大道生"，大大地发财嘛。这也是手工业中出现的一种新的形式。这种工场手工业，专门召雇破产的农民进行生产，但也不一定，旺季时招收一些人，淡季时又辞退。交给农家生产的，完全是家庭副业。我发现一种情况，就是工场主发放纱给农家，农家织成布再交给他换回纱。而一斤土布才换回一斤纱，我觉得这很奇怪，农家加了半天工，而一斤布才换回一斤纱，那农家还加这个工干吗？那时我就不明白。后来，我一调查，一细问，才知道，原来土布中含有浆，不是浆纱吗？一斤纱织成为布要加一两多浆。这样，农民才赚回一点点纱来。你们看，当时的农民生活是多么苦啊！

由于城市经济的发展，特别是在抗战时，很多学校，如西南联大迁到昆明。城市里就非常需要布，原来织的土布，布面窄，只能在农村里销售。由于城市的需要，原来织的又窄又厚的土布，就逐渐地被用洋纱织成的宽布所排挤。用洋纱织布的商人就代替了原织土布的商人占了主导地位。有些商人也从织土布改成织洋布的商人。这样一来，像"大道生"那样的工场就发展起来了。大的工场手工业的出现，再加上它的雇佣制，把统一的织机和纱发放给各织户，使工场主的生产规模越来越大，利润也提高了。他赚的钱，往哪儿走呢？就用到收买土地，搞土地集中去了。他们是工场主还是商人，如可判断？那就要看这些人在其工场所生产的布的数目和换回织户所生产的布的数目，哪个比例大，以决定他是以商人身份为主呢，还是以工场主身份为主。其实，列宁早已把"商人雇主制"归结到工业家的地位了。

另外，玉溪有个大商人（在当地算大），替外国人服务，外国人很信任他。这个外国人是个洋纱的大商人，给他纱让他推销，不要钱，等他赚回了钱来，再还外国人的本。他做的生意越来越大，成了个小买办商人。这样一来，他卖洋纱就发财了。他有八百多亩地，成为玉溪很有名的人。这也是玉溪经济发展的一个原因。再者是贩鸦片，这种贩鸦片，是要有武装的，因为要通过少数民族地区。可能是把云南的鸦片贩到缅甸去。我们红军长征路过云南时，集市上到处都有卖鸦片的。这也使玉溪的商业获得了发展。

八　大理调查

我谈谈大理的调查在理论上的意义。那是个白族人的村子。这个村子有个特点，就是"上门"的特别多，十家中有七八家是上门的，即"招赘"。招赘本来可改变妇女的地位，使妇女的地位提高。可是，在云南却不是这个样子，这个问题我不准备细谈了，我有篇文章专讲此事，将来你们可以看看。

大理这个地方，商业很多，可是土地不集中，这是好的特点。大理的调查，不算太深入，而且也很难深入，它有各种各样的手工业和副业，如打鱼的，开商店的，酿酒的，等等，也产生了很多问题。我对此倒是研究得很细致，写了四十几万字。对它的风俗习惯、家庭等等，详细地做了考察。我这个人做事是很细心的，这篇报告的所有章节的主要点，我都把主要点记了下来，并列存在我的家里。在我到福建研究院去的时候，他们要求我搞农业经济调查，我不肯搞，我的条件还是要写我在大理调查时的报告，一共有四十多万字。另外，我在那还写了三篇学术性的论文，一篇是《从农村社会经济的背景申论妇女问题》，这不仅限于大理的调查，而且把其他资料综合起来。这篇文章我现在还保存着，且复印了很多份，这次沃尔弗来华要了解中国婚姻家庭问题，我就把复印的一份给了他。后来，经济学会的王文正、杨小曾等八个人要做调查，到我家里问我搞过什么调查，他们问题大极了，有几十个问题，我就把我那篇文章也给了他们，让他们复印，他们复印后我发现，他们复印的不全，后一部分没印上。后来我仔细一研究，他们不复印这一部分是有道理的。我这篇文章是以农村社会为背景来说妇女地位，这是完全站得住脚的，而后一部分我说得是，假如工业得到发展，妇女就会得到解放，这当然不对了。资本主义国家妇女也没有真正得到解放，当然情况要好一点。所以，这些年轻人还是有水平的，他们认为，我这篇文章的尾巴还有推敲的余地，这也说明，我写的东西并不是没有错。

一般说来，在昆明，费先生和外国人来往较多。有个写《中国技术史》的外国人，就是李约瑟，与费先生关系很近。我只交给他一篇文章，以后就没有来往。李约瑟本人，我很佩服。这个人是有学问的，他在研究生理学方面，是世界权威。因为他热爱中国，发现中国很了不起，就编了《中国技术史》。在朝鲜战争时，他率领一个代表团，调查美国在朝鲜战场上使用细菌战的问题。这个人有很多学问，他到我那里去过，提出了二十个问题，非常有典型，他跟我们谈了不到一小时，就把我们研究室的情况都套走了，确实是厉害。

同学们，我写的第二篇文章，谈的是农村的"失业"问题。因为农村的失业问题和城市的失业问题不一样，我把农村的失业打了个引号。后来，我看到《资本论》里面谈到，所谓"潜在的失业问题"，现在我有个朋友研究劳动问题，都是研究城市的，感觉不够，还应该研究农村的失业问题，把我过去写的这个报告拿去看，这个问题也是理论上的一个重要的问题。

第三篇，我写的是《家庭与生产事业》，前两篇都发表了，第三篇也已排版，可这是 1948 年底了。所以我马上就离开福州到湖南去了，但底稿还存在。这篇文章虽没有发表，但我认为，它还是有一定的学术价值的。我这篇文章是说明农产品的价格为什么特别低，而且都是低到必要劳动底下，我起了一个名字叫"百衲衣"，就像和尚的衣服，不是成片的，而是东一块、西一块的破布拼成的。农村是多种生产，凑在一起，才能维持农家的生活。我认为，我这篇文章在解释农产品价格为什么这么低这个问题，还是一篇很重要的文章。

我觉得，我这几篇万把字的文章还是一定的学术地位的。我写的这几篇文章，主要是根据禄村调查（禄村调查是费先生搞的，我只帮助搜集了资料），易村、玉村两地的材料，再加上其他一些材料写成的。另外，我不仅搞调查研究，我是以搞调查研究为主，以教学为辅，同时还兼许多课，如农村社会学、社会学方法论、人口问题等等。我讲课就列个大纲，当时讲课用的都是外国人的书，我在讲课时，往往结合我的调查进行讲解。所以，在我授课时，我不仅有自卑感，而且也有自豪感。另外，为了结合我的讲课，我还让同学们看电影，看与我所讲内容有关的电影，通过我的讲课和看电影，让同学们去体会。

九 冀西山区调查

我讲的这个报告有什么理论上的意义？这份报告后面分为农、林、牧、副、水土保持等各部分，这个报告可算是社会学的，但偏重于经济地理，论述怎么治理深山区、浅山区和平原。在水土保持这一节里，我写了农业、林业，着重还是写的农业，特别是在农业中，农民们所想出来的各种各样的办法，我写得非常细致。由于我们细致，所以在水土保持问题上，我就概括得很高，我认为，干事情要能小能大，使别人看了你那本书，感觉此书具有说服力，使人家相信，以这种方法去做，不用费多大劲，山区的建设就可以搞起来了。我认为，我的这个发现，是符合自然规律的，也是符合经济发展的。

在山区农业生产问题上，可采用很多办法，什么修梯田呀，挖鱼鳞坑呀，种树呀，等等。可是在邯郸的山区生产会议上，我发现，梯田是个重要的办法。我就跑到有梯田的山区里去了。发现有个专区的书记也去查看梯田，我问他："你怎么也跑到这里来看梯田？"他就笑了，我们发现，梯田是治理山区的一个很重要的问题，这个我就不细谈了。所以，发现一个重点的问题，你们刚才在讨论时，也谈到这个问题，我认为这不是一件容易的事，不容易抓得住。比如，农、林、牧、副、渔和农、轻、重的问题，平时谁都在谈，可是在工作布置时，把所谈的问题和用在实际工作中从思想上真正认识这个重点之间，确实还存在着一定的距离。重点问题的发现，是要经过一番过程的，不是偶然就能发现的。在保定会议上，农业、牧业、梯田等都谈了，但是没有引起重视。只是到了邯郸，召开山区生产会议时，有了报告，专门谈山区的梯田的建设，这才认识到梯田是山区建设的重点。

同时，我在具体工作中，也发现了哲学上的质量互变规律。比如，水开始落在平原上，是所谓涓涓之水，可是汇集起来，就会变成一条大河，这就是从量变到质变。开始力量很小，后来流到沟里的时候，势头就很猛，一到河北平原时（注意，河北平原有一个特点，从太行山区到渤海之滨，相差仅几十米高）。地面非常平坦，坡度不陡，所以上面的洪水下来，朝发夕至，早晨下大雨，晚上就到冀西平原，上面下来的洪水和平原上排不出去的积水汇合在一起，就形成了涝水。所以，河北平原的水灾很厉害。

这里我补充一句话，我们做规划，解决河北省的缺粮问题，确实解决了，我们那时搞规划，没想到打深井，来了很多专家制订规划，后来我离开了河北省，在报上看到了河北省人民用打深井的办法来治理水灾。这些深井，内部的水是互相沟通的，当然打深井也发生了一些问题，如水位下降，但这是些小问题，我们看问题，要把大、小问题分开，你可以把缺点改掉不就行了嘛，有些深井没用，可以把它填掉嘛，深井很有用，雨水下来后，就放到深井中储存起来，天旱时，再把它抽出来浇地，所以用打深井的方法，就把河北省缺粮问题给解决了。

后来，华北五省的缺粮问题基本上解决了，所谓"南粮北调"的问题也就解决了。这是新中国成立后，所解决的最重大的问题。当然"北煤南运"问题还没有完全解决。我那时参加了讨论河北省的规划会议，有一些材料，同时，我也进一步理解了运河的重要性。

前些日子，我和一些同志谈中国历史时，我说，世界古代不是有一些著名的建筑吗？埃及的金字塔，中国的长城和运河，是其中三项最著名、最伟大的建筑。这三大工程都伟大。但是你们想一下，金字塔有什么用处呢？长城有什么用？防御战争的需要吗？运河有什么用？运粮，补充陆路交通的不足。

这三项工程都伟大，但中国的长城和运河更实际，更切合国家的需要，军事的需用和解决北方粮食的需要。我除了观察了这三者的重要性外，还发现了它们的区别性。知识是积累的，在实际工作中，常常会发现一些问题，自己的思想也会由此提高到一个新的高度。因此不要认为实际工作没有用，在处理问题时，实际工作中的经验自然会启发你。例如50年代黄河决口，起初请了苏联专家设计堵缺口。苏联专家设计用钢板堵塞缺口，但屡试屡败。后来周总理考虑请土专家。土专家用了一个看来简单但包含了深刻的哲学思想的方法。他们用柳条筐放进碎石块沉入决口，结果成功了。这就不是从理论到理论，而是从实际中得来的。

另外，我对中国解放前地权分散的认识也是从实际调查中得来的。通过对无锡、保定的调查，我发现了地权分散的问题，并把它上升为理论的高度。我认为这运用了马克思主义的理论，是理论上的一个突破。所以我很重视无锡、保定报告。整个报告20多万字，最主要的理论观点，是对土地所有制的阐述。

《无锡、保定调查》中，我比较满意的第二部分是高阳织布手工业问题。解放前，中央研究院的吴知曾写过一本书，材料很丰富，就是内容未能提到理论高度。我调查的村子属于高阳织布业区，因此我利用了吴知的调查材料。在调查中我很快就发现一个问题，即在半封建半殖民地国家发展民族工业，必须反对帝国主义。高阳手工业相对易村手工业要发达得多，它的原料主要是日本的细纱和人造丝，产品在全国各大城市销售。它既有大工厂，也有用电动机的工厂，是广泛的商人雇主制，还有染坊分开。高阳的织布机叫"铁机"，是日本制造卖给中国的一种改良的织布机。日本出售给中国纺机并不是要让中国发展织布业。日本纺织业在中国的发展先是建纱厂，因为纱厂劳动生产率高，织布业生产率低，所以日本先建纱厂，因为有高阳织布业用日本的细纱，后来又用日本的人造丝，替它推销原料。由此日本积累了资金，然后逐步在中国开设织布工厂。日本开设织布工厂，原料是日本的，织布厂又都是日本的。这样，高阳织布业就完蛋了。这就说明在半殖民地国家，要想发展民族工业，不反对帝国主义是没有前途的。这就是调查研究和理论如何结合的问题。调查研究可以提高到理论高度。所以我把调查和研究联系起来说。

十 社会调查的实用价值

下面谈谈社会调查究竟有什么实用价值。

通过易村手工业的调查，我们可以看出农业、手工业和家庭副业必须结合。现在大家都已经看出这个问题了。直到今天，家庭副业少不了。手工业也是如此，城市里也还需要手工业嘛。

通过对玉村的调查，我发现农业积累慢，商业的发展对农村经济有重要的影响。所以要繁荣经济，活跃商品流通。这样，农业生产就活跃了，农业的商品经济就发展了。农民手工业的钱多了，农民的生活改善了，提高了他们的积极性。这不就有实用价值吗？通过玉村调查认识了农业经济和商业的关系。

从玉村的调查中，我认识到，要提高妇女地位，必须改变个体经济。解放前，我国是小农经济，有家长制。合作化后，家长制随个体经济的消失而失去其存在的基础，因此妇女地位发生变化。妇女地位发生变化就引起了婆媳矛盾及整个家庭中一连串的新问题。如何处理这一问题？恩格斯曾谈到过这个问题，他认为在必要时，妇女要委屈一些，要重视青年一代。当然，恩格斯的这段话不一定对，还要看其他方面，但这是一个问题。城市里已有人提出来了。两个人双职工，时间少，又要请保姆看小孩，还不如干脆留一个在家里看小孩。既能看小孩，又能照顾家事，岂不更好？这就是个理论问题，就有实用价值嘛。

我在对农村经济的研究中发现农民的贡献大，即农村养活城市，将来中国经济建设的资金来源于农村。因为资本主义发展是剥削殖民地来发展资本主义。中国没有殖民地，落后国家，资本主义发展晚。中国唯一的积累资金的来源是农村。所以我在讲授农村社会学时有一句话叫"莫把农村当殖民地"。但有什么办法呢？可这个问题应该早日解决。我们有几十万个企业，如果企业利润完成好了，生产率高，收入多，营利多，国家财政收入多，负担从农业转向工业。这样农业的税收便可降低，粮食价格可提高，农民的状况就会改善。但我们过去抓工业只管基本建设，不重视轻工业，不重视工业的经营管理，所以农产品价格迟迟不动，农民的生活总得不到改善。这是一个小问题吗？不是小问题，为什么中央提出要从八亿农民出发看问题。这个问题有无实际效用呢？有效用可以向政府提出对这一重要问题的看法。

对中国人民的聪明智慧的原因，我有了进一步的认识。中国人民聪明智慧的原因很多，一个主要原因是中国是一个地主经济。农奴制经济不仅在经济上剥削农奴，而且在精神上摧残农民。关于这点，你们可以看看屠格涅夫的《猎人日记》，他描写了沙俄时代农民的状况。你们要多读些历史，便于了解今天。多了解今天，也可以了解过去。

向农民学习后，再考虑农村建设问题。我不是常讲冀西山区考察报告吗？那里面提出的许多意见都是农民的经验，很好的经验。那些大学里学工程技术的，就只懂得工程技术，不能结合山区的实际情况。不了解山区实际情况所提出来的建议，都是脱离实际的——运用到实际中马上失败。这方面的例子很多，60 年代，有一次黄河上的一座桥冲毁了。起初工程兵采用新方法，从苏联学来的方法，可就是架不起来。后来周总理说，过去我们也在黄河上搭过桥嘛。那是用的土办法，你们可以去找土专家，用土办法治理。结果，用土办法果真搭好了便桥。因为土办法切合实际，是千百年流传下来行之有效的办法，所以不要迷信洋办法。我们不是不要近代科学，不要新式科学，但也不能轻视土办法，认为它没有科学价值。例如上次讲的堵决口的方法，这里面就有科学的内容，有哲学的原理，问题是未能用哲学的语言将它说出来。

我对农业问题的重要性有深刻的认识，因为我搞农业调查较多，所以这方面经验多。如果有人提出一个问题：中国农村应该如何改变，我想过去调查研究的经验和想法还是能用得上的，如我在国家统计局工作时对许多问题的处理都是依据过去调查的经验，研究中国封建社会的关键在于理解农村问题，我们的革命为什么叫新民主主义革命呢？就是因为我们的国家是个半封建半殖民地的国家。所谓半封建半殖民地社会不能理解为一半封建主义，一半资本主义。中国 80% 的经济是农业经济，10% 是工业经济，而且工业经济也全是资本主义经济。因此中国社会性质从总体上讲是封建社会。过去曾有过对中国社会性质的论战。那时，以钱俊瑞为首的中国农村派与托派论战。托派认为中国是资本主义社会，因此不要进行新民主主义革命，直接进行社会主义革命。中国农村派认为中国是封建社会，因此应该进行民主革命。这就涉及理论问题，这就是理论问题吗？只要调查上升为理论就能运用，就能对革命起作用，革命时对革命有利，建设时对建设有利。不能运用的理论不是真正的理论，而是脱离实际的理论，是要打问号的理论。

从无锡、保定调查认识到，不打倒日本帝国主义，中国民族工业就没有发展前途，高阳织布业的破产就是一例。

从冀西山区考察报告认识到，治水是战略性的错误，是治平原不治山区，而且还不仅如此。现在我们不是感到农业地少人多吗？感到难办吗？感到要在农业中发展工业吗？发展工副业、发展多种经营吗？这当然是一条道路。但是我觉得，更大的一条路是山区建设。它是推动国民经济建设的全局性的问题。这点我提的是很高的。所以这次全国农业会议上，我决定把冀西山区考察报告提到会上讨论。目的是引起大家对山区问题的认识。你说它是个调查报告，但又确实提出了许多理论问题，你说是不是对实际有贡献呢？这就回答了你们提出的问题了。

对日战争可以持久，这是我的一个认识，是我研究农村经济得出的结论。我当时还没有读过《论持久战》。解放前，我那时只看了些《新华日报》《群众周刊》，还看了蔡义的《   》①，《资本论》也没有系统看。再说即使读《资本论》，也无法说抗战能持久。大约在1945年，抗战还未胜利时，我在云南大理搞了一个调查，即榆村调查。当时，大理驻扎着宋希濂的一支部队。我当时是以帮助修县志的名义搞调查的。当时他们请我给部队作一次报告。那还是抗战时期嘛。我的报告就是这样认为的。因为我们的经济是农业经济，不是工业经济。全国总体上是农业经济。农业经济有机性差，南北方经济可以各自独立，所以虽然日本占据了我们的许多地方，我们还有大后方，可以和日本坚持斗争下去。如果是有机性的经济，即非常集中，日本只要打垮你主要的部分就完了。比如北京，每家都点煤油灯，你想一下子把北京全城的灯火熄灭，是不可能的。如果是用电厂集中发电，它一个炸弹把电厂炸坏了，全城就陷入黑暗。集中性的经济有好处，但它也有坏处。为什么我们和蒋介石打的时候，处于劣势的时候，要把交通破坏，要把一些近代的东西破坏。为了使他们的坦克这类近代的东西没法走。步兵可随处跑，这是它的用武之地。哪怕是大刀、红缨枪、步

---

① 在讲座的整理稿中，书名号内的书名空缺，可能是当时整理讲座内容的同学没听清录音。——编者注

枪都能使用上。我记得抗战前，有人发表许多言论，说是中国抵御不住日本，只要日本进攻，中国几个星期就完了。有个军事专家，云南大学的杨××，他说一把大刀，在一定条件下也能比步枪或其他武器更能发挥作用。任何事情都是有条件的，不存在脱离条件的优越性。我举个例子，你说大刀不如步枪，但在肉搏战时，人们就用大刀而不用步枪了，就用大刀嘛，用枪上的刺刀嘛，步枪就没有用了嘛。这是我从实际观察中，从调查研究中体会出的道理。所以抗战时，我是满怀信心的。当然，还不仅如此，我还有其他一些认识。比如说游击战争，我从第一次大革命时期就开始认识了。怎么认识的呢？从具体的事实中认识，从我接触的农民军队中，从国民党中下级军官中。从国民党的消息报道中，我发现红军起初幼稚得很，后来在战争中逐步学会打仗。蒋介石的部队在路上来来往往，农民军则可以在山上睡大觉，根本不在乎。他们占的是点、线，我们占的是面。我们可以让面孤立点线，最后消灭敌人。所以在对待国内战争问题上，我有我的看法。我认为共产党必胜，革命必胜。太平洋战争时期，美国军队采用了这一经验，采用掌握空间、越岛跃进的战略获胜。

现实有种议论，说我们为什么不改变饮食结构，为什么不吃肉，西方不是吃肉吗？我看这太脱离中国实际了吧。还有人拼命宣扬农民要改善生活。我看如果农民都吃鸡蛋，都吃肉，城市的情况将不堪设想。所以这种议论都是脱离中国实际的空喊。不了解中国的社会状况，没搞调查研究，只是空喊。从国外学了些东西，学了些皮毛，就乱喊乱叫，对人民有害无利。当然，农民生活还是要提高的。如果我们预计到这点，就应该在城市中建设副食品基地。如果不采取这一措施，将来城市副食品就会成问题。你们看，这不是个小问题吧，不也是调查研究的结果吗？你说对社会主义建设有无益处吗？我认为有意义，而且它不是空泛的议论。

这就是你们上次谈的调查研究有什么意义，它与理论是什么关系，我想以上这些体会能作为一个简单的回答了吧。

十一　调查资料的分析

下面谈几点关于调查资料怎样分析的问题。调查资料的分析是锻炼智能的问题，具体的办法是多做调查，在调查中研究，使调查和研究成辩证运动向广度深度进军，即边调查边研究，所以要多参加实地调查，不能完全看表面。现在很流行问卷调查，我觉得这对你们深入训练好处不大。自己亲自深入生活，见人，表格根本没看见调查对象嘛。现在我们一学西方，就似乎西方什么都好，我们的方法都不科学了，这是刮"西风"。我觉得文艺工作者要写好作品，就要深入生活。文艺界不是也乱刮"西风"吗？但真正站得稳的，还是扎根于中国泥土中的作品。社会学也是如此。真正的社会学是扎根在中国泥土中的调查研究。如果不深入生活，调查城市不深入工人，不深入市民，不深入普遍劳动人民，你们是提不高的。如果调查农地，不深入农村，也是不行的。要深入农村，下去蹲点。我的一个孩子也是搞农业经济的，我就很少帮他的忙，也不看他的调查报告。我让他到农村生活七八年再说。自己锻炼，自己思考，自己调查。边调查边思考，边思考边调查，辩证发展，调查也就深入了，这是博与专的问题。中国有句古话，叫做"掘地见泉水，随处无弗得"，这话很有道理。在一个地方打一百口井，不如打一口深井。要深入，不要浅尝辄止。

至于说到方法，社会学没有一成不变的方法。方法上有层次，辩证法是第一级的方法。物理学本身有没有方法？有方法。化学也有方法，有基本理论方法和应用化学的方法。任何方法都有层次，但辩证法是第一级的，其他的方法是第二、第三级的，要注意掌握第一级的方法。为什么有些洋学者，科班出身的人不能解决问题呢？正因为他们不懂辩证法这个第一级的方法。他们只会照搬外国理论，不会应变。

至于如何分析问题，如何加以分析的问题大家可以看看列宁写的《俄国资本主义的发展》，这本书要精读。全书运用帝俄时期的资料加以科学整理，这是运用马克思主义政治经济学原理的典范，资本主义经济学分析，都是质的分析。量的增减，如 1－5、5－10、10－15，没有质的分析。当然，这种量的分析也是需要的。

其实，调查方法不完全是靠统计方法，《英国工人阶级状况》中没有一个统计表，都是文字加数字叙述。所以我说方法是多种多样的。当然，你们也可以用统计表。我们的无锡、保定调查都用了统计表。这个统计后由国家统计局审核，完全正确。所以不要以为什么都是西方的好，中国也有好的东西。我们还是要高举马克思主义的旗帜，我们要建立马克思主义社会学。当然也要读些书，但培养人才要以调查为主，读书为辅。解放前，我接触马克思主义很少，但不少地方符合马克思主义的观点，可以看作一个朴素的马克思主义者或是一个朴素的辩证法者。解放后，我看马克思主义的书就不吃力，很快就理解了，而且还不教条。当然，不能说我的方法就一定是对的。总之，读马克思主义，读得不好，也会读死。现在有人食古不化，有人食"西"不化，更有人食"马"不化。这种现象不是现在才有，马恩在世时就有。如何读书是个大问题，可进行专题研究。

有人问，搞调查统计什么是必读书？说实话，我读书不多，只读过初级统计，但我现在可以审查系统论、信息论、未来学的论文。为什么呢？主要是学会了思考，学会了第一级的方法。我并不反对读书，没有第一级方法，有第二级的方法，也是专家嘛。但我是从认真调查中学会调查的，从认真写作调查研究报告中学会写作调查报告的。易村调查就是如此。当时费先生陪我去，但我不要他陪，我喜欢独立思考。路还是自己走，平时要注意观察，要从日常生活中发现问题，要多看报纸，多了解时事。

在统计专业上，我在考场上考不过你们，因为我没有学过。但是为什么我在河南普查中，在国家统计局的工作中，能够发挥一些统计专家所不能起的作用，而且成为一个表格设计的专家呢？我的经验、方法都是从实际中思考出来的，而不是从任何书本上照搬的。确实是这样的。

说老实话，社会学的研究既好研究，又不好研究。搞得不好，会成为万金油；搞得好，每天都在社会中生活，只要我们善于思考，善于观察，什么都是材料，天天都有新的思想，真是源头活水来。问题在于你善不善于观察、思考、总结和发现问题。

总之，资料如何分析是智能锻炼问题，具体的方法是多做调查。

十二 理论研究与实际效果的关系

最后谈谈理论研究要考虑实际效果的问题，这点很重要。

例如，现在提倡只生一个孩子，会产生种种问题。关于这点，我可以写很多论文。但是你是否考虑过，如果不节生育，问题就更大呢？所以应该权衡轻重。一个孩子有社会问题，不节育也有问题，而且问题更大，因此，只能节育。如果你没有全面观点，提出从社会学角度讲，一个孩子将如何如何，能说明什么问题呢？理论脱离实际，对实际有害而无益。

再例如不让农村人口流入城市的问题也应该权衡轻重。农村人口流入城市怎么办？人口这么多，城市这么挤，国家经济又这样困难。将来的办法只有多发展中小城市，现在也没有钱可以发展中小城市，而且城市如何建设也还没有全盘考虑。如果我当第一把手，我也是禁止入城市。我明明知道这不合理，农村比城市苦，但你不能脱离现状嘛。这也是个理论如何与实际相结合的问题。

有关不进行直接选举，从理论上讲，也是不合理的。但要根据实际情况，目前只能举行间接选举，为今后创造条件。宗教也是一样，无产阶级共产主义者不信教，党的政策不提倡宗教，但不能禁止宗教存在，因为目前的客观条件不成熟，不宜取消宗教，所以不要乱发评论，影响宗教和民族政策的贯彻实施，我在这里并不是空发议论，我是了解一些情况的。第五（个例子），共产主义社会是比社会主义更好更合理，可是时机不成熟，不是还要实行社会主义吗？我们不能脱离实际来讲合理或不合理。以上五个例子是说理论研究要讲求实际效果。譬如，文艺作品的创作，你吃人民的小米，不思为民，不讲社会影响、社会效果怎么行？难道讲组织性就不自由了？怎么可以将组织和自由对立起来呢？交通规则不要，就无法行车走路，血管是血液进行的管道，没有管道，怕是不能活下去的。

搞社会科学，应当注意理论和实际相结合，脱离了实际就谈不上科学。空谈可以误国，害人害己。以上举了不少的例子，拉拉杂杂，作为对同学提出问题的解答吧！

十三 《中国青年的生育意愿》有关问题

讲讲《中国青年的生育意愿》（以下简称《意愿》）。我在一篇关于人的智能问题的讲话里，谈到名与利。有些人，写了文章，又有名又有利，扬扬自得，这是个学风问题。过去人家搞科学研究，连性命都牺牲了，我们怎么能只求名利求面子呢？以前我在统计局工作过七年，参加过部局召开的重要会议，薛暮桥同志曾经要求我负责办一个刊物，我没有应允一个同志把我的一篇文章拿去发表了，我并不知道，他要送一半稿酬给我，我说我怎么能收呢，我连发的什么文章都不知道，干工作要不为名利才行。

局里对我很关心，将我保护得很好，从前有人批判我的所谓"马尔萨斯"论调，当时我已调离统计局，批判的事局里并没让我知道，事后我才获得消息的。

我搞易村手工业调查，是从人多地少的情况出发的，后来批判我是"马尔萨斯"观点，实际上我自己早在解放之前就批判过"马尔萨斯"的理论，那个讲课提纲现在北大袁方同志手中，他曾经接着我的讲课，讲了一年。现在我也没有精力整理研究它们了。

我在太行山区搞水土流失的考察，以调查团的名字写了考察报告，提出最好不要再饲养几百万只山羊，山羊吃草不同于绵羊，它连根带叶一起吃，影响水土保持，可以改养绵羊、细毛羊。1957年底1958年初，我在反右运动末期将报告完成，最后以我的名字发表了。为什么呢？当时河北农委的同志找我，商量我的建议问题，怕担风险，我说用我个人的名义发了。这个报告去年又被推荐到河北农委，再次刻印成文，说明它确有实际意义。

《意愿》最初没有印上名字，后来大家提出觉得这样不妥，还是写上了。但对名不大感兴趣，据我一生观察，摆脱"利"容易，摆脱"名"则不容易。这方面我很敬佩宋庆龄同志。尽管这样，我觉得建筑上是可以刻上建筑工程师的名字的，表明应负的责任吧。

谈到"胆"，大家知道，我一直受批判，觉得无所谓，我根本不是马尔萨斯的观点。我是从实际出发，在体现胆的方面，最主要的关于无锡、保定调查"小土地所有制"的问题，当时这个问题涉及土地改革的政策，搞不好会有影响。我国刘怀溥同志（已逝世）坚持整理资料，我俩都敢搞，负责这项工作的孙冶方同志也支持，他是有胆子的，后来他说过，我与刘怀溥是两头牛。搞好的报告，一无利，因是内部刊行，没有稿酬；二无名，又要担风险。刘怀溥同志因为这个调查报告被打成右倾机会主义分子。我则被打成"中右"。批判我的人，连调查资料都加以否定，我提出列宁就曾用过资产阶级的统计资料，据理力争。这些人是不学无术的，我们一直围绕这个问题进行辩论，"无保调查"的整理工作被迫中断了两年。小土地所有制是农村进一步贫困化的主要原因之一。小土地所有制同自耕农有区别。从南到北，小土地所有制愈严重，农民也愈贫困，是能说明问题的。"无保调查"的整理仍需一年半左右时间，这个包袱一直压在我身上。胆的问题就谈到这。

《意愿》在调查统计方法上有一些体会，这里做了一个总结。《意愿》曾打印过一些，今年五月份可能会正式发表，其中还包括了一个提纲和一个体会。体会开始不准刊出，它涉及起初一些不正确的设计看法等。现在想来，认识错误是不能照顾情面的。

最初写得一个报告，把全部注意力放在相关分析上，注重了相关分析的正负系数问题，平均值的计算也只是为了说明相关系数的正负、高低，而没有说明青年人有什么样的生育意愿，存在差别及其原因，等等。这样的报告没有明确的目的性，把手段当作目的，是一个不成功的例子。

相关统计法和均值法都是统计方法的组成部分，各有所长。大炮和刺刀在军事上都有用途，方法也一样。把相关分析放在首位，而用均值去说明它，这更是错误的。用均值来补充说明，本身就说明相关分析有不足；相关分析有时有引人错觉的地方，例如农村女青年生育意愿用经济地位的正负相关，而且比较高，相关系数上表现还好，但从意愿生育子女均值来看，女的比男的要多，好像女子经济地位改革后，生育意愿就下降。可实际上，从平均值上看，意愿生育子女数大于男青年。均值分析也可做比较，表明对比关系。

原调查报告最大的缺点，是进行各个孤立统计分析，没有将各部分联系起来，我们应当科学地看问题，就是用比较法，看到部分间的联系，如不同地位、不同文化程度的比较等。任何两个事物之间都有同一性，又有差别性。原报告在北京城区的调查方面，只看到性别、行业的差别，没有注意同一性和一致性。

搞调查，写调查报告，我看有条件也实行师徒制。为什么要说是师徒制呢？就是跟着老师，从他怎么收集材料，整理材料，怎样形成观点，怎样写作学起。你们要学做衣服的话，首先要看到怎样剪布，怎样缝，怎样做成成衣，如果想学做衣服，上去买件成衣来，你也看到成衣，就再也做不出衣服来了。这也是个方法论。现在讲的课，看的书都是成品，就像买到一件成衣。师徒制就是跟着那个科学家在一起，从材料看起，一直看到底。

一个讲学问的人，他的思想方法是在任何场合下都要反映出来的。往往在跟他谈话时，才能真正学到治学的方法和思想方法，单看他的书，是学不到多少东西的。在英国，一个老师带一个学生，实行师徒制；而在美国，老师讲完课就算了。费孝通去英国后，本来是让马林诺夫斯基的一个学生带他，如果让马带，那是很高的荣誉。马林诺夫斯基有一个野心，想把他的思想方法扩展到中国去，所以他一下子就看中了费孝通，亲自收为徒弟。他与布朗辩论时，就把费叫到旁边去听，这就是师徒制的好处。有时费先生还帮他打扫房间。过去费老帮我指导论文时，我就帮他做事，你给我多少时间，我就还报你多少时间，现在有些青年只知道完全向人家要，自己舍不得付出一点。

所以，我首先看到异质性。之后，我就研究这个材料。当时对这个材料有争论，有两种意义，一种认为这个材料有价值，一种认为没有价值。当时拿到材料后，我第一眼就看到异质性，还看得下去，社会学所看到这个材料涉及相关系数问题，要去请教另一个统计学家。我让他们去的，他们去了，那位统计学家很高兴，他一定谈了相关系数问题，但说这个材料没有价值，所以我后来讲，你整个报告不看，就说没有价值，就把人家整个一个报告扼杀了。我们说句话，看篇论文，看一篇青年的调查报告，写个批语，就等于坐在审案子台上，一下子可以把人家的学术生命断送了，能够轻轻易易，就那样简单从事吗？要不要对青年同志负责？所以这是个教则呀，是原则呀。以后，我发现了集中性。它一共分了九类家庭。不同职业的青年看法很集中，不同文化的也集中，或者说一致。第二类和第五类家庭很集中，我看到了它的集中性。要认识到同一性和差别性，分清主次地位。我指出在城市中以第二类家庭为主，第五类次多。在农村是第五类家庭多，第二类家庭次多。主次地位要分清，这使研究过程深入了一大步。异质性都很大，集中性都很高，都集中在第二、第五类家庭上，而且第二类和第五类家庭城乡有别。于是，就把城乡的不同点又划出来了。但不能就此止步，必须进一步解释，同一性是主要的呢，或者是差别性是主要的。要知其然，还要知其所以然。即使这种解释只是一种假设，也比没有这个假设好。其实相关系数就是从假设出发，胡适的"大胆假设，小心求证"没有错。问题是胡适怎样去小心求证。他是随便找一些材料去证验他那个假设。实用主义地来运用大胆假设，小心求证。科学研究中，假设是最重要的问题。如果发现假设有错，就要马上放弃这个假设。但胡适不是这样，他找一些材料来证明他错误的假设。不是胡适的方法错了，而是他为学的作风不正派。过去也批过胡适。因为提出假设，可以引人进入所演的角色，从事探求。如果处理侦探案中，开始根据一些材料，很可能认为对手、凶手就是他，这不是假设吗？材料一多了以后，根据另外的材料，发现不是那个人，而是另外一个人，因为有时候狱中档案可以弄错凶杀对象，凶手可以不连续作案，好几个人都猜错了，都没有想到最后那个人是真正的凶手。所以侦探探案的过程不易想象。有了假设后怎样对待假设，遇到真正的材料之后，如果假设能够成立，那当然对了。如果发现原假设错了就要换，其实，科学研究就是一个过程，今天不能细谈了。

要想进入所以然的阶段，就要在解释上进行百家争鸣。有些现象出来，大家各有各的解释，都有假设，都有各自的不同说法，百家争鸣。可能有的解释是正确的，有的解释是错误的。这是常有的事，在科学史上有的是。能否得出解释，以及解释是否正确，这就决定于研究者已有知识的积累深浅如何。如果你的知识积累得多，而且你知识的功夫深，锻炼深，那你就能做出正确的解释。在研究中国社会和历史的时候，外国人不如本国人积累的东西深。我们在中国，知道中国的情况就比外国人多得多，外国人来了还得从头学起。就外语来说，他能讲中国语就了不得了。他根本没有在中国社会生活过。因此发展本国社会科学主要依靠本国人。初期可以请些外国人来讲课，将来发展中国社会学就靠你们在座的人。在自然科学领域中有所不同，即使自然科学也有中国的自然，也要发展中国的自然科学。外国人对中国也有的比中国人了解得多，比如历史学派，是外国人讲课，用外国课本，用外国人调查的材料来中国讲，或者是作为中国历史学家来讲课。哪门课不是这样的？生物学或者是中国生物学。要中国化社会学更没问题，当然应该是中国式的社会学。所谓现代中国社会学就是马克思主义社会学。

再其次，我讲讲相关。有正相关和负相关两种，负相关也是一种相关，零就是不相关的形式。负相关指数高，也说明另一种关系的强度高。但要对负相关做出解释，用以说明正相关。至于能不能这样说，还不能做出结论，因为我没有系统研究过相关系数法，只能和同志们共同商讨。就经济地位高的，反而生育子女少这件事来说，就不大好从经济本身做出解释。经济地位高反而子女少，可能因为经济地位高的担任的工作复杂一些，那就要从工作上去考虑，就不是完全从经济本身。或者是需要学习的必要性大一些，要忙于学习。原来我在统计局，晚上要学到十一点钟。或者由于随着经济地位的提高，抚育小孩的标准也提高了。要吃牛奶呀，我小的时候就没有吃过牛奶。还有要吃水果糖，玩高级玩具，要求增加了。这些都是假设，都需要进一步调查研究。如果在调查表中，以及形成的文字材料中，提出子女抚养问题来，如你们打算将来怎样抚养子女，或介绍邻居家养育子女的情况怎样，你认为哪些做法是好的，哪些做法是不好的。这个提纲只要你思想细致，你对这个问题有所了解，这个提纲就大不一样了。你可以写一百个提纲，不如一个有能力的人提出十个重要的问题。你可能说不清问题所在，这就要靠你的功夫了。所以，在作调查表格中，我说你们自己去摸吧，我不愿搞，你们可以自己去做。这次在吴江，设计调查表格，我创造了一个名称，叫做"调查提要"，我补充了几点要一起打印，给他们带去。设计一个表格很费劲，我没有那个经验，在方法论中，提要最重要，就可以帮助我们，搞清意愿多育和意愿少育的原因是什么，这比干巴巴的几个数字有助于提高我们的认识。一个数字的负相关数，只是给我们提出了问题，假如没有其他的资料和知识做帮助，未必能很好地解答问题。认识到相关程度的高低，为什么相关系数高的不能多大地解释问题？所以我们的知识面要广。假设的研究，就是要证明假设是正确的，为什么这个假设是对的，假设使这个联系与其他的关系怎么样。其实相关系数法是一个初级的方法，不是一种系统方法，我不否定它的优点。所以我们要知识面广，知识面广有助于进行联系、比较的思考，这样才能加深对事物的认识。这就是广与深、博与专的辩证关系。

原调查报告，侧重于量的分析，把质的分析看成旧统计方法。为什么旧统计方法不属于量的分析？这个说法从何而来？我觉得非常奇怪，列宁的《俄国资本主义的发展》一书，就是质的分析与量的分析的典型结合，分类只是按数字分类吗？要掌握政治经济学的质，我们对有多少雇佣工人才算资本家的问题，不是也有质的问题吗？多少工人以下的不算资本家，而算小商人、小雇主或者小市民。我看资产阶级统计学倒真正只有一个量而没有质，什么 5－10、10－15。五十年代时把资产阶级批了个一塌糊涂，现在一下子门户开放了，又把各资产阶级的统计方法说得很好。我们是一阵西风，一阵是古风，食古不化，食"西"不化，食"马"不化，这是极左路线时的做法。过去我看他们那些反动家伙，复古派，食古不化。资产阶级就提倡食"西"不化，要中国全盘西化。现在外国的东西一来，食"西"不化又出现了，这些东西南北风不断地刮来。问题是我们怎样去对待这些风。辩证法最重要的一条，是质量互变规律。化学中，有定性和定量分析。定量分析只有在定性的基础上进行才有意义。如果不知道矿物的物质属性，定量分析就无法进行。如果说矿产占 1%，这话有什么意义？如果你不知道这个矿藏的属性，老实讲，你就不能进行定量的分析。定量分析的方法不一样，对铜矿的定量分析就不同于对铁的定量分析。你们可以学习一下化学的定量和定性分析。列宁在阐述《俄国资本主义的发展》一书中，就没有应用过任何相关量的相关法，也没有用过多变量的相关法，照样把问题说得清清楚楚。列宁在上述一书中几乎字字及纲，资产阶级的统计分类法只按当时的数量进行分类的，致使统计分析混乱不堪。列宁运用政治经济学的理论，采用了质的分类法，这是统计学上的一大进步，怎么能否定质的分析的重要性呢？至于说相关统计法是新的统计方法，这也是不正确的。好像相关统计法是在现在的大学高级统计课上讲授的，所以只有相关统计法才能研究事物的相关。说旧的统计是方向统计，这种说法也是站不住脚的。我们这次就运用了意愿生育子女的均值，在某种经济地位的青年中进行比较。这不同样是研究经济地位与生育意愿的相关吗？同样我们也用来研究了某种教育水平与生育意愿的相关系数。我们这次就用了一些质的分析来帮助对量的理解。在男女青年生育意愿上的不同所反映出来的量变上，如果只提出一个男女有别，这只能说还停留在研究问题的大门之外。只有指出女青年生理上的不同，生育子女的负担过大，大于男子，在社会地位上还存在一个妇女解放的问题，这样才是质的分析结果，以此来区分男女的不同。

我首先认识到异质性，以后认识到集中性。男女青年意愿生育子女的差别性，在内部讲，这是我的得意之作。如果只说男女生育意愿在城乡有别，也不能说是进到了质的分析的。我们只知道城乡是异质的差别，都是城市，则是同质的差别。因为城市的经济文化水平是与农村不一样的，城市以工业为主，农村以农业为主，这个差别就已经很大了。城市是文化的中心，农村的文化程度低一些，这个差别就很大。这样分析就把认识推进了一步。不能只说城乡有别，也要指出城市间的异质性。我们这次发现相关统计法，在运用上有种种缺点。如上中下三种经济地位中，只有一个样本，于是（就是相关系数法中两相关里的一种方法）等于零。这根本不能做出任何结论来，等零，很容易使人误认为不相关。当然这不能归罪于相关法，只能归罪为相关法的误用。统计法运用得不好的话，原来是1，再增加1，就增加了百分之百；如果原来是100，增加20，就只增加了20%，任何统计方法运用不当，就可能产生错误。如基数很小时进行百分比（计算），就会出现奇大无比的百分数来。这就提出一个问题，在运用统计方法时，要注意样本数量够大不够大，如在各个级别中分配得是否均匀合理。同样，在观察别人的统计时，也要做出这样的鉴定来。这样，才使自己头脑清醒，根据统计结果进行分析，使自己心中有数，不要做出不合理的结论来。一句话，运用统计资料时，不能停留在字面上和数字上，要深入思考数字的多少，数字代表的性质，当然，相关统计法也有其优点。例如下中上三个经济地位中，从下到中，与子女的增加成正比；由中到上，子女均值减少，成负系数。但就普遍的统计方法看，总的系数怎样呢？这是一个项目很多的调查表，假如纵行有十个项目，横行也有十个项目，就很不好办了。相关统计法就能总结为是正相关还是负相关，这是其他方法不易做到的。不过，我也考虑，相关统计法很粗。例如在两个经济地位里面，子女的均值有所增加，按相关法，就算出一个总值。男女两个组别，男组由下等经济地位到中等经济地位，假如子女均值增加，一个人增加子女 0.001 个人，等于没有增加什么，这是一个正系数。女组里增加 0.999 个人，也同样是正系数。一个增加 0.001，另一个增加 0.999，都是同系（数），这粗得很。这两个同系（数）都称作 1，但在增加的分量上，不可同日而语，相差太远。总之，男女总的相关系数成负相关系数，负相关系数很大，男女分两个级，甚至里面有正相关，也有负相关，正负相抵。正系（数）与反系（数）粗得很，运用起来就变了。总之，在运用各种统计法时，要了解各种统计法的短长。以上是我的初步看法，我只懂得一点相关分析法，只学会两位相关法，多位的相关法还得拜老师。但我已经看出许多问题来了，我没有崇拜在它脚下。在运用时，还要深入到统计所根据的样本本身中去，不要只单纯浮在统计所得出的结果上，才可以对统计结果做出正确的评价来。最后，还可以运用各种统计法，从各个方法去观察，也有助于我们经常保持头脑清醒。有人问我，怎样对待统计资料，我说，你们就是要多思，多想，要把头脑保持清醒，我这个话说起来很简单，也等于没有说。我的意思是要你们自己去想，同志们，路是自己走出来的，老靠人家带着走，是走不出路来的，要自己闯天下。

在调查设计上也存在一些问题，多的列出十种，少的列到九种。从这项设计和其他设计中，使我认识到原设计人思想细致，这是好的。这设计是不是杨文同志设计的，我也搞不清楚。这项设计是可取的，成绩应肯定。但在科学性上存在一些问题。俞秀同志问我，对多族的大家庭应该怎么分呢？这是不是科学？我说是的，我也没有法子改，也是我不愿出版这本书的原因。不过，设计既然能列出九种或十种家庭，第二种和第五种比较集中，其他八种数量很小，不影响论文的科学价值。这在统计设计上是有错误的。这个调查报告中老批评设计，我不能说设计是杨文，写调查报告是张子毅。那么为什么不列出一老一子的家庭呢？由第二列第五种家庭中，都对孩子的性别有所确定。可是有点麻烦在里面，对所有的孩子性别不加区别。这样，一部分家庭对子女性别作了区别，一部分家庭则未确定。总计起来，性别就残缺不全了。再者，第六、第八种列为与老人同居，那第九种多子女家庭和第十种大家庭，包括不包括老人呢？它没有下文，这也造成不能全面统计的困难所在。第九、第十种没有明确有无老人，可以认为有，也可以认为没有，可以随意理解，这样取得的资料毫无科学价值。如果这是一项不同地位的比较，就要使全部加在一起的制表工作失败。统计表的设计不是一个简单的事件。它这种直接加总的统计方法，由于分类中存在的问题很多，例如前面讲的可以使人随意理解的分类项目，使最后加总时出现问题。第九种和第十种家庭是很奇怪的，如果多子女的家庭不叫大家庭，那么大家庭又指什么呢？几个小孩子或几个以上小孩，几代同居叫大家庭吗？调查表的分类指标并没说明此。幸而绝大多数青年选择了第二种和第五种家庭，选择其他八种家庭的青年很少。调查结果的科学价值是有的，但调查表的设计是失败的。调查报告是给内行人看的，会被轻视的。

有关设计中的问题。这部分，以后全心全意可以看打印成的报告，有几点提一下。以上关于生育的原因和目的共设计了三个表，再加上家庭形式表，经济地位质量表，从中我发现设计者很细致。这是优点，是有前途的。但缺点是思想欠严谨，设计观念不强。这是一个年轻人，没有经过科学训练的初学者所不可避免的。这种不怕难，不图省事的精神，应该给予肯定，报告的优点是主要的，缺点是次要的。古人说"文如其人"。有的人写文章非常小心，因为人家一下子就会看出他是个什么人。所以观文是可以知人的。在设计上，我要说的就是不要片面化，要一分为二。一句话，制表有几条原则。制表要讲科学性，要对读者负责。在这两个原则的要求下，当繁则繁，当简则简。不能在当简的时候繁，当繁的时候简，这就成了繁简不当。所谓"繁"，就是表格设计复杂。所谓"简"，就是表格设计简单。

我写了一个《中国青年的生育意愿》调查简介。中国社会学联合会应联合国教科文人口处①之邀请，于 1979 年 12 月委托团中央研究室，采用发放问卷的形式，对北京和四川两地城乡同时开展了青年生育意愿的调查。1981 年 6 月由社会学所和青少年研究所整理成题目为《中国青年的生

---

① "联合国教科文人口处"，原文如此。

育意愿》的调查报告。一般讲，这样的简介应点出作者，只点出了介绍人，他虽是作者之一，但这样做是什么意思呢？这份调查报告对调查方案的设计和整理工作上存在的一些缺点，进行了批评。这种敢于自我批评的精神是值得提倡的。尽管这项调查存在这样那样的缺点，但通观全局，该书在研究方法和研究成果上是有一些收获的，值得向读者介绍。

这个报告首先点出人口问题是当前世界许多国家所面临的一大挑战，也是我国历史上长期存在的一个严重问题。解放后的人口问题与解放前的有所不同。解放前，旧社会的人口增长模式是多生多死。解放后，由于社会主义制度的优越性，很快就解决了多死的问题。资本主义尽管发达，但还存在贫富差别，贫民是多死的。不幸，由于主观上没有认识到解决多生问题的必要性，以至在前二十年中出现了多生少死的人口增长模式。1972年以后，由于多生少死向少生少死的一种新的人口模式的转化为时过晚，使三十年中全国人口几乎增加一倍。

我们过去一百多年才增加一倍，这是明清后人口增加最快的时期。解放后三十年就增加一倍，而且是在很大的基数上增加的。1965年到1980年中增加了三亿人口。在世界上，有三亿人口就是一个大国了，三千万就是一个中等国家。要使人口减少到1965年的绝对数字上，假如每对夫妇只生一个孩子，也需要七至九年的时间。就是说需要五倍的时间，才能回到1957年。上去容易下来难。这是一个沉重的包袱，要背一两个世纪。如果说少死是社会主义制度优越性的一种表现，那么出现目前的这种状况，则是由于认识上出现的错误，没有认识到中国的国情。中国的国情是人多地少，这是另一回事，与社会主义制度并无本质上的联系。即使过渡到少生少死，多生少死留下的后果还是严重的，造成我国人口青年化的倾向。全国三十岁以下的人口已占全国人口的65%。这是这次调查把青年生育意愿作为对象的原因。

从1955年至1968年出生的大批儿童已成长为15岁至30岁，进入育龄区的青年了。这些青年一般意愿生育1~2个子女，这就决定了今后人口的发展趋势。在一定时期内，人口出生率将会有所上升，这值得引起我们注意。其次，虽然调查结果说明这个年龄的青年趋向少育。但由于1979年后，城乡经济体制发生了某些变化，可能对这批青年的生育意愿产生影响。所以，计划生育工作是一个需要长期抓紧的任务。

现在讲这项调查报告在科学研究上的发现。

　　调查报告的分析研究指出，北京城区与北京农村之间，和四川城镇与四川农村之间，虽然各自在空间上比较接近，但在意愿生育子女上面，却表现不出显著的差别来。这个问题比较容易看得出来。它在科学意义上是很重要的。是由于城乡之间，在经济文化发展水平上目前仍然存在较大的差别造成的现象。

　　城乡差别大，具体反映在家庭形式上，是两地青年在生育意愿上的差别。城市的情况是，追求一个孩子（无论男女）占最大多数，追求一个男孩一个女孩的占次大多数。两地农村追求一个男孩一个女孩的占最大多数，追求一个孩子不问性别的占次多数，这是城乡差别。

　　再拿平均数来看。反映在意愿生育子女数的平均值上面，两地城市的均值是局限在一到一点五个小孩之间；农村在一点五到两个小孩之间。这就明显看出，在青年生育意愿上，城乡差别是最根本的差别。在我〔介绍者〕看来，这是调查结果的最重要收获，而且是从宏观的角度，从整个城乡来认识这个问题的。方法论上是宏观的方法。这是讲城乡之间的差别。

　　根据四个地区男女青年在生育意愿上的不同表现，报告中特别集中谈了一下男女青年在生育意愿上的差别，指出女青年按照不同的经济地位，出现了意愿生育子女数目曲线的摆动幅度。而且，女青年所反映的，与她们的经济关系、文化关系都是负相关，没有正相关。男青年就不一样。况且，女青年的相关系数也比男青年的大，当然不是太大。在农村，女青年意愿生育子女数与男青年相同（平均数），甚至超过男青年，相关值为负。在城市，女青年意愿生育子女的均值就小于男青年，这就说明女青年的少育倾向在农村是受到多种原因压抑的；在城市由于压抑较少，能充分表现少育倾向。这种少育倾向若能为更多的资料所证实，那么在人口问题的研究上，是一个重大收获。发现女青年（城乡之间）在意愿生育子女上的差别比男青年大，这是我得意的地方。

　　由上所述，既然农村青年的意愿生育子女的数目大于城市，而农村人口又占全国人口的绝大多数，所以计划生育政策能不能够较好地贯彻，农村与城市相比就更为重要，计划生育的重点是农村。在农村计划生育上面，如果在女青年上多做工作，了解她们少育的倾向，帮助她们从这种压抑中解脱出来，并提高其思想认识，是计划生育工作的重点的重点。这份调查报告联系实际，提请计划生育部门注意。当然，还要搞调查研究，弄清女青年受到的是什么压抑，怎样造成的，怎么帮她们解决。这牵扯到一系列的问题，如果你们下去调查，很可能接触到这个问题。

关于传统观念对女青年生育意愿的影响，在少数地区是正相关，其他地区是负相关。受传统观念深，意愿生育子女数也较多。这就叫正相关。是不是所有地区都是这样？不是，只有少数地区是这样。所以说，我们绝大多数青年基本上拥护计划生育政策，他们只意愿生育一至两个孩子，而男孩女孩一视同仁，重男轻女的观念比较淡薄，说明他们不太受传统观念的影响。值得注意的是，在体制改革以后，城乡青年由于经济地位上的某些原因而在意愿生育子女数上出现哪些新变化，这要求计划生育工作进行更深入的定质（性）研究。

再说说代表性的问题。这项调查报告，不可能涉及 1979 年以后的新情况，只有它的历史意义，即反映了 1979 年当年及以前的一些情况，这项调查报告，限于十五岁到二十五岁以至三十岁之间的青年，而且以未婚者为多，这就有两个局限性，前者时间上的局限性，后者是年龄上的局限性。附带说一句，年龄差别问题，是我将报告递交联合国后才发现的。年龄差别是个重要差别。很多人研究十五岁至四十五岁人的生育上的差别，我们研究的是十五岁到三十岁的青年，而更多的又是二十岁左右的未婚青年，所以不能用别人的研究代替我们的，即不能用四十岁左右的人的生育意愿代替二十岁左右的青年人的生育意愿。

最后，我提一下该报告的一点贡献。在这项报告中引用了多种方法，就是：（一）相关系数法；（二）平均数值法；（三）从整个城乡角度出发的宏观法。三种方法互相使用，看出各有所专，各有所短，从而做到取长补短。几种方法并用，有这个好处。

关于相关系数法，我想说几句。这种方法，能用来说明两种因素或多种因素的相关程度，却不能说明为什么出现这种相关。在相关上不能作出质的说明，是这种方法的不足之处。这次调查对象大多数是二十岁左右的未婚青年，有的是大学生，有的是工厂的工人，有的还是临时工，有的是农民，所以在经济水平上都在三四十元，有的还偏低一些；文化程度相差不大，由于时代的原因，他们念书不多，所以根据相关系数法，从文化教育程度和经济地位去观察他们的生育意愿，就显得相关程度不大。这就说明，在这种调查对象上使用相关系数法，是不妥当的。不是说相关系数法不好，而是使用的对象上有问题：它本来的差别不大，文化程度与经济地位相差不大，当然就显不出相关来了。反之，在传统观念上，由于他们受传统观念影响较少，所以倾向生育一个或两个小孩的多，而且意愿生育子女的性别也无重男轻女的现象。这表明他们受不受传统观念的影响呢？原来我以为一定是受传统观念影响的青年为多，但实际不然。现在十五至二十岁的青年与我们的想象很不相同，所以我很希望接近他们。这次调查，发现父母一般同一个孩子住在一起，叫做两代同堂吗？可是他们两代人分开来吃，父母一起，孩子自己吃。形式上是两代人在一间屋子，实际上经济关系是分开的。费先生也说这是很大的发现。所以现在的调查研究很复杂。

研究差别性，也更同时注意一致性。如这次城乡生育意愿的调查研究，由于经济地位上差别大，所以反映出意愿生育子女数上的差别就大，要两个孩子与要一个孩子的差别是明显的。但即没有差别，还有一致性，即无论城市还是乡村青年，在子女性别上无重男轻女现象。认识问题是一步一步的。

基于上述分析，这次调查虽然样本数在四地不同，仍然反映出极为明显的规律性，具有科学上的一定贡献。

一九八二年三月

社会学方法与调查[*]

　　我今天来，没有思想准备，今天讲课，想采取一些新的方法，首先自我介绍，然后想了解一下在座各位研究生的情况。

　　先自我介绍。我这个人可称"不学无术"，我在社会学方面也是个"外行"，但是我有胆子，还有些见识，合起来就叫做"胆识"。现在，我暂时做先生，你们是学生，但你们有许多专长，下课我需要向你们学习，我就是你们的学生，所以先生和学生是相对的关系，可以变动的，这是真话。例如，我看电视，看故事片《许茂和他的女儿们》，就看不懂，不知道人物之间的关系，就要问小孩子们，他们一清二楚。所以，我们每个人，既是先生，又是学生。先生和学生是个辩证的关系，因不同的情况而有所不同。弄清楚这点，以后我们就好处了。可以和大家一起学习和讨论。

　　我们讲课及治学的精神是什么呢？在马克思回忆录中曾写道："马克思除了崇拜真理之外，不崇拜任何别的东西。"就是说，应该只崇拜真理。"吾爱吾师，吾尤爱真理"，讲的也是这个意思。梅林的《马克思传》中说："马克思为世界而工作。"我们也该如此，在我国，我们的爱国主义和国际主义是统一的。

　　解放前，我在云大社会学系教过社会学方法论，那时主要是讲西方社会学的方法论，例如，法国涂尔干的方法论。我对方法论有兴趣，但我对哲学是"外行"。这次我是仓促上阵，临阵磨枪。

　　我从小就爱从实际生活中发现问题，后来又从事社会调查多年。我先在湖南念中学，那时是老夫子教书，教古文，问他什么他全懂。后来又上了清华，国文课教师是杨遇夫先生，很谦虚，承认自己有不懂的东西。这就是"知之为知之，不知为不知"。我念物理系，后又到化学系，因身体

---

* 根据北京大学社会学系资料室 1982 年 7 月 12 日的"社会学方法与社会调查参考资料"打印稿整理。

250

不好又转到社会学系。念了二年半，1939 年毕业。这二年半没学到多少东西。费孝通先生 1938 年回国，辅导我的毕业论文，才使我稍有收获。下面讲讲社会学究竟是什么。对此，有各种定义，社会学就是研究人们的社会生活和社会关系。马克思说："人是社会关系的总和。"社会上，人与人之间有各种关系。学法律学的，研究人们的法律关系；学经济学的，研究人们的经济关系；我们学社会学的，就要研究人的社会关系的总和，所以也叫做"人学"。

文学也研究人，那么社会学与文学有何不同呢？文学也注意研究人，注重的是典型人物、典型事件、典型环境中的典型性格，表现手法是用形象思维的方法，同时还可虚构。例如，托尔斯泰的三部作品《复活》《战争与和平》《安娜·卡列尼娜》就反映了封建社会向资本主义过渡时的俄国社会生活，所以列宁称托尔斯泰是"当时俄国社会的一面镜子"。又如法国作家巴尔扎克，他写的《人间喜剧》有九十多部，其中《高老头》《贝姨》等都很著名。恩格斯称他是当时法国社会的"书记官"，说他在小说中提供的社会资料，比当时的历史学家、经济学家提供的还要多。而我们社会学，也有研究个人生命史的，不过一般不限于研究一个人或一家人，而是从社会的整体上去观察、去研究，注重的多是"一群人"，着眼点不是人的个性、特殊性，而是人与他人的共性、社会性，社会学家观察一个人，不是孤立地去看，而是把这个人当作社会中的一个人——处于一定社会地位、一定社会环境中的一个人，即看事物要持全面的观点，要把局部摆到全体上去看。这是社会学的一个特点，也是和文学的一个不同点。

社会学的方法，要从调查研究入手。后面我还要详细讲述我做过的一些社会调查。我先要讲讲对西方社会学方法应持何种态度。二次大战后，西方社会学发展很快，发展成几十种流派，社会学系开设几十门课。在那里，社会学家的作用是很大的。工程上有工程师主持，经济上有总经济师定夺，在社会问题上则要有社会学拍板定案，即使在工厂里，也需要社会学，比如行为科学，其实就是社会学。我们要有取舍地运用西方社会学方法，即不一概排斥，也不能照搬，要考虑我国的实际。当年，列宁就曾斥责过西方的"托拉斯制度"，揭露它剥削工人的实质。但是后来又引入了这一经营方法，在苏联的具体条件下加以利用。今天，我们也应利用方法论来为社会主义服务。

下面谈谈我搞过的调查。

1937年夏，我到长沙临时大学待了半年，后迁往云南，移为西南联大。当时去云南有两条道，一条走香港，另一条路是走湘西，我决定徒步走后一条路，走了三千华里，沿途做了社会调查。到昆明后写了调查报告，但是《云南日报》没登，第一次调查失败了。

后来做毕业论文，由费先生辅导，他帮了很大忙，但该论文科学价值不大，又失败了，这是第二次失败。可见，同学们开始做调查时遭到失败没有关系。

我的第三次调查是去易村，写了调查报告《易村手工业》。这次成功了，由失败到成功。

后来我又去玉村，写了《玉村农业和商业》，这两篇报告，再加上《禄村农田》一文，共三篇，后来由费先生带到美国，汇成了《乡土中国》一书，由芝加哥大学出版，轰动一时，各报的书评很多，大都在方法论上加以肯定。该书至今还是美国社会学专业的指定参考书。

我的第五个调查是《榆村社区生活的整合》，约40万字，写了四五年。解放后，别人拿去看，被一个精神病人给弄丢了，很可惜。

第六次，是在人大社会学系帮助同学们做毕业论文，当时的许多论文都经过我的手。

第七次是在五十年代，在河南搞农业普查，调查了一万余人，获得了成功。

后来，我调到学部"经济研究所"，负责农业经济，搞了一个"和平社调查"。毛主席也曾在《养猪模范来管营》一文的批语中提到过这个社，我有个打算，在北京建立几个调查基点，把情况搞清楚，以后定期去调查。这样做虽然开始时较难，但以后就容易了。我还设想将来在全国各地都设立基点，在这些基点上做深入的调查，这样就可以写出很好的农村经济学。但是，由于种种客观原因，这个良好的意愿没有实现。

1957年我又去太行山区调查水土保持，写了《冀西山区考察报告》，约七万字，调查用了一个半月，写作用了四五个月，这份报告河北省曾经油印过。前两年，在三中全会之后，我感到它还是有价值的，又拿给北大和河北师院的一些人看，后来又转送到河北农委，又做了第二次刻印。今后我还准备再加加工。

第十次是去无锡、保定调查。这次调查是先拟好表格，河北、江苏各派了三名调查员，共六人。由四个单位（河北、江苏农委，国家统计局，经济研究所）一起配合。这次调查中，涉及了"地权分散"的问题，这在当时还是个"禁区"，孙冶方同志支持搞，也有一些人反对。党内外都有两派，旗鼓相当，展开公开论战。结果调查停了一两年。这个调查报告有二十几万字。由于 1964 年孙冶方同志挨批，这一调查报告也受到非难。这一报告的学术意义很大，但是由于触及了当时的禁区，河北农委不敢公开印，既承认报告有科学价值但又不敢印，这是矛盾的。我说："你们怕负责任，可以写我的名字！"所以我说，我胆子还是有的。最后，实践证明还是我的看法对。

第十一个调查的名字是《中国青年的生育意愿》，是与联合国教科文人口处①合搞的。调查的设计者是个叫杨文的女同志，很年轻，有胆子，费先生也提了些建议。这个报告是我写的，花了两个多月的时间写出来，送到联合国。现在中国青年出版社正准备出版。这次调查中用的方法多种多样，即有相关系数法，又有平均数法……这是微观方法。还有宏观方法，就是从农村社会经济看生育问题。多种方法，各有利弊。

这里顺便说一下，我们在无锡、保定的调查精度是很高的。我对调查的结果核算过：过去二十年共有多少户，迁进多少户，死亡多少户，增多少，迁出多少，嫁出多少……还有各个阶层怎么升上来，怎么降下去……一张一张的表像流水一样，复算之后，一点不错，是惊人的精确，这说明，在 1958 年，群众对党非常信任，同时参加调查的干部质量很高，文化水平和政策水平都高。这是我们社会主义制度的优越性，为调查提供了方便。

在开始阶段，我主张从典型入手，从小处开始，古语云："掘地见泉水，随处无弗得。"这自豪感是有哲理的，它是说，打一百口浅井也不如打一口深井好。对我们搞学问的人，最好采取放射型的发展方式，由专到博。这观点不一定对，可以商量。

最后再补充一点，我想发给社会学系研究生每人一张纸，每人填上自己的情况，尽量详细一点，还希望以后在课堂上你们不要做笔记，做笔记就来不及思索，课后可根据录音整理。你们可以提问题，我能答的就答，不能答的就介绍你们去找别人。"知之为知之，不知为不知。"

---

① 原文如此。——编者注

前面是随便说说，像过去耍把戏的，先打个招呼，下面转入正题。

方法论的重要性

有个故事说，某人会点金术，点石成金，他送给穷人金子。那穷人很聪明，说，我不要金子，我要点金术。方法论就是点金术。

经典作家讲过，不要搬用现成的结论，而要以马克思主义去指导研究。这是恩格斯在《英国工人阶级状况》一文中讲的。先请同学们讲一讲，为什么恩格斯这样讲呢？（同学答，略）对，他讲的很对，这篇文章是恩格斯在上世纪四十年代写的，他在八十年代的德文版序言中，又根据英国出现的新情况说："资本家和工人的关系本质上仍是剥削与被剥削的关系，但在表面上却要文明得多。"四十年代与八十年代，资本家的剥削有所变化。四十年代的结论是正确的，但它只反映了四十年代的状况。八十年代如果照搬四十年代的结论，那就不对了。恩格斯把八十年代英国出现的一些萌芽状态加以总结，做出了预见。二次大战后西方资本主义国家出现的情况证明了恩格斯的预见。这就是说，时代在变化，论断的科学性也会变化。某一时期的论断只有相对的正确性。我们应认真看一看德文版第二版的序言，把它与二次大战后西方经济繁荣时期的社会情况对照一下。

国内外有些"马克思主义者"，认为马克思的话一句一字不能改。恩格斯不是说过不要照搬结论吗？那么为什么他们还要搬呢？这不是牛头不对马嘴吗？更不用说从整篇文章中抽出一两句话，编成语录。这是把马克思主义变成了"神学"，这是一种宗教。

孙陆　整理

一九八二年二月

谈如何锻炼智能的问题*

 智能本是教育学的研究课题，近年来，教育界在报纸杂志上发表了不少文章，探讨有关发掘智能的问题，引起社会的广泛注意，超出了教育学的研究范围，并与当前的改革工作联系起来。我在教育科学上是外行，不懂。但根据我多年的社会学教学与研究的经验，对智能和如何锻炼智能，提出一些看法，以期起到"抛砖引玉"的作用。

 对于人的才能，包括的内容，就我所涉猎到的书籍、文章所得，大约有如下几种：

 （一）学、识、才、胆；

 （二）学、识、才、德；

 （三）学、识、才、胆、器。

 其他以上三种，在内容上基本相同，下边分别予以说明。

 首先，所谓"学"，就是学习和掌握别人已有认识成果，主要靠记忆力和思考力。生活实践和心理学研究表明，人的记忆的能力是不同的，但可以用科学方法加以锻炼，这方面我不去说它。我要说的，确实有的人在天赋上记忆力极强，我平生就亲身遇到过几位。年轻时，我在清华大学念书，在化学系学定量分析时（当时我在化学系，后来才转入社会学系），有位教师叫高崇熙，记忆力很强。记得他有一次一下子连续三四个钟点列举参考书，手里连一个纸片都不拿，完全凭记忆在黑板上把这些书的出版、时间、作者、内容、简介等写下来。你们看，他的记忆力是不错吧？当时清华还有一个教历史的老师，他对历史知识能背诵如流，讲课从不看稿子，连卡片都不带。我在清华（三十年代），还见到一个食堂的服务员，接待顾客速度快，也是由于记忆力好——他同时可以记住五六个的菜单，

---

 * 此文为张之毅先生在北京大学社会学系的讲课稿。

从不出错。这样的例子还有。

后来我到云南玉溪县，有位姓冯的农民，对村里的事情无所不知，能对你讲得非常详细，细得你都不敢相信。后来我为了核对事实，故意告诉他我把他讲的材料搞丢了，请他再讲一遍。他又讲了一遍，果然，同上次讲的一模一样。这个人知识丰富，懂得许多谋生之道，我很怀念他。

上面这几个例子是我直接看到的。我间接知道的记忆力好的人，那就更多了。但是我们并不打算在这里研究世界上究竟有多少记忆力好的人。

有些人不仅记忆力好，而且思考力也很强。这些人就是具有全面天赋能力的人；但是也有一些人，仅仅是记忆力好，没有什么思考的能力，这种人我也遇到不少。读的书很多，在自己的专门领域里面，他可以成为一个知识最丰富的人；还有一些人，涉猎学科门类极广，而且过目不忘，被人称为"活的百科全书""活字典"。可以和有储存功能的电子计算机相比。这种人是很有用的工具。做学问，要依靠他们。但是他们一生在科学上很少创造，很少革新，在学术发展史上无大的贡献。在其他事业方面，也不能成为开创局面、打天下的人。这里讲的是"学"。

其次所谓"才"，就是表达能力强，反应快。试举一例。列宁说他在《火星报》工作时，有个同事很有才。你若有了见解、观点，他可以帮助你整理成文章，表达得非常清楚，但有自己的见解。列宁称赞这个人，虽无识，但有才。由此看来，人不容易学、才、识、胆四方面都具备，有学的不一定有才、有识。解放前，有一次我去长沙，在火车上碰到一个卖药的，口才极好，说得满车厢的人聚精会神都听他一个人讲。我想他若去当政治宣传员，一定非常出色。有些人有才是天赋的，当然后天也能学到才。

第三，所谓"识"。识即见识、智慧，指有独立见解。具有独立见解的人能够开创局面，在人类历史上能够发挥很大的作用。中国历史上的诸葛亮就是一个。还有管仲，齐国的宰相，很能干。齐王说："我专门去玩乐，你替我管国家，如何？"管仲说："可以。"当时齐国能强盛，管仲功劳最大，是一个少有的有见识的人才。还有一个唐朝人叫李泌，范文澜在《中国通史》中非常赞赏他，用了很多篇幅叙述他，据称，他历仕唐室玄宗、肃宗、代宗、德宗四朝，虽然曾在军事上、政治上想出一些具有深谋远虑的见解，可惜都得不到几位昏君的采纳，拟了辞官不做，曾经出了家，唐代宗召李泌来京师，要他吃酒肉、娶妻、做官（宰相），李泌保持宾客身份，固辞宰相，却被迫娶了妻。唐德宗时，由于朝政不可收拾，德宗使人把李泌从杭州刺史任上招来，并任用李泌为宰相，范文澜同志指出：李泌经历玄、肃、代、德四朝，对昏君的心理已经摸得够清楚了，因此能够在某种程度上诱导唐德宗做一些好的事情，使得有些祸乱受到阻止，内忧外患多少有减轻的趋势。德宗是个刚愎自用的人，容不得臣下才能强过他。但他却说自己为什么能接受李泌的谏诤，因为李泌说理深透，态度和顺，使人信服，不能不从。还有一个崔浩，是（南北朝）北魏时的人，官至司徒，管全面军事的，颇具远见卓识，在军事上凡按照他的意见办，便打胜仗；否则，便打败仗，这个人料事如神，给北魏主打败了几个敌国。有一次，一个敌国的君主来朝，北魏主问他，你知道我是怎样把你打败的。敌国君主回说不知道。魏主在席上指着崔浩说，我就是靠他把你打败的。魏主非常器重崔浩，这使得崔浩骄傲起来。后来他写北魏的历史，很如实，把魏主家史中一些丑闻也写上了，引起魏主家族全体成员一致愤慨，终于招来灭族之祸。

上面说到的这些人，不仅有见识，而且知识面也很广，才能也很强，孔明舌战群儒，讲起话来非常有感染力。他们各方面的才能都是有的，但我认为最显著的一点天才，就是见识好，见识超人。

学、识、才，总括起来，就是才能。我们把有学有才的人叫聪明人；把具有见识的人叫有识之士，或具称之为有智能的人，即"智者"。

在中国的文字里面，聪明二字，耳聪目明也，耳朵听声，眼睛看字，与日头、月亮的光有关。所以，聪明是与视觉、听觉能力有关的能力。聪明人是听、视觉能力强的人，即感觉印象深的人。所以我们管有学有才的人叫聪明人。中国还有两个字，叫做"智慧"。你们看，"智"字，不仅有日头，而且还能够知道这个日头，这在当时是了不得的知识。而"慧"字，底下有"心"。过去不晓得是脑袋思考，认为是心在思考，故曰"心思"，心在里边，这和耳朵、眼睛是在外面的感官不同，要深入一层，所以叫"智慧"。于是，很明智的人，也就是善于深思的人，就是有智慧的人。很巧，英文里也有两个字，一个表示聪明：clever；一个表示智慧：wise。所以，无论是中文还是英文，都把上面讲的三种才能中的学、才算作聪明；而把有见解的列为智慧。中文用"聪明""智慧"；英文则有"clever"和"wise"。在生理学上，大脑有两个半球，一个半球主记忆，另一个半球主思考，但有一种，逻辑思维记忆力，却恐怕不是一个脑半球单独所能胜任的。我想这样把三者——学、才、识——分为两类，还是很说得通的。最有意思的，是中国字中，还把有见解的人叫做有洞察能力的人，意思是透过现象看本质。在英文里，也有相当的字，叫"insight"，这是对"智"或"识"的最好的——也是最深刻的——解释。你看"聪明"二字就很好。我过去以为中文是象形文字，后来才知道中文是会意为主的文字。所以不要小看文字的创造，它本身就是一个人类认识事物的总结。即对客观事物理解以后，构成一个字。字本身说明一个意思，反映一个意思。所以字本身不但是一个工具，而且还具有一定的学术价值。从上面可以看出，不同的语言中有些字意思相符，并非巧合，而是人类共同认识客观事物的一种成果。所以文字不仅是一种表达的工具，而且是一种认识客观的工具。

各门学问之间都是互相联系的，上面的问题就牵涉生理学、语言学、语音学、语义学、教育学、心理学。这些问题需要综合进行研究。

第四，所谓的器、胆、德。

器，即气量，指容忍谦让的限度，是指人的胸襟开阔。"宰相肚里能撑船"，气量大。气量小叫"小器"，胸襟狭窄。有人特别强调"胆"的重要性，称赞一个能力突出的人，便说他是"有胆有识之士"。这里就把胆与见识连起来了。还有人强调器，说这个人能力突出，就把器与见识联系起来，便是"器识非凡"。这里有两要素：一是器量要大，二是见识要高明。无论是有胆有识中的胆，还是器识非凡中的器，都叫做"德"。但是我个人认为，不如用胆识、有胆有识，或器识非凡好。为什么呢？因为"德"的范围太大，反而所指不明确。而"有胆有识"和"器识非凡"则能突出德在这方面的特点。这里还有一点值得注意，就是在中国的谚语里面，总是把胆与识连在一起，方才我不是讲学、识、才三者吗？为什么一个人叫"有胆有识之士"呢？为什么把识与胆与器连在一起，而不把学或才与胆与器相连接呢？这些难道不值得我们深思吗？我认为，胆识或者器识两者的关系是较为密切的。这是一。其次，在中国的谚语中，总是把胆与器摆在识的前面，叫做"有胆有识"而没有人讲"有识有胆"。讲"器识"而不讲"识器"。这说明，人们更强调前者对于后者的重要性。胆识，器识二者连在一起，关系密切。这种关系是对立统一的。对立的两方面，胆或器是主要的一面，识是次要的一面。当然，分类法很多。还有把学识才胆中的"学识才"统称为"学"（这个"学"字是广义的"学"）；把后者称为"养"，修养的养。说某人有"学养"，就是说这个人既有学问，又有修养。

还有一种分类法，把学识才叫做"专"，把"德"叫做"红"，又红又专，红在前面。一般地，总是把德摆在前面，所谓全面发展，要德、智、体、美全面发展，有的加上第五项"群"，即能合群。这些都比本题的范围大。回头来还是谈学养、胆识问题。马克思在《政治经济学批判》的序言结尾说："在科学的入口处，好比在地狱的入口处一样，必须提出这样的要求：'这里必须根绝一切犹豫，这里任何懦怯都无济于事。'（但丁《神曲》）"这里讲的是"胆"在学术研究中的重要性。

我们知道有位文学家写的陈景润的报告文学，文章很好。不过，这个报告文学应补充，陈景润之所以有成就，还要有胆，就是胆子大。同志们，你们不要认为有没有胆子无所谓，过去极左路线时，搞学术不好搞，若要坚持自己的见解，就有人给扣帽子，就要冒政治上的很大的危险。其实这有什么奇怪呀？在欧洲中世纪，研究自然科学，触犯了宗教教义，被火烧死的，不是有的是吗？但仍有人不怕死，为了传播科学知识，为追求真理，不惜牺牲生命。不怕牺牲生命的人才能在学问上面有所成就。"胆"有两方面：政治上敢冒生命危险是一方面；学术是敢冒失败风险是一方面。在学术上是知难而进，还是知难而退？是迎着困难走，还是走冷门、选小题目？当然我不反对搞小题目，只要有新见解。但是要成为一个划时代的学者，开创一方的新局面，必须像爱因斯坦、牛顿，那就必须有决心，敢攻难题，像陈景润一样敢攻难题。你看现在陈景润名气多大了？

诸位可以想一想，难道只有陈景润一个青年人在那里攻难题吗？不会的。许多人在攻，有的人可能一生也攻不下来，成为一个无名的牺牲者。所以，攻难题要准备牺牲一切，牺牲名、牺牲利。要准备人家看不起你。陈景润成名前住一间小破屋，人家都不愿挨近他，说他有精神病。所以，胆子包括既要冒政治的危险，又要冒使自己成为无名牺牲者的危险。所以有人在研究上不愿冒风险，宁愿走冷门，搞一个人家不搞的题目，或者走捷径，挑些小题目，取得些小成就，当然这是不能和有胆有识敢于攻难关的相比。这说明胆识二字相连的重要性。有识无胆，可能一事无成。有人并不是看不出门子，就是不敢讲。有人说，哎呀，你研究学问，又成名、又有利，有稿费，美得很啊，是天堂里的人呀！他没有看见，搞学问的人，没有白天黑夜，连电视都顾不上看。所以，这是个苦差事，要甘于坐冷板凳。

　　还是谈修养问题，假如一个人没有修养的话，那么是不能保持你的见识的。中国有句成语叫"利欲熏心"，即贪图名利的欲望会迷住心窍，使人看不清问题。这当然是限于只想采用不正当的手段谋取私利，如以权谋私，还有一句话，"一心有鸿鹄之将至"，即是想升官发财，哪里能安心做学问呢？坐都坐不稳了。再有一句是，"古之学者为己，今之学者为人"。"为己"：就是指应有自己的见解；"为人"：最突出的是风派"学者"，看风使舵，谋取私利，次一点的是"哗众取宠"，自炫博学多能。做一个老师很不容易，不要以为自己什么都懂，学生什么都不懂，每人都有自己的专长，在这个领域，他是老师；出了这个领域，便要向别人学习，是学生。古话说得好，"人之患在好为人师焉"，就是叫人谦虚，多向人家学习。这也是"满招损，谦受益"的道理的一个侧面。"三人行，必有我师焉"，就是要多向群众学习，甘当小学生，只有甘当学生的，才能真正成为好先生。古人韩愈《师说》中说，"师者，所以传道、授业、解惑也"，用今人的话讲，就是要有正确的世界观和方法论，要有专精的业务，要能解答实践中提出的问题，这是很高的要求，因此不努力向各种人、各个方面学习不成，而且学而后知不足，已知的领域一扩大，未知的领域就会更加扩大。古人就叹息过："生也有涯，知也无涯，以有涯随无涯，殆矣！"也就是学到老，学不了的意思，也即学无止境的意思。为学譬如逆水行舟，不进则退，所以要继续不断地努力学习，日新又新，不断地接受新知识。大学毕了业，甚至研究生毕了业，都不是学习的结束，而仅仅是终生学习过程的一个阶段而已，在自然科学和社会科学都日新月异、不断加速发展的当代，形成了知识爆炸性的发展情景，离开学校后在职业工作岗位上，也需不断进行在职再学习，使知识不断更新，否则就不能适应客观形势的发展需要。这就更需要有"君子自强不息"的精神，也即充分发挥主观能动性的精神，在知识的激流中发挥拼搏的精神，并且做到一心以赴，不知老之将至的精神，如果于知识的激流前望而生畏，畏缩不前，就会成为历史的牺牲品，一个个人如此，一个国家的前途也如此，要不被历史所淘汰，就要奋进不已，总之学有学德，师有师德。古语曰："误人子弟，男盗女娼。"就是说，老师如果把学生教坏了，就要受到社会的严重谴责。又如写书，出版社、印刷厂动用了人、物力，读者买你的书还要花钱，一读，上当了。所以，我们写书就是要为读者考虑，对人民负责。所以不能不把学与德的结合问题提到很高地位。

第五，说如何锻炼智能的问题。过去有个毛病，教学生死记硬背。近年有些智力测验，有些还是考记忆。在智力培养上，我以为是启迪式教学方式为好。我反对填鸭式。应提倡学生思考。

现在讲发掘智能，又讲开发智能，这种提法不妥。我认为应该叫做"锻炼智能"。像打铁一样，锻炼，这不是简单的名词之争。前者把智能看成是先天的，问题只在于发掘或开发，——当然人的天赋上是有高低之分的；但智能是可以后天培养的。除了要锻炼之外，我认为还要有修养，讲学德。

如果教学不得法，死记硬背，最后会反把学生培养成书呆子，把他的智力都淹没、扼杀掉了。这种例子有的是，"食古不化"即是。不是"古为今用"吗？他就是不行，就要"食古不化"。这叫书呆子、书蠹。书蠹不仅吃古书，还吃洋书，"食洋不化"，"全盘西化"，不能"洋为中用"。在学习马克思主义方面，也有"食马不化"的，这就是所谓教条主义的学习方法。

早在上个世纪四十年代，马克思、恩格斯就开始学哲学、政治经济学和社会主义，在三个领域形成自己的科学见解，先后在理论上击倒了一个又一个强敌，到上个世纪七十年代时，他们的科学见解已经成为无产阶级革命阵营中的权威思想，被奉为马克思主义学派。从而吸引了许多革命青年学习和宣扬马克思主义，其中就出现了教条主义者。法国在上个世纪的七十年代末，就出现了把马克思主义加以教条化的趋势，马克思当时很气愤地对这种人说："我们知道的一切，就是我不是马克思主义者。"意即要与这种人在理论上划清界限。到上个世纪的八十和九十年代，在德国也出现同样的现象，1890 年 8 月 5 日恩格斯致康·施来特的信中说："对德国的许多青年作家来说，'唯物主义'这个词只是一个套语，他们把这个套语当作标签贴到各种事物上去，再不做进一步的研究，就是说，他们一把这个标签贴上去，就以为问题已经解决了。但是我们的历史观首先是进行研究工作的指南，并不是按照黑格尔学派的方式构造体系的方法。"恩格斯于 1886 年写信给左尔格时，谈到那些流亡北美的德国社会主义者时，他说："那些德国人还一直没有懂得从理论中找出一种方法，以便能够引导美国群众参加运动。他们自己多半不懂得理论，并且以空谈的、教条主义的态度对待理论，认为必须把它死背硬记，而背熟之后就立即能满足一切需要。在他们看来，这是一种教条，而不是行动的指南。"

　　为了使人正确理解历史唯物主义和唯物辩证法，克服教条主义，恩格斯晚年在许多通信中都对此做了大量说明工作。苏联早在列宁时代，在列宁的授意下，出版了《马克思恩格斯书信选集》，借以帮助人们学懂学透马克思主义，尽管如此，教条主义的学习方法，在马克思主义的学生中仍不断发生，从上个世纪七十年代至今一百多年了，教条主义的学习方法仍未能完全根绝。本来克服教条主义的办法，早在延安整风时就提出来了，就是"理论联系实际"六个字，或"实事求是"四个字。看来非常简明扼要的几个字，对于有些人来说，却成为不可逾越的障碍，原因就在于他们缺乏有关智能方面的锻炼，不善于沿着理论联系实际的道路去思考。

　　就是在教育界中，也早已提出反对死记硬背的学习方法，反对填鸭子式的教学法，提倡开展启迪式教学法，近年在报纸上一再提出挖掘学生智能的问题，这说明教育界对这个问题很重视，但在教学实践中尚未能得到完全解决。

　　这就牵涉到如何锻炼智能的问题。"智能"这个词，我认为"能"字用得好，是一种能力，它和知识是绝不相同的。例如，一本有关如何游泳的书，尽管它告诉我们一些如何学会游泳的方法，我们把这样一本书熟读了，哪怕从第一页第一个字直到最后一页最后一个字，一字不漏，统统背诵下来，只能说是我们学得有关游泳的一些知识，单凭这样的书本知识，跳到水中还是不会游泳的，还是要被淹死的。因为实际上会游泳，那是一种能力，是从游泳的实践中锻炼出来的，仅从书本上学不到。如果一个人只读游泳而不去实际从事游泳，那么他将永远不会游泳。反之，如果一个人虽不读游泳书而去实际从事游泳，那么他就会学会游泳的。从这个意义上说，实践重于理论知识。但若是我们把游泳书和游泳的实践结合起来，用前者提供的方法指导我们游泳的实践，那么，游泳书上的知识，就会转化成为我们的游泳能力。一旦用知识武装起来的游泳者，其游泳能力就会强过没有用知识武装起来的游泳者。这样，游泳书就发挥出作用来了，游泳书就被我们充分利用了，从而对于那位游泳家来说，游泳书就不是一堆无用的死知识。经过这样一番使用以后，对游泳书的理解程度也就截然不同了。是开始学习游泳书，用来指导我们的游泳实践时，对于游泳书的理解只能是一知半解的，似懂非懂的，一旦我们在游泳的实践中，全部掌握了游泳书中的要领以后，这时对于游泳书的理解就深知其中奥妙了，甚至还能通过自己的游泳实践，发现游泳书中某些不足之处，提出改进意见来，一句话，这时对于游泳书不仅能够完全理解，而且还能提出批判性意见来。关于游泳的知识和实际能在水中游泳的能力是两回事，其间的差别，大家很容易区别。

同样，熟读了马克思主义的理论，并不等于具有马克思主义理论水平的思维能力，其间的差别，却远非大家所能区别的。这是因为一个人会不会游泳是明摆着的事实，在水中一试便知，反之，一个人会不会思维，却隐而不显，难于察知。再者，对于游泳是一种能力，要经过游泳的实践才能锻炼出来，大家一说便明，反之，对于思维也是一种能力，要经过调查研究的实践才能锻炼出来，对此，大家却不易理解。因此，尽管马克思、恩格斯指出：他们的历史唯物论不是历史哲学，叫人们不要到处搬用他们的研究结论，代替对历史的研究，而是要学习他们怎样运用历史唯物论观点去研究历史的方法，并用这种方法去研究各自的社会和历史。尽管我们党提出用加强调查研究的方法去改变我们的学习方法。但是脱离实际研究地从书本到书本、从概念到概念、死记硬背、生搬硬套的学习方法却仍有市场。他们不知道只有通过调查研究的实践，才能锻炼和提高自己的思维能力，只有提高自己的思维能力，才能掌握和运用马克思主义的理论和方法。

这种主要依靠记忆而不是主要依靠提高思维能力的学习方法，不仅出现在马克思主义方面，也出现在其他一些学科中。这种错误的学习方法的形成，是与某种错误的教学方法有关的，我们教学中，偏重于满堂灌，以为把已有的知识，尽可能多灌输给学生一些，会对学生更有益些，并且为了督促学生努力学习和考查学生学习成果，如是采用了勤于考试的办法。这样教学法，逼使学生先上了死记硬背的应付考试的死胡同，反而斫丧了学生的思考能力。其实记得多并不等于懂得多，会忘记并不等于会运用，试问这样会学不会用，怎能适应我国社会主义的客观需要呢？

这种理论脱离实际的教学和研究方法，显然引起了人们的不满和要求改变过来。北京大学教授陈岱孙先生写了一篇文章，《政治经济学是致用之学》，很有见地。尤其难得的是，孙冶方同志就是一个善于把《资本论》的理论和我国社会主义经济实际紧密结合进行思考的典范，他经常利用各种机会去了解社会主义企业的实际情况，并且还把自己的如何办企业的一些设想向有些企业的领导同志征询意见，共同商计，因而他能够从《资本论》的理论中，不仅看到了只能适用于资本主义社会的特殊性，而且还能看到可以适用于一切社会化大生产的一般性，这就和死记硬背《资本论》词句不同，而是对它加以吸收消化，灵活运用到搞活社会主义经济上来，并且敢于打破各种条条框框，敢于向不适合于促进社会主义经济加速发展的旧体制、旧模式挑战。成为一个既敢向经济理论又敢向经济现实进行双突破的有胆有识之士，形成一种"冶方精神"，得到社会各方面的赞颂。

哲学也坐不住了，人民大学一位中年教师在某次会上说得好，如果哲学不面向实际，就会死路一条。今年 10 月 12 日上午中国社会科学院经济所、哲学所部分同志开了一个座谈会，"与会同志一致认为，我国正在党中央的领导下，按照把马克思主义的普遍原理同中国实际结合起来，建设有中国特色社会主义的总要求，深入开展以城市为重点的整个经济体制改革。在这一极其复杂的、群众性的探索和创新的事业中，哲学工作者和经济学工作者都面临着从理论上回答和解决现实问题的重大任务。我们深入开展社会调查，提倡跨学科的研究，加强哲学和经济学工作者的联盟，互相学习，密切协作，共同攻关，使理论工作更加适合新形势的要求。"

上述的出现在学术界的一些新的动态，毫无疑问是可喜的。但是，要摆脱单纯向书本学习的传统，改为深入到实际中进行学习，并非一个轻而易举的事情，这里需要解决一个重要的认识问题，即向实际学习对于提高理论认识究竟具有多大意义的问题。1957 年我参加河北省农业规划工作，和一个工作组去太行山区调查研究山区水土保持问题，发现群众搞好山区水土保持的办法，是通过草木和土石工程，先治上后治下，先治面后治点线，为什么群众要采用这样的治水程序呢？原来雨降下来的流动过程，就是由上而下、由面向点线集中的，如果把雨水由上而下层层截住，把雨水在面上就分散地截住，那么就可以收到减少雨水由上而下、由面到点线的流量的效用，又可以收到降低雨水由上而下、由面到点线的流速的效用。按照这样的办法治理，就可以防止水势大到不可收拾的局面出现。原来山区群众正是运用控制量变的办法以达到控制质变的目的，也就是很好地运用了质量互变的辩证法原理以达到搞好山区水土保持的实际需要。谁想到正是这批看来笨手笨脚、文化不高的山区人民，却是杰出的辩证法的运用能手。原来他们在和自然作斗争的过程中，就创造和利用了哲学。对比之下，一些懂科学的有文化的工程技术人员，却偏偏违反由上而下、由面而点线的治理原则，单打一地在沟底打拦洪的水泥坝、打蓄洪的水库，结果所有这些工程，几乎都被势不可当的洪水破坏无余。鲜明的对比，给我是留下了深刻的印象。五十年代初，我从报纸上读到一篇有关黄河堵口经过的报道，原来是按照某一外国专家的办法，想一次就把决口堵死，结果是一次接着一次地相继失败了。这时，在现场的周总理（叫人）把土专家请来，土专家一来，用编织的柳条（荆条）框盛满碎石块，一框接着一框沉入水底，这样逐步把水势削弱下来，终于胜利地把决口堵死了。这位土专家同样是在运用质量互变的辩证法而使洪水驯服下来的。

黑格尔是个学识渊博的人，得到了马克思和恩格斯的称道。黑格尔不仅是一个善于向书本学习的人，而且也是一个善于向实际生活学习的人。早在小学时期，他就经常从实际生活中观察到一些矛盾问题，进行探讨和思索，不料他的思维活动不为小学老师所理解，错认为他的思维有毛病，令他退学，并亲自把他送回家中，当面告诉他母亲说，你这个孩子不堪造就。他母亲回答说，你不了解我孩子，这孩子只能由我亲自来教育。黑格尔的《逻辑学》中的正文，都是非常抽象，非常晦涩难懂，为了帮助读者理解，书中列了许多"解释"或"注释"，正是在这种"附释"中，都充满从生活中选择出来的实例，生动活泼地用来解释他的极为抽象的哲学。有人对黑格尔的这种做法曾嘲讽地说，黑格尔的逻辑学正文中看不到一点他的逻辑和客观实际的任何联系，因为他把实际的东西全驱赶到"附释"中去了。这是一种过河拆桥的方法，即从实际生活中领会出的辩证规律，却完全抹去了实际生活的影子，从而显得玄而又玄，把精神上升为第一性的东西，物质降为第二性的东西，并把整个认识制造成一种封闭式的体系，就这样加工成一种形式与内容自相矛盾的客观唯心主义的东西，然而透过现实看本质，就不难不论他的逻辑学是与实际有着千丝万缕的联系。

一个人对生活经历的深浅与读书时的理解能力是有一定关系的。五十年代初，我曾给河南省拟了一份农业普查表并对表中各项指标逐一提出了解释，然后把这套表印发给全省专、县来的干部进行讨论，一共分成许多小组，在小组会上，由于专、县干部对当地农村情况很了解，所以对表格提出了很多意见来，一连讨论了几天，小组会上发言都很踊跃。反之，其中有个小组是由河南农学院的学生组成的，他们由于对全省农村实际情况了解少，就提不出什么意见来，不能对各项指标解释做出肯定、否定或补充的意见来。经过几天讨论，在群众提供许多情况和宝贵意见的基础上，一套切合全省农村实际情况的科学的指标解释终于制定出来了，从而对该省农业普查的成功起到了重大作用。

我发现一些"七七""七八"级的大学生，就很有实际经验。他们当中，有的上过山下过乡，受过打击，后来自学，考上了大学。老师们都说"七七""七八"级学生难教，他们想问题多、提问题多，提得老师下不了台。而这些学生之所以有水平，主要是在实际的复杂的社会生活中，经受过种种考验，养成了他们善于思考的能力。

有位教党史的教师告诉我，在她的班上，年纪大些的学生比之年纪小的学生对党史的理解能力强。有个同志告诉我，他们单位学习《中共中央关于经济体制改革的决定》，也是年纪大些的领会深。二次大战后，费孝通先生到美国考察，他说那里的好书并不是名教授写的，而是一些实际经验丰富的人写的。

列宁在《黑格尔〈逻辑学〉一书摘要》中引了黑格尔的一段话："逻辑像文法的地方就在于：文法对于初学的人说来是一回事，对于通晓语言（或几种语言）和语言本质的人说来是另一回事。'逻辑对于刚开始研究逻辑以及一般地刚开始研究各种科学的人说来是一回事，而对于研究了各种科学又回过来研究逻辑的人说来倒是另一回事。'"对于这段话，列宁批注道："微妙而深刻！"列宁还引了黑格尔的另一段话："——正像同一句格言，从年轻人（即使他对这句格言理解得完全正确）的口中说出来时，总是没有那种在饱经风霜的成年人的智慧中所具有的意义和广褒性，后者能够表达出这句格言所包含的内容的全部力量。……"列宁对这段话的批注是："很好的比较（唯物主义的）。"这里同样是说的生活经历、学习经历、研究工作的经历与对书本的理解力的关系。

自从第二次世界大战以后，当发达的资本主义国家的经济迅速恢复和发展时，无论自然科学和社会科学都突飞猛进，形成知识性的爆炸。一方面是知识积累的数量多得惊人，另一方面是知识的更新换代速度也快得惊人。所以每一个人都要不断学习和掌握新知识，有些人更需要为不断推进科学技术的发展而从事不断创造发明。电子计算机的发展，可以把巨大数量的知识贮存起来，并能根据人们的需要迅速地把所贮存的知识输出，其贮存能力远远超过一个人脑所能记忆下来的，问题是如何运用有关知识发挥出最佳的效能问题，这就更需要着重培养人的智能。

因此，现在西方大学中很注重教学与科研相结合，以提高教学质量。并重视培养学生的自学能力，尽量减少考试次数，让学生有更多的自由支配时间以便培养其自学能力。有些学校，还让学生一面学习，一面即参加教师开展的研究工作，以加速学生的智能成长过程。再者在知识更新的加速过程中，新的科技发明和即将被淘汰的旧科技之间，并非毫无关系，往往两者在科学的基础课方面有相同之点，所以国外大学有加强基础课的趋势，一个人在科学的基础课方面学得好，功夫深，就比较容易较快地了解和掌握新的科学技术。

第二次世界大战以后，西方国家的社会科学中以社会学发展较快，形成了四五十个跨部门的分支学科，究其发展的原因很多，其中一个主要原因就是得力于社会学多搞调查研究的传统。但是西方社会学由于其资产阶级的局限性，不能接受历史唯物主义的观点，缺乏科学的理论作指导，所以在宏观方面出现了理论危机，这就说明要建立马克思主义的社会学，单搞调查研究还不够，必须同时加强对马克思主义的理论的学习，用马克思主义的普遍真理武装我们的头脑，紧密结合中国的实际，从事调查研究，并且运用马克思主义的理论，批判地吸收西方社会学的已有成果，就可以加速提高我国社会学教研队伍的科学水平，取得较好的教研成果，建立起马克思主义的中国社会学。

总之，研究工作是一个创新工作，创新工作要有胆子，敢于独立思考，敢于攻难题，然而是否能够达到目的，在研究工作上要能有所发现，有所创新，则要依靠提高智能。提高智能的办法，就是要理论联系实际，既要防止离开实际学理论和研究理论，又要防止忽视理论的指导作用，而单打一地从事调查工作。理论来源于实际，一切以时间、地点、条件为转移，不联系当时具体的历史条件，是学不懂与马克思主义理论和其他一切社会科学的理论研究成果的，死记硬背不等于把理论学懂了，吃透了，没有把理论学懂学透，就谈不上掌握运用理论来指导对实际的研究，谈不上学以致用，事物是不断发展的，情况是因时因地而异的，对于新的情况，新的具体事物，应该采取具体事物具体分析的原则来做。历史唯物主义形成的已有理论，已有成果，只是能作为在新情况下从事研究的出发点，从事研究的指导方法，决不能把已有的理论生搬硬套到新事物上，代替对新事物的具体研究，而是应该从新的具体事物的具体分析中作出新的研究结论，取得新的研究成果，借以在科学理论的长河中，通过前后相继的不断研究的实践，使科学理论循着由已知推未知，不断丰富、补充、发展而向前推进。同时在这种科学研究的实践中，研究人的智能也就不断经受锻炼，从不断经受锻炼中而使智能不断提高。

一九八四年十二月脱稿

关于《中国青年的生育意愿》调查统计 方法上的一些体会[*]

前　言

相关系数法本来不是什么新方法，西南联合大学的高级统计班就讲授了相关系数法。

自从揪出"四人帮"以后，我国和西方国家接触较多，国外来华讲学的人介绍了相关系数法，青年人不明真相，一时对相关系数法颠倒，有的青年甚至认为相关系数法以外的一切调查统计方法都是不科学的。我在和个别青年同志的接触中，曾辩明了这一问题，指出相关系数法只是调查研究中的一种方法，既有其优点，也有其缺点。调查研究可以有多种多样的方法，在写作学术报告中，可以多种方法并用，以收取长补短之用，不必局限于一种方法，而且在此诸调查方法中，相关系数法还是一种较低级的方法，它最多只能说明二变量或多变量的相关程度有多大，证明其假设是否可靠，但对于相关程度的高低，以及相关方向的正负，只能停留在量的阶段，未能进入到质的分析，由于我的意见，只是对个别同志说的，影响的范围有限，以致在青年甚至中年人中，把相关系数法奉为唯一科学的方法的思想相当普遍。如果对于这种相当流行而又极为不正确的思想不及时加以指正，是不利于调查研究工作开展的。

《中国青年的生育意愿》一书，即采用了相关系数法，又采用了平均数值法和客观观察法，采用了多种多样的方法，指出了各种方法各有所短、各有所长，特别是对于相关系数法的缺点，在和其他方法的比较下，

<small>* 根据张之毅先生遗留的打印稿整理。</small>

揭露得比较彻底，本文是结合该书改写过程中的一些体会，其中对相关系数法的优点和缺点都作了说明，有助于澄清青年们对相关系数法的迷信。

本文还涉及表格的设计问题。我从1948年开始，从事过多年的表格设计工作，特别是在1949年秋到1956年在国家统计局的七年中，所设计出的表格很多，而所审查过的表格尤多，在长期工作过程中我发现一般同志设计出的表格，几乎多多少少都存在一些问题，除由于设计人不懂得表格设计功夫的深浅和粗心大意外，主要的原因是表格设计者不了解要研究的实际情况，而且表格设计者的思考能力过弱，不善于联系实际进行思考，更不善于把整套表格联成一个体系区别其轻重主次来思考，在统计学中关系表格的设计部分谈到很少，而且也很不深入，在我没有离开国家统计局时，当时担任副局长的孙冶方同志，曾指定我写出一本《农业统计学》，准备把农业统计范围内有关表格设计上的经验教训，着重加以总结出来。后因我身体多病，又调到中国科学院经济研究所从事其他研究工作，致使《农业统计学》流产了。事隔多年，年迈多忘，已经无法把过去经验追述详尽。这次在改写《中国青年的生育意愿》时，附带写出有关表格设计的一些体会，由于考虑到年轻设计同志的面子，未将此一体会公开打印出来。

今年三月间开始，我在北京大学社会研究生班和南开大学社会学研究生班讲授"方法论和社会调查研究"，在讲课中，结合个人对国内近年学术界的感受，深感科学研究的"学德"十分重要，一个真正的大科学家为了追求真理，不惜在政治上冒牺牲生命的危险，不惜在科学领域中知难而进，担当终生一事无成、默默无闻的风险，试问连面子都舍不得丢，连批评和自我批评都不开展，谈何开展百家争鸣的局面，在这个问题上，应该对青年人加强"学德"教育，使青年人知道，在科学研究领域，并不是名利双收的乐园，如果不去除追逐名利之私心，不去树立为科学而献身、为全世界人民而工作的崇高品质，就谈不上在科学上取得任何较大的成就。为此，我就决计把这一份积稿公开出来，和青年同志们在进德修业问题上，共同勉励，携手同进！

关于《中国青年的生育意愿》在调查统计方法上的一些体会

原报告把全部注意力集中在相关系数为什么出现正负方向上的不同数值和何以出现高低的不同，力求说明每一相关系数的代表性高低，其实这也是相关系数法的全部招数，正求证明其假设是否正确。而不是运压各种统计方法（包括相关系数法）来说明在生育意愿上出现一些什么规律性。注意力的对象根本不对头，相关统计法是一种手段，表现在生育意愿上的规律是我们要发现的目的，不能把手段当为研究的目的，看来要达到这一目的，单是相关系数法是无能为力的。

相关系数法和求平均值都是统计方法中的一部分，各有所长，各有所短，不能把相关统计法提在首要的地位，而用平均值去说明相关系数。既然原作者从相关系数本身尚不能说明问题，而求助于平均值为其做出说明，这就足以证明相关统计法的不足之处。相关统计法有时会引人产生错觉，例如农村女青年生育意愿与经济地位呈负相关，在相关系数上表现得好，但其意愿生育的子女均值，却是大于男青年的，认为平均值是单项统计法，不能研究生育意愿与经济地位的关系，也不能研究生育意愿与文化教育水平的关系，这完全是一种误解。本调查报告中，就运用大量意愿生育子女的均值进行多种多样的比较研究，取得的成果甚至超过相关统计法。在相关系数法上，我们青年人患了一种"食洋不化"的毛病。

原调查报告最大的缺点是各个部分孤立地做出统计分析，没有把各个部分之间的联系摆在重要地位并经常观察事物之间的多种多样的联系性，所谓联系起来看问题就是运用比较法。从改写后的调查报告看出，比较法在研究工作中是一项极重要的方法。

任何两个以上的事物之间既有同一性，又有差别性。原调查报告在北京城区关于青年意愿的家庭形式的研究上，只见到男女之间的差别，各种行业之间的差别，没有看到更主要的一面是其同一性、一致性和集中性，在比较方法中，我们不仅要看到同一性，还要看到其差别性，而且更要进一步确定出究竟彼此间的关系是以同一性为主，还是以差别性为主。例如北京城区青年人中选择第二种家庭的占最大多数，选择第五种家庭的占次大多数，男女青年的同一性是主要的，差别性是次要的；同样各个行业青年的同一性也是主要的，差别性是次要的；又如在生育意愿上城乡之间比较，差别性是主要的，同一性是次要的；反之，在两个城市之间的比较，或者两个农村之间的比较，则同一性是主要的，差别性是次要的。

对于事物之间的联系、比较，认识其间的同一性和差别性并确定其主次地位，这是在研究历程中深入了一大步，但是不能就此止步；必须再进一步解决何以同一性是主要的或差别性是主要的，这样才能使我们的认识由知其然进到知其所以然。所有这些都不是相关系数法所能做到的。即使这种解释是一种假设，但有此假设比没有假设好，因为提出假设可以引人进入"所以然"的领域从事探求，展开在解释上的百家争鸣。能否提出解释，提出的解释是否正确，这决定于研究者已有知识的积累功夫的深浅如何。研究中国社会和中国历史，外国人不如本国人积累功夫深，因此发展本国的社会科学主要得靠本国人，在这个问题上，不能有半点含糊，这和在自然科学的研究领域是不同的，其实要研究中国国土上的自然，也得主要依靠本国人。

事物之间的联系，有正相关和负相关两种，负相关也是一种联系，负相关程度高，说明联系之强，但对负相关做出解释要比说明正相关难。如经济地位高的，反而意愿生育子女少，就不大好从经济本身直接得到解释，可能由于经济地位高的，所担任的工作复杂一些，需要学习的必要性大一些，或者由于随着经济地位的提高，抚育的标准也提高了，如对牛奶、水果、高级糖、高级儿童玩具的要求增加了，这些假设是需要进一步调查研究的。如果在调查表中，提出一些文字调查提纲，提出一些有关子女抚育上的问题来，如你们打算将来怎样养育子女，或你见到熟人家养育子女的情况怎样，其中哪些做法你认为是好的，哪些是不好的，等等，就可以帮助我们理解意愿少育或意愿多育的原因各如何，这比干巴巴的几个数字有助于推进我们的认识，一个数值大的负相关系数，只是给我们提出了问题，没有其他资料和其他知识的帮助，不能很好解答问题，所以我们的知识面要广。广就有助于进行联系比较的思考，从而也才能加深对事物的认识。这是广与深的辩证关系。

我们这次改写工作，取得一项最大收获，就是找到了为什么青年的生育意愿与青年的经济地位不相关，迷信相关系数法者可能会认为生育意愿明明确确是与经济地位不相关，数据确切，经过我们深入探讨，原来这批青年人，多是在二十左右的青年人，他们个人的经济收入根本差别不大，所以在相关系数上表现出相关程度小。在这种对象上使用相关法，徒然引人发生错觉，而相关系数法正是在不了解对象的基础上去运用的，这里充分暴露了相关系数法的弱点。我们区别城乡来观察，由于城乡经济性质和背景不同，青年生育意愿就显出明显的区别来，这是一种客观观察法，在研究工作中必须使微观和宏观相结合，才能取得较满意的成果。我们这次研究之所以能取得一定成果，就是没有在相关系数法上浅尝辄止。

原调查报告热衷于量的分析，把质的分析看成旧统计方法，为什么旧统计方法不属于量的分析，此说从何而来。列宁的《俄国资本主义的发展》就是量的分析和质的分析的典范结合。辩证法最重要一条规律，就是质量互变规律，化学中有定性和定量分析，而且定量分析是在定性的基础上才有意义的，如果不知道矿物的物质属性，整个定量分析就无法进行，列宁在上述一书中就未用过任何双变量相关法，也未用过什么多变量相关法，照样把问题说得清清楚楚，列宁在上述一书中几乎处处批判资产阶级的统计分类法只知按单纯的数量进行分类，以致使统计分析混乱不堪，列宁运用政治经济学理论在分类中采用了质的分类法，这是统计学上一大进步，怎样否定质的分析的重要性呢？至于说相关统计法是新统计学的说法也不正确，昆明西南联大早就在高级统计学课程中讲授相关统计法。至于说只有相关统计法才能研究事物的相关，而且统计学是单项统计，这种说法也站不住脚，我们这次就用了意愿生育子女数均值在不同经济地位的青年中进行比较，这不同样是研究经济地位与生育意愿的相关吗？同样，我们也用来研究不同文化教育水平与生育意愿的关系，我们这次就用了一些质的分析来帮助我们对量的理解，在男女青年生育意愿上的不同所反映出来量变，如果只提出一个男女有别，这只能说还停留在研究入口的门外。我们却前进一大步，指出女青年生理上的不同，在生育子女上的负担大于男子，在社会地位上还存在一个解放的问题，这样才从质的分析结果区分出男女的不同，进而在生育态度上的不同，在不同经济地位上的女青年如何产生了社会地位的不同，如果单就一个城乡有别和京川有别，也不能进到了质的分析的水平上来，我们指出了城乡是异质的差别，京川是同质的差别，这就把认识推进了一大步。我们这次发现相关统计法在应用上有种种缺点，如在下、中、上三种经济地位中，只有一个样本，就是 $G = 0$，这根本不能做出任何结论来，而 $G = 0$ 则使人误认为不相关，当然，这不能归罪于相关法，而应归罪于相关法的误用。任何统计方法运用不当，都可能产生错觉，如基数很小时进行百分率统计，就会出现奇大无比的百分率来，这里提出一个问题在运用统计方法时要随时注意样本基数够不够大，在各个级别中分配是否均匀合理，同样在观察别人的统计结果时也要做出这样的鉴定来，才能使自己头脑清醒，根据统计结果进行分析时心中有数，不致做出不合理的结论来。当然相关统计法也有其优点，如在下中上三个经济地位中由下等地位到中等地位，子女均值增加，成正比；由中等地位到上等地位，子女均值减少，成反比，但究竟总的趋势如何，特别是一个表中项目很多，相关统计法却能总结为正相关还是负相关，这是其他方法不易做到的，不过我也感到相关统计法很粗，例如在两个经济地位中，子女均值有所增加，按照相关法就算三次同序。若是男女两组，男组由下等经济地位到中等经济地位的子女均值增了 0.001 人，算作一次同序，女组增了 0.999 人，也同样算作一次同序，这两个序，都算作"1"，但在增加的分量上却不可同日而语。总之，在运用各种统计法时，要了解各种统计法的短长，在运用时还要深入到统计所依据的样本本身中去，不要单纯浮在统计所得出的结果上，才可以对统计结果做出较正确的评价。因此，还可以运用多种观察研究法，从各个方法去观察，也有助于我们头脑经常保持清醒。

关于相关系数法，目前青年人中，几乎对之倾倒了，他们就不去想想，如果只有相关系数法是最科学的，那为什么马克思主义经典作家全未运用相关系数法，试问谁能否定经典著作的科学性。

原报告在设计上也存在若干问题，关于家庭形式，多的列了十种，少的列了九种，从这项设计及其他设计中，我认识到原设计人思想很细致，这是可取的，但在科学性上存在一些问题，如列了二老、一个孩子的家庭，二老、二个孩子的家庭，一老、二个孩子的家庭，按照逻辑，为什么不列一老、一个孩子的家庭？再者，6～8 三种家庭都列了与老人同居，第 9 种多子女家庭和第 10 种大家庭，包不包括老人呢？这样也不能全面统计出究竟与老人同居的家庭占百分率多少。而且第 9 和第 10 两种家庭，既没有明确确定有无老人，可以认为有，也可以认为没有，填表的人随意理解，随意填，这样取得的材料，毫无科学价值，如果正碰巧这是一项占主导地位的指标，就要使全部家庭形式调查表失败。同样，第 9、第 10 两种家庭形式也是很奇怪的，为什么多子女家庭不叫做大家庭，究竟大家庭又指什么样的家庭呢？几个小孩或几个以上小孩，几代同居叫大家庭呢？原调查报告为什么在"调查设计经过"中不加以说明？幸而绝大部分青年集中选择了第二、第五两种家庭，选择其他八种家庭形式的青年很少，结果使得调查结果仍可引用，而且科学价值仍很高。

关于不要小孩或只要一个小孩的原因调查表，一共列了四个原因：保证工作学习，提高物质生活，丰富精神生活这三项男女青年都可以填，但第四个原因保持形美则只适于女青年填，为什么并列在同一表中让男女青年都填写，得出的百分率当然很低，即使女青年占一半，全部填写也只能是全体青年的50%，和其他各项原因的百分率相比，毫无意义。而且不能丰富精神生活也是很值得考虑的，为什么家中没有小孩或一个就不能丰富精神生活呢？另一调查表，即"生育子女的目的"不是也列了维系感情和调剂家庭生活的内容和气氛，这两个原因不同属于精神生活吗？那么，不育、少育也是为了丰富精神生活，要生育子女也是为了丰富精神生活，设计者怎样理解两种精神生活的差别呢？作为设定四种原因供选择的办法，其实很值得商榷，因为所谓丰富精神生活非常空泛，可能出现这种现象，即设计者是一种设想，填表者另是一种设想，经设计者整理到成百分率，其实内容和设计就是两回事，这样的百分率究竟有什么意义呢？如果换成文字问答，不主观规定几种原因，让填表者用文字详细注明原因看来不好整理成数字，制成百分率，但都可能发现某些既复杂而又为我们所始料不及的重要原因存在。甚至还有可能出现几份答卷会提出很精确的见解来，这样的答卷，诚然不能制成数字和百分率，但有利于我们对少育、不育的原因做出质量高的分析来，为什么迷恋于表面的虚线的统计数字呢？这种列出四个原因，若被调查人同时可以同意几种原因的调查办法，四个原因的百分率各自孤立，只能列为柱形图，即各自孤立的柱形。反之，若每人限填一项，则可以制出全体青年在四项原因上的分配表，由绝对数字可以制成百分率表，四项原因的百分率相加为100%，这样的百分率表可以绘为连贯成一条线的起伏图。附带说句，图和表的次序，应该是表左先，图在后，因为图是根据表内数字绘成的。

关于评定五种生育目的的主次地位一表的设计，问题很多。第一，所谓生育的目的，就很模糊不清，究竟是指多育的目的，还是指生多生少都一并包括在内的生育的目的，既然已经到了一个不育或只生一个孩子的目的一表（为前面所述），则此表似应指多育，但是一想又不对，因为设计者还有一个表，即传统伦理观念调查表，事实上不过是一个多育原因表，相反，这个生育目的表，倒是明确列入两条传统观念来，这里有三个表，一个是少育、不育原因表，一个是多育原因表（即传统伦理观念调查表），一个是生育原因表，试问第三个表既非少育、不育原因表，又非多育原因表，是不是既不多生也不少生的一种生育原因表，所以由此可以看出在设计上的粗心大意，设计调查表时在概念上就不清晰，令人捉摸不定。关于"生育目的"表（是否生育目的和生育原因有不同）的第二个缺点是：这个表列了五个目的，要求评定主次，五个原因可以分为三类：①属于传统观念的有养老送终和传宗接代二个目的；②属于个人主义思想的有维系夫妻感情和调剂家庭生活的内容与气氛两个目的；③属于社会主义观念范畴的有一个目的，即生育是父母的社会职责。试问以上属于在质上不能相容而互相排斥的目的，怎能要求一个人兼容并包，而评定其主次地位，这是设计上一种粗心大意的表现。第三个缺点是：如果进一步推敲，所谓养老送终，可以出现这种情况，即夫妻不愿和老人同居，也不愿赡养自己父母的老年，却要求子女将来为自己养老送终，严格说来，这不是传统意义上的观念。按照传统观念，养子是为了孝敬父母和列祖列宗，原则就是"不孝"中最大一条罪状，而且限于男孩，小孩是为让祖父母娱乐的，即让其"含饴弄孙"，让其"儿孙绕膝"。至于传宗接代也限于男孩，不包括女孩，列上养老送终和传宗接代就应把表名改为重男轻女的原因或者希望生育男孩的原因或目的。第四个缺点是：所谓生育是父母应尽的社会职责，也经不起推敲，因为今天的社会主义中国，最苦于人口太多，如果有人愿意不育，我想国家未必出来干涉。国家提倡的是夫妇只生一个孩子，超过这个限度就不符合计划生育的要求，不符合社会利益，谈什么不把这一目的列入不育或只生一个孩子的原因表中去。这一条的设计是脱离了我们当前的社会实际。

关于传统伦理观念一表的设计，此表其实限于专指多育的观念，名与实有点不相符。再者，本表第一条简言之，是多子为荣，但又并列了多生为荣，这是两回事，在传统观念中，并没有多女为荣的观念，如果多生不向子女，这个多生就不是传统伦理观念，传统观念中是轻视生女的，尚有所谓"女生向外""养女是赔钱货"。第二条"生养子女是人生最大的乐趣"，这一条在字面上就没有规定为"多育"，用一个"生养"二字就可以适用于一个小孩、二个小孩或三个和三个以上小孩，任何情况都可适合，根据该表所列的三条的整个逻辑需要，我是把这一条简化为多育为乐，第三条我简化为多育为强。统观以上三条，其中任何一条都足以确定其为具有传统的多育观念。（我不用多少，是退一步要求，）按照设计要求，三条全同意就给三分，只填一条就给一分，试问同意多生为荣一条的，在传统生育观念中就只具有 $1/3$ 的强度吗？这样的设计，表面上想得很周全，其实经不起推敲。

但是，对以上有关生育的原因或目的，就设计了三个表，再加上家庭形式表，经济地位量度表，我发现设计师思想很细、很复杂（好的意义，和思想简单化相对而言的），这种优点是主要的，有前途的，缺点是思想欠严谨，逻辑观念不强，这是一个年轻人、还没有经过科学训练的初学者所不可避免的。这种不怕难、不图省事的精神应该予以肯定。总之，优点是主要的，缺点是次要的。古人说："文如其人"，所以观文是可以知人的。

关于统计表格上的问题：

四川农村各民族青年传统观念与理想儿女数目表：把三个民族分别统计是对的，合在一起统计作为四川农村青年的传统观念不对，因为包括三个民族在内就不好和北京农村作比较，比较要有共同基础，这个基础同属汉族，用三个民族的合计，在四川广大汉族农村中也无代表性。

上述一表标题原为"民族传统观念与理想儿女数目"，这个表名称存在的问题就很多：第一，没有指出这是在四川农村，既然统计数要以地区为转移，则应在表名中具体指明。第二，这个表中包括的数字究竟是什么，这涉及表的内容和表的性质，按照原题似乎表的内容、数字代表"理想儿女数目"，其实根本不是这么一回事。这个表是青年分配或分布数目的百分率表，我把这表标题改为"四川农村各民族青年传统观念与理想儿女数百分率"，这样加以具体化一看题标就使人知道是在四川农村按不同民族进行统计的，而且把青年突出出来了，可以理解为青年的百分率表，但同样也可以理解为儿女数百分率表，所以改正的标题仍存在问题，正确的标题应该叫做"四川农村各民族青年按不同民族和不同儿女数的分布数目（百分率）"。其他两表都犯了同样毛病，如"经济地位与理想儿女数目"，如"文化教育水平与理想儿女数目"都不妥，应该一律标出在北京还是在四川，在城市还是在乡村，还要改为"青年按经济地位与理想儿女数的分布数（百分率）"或"青年按文化教育水平与理想儿女数的分布数（百分率）"。是青年的分布数，而不是其他数字，这一点应该通过标题使人一看就知道，而且是绝对数还是百分率，在标题上也要明确。

没有数字的格子应标"0"或让其空着，标"0"，就不应在"0"后标小数点后二个"0"了，因为既已标明"0"，整个没有数字，何来小数点和小数点后的二个0？不要多此一举。反之，总是有数字的格子中，由于百分率小至1以下，就应标出0及小数点后二位数字来，又如有的格子中的百分率是100%，即分布数是全部集中在此，应标为100，不能再在100之上标小数点及小数点后写两个0，因为这也是多此一举。不仅是多此一举，而且也不科学，难道在数字的格子中还能提出"0"以下有无数字的问题，在百分率表中的 100 就满足了，还能提出 100 以上有无数字的问题。在四川汉族农村的理想儿女分组中，我从其他表中知道最多的理想儿女数是"3"，但有的表不直接标为"3"，而却标为"2"，使本来一看就明白的事实，反而使人不明白了，究竟 2 个小孩以后"3"之上是否还有更多的小孩呢？真是弄巧成拙！"G"这个符号，有些读者看不懂，写明"相关系数"四字后应在括弧中写出"G"符号来，因为相关系数有多种，不限于"G"一种，以此必须标出"G"，使内行的读者不至于提出究竟是哪一种相关系数的疑问来。北京农村有三种数字，一种专指务农的青年，一种专指社队企业中务工的青年，一种把务农和务工的青年统一加以统计，每列一个统计表应标明，这才算是向读者负责，向读者交代清楚了，在样本数很少的百分率表中，应将样本数附在百分率数字下面加括弧。一句话，制表应讲学术科学性和对读者负责两点要求，在这两个要求的指导下当简则简和当繁则繁，不能在当简时却繁，当繁时却简，这就叫做繁简不当。

费孝通《生育制度》评述 *

  本书是作者于 1947 年出版的旧著，这次由天津人民出版社于 1981 年重新出版，为了照顾历史的本来面目，除了个别字句有所修改外，基本上保持了旧著的全部观点。

  费孝通是我国著名的社会学家，据说他自己最满意的著作却不是那本早已为人熟知的《江村经济》，而是这部读书界多少感到有些生疏的《生育制度》。本书是以比较社会学的观点来研究家庭问题的。1877 年摩尔根出版了《古代社会》一书，成为家庭问题研究中一本划时代的著作。1884 年恩格斯根据《古代社会》及其他有关著作写成并出版了《家庭、私有制和国家的起源》一书，运用历史唯物主义观点对家庭的发生、发展作了更为系统性的论述。自从 1877 年到 1947 年的半个多世纪中，许多社会人类学家对少数民族的家庭问题作了不少研究，提供了许多新资料和新观点。作者曾学习社会人类学，阅读过许多对发展中的不同民族的调查资料，并亲自在国内农村和少数民族地区进行过实地社会调查。本书在吸收前人的成果的基础上，就家庭与子女抚育的关系提出了自己的创见。

  书中以下几个观点是值得加以注意和研究的。

  第一，结婚的社会意义究竟是什么？本书明确指出，结婚是为了子女的抚育任务得到落实和保证而由社会规定下来的一种制度。任何种族要延续下去，都得有新生的成员不断加入，但是，一个人从初生到能够独立生活需要经过一段漫长的过程，从生理性抚育到社会性抚育一系列工作要有专人来担负，通过婚姻所肯定的夫妻就被社会安排为担当此项任务的适当人选。在性生活比较开放的少数民族中，社会人类学家发现这样一种普遍情况，即参加性生活的所有男女中，只有一对男女通过婚姻被肯定为夫

  * 原载《读书》1982 年第 10 期。

妻，担负抚育子女的主要任务。有的社会，规定男女生了孩子以后才举办结婚仪式。有了新生儿女需要抚育，为了抚育就从事结婚，在这里，婚姻和抚育的密切关系，表现得再明显不过了。有的社会，女子婚后即回娘家，一直等到有了孩子以后才到夫家住下来共同生活。在这里，促使夫妻聚在一起经营共同生活的目的很明显是为了抚育孩子。男女有了性关系以后，就不免要生孩子，从怀孕到生产都落在妇女身上，生产以后还要抚育，这些任务女的是推脱不了的，但男的却可以压根儿不负责新生儿女的抚育工作。婚姻的目的，就是把男的圈进来帮助女的共同从事抚育工作。从女的方面看来，不结婚既可过着性生活，和男的一样，没有必要为了性生活去结婚，但是一旦通过性生活带来了子女的抚育问题时，女的就要找个共同抚育子女的伙伴，这个伙伴就是通过婚姻所确认的丈夫。为了儿女要找个丈夫，为了找个丈夫，就要举办结婚仪式，在这里，为何结婚，结婚是为了解决一个什么问题，答案就是为了子女的抚育。有的社会，男女结婚以后，双方都可以公开地找情人，夫妻双方都不干涉，在夫妻之间和在情人之间，同样可以得到性生活的满足，单是为了解决性的需要，没有理由一定要结婚。结了婚的男女，可以过性生活，但并不是为了性生活而需要结婚。明白了结婚的社会意义后，我们就可以把婚姻的科学意义确定下来。即婚姻是通过结婚所肯定下来的夫妻关系，在夫妻关系以外的一切性关系中的男女，都不应算入婚姻关系之中。婚姻关系是一回事，性关系是另是一回事，只有把两者区别开来，不使婚姻关系湮没在广泛的性关系之中，才能明确认识婚姻的社会意义是为了子女的抚育。

第二，家庭的科学意义是什么？懂得了婚姻是为了子女的抚育，就不难理解家庭是父、母、子三方所组成的一个三角形结构。我们普通的认识是男女双方结婚成家，其实这句话是不完备的。既然婚姻是为了子女的抚育，抚育必须有抚育的对象，所以子女一方是构成家庭必不可少的重要角色。前面指出，有的社会要等到女子生了孩子以后才举行结婚典礼，这就说明了，出现了抚育的需要，才把男的一方拉入来组织一个三方共处的家庭。有的社会男女结婚后，妻子即回娘家，一直到生了孩子以后，才带着孩子一同到丈夫家中过着共同生活。这就说明了男女结婚以后到孩子生出之前的一段时间里，夫妻还没有经营共同生活的必要。孩子出生以后，为了保证孩子抚育得好，夫妻同居共处的生活就成为必不可少的了。夫妻关系的确立不过为子女的抚育准备了条件，只有有了子女并进行抚育的时候，家庭在结构上才算完备，在任务上才算在发挥其作用。

在性生活比较开放的社会中，孩子和母亲的生物联系是明确的，但孩子和父亲之间却不容易确定他们在生物上有无必然的联系。有的孩子是在父亲之外的其他男子所生的。在这种情况下，父子之间乃是一种纯粹的社会关系，但是这并不能妨碍父子关系的确立和维持。有的社会不管孩子是否为父亲所生，都认为孩子的出生只是与母亲有关，不认为孩子与父亲有什么生物上的联系，即使这样，仍然存在一个由父、母、子所组成的家庭，这就可以看到家庭对子女的抚育作用是家庭存在的根据。

家庭负担着子女的抚育任务，是为绵续种族和保证社会各项活动有新人接替，所以社会对于婚姻和家庭是极为重视的，从伦理上和法律上加以种种保护。家庭是社会结构中的一种结构，但是极为基本、极为普遍的一种结构，我们既要从社会的需要来了解家庭，又要从家庭的需要来了解种种社会设施。在研究家庭时，我们不仅需要摆脱从单纯的性关系去了解家庭，而且需要认识这样一点，即社会为了保证家庭的巩固还采用了种种办法去限制家庭以外的性生活，这也是为什么随着社会文明的发展，性的开放愈来愈收缩的原因。一旦男女不愿意负担抚育子女的责任，夫妻关系和家庭关系也就出现了不易维持的局面，从而给家庭和社会敲响了丧钟。

家庭的任务是多种多样的，在相当长一段历史时期，家庭既是一个生活单位，又是一个生产单位，在生活单位和生产单位相结合的情况下，家庭同时负担起了人的生产和物的生产两重任务。这时家庭在社会中的地位特别重要，很多社会的安排，包括继替问题，父系、母系，父居、母居，父权、母权等问题，都必须从这种家庭的需要出发来认识。作者正是针对这样一种家庭来进行研究的。

第三，内婚外婚的问题。过去有人认为禁止在氏族内选择配偶，是为了避免近亲相婚将引起人种质量下降的缘故。中国有句古谚："同姓相亲，其生不蕃。"无疑的，实际这一禁律，可以防止种族退化。但作者还指出一点，即这种禁律并不彻底，在一切表兄弟姐妹之间不禁相婚，这样就没有堵塞掉一切近亲之间的婚姻。所以对于氏族的存在，还要进一步加以研究。

第四，亲属称谓问题，摩尔根发现了一种亲属称谓中的类分体系，如把父亲的兄弟均叫作父亲，这种称谓在调查当时的社会的婚姻关系中找不到根据，即父亲的兄弟并未与母亲结婚，也不发生性关系，于是摩尔根假定这种亲属称谓是过去一种婚姻形式的遗迹，可以由亲属称谓去勾画出过去历史上出现的一种婚姻形式来。

本书认为，亲属体系确定可以从婚姻和家庭关系推衍出来。但类分体系的存在，不仅有可能包含过去一种婚姻的遗迹，而且应从亲属称谓所起的现有的社会作用去理解。现有家庭和社会根据现有需要，往往去确认一种亲属体系，在确认过程中，根据需要是有所偏重的，如有的社会就在父亲亲属方面扩展多，在母亲亲属方面扩展少；而究竟如何进行类分，类分的原则也极不一致，有的偏重辈分的原则去类分，有的偏重兄弟的原则去类分，为什么出现不同原则，在亲属结构以外的其他社会结构中往往可以找到解答。

这种类分体系，有时还扩展到毫无亲属关系的人们中去。在旧中国，往往把年岁相近而沾不到亲属关系一点边的人，称作兄弟，目的是想通过称谓，对不是兄弟的对方，激起一种兄弟之间的亲热感情，以便达到自己想达到的某种要求。中国历史上"桃园三结义"传为美谈，解放前下层社会就盛行拜"把兄弟"，目的是加强彼此团结，实现互助合作的社会作用。这些称谓都与过去的婚姻形式毫无联系。在发展比较落后的社会，就出现这样一种相当普遍的现象，即亲属称谓往往都超过了当时婚姻形式所形成的亲属体系之外，这就是本书所说亲属称谓的创造性作用。

第五，研究婚姻的家庭问题，往往容易从生物、生理、性本能和心理因素去立论，本书则一反以上的方法，从社会出发去探讨婚姻形式和家庭的作用，本书一再强调研究工作要从现实社会出发去具体研究问题，这无疑是可取的。

然而有一个重要的问题却是值得商榷的，即社会人类学家由于看到母系社会儿童进入生活的学徒期，代表部落所立的法律和权威制度对儿童进行管教的是母舅而不是母亲，于是提出"舅权"的概念，认为"母系""母居"的事实是存在的，但是否这就是母权社会，却表示怀疑。其实这种怀疑是不必要的，因为同一个男子以父亲的身份出现时，却无权管教自己的儿子，而以母舅的身份出现时，却有权管教自己的外甥，这就很明显地表明，母舅所以能管教外甥，乃是由于他是姊妹的兄弟，他是凭借姊妹的社会地位并受姊妹的委托来管教外甥的。所谓母权社会并不是推论出来的，云南的宁蒗县的永宁公社就是一个母权社会。那个地方的人口不满五千人，地方上的一切政治、经济、文化，从有历史到一九七八年时，还完全操纵在妇女的手里。妇女整天出外从事生产、劳动、贸易、管理，而男人则整天在家里带孩子、烧饭、洗衣服。孩子称呼自己的亲生母亲叫"妈妈"，称呼亲生父亲叫"舅舅"。每家生了女孩子，全家高兴，十分宠爱，并且从小就对女孩子悉心教导，耐心培养，务必把这女孩子锻炼成能文能武的全才。假如生了个男孩子，就马马虎虎对待了。每当男孩子满十八岁后，女家就可以明媒正娶地把他娶过去，于是，他也就成了那家的管家公来了。当妈妈不喜欢这个"舅舅"的时候，可以按照习俗把"舅舅"赶出家门，让他四处浪荡，自生自灭，而妈妈不管怎么老弱、怎么残病，都有母系社会照料她，一直到她死亡为止。

科学著作的结论总不免受写作时所有资料的局限，因此随着新资料的出现，就不断更改其结论。我国是个多民族的国家，解放后三十多年来，民族学方面做了大量的调查，希望作者能根据这许多新资料，打破旧著写作时在资料上所受的局限性，写出一部《生育制度新论》来。

附录　《榆村经济》（提纲）[*]

农家生活的整合｜本书成败必须理出其一般性和特殊性

第一章　本村概况

　　一、位置和交通（地）

　　二、人户和村的组合（人）

　　三、职业

第二章　种田——农家的基本职业

　　一、农田所有的分配

　　二、租田难

　　三、自工的贡献

　　四、妇女劳力的偏重

第三章　与农业相配搭的其他职业

　　一、对其他职业的需要

　　二、职业名称和种类

　　三、职业形成

　　四、从业人数

　　五、本村职业一般特性——技术性的、商业性的

第四章　区位——职业的外在条件，即对职业服务的需要情形，就区
　　　　位论服务的对象与其对服务的需要

---

*　根据张之毅先生手稿整理。此手稿写于 20 世纪 40 年代，调查的是大理的"榆村"（即现
　　在大理银桥镇的马久邑村），榆村是洱海边一个以白族为主的少数民族村子。作者对榆村
　　的经济生活、风俗习惯、家庭等都做了详细考察，调查内容广泛。调查完成后，张之毅
　　先生花了五年（1945 年至 1949 年）时间写成报告《榆村社区生活的整合》（又称《榆村
　　经济》），整个报告 40 多万字。遗憾的是，该报告未出版就丢失了，只有这份写作提纲被
　　保存下来。

第五章　技术与知识——职业本身的条件之一

第六章　资本——职业本身的条件之二

第七章　劳力——职业本身的条件之三

第八章　职业的特性和限制（慈善性，安全性，神性，权力性，贵贱性，反社区性和顺社区性；季节限制，性别限制，籍贯限制）

第九章　有关择业的条件

第十章　职业与职业之间的关联性：基于增加农家劳力使用机会而发生的连组。

　　　　基于生产上互益的需要而发生的连组。通过生产派生关系而发生的关联。

　　　　通过市场关系而发生的关联。

第十一章　生产与市场：小规模生产，零销，市场品质与销路。竞争和动敌。原料和成品价格变动与生产。

第十二章　工资和利润。高级固定薪给和低级固定薪给，无给和有给，固定薪给与非固定收入，非固定收入的变动情形。

第十三章　职业在经济上影响的范围：全家全村及内地农村。对农业经营的影响。

第十四章　职业在社会方面的影响

第十五章　兼业和休业

第十六章　职业组合

第十七章　金融活动的方面和作用

第十八章　传统农村经济的固化问题

第十九章　消费和担负

第二十章　家庭经济状况

第二十一章　职业与生活整合

第二十二章　农家妇女

第二十三章　家庭结构和生活整合

第二十四章　由家庭到社区的整合

第二十五章　由人事到鬼神之事的整合

总的大纲

Ⅰ. 本村经济的一般特性：

A. 出发点相近，发展过程中形成贫富悬殊。

　　1. 家家有一点田地；

　　2. 职业与职业间悬殊反不如职业中服务方式的悬殊大：所选职业大多在生产资本需要上富于伸缩性，小额资本即可开始，大额资本亦可收容。

A1. 是自给经济与街子经济的结合体，它具有反商品经济性。家庭形态的经济跳不到工场经济——从经济型态看新旧型态不相容；家庭型态下的手艺人很易跳到工厂中成为工人——从职业和收入讲，则出入于各型态中。但到耕耘程度低，兼顾即不可能，如农商不并容。

B. 家庭是消费和生产的单位，个人的经济活动须与其家庭配合去看。

C. 把握其多边自给性：生产乃为消费上自给，以减支出。

　　1. 何以能向多边自给走：可能是因为接近自然的土地，劳动＋土地→生产，不需要多少资本；

　　2. 何以要向多边自给走：资本不足，不能使一门职业充分发展，因而不能出现一门足以确保生活的职业。

D. 把握其职业配合性

　　1. 家人间的：横面的，纵面的；

　　2. 职业间的：一组职业相依相存。

E. 把握其劳力的性能

　　1. 家中劳力的生产心理不同于市场上雇用劳力的生产心理；

　　2. 劳力无充分使用机会：但求取得使用机会，谈不上选择使用机会问题，谈不到使用好坏和效率。

　　　　a. 为求取得使用机会：不惜时惜力，但求惜钱；

　　　　b. 工作机会有限，劳作可以在时间上从容分配，不必讲效率；劳作×时间＝工作 工作为 K，时间长，则劳作轻。

　　　　新工商业中，时间为 K，劳作加重则工作增多，则利润加大。

F. 资本缺乏一点也很值得注意

Ⅱ. 职业的条件和性质：注意到这些条件的相互变化

A. 区位：

　　1. 距离和服务范围：织布业的兴起就是地利之宜；

　　2. 机动性；

　　3. 服务在区位上分布的状况：区位决定服务方式，也决定职业容量。

市场应否摆入？自然条件应否列入？

B. 技术与教育

　　1. 自我准备者——如旧艺匠（多少有产者才能从事）；

　　2. 机关准备者——如新艺匠（无产者亦能从事）。

C. 资本

　　1. 许多职业在资本需要上的伸缩性颇大；

　　2. 资本与职业分离的趋势（雇佣关系的出现）；

　　3. 资本变卖便利与否的比较（P. 157. ）。

D. 劳力

　　1. 体脑与名利贵贱：医与药的结合背景；

　　2. 生活的劳动与生计的劳动；

　　　为己的劳动与为人作嫁的劳动；

　　3. 劳力的充分使用问题；

　　　a. 在劳资结合条件下，资本为劳力充分使用的必需条件：

　　　b. 在劳资分立的条件下，劳力得以充分使用并产生效率问题。

E. 在其他职业的配合，以及两种生产目的的配合，以及服务方式的多样性。

　　1. 一般的其他职业与农业的配合；

　　2. 特殊的

　　　a. 熬酒、农田与猪；

　　　b. 养马与农田；

　　　c. 养牛与农田。

季节性限制（P. 260. ）

F. 生理（残废），慈善性，被施舍性。

G. 性别：如接生是直接规定性别者。

H. 神性。

I. 贵贱性。

J. 社会势力：如摆赌，如放高利贷。

K. 好恶性。

L. 籍贯性：籍贯性和阶级性是封建社会的产物。

M. 冒险性与安全性：包括财产上的和生活上的，如养老，能控制子弟等。

N. 反社区性和顺社区性。

Ⅲ. 职业的选择

这里有一批人，有

A. 性别之不同；

B. 年龄之不同；

C. 贫富之不同；

D. 居住所在地之不同；

E. 社会地位高低，身份和势力之不同；

F. 可享权利和应尽义务之不同；

G. 家庭大小之不同；

H. 家庭份子配合和职业配合之不同；

I. 适应环境的能力和方面不相同：在家庭和社会适应好坏之不同；

J. 教育程度之不同；

K. 对家庭的担负和责任之不同；

L. 冒险和能力之不同；

M. 勤惰之不同；

N. 职业传统和职业知识；

O. 社会关系：熬酒与卖酒；

P. 通过社会选择到职业选择的情形；

Q. 职业选择与社会选择相冲突的例子：小学教员；

R. 选择目的转改：由经济到权力。

Ⅳ. 本村职业一般特性

A. 技术性的
B. 转递聚散商业性的 ｝ 非原料供给性的

Ⅴ. 职业的关联性

A. 为求收入上发挥截长补短而集合于一人或一家的几种职业的关联：织布，田（两者在生产本身上无联系，只因通过家庭的作用而发生相互依倚的关联）。

B. 为求生产上发挥共存共荣而集合于一人或一家的几种职业的关联：酒，田，猪（几者在生产本身上有相辅相成的关系）。

C. 有并存并荣作用而为各自独立的一些职业的关联：织布，土布，染布（生产上的并存并荣，后者依存于前者）。
棉纱与鸦片等是市场上的并存并荣关系。

Ⅵ. 职业在经济上影响的范围

A. 影响限于家计荣衰的——缝衣

B. 影响关涉到整个农村经济的荣衰的——养牛

C. 影响关涉到整个内地经济的荣衰的——织布业

Ⅶ. 职业在社会方面的影响

如算命、巫觋在经济方面虽影响不大，但在社会方面却影响大了；

又如摆赌在经济方面、在社会方面同样具有破坏的影响，只有摆赌者本人受利。

军政界脱离耕作现象显著，身份旁及其妻子、子女脱离农作的意义不等同，把田出租，生活方式改变。

Ⅷ. 似应考虑的方面

A. 万流归土

B. 市场条件：纱布价格变动速度与织布业，洋布在市场上对土布的打击。鹤庆酒在市场上对马久邑酒业的打击。

C. 自然条件

D. 生产归于与零销（P. 160. 熬酒）

E. 职业报酬：无给与有给，固定薪给与非固定收入，非固定收入在报酬上的变动性和生产利润

F. 销路：品质与销路的分化（P. 165. 酒）

G. 服务方式

H. 金融

P. 420. 商业吸收游资使高利贷不盛行

易村工业资金往土地倒流

P. 421. 本村布业吸收资金力大

游资在工商业和农田之间出入的问题

P. 423. 借债用途

P. 424. 放债对象是穷人

P. 425. 利高不适于生产用

贫人生产上也不需资本（？），所以贫人借钱不为作生产用

借钱为生活消费

P. 427. 抵押

一经举债即有继续举债趋势

P. 428. 赊

P. 431. 赊金亦作消费用

　　　合作社

本论文主旨的阐明

农业是基本的主要的中心的职业。

其他职业是建立在农业上，处于隶属地位或配角地位，而依附、围绕于农业的整个家庭结构、社区结构以及生活重心，工作调配以及意识形态全是根据于农业并与农业相配合无间的。

其他职业的形成发展以及被选择等等活动作用和功能均须受到农业以及由农业所形成的家庭和社会结构及意识形态所支配所干涉所影响。

其他职业不仅受制于农业经济型态的支配而且是辅助农业为农村经济的型态服务。

农业与其隶属的其他职业，整个的形成了以农为本的中国农村传统经济型态。这型态是与近代工商业为本的都市经济大异其趣的。

其他职业总体受制于农业，总体为农业服务，总体与农业配合无间，以及农业所以需要其他职业的理由。单有农业和兼有农业和其他职业，但以农业为主的两种农村经济有何不同之点。凡此种种乃是本论文必须指明和探索的问题。以农业为主而与其他职业相配合后，势必使得农业经济型态的家庭和社区多少受到影响。但一切问题不仅要自农业出发去看，尤其要自家庭去看，合起来就是要自农业的家庭去看。

职业的需要基于个别家庭的要求，职业的选择，决定于家庭的各种条件，有关职业发展的职业本身条件，由家庭供给并限制之。职业的成败向家庭负责也由家庭负责。

对职业服务的需要则基于一般农家的要求

对职业服务的需要则基于城镇居民的要求

对职业服务的需要则基于特殊社团的要求，如工人、学生　　}　服务的对象

对职业服务的需要则基于特殊农业社区的要求

本村经济一般特性

家家有一点田地，没有几家能单靠田地过活，大多数人必须在田地外另找收入，由于各家家人多少，性别和年龄分配，家人配成家庭方式，以及家

人间和谐与否，家人能力如何，于是分化出较富的和较贫的两种家庭来。所以本村家庭间在出发点上悬殊不大，其悬殊是在发展过程中形成的。

其悬殊也不显明地表现在职业间，他们所选择的职业大多在资本需要上富于伸缩性。小额资本即可开始，大额资本亦可收容，职业门类不变，职业服务方式则随资本多少而相应的变化。

研究农村经济必须牢牢把住家庭一单位去看，每一份子无论是生产或消费的行为都是与家庭相配合而行动的。决不是不顾家庭的单个的独自的行动。

研究农村经济也必须把住其多边自给性。消费上力求自给——以减支出。

研究农村经济也必须把住其职业配合性——家人间的。

研究农村经济也必须把住其职业配合性——职业间的，一组职业相依相存。

研究农村经济也必须把住其劳力的性质：家中劳力是视生产为己事，是与家人休戚相关的劳力。与市场雇用的劳力，不视生产为己事，不与工作休戚相关的情形不同。劳力无充分使用的机会：总求使劳力充分使用。没有善用劳力的可能。因为机会不多，故只有 Take（获得）机会的问题。如果机会多，才能谈得到对机会好坏加以选择的问题。

所以在农村中无惜时的问题。为了省一点钱可以跑至很远的市场去买一样东西，为了多卖得一点钱，不惜把物品送至远处出卖。因为力气和时间多的是。只求有无机会使用，谈不到使用好坏，使用效率。

何以能向多边自给走：可能是因为接近自然的土地，只要把劳力加上土地即能生产，不需要多少资本。

何以要向多边自给走：由于资本不充足，不能使一门职业充分发展，因而不能出现一门足以确保生活的职业。

（所谓工作效率问题是近代工商业中的产品，在计时的工资制下当然希望工人工作得多以减生产成本。但在农村不发生效率问题。因①赶快做完了，无工可言；②报酬和工作恢复成比例的增减；③在工作少闲时多的情形下，十日中①虽一日不需 X 元，却让其他九日闲下无赚和②把工作分配作十日作每日赚 1/10X，整数仍为 X，闲虽则平均分配于十日中。两种办法可以任其所显。但以第②种办法不累人。）

家人的职业配合

职业继替问题——渔人后代改业 P. 182.

商业继承中的矛盾——学与商不并容 P. 219.

P. 303. 上面是就不同年龄和性别的小学教员中，指出他们对职业的态度的不同，指出他们对职业本身和对社会的调适情形的不同，并指出他们态度及调适行为后面所根据的社会背景为何——都是以从业者为中心去分析。接着我们换一个角度即从他们家人的职业配合上来看，具体言之，小学教员的儿子做什么事，小学教员的妻子或丈夫做什么事。前者是家庭份子间纵面的职业配合（或称两代间职业的继替），后者是家庭份子间横面的职业配合。

小学教员家庭份子间纵面的职业配合。

P. 304. 职业继替断了：小学教员之子女不当小学教员

不继其业的解释

P. 305. 改做裁缝的理由从小学教员和裁缝两者比较中说明之

P. 309. 教书一途没落，手艺人兴旺

横面的职业配合

职业选择（一）

职业的条件：

1. 区位：距离与机动性

2. 技术与教育

3. 资本

4. 劳力

---

① 手稿原文如此。——编者注

5. 与其他职业的配合

6. 生理：残废

7. 性别：直接规定性别者

8. 年龄

9. 身份

P. 229. 离村杂货女少，村街杂货女多

　　　　职业活动领域与性别选择

P. 231. 职业活动领域对年龄选择

　　　　职业资本对从业者选择

P. 233. 职业营业性质不相同对从业者选择

P. 238. 养牛的条件

　　　　①一笔大成本

　　　　②人力：使牛者、放牛者

　　　　③吃苦

　　　　④牛栏

P. 240. 职业条件对从业者的限制

P. 254. 职业条件辛苦

P. 255. 养马的条件

　　　　1. 人力

　　　　2. 经营了田

　　　　3. 贫人干的事：但也不能是赤贫，因太贫了无本钱干此类事，
　　　　　　不穷的也不愿干被人贱视的辛苦的微贱职业

　　　　4. 住在码头附近

P. 280. 职业选择的性别条件

　　　　此类职业（军政界）中无女子的理由

　　　　职业选择中的教育条件

　　　　职业选择中的年龄条件

　　　　在地方当公事的：年纪大；出门当公事的：年纪小

P. 282. 两者对年龄选择不同的理由

P. 284. 财产条件与职业的关系——此指财产对择业影响

　　　　人口多的大家庭对职业选择的影响

P. 316. 家庭经济情形对职业选择的决定力

经济力决定不同级职业的力量大，决定同级职业的力量小

P. 326. 性别与职业分化

P. 327. 年龄与职业分化

P. 328. 性别年龄是生理上的特性

卖工者的社会特性——寡妇多卖工及做街贩

P. 329. 寡妇多见于此业的理由

1. 夫死后被迫到交换经济去

2. 夫死花费及收入减

3. 寡妇选择结果以穷寡妇多

职业选择（二）

P. 330. 传统社会中对守寡的态度

1. 礼教上，较富者赞同守寡愈力①

2. 生活上，较富者能维持守寡者生活

故寡妇中富多贫少

P. 331. 马久邑情形反是

1. 礼教力弱

2. 生活上不必考虑财产而决定守寡问题

a. 自己有谋生能力

b. 寡妇可招赘

故 1、2 均无对再嫁的约束力，唯有在

3. 再嫁机会分化上表现出富者机会多，贫者机会少，故呈寡妇中贫者多富者少的现象

P. 333. 小孩卖工

P. 334. 卖工队伍中鳏夫倒不多见，理由：

P. 335. 1. 从男可娶未婚及已婚女，而女只能嫁已婚男讲，男再婚机会多，故鳏夫比寡妇少；

2. 从年龄与再婚机会讲，男再婚机会多，女再婚机会少，故鳏夫比寡妇少；

3. 鳏夫参加交换经济是合乎男子择业的正常现象，故其比数

---

① 手稿原文如此。——编者注

　　　亦正常；寡妇参加交换经济是反乎一般女子择业的正常现象，故其比数显得大；

　　4. 男职业多，鳏夫分散各业，女集中；

　　5. 男享受休闲权大。

P. 337. 卖工队伍中由家庭分裂出的份子

P. 338. 卖工队伍中出现了才能低的份子

P. 341. 卖工者的家境

P. 342. 在卖工者家庭中家人职业的配合

P. 344. 贫家自给经济基础薄弱，进到交换经济机会大

　　　家庭失调也容易被挤到卖工队伍中去

P. 345. 前面指卖工者自己被迫由家庭分裂出去，此处所谓家庭失调系

　　　指卖工者的家人自动分裂去了

P. 346. 家庭人口低于适中数

P. 379. 巫觋选择的条件——神选

P. 389. 择业的条件——眼瞎

P. 411. 勇敢和机智为必需条件——抵失

P. 263. 家境好坏决定所择职业

　　　家庭经济结构决定择业后继续该业问题

新艺匠与旧艺匠

P. 270. 固定薪给的新手艺人

P. 292. 新艺匠和旧艺匠

　　1. 学艺不同

　　2. 服务方式不同

　　3. 服务地点、时间、机动性不同（P. 273.）

　　　脱离工具和经营

　　　技艺片段化

　　　离厂不能单独服务

P. 274. 新艺匠失却独立营业能力，失业问题严重，旧艺匠则不然

　　　失业问题因新手艺而发生

　　　旧手艺人彼此间可救济一点，新手艺人彼此间即无从救济起

　　　从业者的选择，新旧手艺一致？

P. 275. 新手艺人前途

    1. 退回家

    2. 除非家自给经济改组

家庭形态的经济跳不到工场经济

在家庭形态下的手艺人很易跳到工厂中成为工人

自给经济与街子经济（一）

乡村传统经济型态
- 自给经济——农
- 以交换达到自给的中间型态——织布 P.78.
  - 织布—应市场—赚原料
  - 自给
  - 织布成本中占费用最大的纱是由市场供给的 赚取原料以之织成土布 自给
- 街子经济（交换经济中之一种）

城市新经济型态——工商（专、城、新）

相反　虽同为交换经济但彼此相反对。

街子对于农家经济的功用

满足小量的分工需要，此种分工由于
- 产的分化
- 生活程度的分化，以及因此而生的职业分化 P. 103. – P. 106.

便于消费
- 随用随买 P. 101.
- 生产种类少，消费种类多，享受上可比自给经济丰富 P. 107.
- 在整件分量大的物品上借街子以满足零散消费需要
- 对消费的时间和分量有调剂的功能

街子经济是辅助农家自给经济的
- 助金融周转 P. 110. ——卖米买米便金融周转 P. 102.
- 便于脱售自给多饱者——如米糠 P. 113.
- 便于小生产事业——如熬酒业 P. 112.
- 给予职业及服务机会 P. 111.
- 给农民直接出售货物给消费者的机会 P. 114.
- 取消中间人及其对农人的剥削 P. 115.
- 便于农人兼商，不让商店独占 P. 115.
- 贫农需要街子经济，也需要自给经济 P. 119.

街子反独立的工商业——街子妨碍专门商业兴起和发展 P. 116.

在街子的威胁下，使得店子在交易时间上与街子的分化 P. 117.

街子存在的地方，就是商人（不是商业）式微的地方，也就是商业依附农村和农人兼做商人的地方 P. 117.

街子经济限制专门工商业发展 P. 119.

工商也不能专门和独立，必须依附在农业农村中和自给经济结合，丢不开自给经济。在自给的小农经济下不易发展出超街子经济的商店经济而交换经济不迈出街子经济，则自给经济的壳子不破 P. 120. - P. 121.

自给经济与街子经济（二）

新式工商业反对和破坏农村自给经济——必须建筑在海外贸易基础上的工商业，才能自主发展并达到依附在农村的小工小商，而农村失去小工小商必然经济凋敝，结果农人都往都市流，作物改经济作物。于是农业与工商业的关系中，农业失却主动地位。（在旧式经济形态中，农业主，街子经济辅之。）

织布、养牛、养马均是跨着自给经济和交换两方面的职业

P. 248. 养马用途种种，普通养马多为自给

P. 249. 为供应市场的特殊用途——驮货

P. 252. 服务机会不多，本业未能独立的兴旺的发展

故用到商贩方面去，也用到自给方面去

P. 253. 养马 ⎰ 他给 ── 家境差 ⎱ 家境决定其服务出现市场与否
　　　　 ⎱ 自给 ── 家境好 ⎰

P. 236. 田多人家养牛还值，田少人家若完全为畜力自给则不值得。

P. 243. 富人养牛不出租。

像这类跨着自给和交换两方面的职业，有时我们很难分辨其生产目的是为自给还是为交换。前者是在减少家庭支出，后者是在增加收入，方式不同，作用同在增加家庭财富。

像这类跨着自给和交换两方面的职业，在农村里很常见，这或是由于

接近自然的关系所以有此便利。总之，此类特性，殊值注意，有加以特别指明的必要。

P. 237. 田少人家养牛者求出租，田少人家未养牛者求租进，如此构成租牛市场。租牛市场存在对未养牛者的好处，租牛市场存在对养牛者的好处。

P. 245. 没有牛市场的适应情形

P. 246. 对于适应方式的四种批评

职业容量

P. 240. 就职业容量看职业发展的限制

职业容量依服务性质而定

服务性质依所在人文及自然地理环境而定

农业所受其他职业的影响

P. 215. 布贩与农田经营

P. 216. 布店与农田出租

P. 206. 船业对本村田地买卖租佃

职业的共存共荣性：一种职业的发展有赖或影响他种职业的发展。

集合于一人或一家而收截长补短之效的

集合于一人或一家而共存共荣的——熬酒，田，猪

各自独立而并存并荣的——织布，土布，染布

土布业，织布业，染布（其中织布业为主，贩者为从）

熬酒业，卖酒从的共存共荣。

打鱼业，卖鱼从的共存共荣。

行船业，赶马脚夫从的共存共荣。

耕田业，养牛从的共存共荣。

熬酒，耕田，养猪的无分主从的共存共荣。

职业间的相互依倚和影响

P. 79. 土布市场概况

P. 80. 三个市场的比较及其变迁

市场决定织事

P. 81. 织事与内地经济互相影响

P. 82. 织事不仅构成本县农村家庭经济自给的另一面，它的繁荣不仅系于相关的外县外省农村的繁荣，而且它也是促成内地货物交换，发展内地商业的主角之一。更有许多职业如土布业，棉纱业，缝衣业等都是依它的存在而兴盛。

P. 206. 职业与职业相生——船业与其他职业的关联

P. 207. 船业与赌

P. 215. 布店布贩与织事的关联

P. 219. 商仍守土

　　　　耕读并容

资本需要的伸缩性

1. 熬酒，缝衣，皮匠所需资本的伸缩性的比较（见 P. 156.）

区位

1. 区位之分与服务方式之分——在缝衣业中 P. 135. – P. 136.

2. 区位之分与服务方式之分——在皮匠业中 P. 141. – P. 144.

3. 特殊社区（有码头）才有此特殊用马法 P. 250.

P. 251. 服务的性质

　　　　区位因素与运输中驮马业的发展

职业与职业的配合——即职业所需其他职业的配合

1. 熬酒要与耕田和养猪相配合（P. 157.）

2. 织布宜于配合农业的道理——平民工厂所以失败的道理

3. 养牛养马者均利在能与种田相配合

　　养牛参看 P. 235. – P. 246.

　　养马参看 P. 248. – P. 255.

自然因素

1. 人类发展过程中，有一远离自然因素和减低自然因素对人类生活的控制力的趋势

2. 由自然因素与人类生活之间的距离，或自然因素对人类生活控制力

的强弱可以衡量文化的高低

3. 本村各业与自然因素的距离都很近亦即受自然因素的控制程度很大

4. 比较本村各种职业与自然因素距离的远近

5. 农业——很接近自然因素

6. 熬酒业——亦很接近自然因素（见 P. 145. – P. 148.）

7. 捕鱼——受自然环境限制大（P. 171.）

社会对职业的态度

1. 对熬酒的（P. 158.）

2. 对渔人的（P. 183. 到 P. 184.）

3. 对养马的（P. 254.）

4. 对教育界的（P. 292.）读书无用论

　　　　　　　　（P. 293.）中小学教员地位不同

从业者对职业的态度

年老教员能与旧社会调适，受社会重视受学界轻视，但他们
　满意其职业

年轻教员不能与旧社会调适，受社会轻视，受学校重视　不满　P. 295. –

年轻教员见到同学者在别方面热闹情形，益显得教育　意其　P. 302.
　界冷落　　　　　　　　　　　　　　　　　　　　　　职业

新式女教员与社会保持隔离的调适比较也满意其职业

从小学教员的婚配中看小学教员的社会地位

5. 村人对巫者的态度：因求鬼神不得不求巫觋，因恨鬼神遂亦恨与鬼
　神相关的使者——巫觋 P. 372.

　巫者的社会地位

　事鬼与事人的两种观念 P. 374.

　巫与儒教精神相抵触，受传统社会排挤歧视

　社区与巫者绝交游，并不通婚媾 P. 376.

　巫自身生活的堕落——此是社会歧视的结果，也是社会歧视的原
　因 P. 377.

6. 被视为具有慈善性质的职业——医生 P. 357.

7. 被视为受施舍的职业——算命者 P. 387.

8. 对开赌者 P. 417.

9. 对放高利贷者 P. 422.

职业与身份

P. 286. 军政界中脱离耕作现象显著

P. 287. 身份旁及其妻子

P. 288. 女子脱离农作的意义不等同
　　　　把田出租

P. 289. 生活方式改变

P. 313. 女子脱离传统职业的三种情形

P. 314. 女子地位改变与放弃农业经营
　　　　放弃农田经营不是由于田多，而是由于职业与地位改变
　　　　脱离农作寄生于丈夫的，和脱离耕作独立谋生的

P. 315 女子职业改变，小农经济改体

第三章

Ⅰ.本村职业概况：职业名称，职业的形式，从业人数，

本村职业一般特性 {技术性的
　　　　　　　　　　转运聚散商业性的} 非原料供给性的
　　　　　↓

此由于地位缩交通要衔

Ⅱ.职业的条件

A.区位 { 从业者的区位
　　　　服务的区位
　　　　服务对象的区位

　　　　↘ 第四章

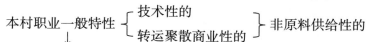

区位是职业发展的条件，或职业发展的外在条件
技术，资本，劳力是职业的本身条件

1. ⟶ 职业的区位分布　　　　　　　（P.145.）
　a.熬酒业的所在地：区位通过生产成本（劳力部分）而限制生产的
　区位分布
　　　　↓

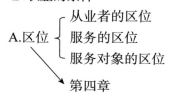

原料的谷物 ⎫ 终于限制了本村
燃料　　　 ⎭ 酒业的发展

b. 织布业宜于在货物转运地发展

c. 熬酒和织布的服务都是通过成品而间接到服务的对象，故服务有集中本地的可能

d. 捕鱼业就湖的所在地（P. 171. →）采集

e.行船的寄碇本村码头，乃因本村码头兼具集散作用（P.185.-P.199.）

运输 {

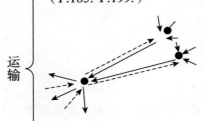

运来之货须散出去，为了把货散销有久停之必要

运来之货无散出去之必要，故在其他地码头无久停之必要

f.赶马业和脚夫业集中在码头：区位因素与运输中驮马业的发展（P.249.-P251.）

因码头是由聚货到散货之地
由水到陆的转运之地 } 服务机会集中（P. 255.）

制造 {
g. 缝衣的服务区（P. 135.）

在本村服务的及服务性质 } （P. 136.）

在外村服务的及服务性质 } 区位分化与服务性质分化

h. 皮匠服务区（P. 141.）

皮匠服务方式（P. 141.）

i. 土布店服务区及对象（P. 214.）

土布店两种

土布店服务情形

不同种类的布店，服务对象亦不同（P. 213.）

布贩服务情形（P. 214.）

缝衣和制鞋均系由本地人担任，在他地发展其业务，并应他地需要

小街在当地发展，由当地人担任，应当地人需要

j. 杂货业供应本县（P. 224.）

杂货服务区以上下关之间为主（P. 225.）

1/4 的去外县贩货

货源本外处，销场本县与土布业货源本县销场外处相反

离村杂货业 货源——本外县 销场——本县

村街杂货业 货源——本县 销场——本村，外村

k. 泥水匠市场需要的限制（P. 256.）

木匠：手艺人须通过社区关系服务不易出远门（P. 257.）

在三种情形下手艺人出远门

第一种情形是设店而木匠不易（P. 258.）泥水匠亦不适于设店

第二种情形去店里帮工

第三种情形流动担子（P259.）

木匠已见挑担方式，泥无
木制定货

织布是摆在牢固的经营基础上和最不
安稳的市场上。

铁匠及其服务区，服务方式
（P. 265.）（P. 264.）

由织布兴衰反映地理位置的变动性，
指出织布对大理出入平衡的作用。

银匠业需要的服务区（P. 265.）

新艺匠和旧艺匠的服务地点、时间、机动性不同（P. 273.）

l. 在地方当公事的年纪大；出门当公事的年纪小（P. 281.）

m. 农工服务地及时期（P. 320.）

n. 避开本地行医（P. 354.）

行医者顾忌本地的理由（P. 355.）

职业服务方式决定职业活动区位，职业活动区位决定职业容量

本村职业
的特性
{
不是物产的贡献——布、酒的原料均非本地产
①而是劳役和技术的贡献
②得区位的优势而非得地力的优势
③与外地形成劳役和物产的交换
④还为其地位，其服务亦为外地与外地的中介
⑤村人与村人的关系，不是服务者与被服务者的经济关系，
　而是同为服务者服务于同一性质的服务者的关系
}

谈到职业的区位问题必须注意到：

1. 本县及本村的区位

2. 农业区位上的固定化及其对其他职业在区位上分布的影响

3. 各种职业的区位分布情形

4. 影响职业区位分布的因素

　a. 自然因素

　b. 服务方式

由劳到资　　　　　｝则区位对从业者的限制愈小，亦即服务的
由直接服务到间接服务 区位与服务的对象的区位愈可分离

c. 社会因素 ｛熬酒贩酒，打鱼卖鱼者同登
行医者顾忌本地的理由
同行同业相得益彰，愿意相引出远门

谈职业的区位分布不比谈动植物的区位分布，因动植物是具体的东西而职业则是抽象的东西。只能从人和其服务的行为上体认。所谓职业的区位分布，乃指职业活动表现在空间上的情形。可分

固定一地的职业活动　　　离村的职业活动
机动的职业活动　　　　　在村的职业活动

此由资本、性别、年龄职业种类，服务方式所决定

由职业活动的区位和
职业者家庭生活的区位
｝的比较中见到
被服务者的区位

①职业活动区位与家庭生活区位可以合一和不能合一的情形
②职业活动区位将就被服务者的区位的程度
③职业活动区位将就职业活动内容的情形

本章主旨在由职业活动区位看出本村职业的特性，区位一条件对择业的影响，以及由区位一条件所引起的其他问题。

在当地或他地发展，由当地或他地的人担任，应当地或他地需要
在当地发展且必须由当地人担任的职业
职业在当地发展和由当地人担任是两回事
职业虽不在当地发展而仍可由当地人担任
地少人多虽能产生对职业的需要，但不能决定职业的内容

村的区位和县的区位，可以决定职业的内容——区位与职业的发生，由区位直接产生的，由区位派生出的。

凡利润不厚、服务机会不多的不能独立的职业自以交付给农家为宜，凡是有服务的需要而在服务的报酬又不足专一赖以为活的服务，最宜于附属于农家去担任。像这样所具条件不足成为专门化而必须附属于农家去担任的职业，其机会乃为服务机会发生所在地的农业所独占。服务者的土地

和农宅所在地是职业选择的决定条件。

行船业需要资本与劳力均多，本村有资本者不能耐劳（体力劳动）能耐劳者无资本，而且行船必须放弃农田经营，故本村无行船者，宾川沿海地瘠，农田不值经营，不如干脆脱离农作，人民生活程度较低，有力者仍愿耐劳，故以行船为宜。——生活程度与分工（1）

职业或服务机会所在地的居民，成为服务的独占者：职业性质及区位之所以成为独占条件。

生活程度与分工（2）：养牛羊马到佣牛赶马。

熬酒是生活程度与分工例（3）。

服务的需要在区位上集中的趋势——地位的优势 $\begin{cases} 商贾云集 \\ 百货并臻 \end{cases}$

地的优势形成人的优势——商业发达的地方，也是商人辈出的地方

商业所在地的商业大多抓在所在地商人手上，但也有不抓在所在地商人手上的情形。

商业发达的地方，若其商业被所在地的商人所垄断，则有个趋势进而垄断了非所在地的商业即本地以外的别地商业。

玉溪、大理同是商业发达地，两地的商人也非常发达，两地商人发展遍布到其邻近各州县去了。

因商业发达的地方，所在地的商人既把握了所在地的商业以后，即具有资金，商业知识，和人缘（商业中的关系，同乡同业的缘引帮助）三个优越条件。

像大理一类的地方，最宜于纱业和布业的发展，因此织布业也发展，原料当成品需要应最适于成为商人经营的商品，而由纱到布又以劳力为主最适于交给农家妇女去作。

职业发生的凭借：地力和地位

区位（恰当点说：地位）对职业的发展

$\left.\begin{matrix} 农 \\ 渔 \end{matrix}\right\}$ 地力

$酒\begin{cases} 地力：单靠井水，其他条件如原料、燃料不够，限制了酒的发展 \\ \qquad\;\; 通过市场竞争不过鹤庆酒 \\ 地位：井水所在地酒业发展地 \end{cases}$

$$\text{码头}\begin{cases}\text{船}\\\text{脚力、马}\end{cases}$$
$$\left.\begin{array}{l}\text{街子}\\\text{商货集散地}\end{array}\right\}\text{地位}$$

由地位的优势到当地人在商业上的优势 $\begin{cases}\text{在当地发展}\\\text{应外地需要}\end{cases}$

由当地人在商业上的优势到手艺上的优势 $\begin{cases}\text{在外地发展}\\\text{应外地需要}\end{cases}$

由地位上商业的优势到织布业的兴起

地位上商业的优势可以引致当地人在商业上的优势，但也不一定如此。

在当地发展的职业是否即由当地人担任须视职业的资本构成的高低以及服务机会是否充分而定。

凡在当地发展然而偏于劳力且服务机会不经常不多的职业必然由当地人担任且必然附属于农业中。

地力和地位两种优势在性质上和程度上的比较

$$\left.\begin{array}{l}\text{有基于地利优势的}\\\text{有基于地位优势的}\\\text{有基于资本和职业组织的优势的}\\\text{有基于知识和技术的优势的}\\\text{有基于劳力的优势的}\end{array}\right\}\text{职业}$$

地力鲜竞争的可能，好的地方被独占地位则有竞争发生，愈是偏资的则竞争愈大。

某职业是基于某一或某些优势，把握了某职业的某一或某些优势，即是把握了其特性的全面或某些方面。

如果换一个角度看职业在区位上的分布这是一种现象，造成这一现象的原因颇复杂，分析这种现象的结果，直接只能了解这一现象的形成，间接才能了解到职业的性质，此是以区位分布为主题而非以职业为主题的角度。

地力又分 $\begin{cases}\text{占有的——农、池塘渔、海东渔}\\\text{非占有的——海西渔}\end{cases}$

地力亦可分 $\begin{cases}\text{自然地力}\\\text{地文地力}\end{cases}$　地力利用亦分 $\begin{cases}\text{偏劳的}\\\text{偏资的}\end{cases}$

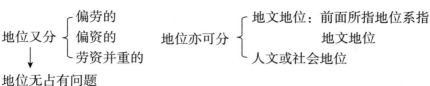

地位又分
- 偏劳的
- 偏资的
- 劳资并重的

地位亦可分
- 地文地位：前面所指地位系指地文地位
- 人文或社会地位

地位无占有问题

在什么情形下，地力被占有，又在什么情形下，地力不被占有。

职业发生的凭借：地力和地理位置

第三节　服务者，服务地及服务对象在区位上的分布

如果职业发生的凭借系基于地力，则服务者和服务地往往合一，而服务对象可以同在一处或不同在一处

服务地分有空和无空两情形。在服务地有空的情形中：此三者可以合可以分，分的情形不外三种，或三者各在一处，或服务者及服务地各在一处，而服务对象另在一处，或服务地和服务对象在一处，而服务者另在一处。

如果职业发生的凭借系基于地理位置则服务者，服务地及服务对象在区位上分布的情形就或合或分，不能一定了。

有关三者区位的分布情形，还须看服务的性质是属于以劳动去直接服务还是以物品间接去服务。如果是以劳动直接去服务则服务者将就服务对象的可能性较大，如果是以物品间接去服务则服务者往往在当地服务，而将成品抛入市场再转给服务者手上。

至于以劳动直接或以物品间接去服务的方式的决定，则须视其职业发生的凭借是基于地力还是地理位置。如果是基于地力，则以物品去间接服务的可能性大，因此服务者及服务地是在同一区位里，而服务对象或则在另一区位里或则在同一区位里。如果是基于地理位置，则以劳动去直接服务的可能性大，因此服务地与服务对象同在一个区位里的可能性亦大，服务者往往得离开他的家乡将就其服务对象而去外地服务。

基于地力必有物品之服务，但以物品间接去服务并不一定基于地力。本村织业、熬酒就以物品间接去服务，但前者所用原料、全部后者所有原料一大部分均非本村所产而系外地运来的，故织布者及熬酒者事业上只是加一番工，他们所贡献的是劳动，而非以在地力上劳动而有的产品去服务。这也由于本县是地力劣而地理位置优的缘故。

凡是制造业者他可以把成品制好，而间接服务于服务对象，亦可代服务对象直接定制成品。

码头运夫：劳力应雇机会的集中（亦即劳动市场的集中）使得服务者与服务地合一。

织布：市场的集中。

缝衣、皮匠：虽以成品间接服务，无赖市场不集中所以去外县，但也尽可能找市场集中的城镇作服务地。

职业的凭借：地力和地理位置

第四节

鉴于地力和地理位置所产生的职业机会占有问题

1. 地力 + 资本→法律上的占有

2. 劳力性的地理位置的占有（在资本构成特低，服务机会少的场合）

3. 资本性的地理位置的占有

4. 劳力性的地理位置的占有而加上集体力量以巩固占有者（虽然资本构成低，但服务机会多的场合）

5. 排斥竞争与竞争存在：上面（1）（2）（4）是排斥竞争的，（4）是有竞争状态存在的。

6. 技术性的占有

7. 社会关系性的占有：上举任何占有［除开（2）］均附加上社会关系性的占有

8. 生活程度性的占有

9. 改变生活方式的占有：船家

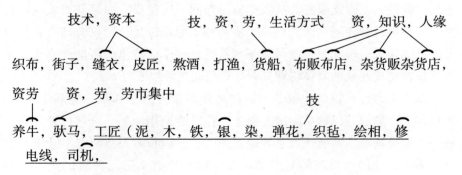

知识，社会关系 　　　　　　　　劳

舱工，火柴工）军政界，教育界，卖工（农工，杂役厨工，脚夫，放牛，放

技　　　技，资　　　　　　　　　　资

马）产婆，巫觋，医药，抵兵的，算命的，摆赌的，放高利贷的。
（有去外县者，用⌒为记）

本县人生活程度较高，只能往外县城里谋生，不能到外县乡下谋生（资本和劳力均不能下到外县乡村）

要往外县城里谋生，不出手艺和商业两途，借特殊技术如前者，借资本如后者本村在商业上败于喜洲。

本县本村由于物产少，劳力多，以本县的劳动用技术方式为本外县服务，（本县的劳动市场当然不容外人染指，凡是本县出产如大理石，麻石，兰靛，均本县人加工后再供应本外县）（又外处来的羊毛，皮革亦在本县加工）（茶艺加工）而内外县取得物资。本县与外县的关系，是劳动与物资的交换。并处理外县与外县的物资交换。

社会基础建立在农上而配合工商，因此瞧不起渔产船产。凡是费体力或技术低的事则交给贫苦孤寡去做。

法律性的占有，妨碍竞争，因此也妨碍技术发展并阻碍了资本的投入，土地所有就是一种法律性的占有，这是封建性的反资本主义性的。两者区别，就在前者在生产上无竞争可能性，后者则有竞争可能性。

井水可以成为法律性的占有，但经商则事实上不可能成为法律上的占有。

一门职业中可以带学徒或不带学徒

在什么情形下带学徒，什么情形下不带学徒

新旧传授技术方式的社会经济背景

新旧技术传授中授受两方的关系，旧艺匠间彼此的照顾互助

第五章

B. 技术与教育——职业条件之二

织布手续（P. 84.）技术的学有　品质和技术的难易

赶街是无技术或技术低的工作

缝衣的学徒（P. 136.）　店主的工作（P. 137.）

皮匠的学徒（P. 141.）

熬酒的制造步骤（P. 150.）

本村捕鱼方法（P. 175. – P. 179.）　　何以捕鱼不带学徒？

有关渔业技术问题的神话（P. 179.）

行船学徒（P. 196.）

布店要铺面要经学徒阶段，布贩则不要，布店学艺情形（P. 210.）

杂货店要学徒，贩则不要

犁田技术（P. 239.）

驮马无技术，唯需地理熟

泥木均要经学徒阶段

> 学艺不要出钱，但得考虑艺成后由艺到用所需资本。读书要出钱，新艺匠学出时可得钱。

由师傅的要求和学徒的要求看学艺一事

铁匠亦然，银匠，染匠，弹花，织毡，绘相均要经学徒阶段

修电线者，司机，舱工，火柴工的学艺情形与旧手艺的不同（P. 273.）

军政界——教育条件（P. 281.）

教育界——教育条件、教育费用估计（P. 317.）

卖工无须技术（P. 319.）

产婆（P. 350.）

学医的，父子相传（P. 363.）

巫觋服务四种（P. 365.）学艺，祖传（P. 380.）

算命，读经，唱赞曲的，收徒弟（P. 387.）

无学徒	有学徒
织布	缝衣
赶街（无技）	皮匠
熬酒	行船
捕鱼	泥木
布贩（无技）	布店
杂货贩（无技）	杂货店
犁田	铁匠、银匠、染匠、弹花
驮马（无技）	织毡
卖工（无技）	绘相
巫觋（祖传）	医生
	巫觋
	算命、读经、唱赞曲

新艺匠：修电线者、司机、舱工、火柴工

1. 自我准备者——如旧艺匠（须有点产业者才能从事）

2. 机关准备者——如新艺匠（无产者亦能从事）

3. 须技术高或无技术者

技术的独占问题 $\begin{cases} 家庭的独占 \\ 区域的独占：江西帮木匠 \end{cases}$

学徒的意义，技术独占在职业独占中的决定力，在有些职业中技术决定力大，在有些职业中技术决定力小。

本村职业以技术姿态出现的现象颇显著

这是由于人稠地密，没有物产可以找钱，只有靠劳动找钱，为了增加劳动的机会，有技术的劳动自比无技术的劳动为好。正好本村所处地位，扼商业要衔，市场的条件使得靠技术劳动找钱成为可能。

在简单的，专作程度不深的，或性质很相近似的分工里，某一种工作中产生了冗员是不足以酿成问题的，因为职业容易。比如锄草的人多了，可以分几个去除虫……此种转业不发生知识，技术，习惯与体力等问题。

技术停滞与技术之秘传：学徒在技术外的社会意义，收学徒基于师傅对贱优劳力的需要：学徒劳力的剥削。

师徒冲突与技术传授：靠感情和多多服务服侍师傅以缓和此一冲突，取得技术上的秘奥。

师傅的矛盾心理 $\begin{cases} 怕学徒好→留一手 \\ 怕学徒不好→非其人不传 \end{cases}$

不带学徒的情形：

①家传：织布，捕鱼，熬酒，耕田

②技术简单或无需技术：如赶街

③非以职业姿态出现：如家庭缝纫和针线，家庭炊膳，普通厨工（特殊厨师即经学习阶段）

学徒是 Personal 的传授：起于知识和技术有保持秘奥的需要

学校及工厂是 Impersonal 的传授：起于知识和技术无保持秘奥的可能和必要

如织布　　如熬酒

知识和技术无保持秘奥的需要或不收学徒的职业

一般人能做的，一般人不能做的

不学就能做或不能做
不学能做但做之以后即分出做得好，做的坏者
技术与非技术的界限问题

本村的职业以有技术的职业为多

所谓有技术一语也只能看作相对的意义

能做但不一定做得精美：
在技术上未经专门训练

能做而且做得精美：经
专门训练，专业化

借技术的条件以
求展开职业的机会 ⎰ 他们的知识便于他们往外地城市发展
　　　　　　　⎱ 他们的生活程度也不许可他们渗透至各处乡村

地理位置不为地力之可以确切独占，故求以技术来保障

自学：不用传授，经验习得

技术的学习方式：家传（狭义的）　　personal relation的传授

学徒，师传

知识和技术的分
别，后者系针对
一特殊用途和目
的的一组知识，
知识是广泛的生
活所需

厂授，或专门机构予以
训练（短期开办）

impersonal relation
的传授
传者和受者无 personal
relation

学校教育：某些技术学
习前的基础（长期开办）

【一技之长】：长是比较而言现在美国大学毕业者及大学教育结果亦不
　　　　　　能保持有职业

由 personal 到 impersonal，由无形式的习得到有形式的训练的意义

这是技术由停滞保守到进步，由秘密到公开，由个人化到社会化，由
无意识对技术的要求到有意识的对技术的要求，由分工不显到分工显等的
过程。

Personal Relation的传授和Impersonal Relation的传授的比较。

已 失 学
用 实 徒
两 价 的 在师徒关系建立之前，先有社会关系——社会关系和师徒
公 值 特 关系的相生相克
开 殊 ┌ 地缘 ┐ 无地缘及亲戚
了 技 意 ┤ ├ 关系者拒于门外
的 术 义 └ 亲戚关系 ┘
技 是
术 可 技术传授半开门主义学 由此同乡圈和亲戚圈成了
即 以 徒与同业间关系的建立 职业圈的界限。达到技术
为 赖 由区域或团体独占的目的
知 以
识 谋 由师傅的要求和学徒的要求看学艺一事 只是求在
生 学徒：取得职业知识，取得进入职业的资格 训练过程
的 和机会 中剥削其
知 师傅：基于对贱优劳力的需要，学徒劳力的 劳力因此
识 剥削，非为师傅自己需用而训练 求延长训
练期
师徒冲突与技术传授：靠感情和多多服侍师傅
以缓和此一冲突，取得技术上的秘奥

师傅对学徒 ┌ 怕学徒（将来职业上的敌对者）好：留一手。
的矛盾心理 ┤
└ 怕学徒不好（学徒好坏表现师傅好坏）：非其
人不传，择能者传之。

工厂为本身需要而给工人以技术训练

学校为社会需要而给学生以普通或特殊知识

旧式师傅既非为本身需要亦非应社会需要，知识因学徒个人需要而训练学徒

由家事到家事学 ┐
由烹饪到烹饪学 ┘的意义 学的出现可由 personal 传授到 impersonal 传授

家庭做饭业到厨师在技术上由粗到精 ┐前者是会，
家庭做衣服到成衣店做衣服在技术上亦只是由粗到精 ┘后者是精

向书本上学——伝医

向师傅学——职业医生

著为书与授徒生

著书：知识的发现或已有知识的总结和保存

授徒：知识的传授

学术研究的社会背景：在需要技术继续精进的社会，学术研究的需要才产生。

传统社会没有对学术研究的需要：知识和技术停滞，因此决定了知识和技术的传统传授方法。知识和技术停滞乃是旧生产力的发展已至饱和状态，新生产力尚未出现。

凡利用知识和技术谋生的，由于其停滞，故愿保守秘密，而不愿公开，因此此种知识和技术，由有知识和技术者本人保持之，（无书本可查）故必须向其人学习，即人与人而且是彼此发生感情具有社会关系认取社会关系（旧式师徒关系比新式师徒关系看重得多的道理在此）的人与人的直接传授。

在新社会：技术知识有继续精进不已的迫力存在。靠技术进步获利。技术趋向简而精。

在旧社会：技术知识无继续精进不已的迫力存在。封建关系保障未事生产者亦可由剥削关系获得其他生产者的利益。凭社会关系获利。

封建关系建立在这种生产状态上，但反过来，封建关系亦使得这种生产状态无由继续前进。

旧艺匠学艺后可以单独从事生产。训练出来者（一年服务的义务）不必为授艺者所用 新艺匠学艺后须配合在生产单位内成为生产单位的一部分才能从事生产。 } 这分别亦决定新旧授艺方法之不同

训练出来者有义务为工厂所用。或非为工厂用即无所用

故旧艺徒取得学习机会不易，所付代价高而苦。
故新艺徒取得学习机会较易，甚至可以不必付代价。

由粗到精，简到繁
由普遍从事到特殊从事
由自给到应市场需要
由利薄到利厚
} 即有学徒阶段出现 {
由家传到非家传
由有设备到无设备
在有设备中由无雇佣
到有雇佣由非以职业
姿态出现到以职业
姿态出现

（渔业利薄无学徒出现）

难知易行的知识：如算命

难知难行的知识：如医生

易知难行的知识：如划船：学徒乃在找一船借此练技术，缝衣，皮匠

易知易行的知识：如卖酒，卖鱼，赶街

熟能生巧：是难行的技巧

口诀：是难知的知

职业中雇佣关系的出现与技术传授

雇佣关系出现使得技术和资本分离成为可能，技术可能和资本分离后，则有些原来不能平民化的技术乃得平民化（无须配合资本）

（不能平民化的技术非配合资本不可）

旧式学徒训练方式是适应旧式生产方式而产生的。

学徒方式的普遍存在正证明了那些职业继替现象之非普遍。

旧式技术传授尚无以此当专门职业者。

由知识传授的非专业化到专业化。

旧社会知识传授的两类：

①技术的师徒传授（①旧社会技术停滞，重经验，重直接传授，而不以传授当专业化。）

②学校的一般知识传授（②取得统治资格，传授专业化。）

何以一般知识的传授专业化现象能在旧社会出现？

技术传授非专业化，则传授方法及好坏的问题不重要，亦毋须借传授以表现自己，因此不必认真传授，而可经技术在成品上的好坏表现自己。技术与生产结合，独占了技术即可独占生产和利益，因此亦不肯认真传授技术比不上读书好，故有人愿花钱读书而不愿花钱学手艺因此贩卖知识的专业者（学校或私塾）可能出现，而贩卖技术知识的专业者无由出现。

技术是生产的知识 | 旧式学校教育既非经验的教育亦非科学的教育，因经验和科学的教育均系适应生产的需要。旧教育系适应统治者要求和成为统治者的教育故应偏理重牢固社会秩序。

生产的知识将因生产事业的容量而决定其从业者。

技术训练与学校教育 | 非生产的普通知识，则不受生产事业的限制。求取非生产的普通知识者大多是有产者，他们并不急于靠知识找钱，他们是投机者，投机风险大，但幸而投中了，则利益优厚。但没不中亦无碍于即时生活问题和起码的生活享受。反之求生产的知识者依赖其知识谋生，故有技能者和技能致用的机会须相合。

技术谋生的独立性

有一技即可以独立行业，（因与技术配合的资本和工具不多）故传技即不啻传业，反之新艺匠现有了技术，但脱离了工厂即殊少独立行业的机会，故职业机会的给与非须操纵有技者本人而是操纵工厂。

由旧到新技工保持技术的主动权失了。因技工增多虽对技工有害但对工厂（生产主持者）有利，这也是由于生产主持权丧失所致。由小生产变大生产，即由技工主持变为资本家主持。

识字人数与工业化的程度成正比，在产业革命以前，欧美的文盲也同样很多，而机器却扫除了文盲，不识字是不能使用机器，对科学了解愈深，才愈能灵活地使用机器。

Ⅰ. 本村的职业以有技术的职业为多

Ⅱ. 所谓有技术一语也只能看作相对的意义：技术与非技术的界限问题

无技	有技
A. 一般人能做的	一般人不能做的
B. 不学就能做的	不学不能做的
C. 不学能做但做得粗	不学能做，但学之以后，就做得精了
D. 能做，但不一定做的精美：在技术上未经专门训练	能做，而且做的精美：经专门训练，且专业化
E. 只算普通知识，而无【一技之长】普通知识只能应付广泛的生活所需	像针对一特殊用途的特殊知识，是可以赖以谋生的知识
F. 【长】是比较而言的，现在美国大学毕业生多，大学毕业结果亦不能保障取得职业机会。已失实用价值（狭义指借此谋生的价值）而公开了的技术即成为普通知识。	仍属少数人所具有，且尚有借此谋生的价值者 技术是能生产的知识
G. 缺略的知道了，且只能止于知识阶段不能实际的运用，即不能实用的。	不仅详细知道，且因将知识反复练习，由习得而能实际运用，是能实用的。

Ⅲ. 在借技术的条件以展开职业的机会，和保障此种机会的存在。

A. 地理位置不如地力之可以确切独占，在不能用法律独占的情形下，有赖于发展技术以求独占。

B. 为了保持或提高原来生活程度，须往城市谋发展，欲在城市中谋发展，就非发展技术不可。若是要渗透到外处乡村中去，在外处乡村耕田者并不乏人，所缺的也是有技术的一方面（农业以外的）。持技术去可以针对其空缺找到报酬不算太坏的职业机会，若以无技术的农工身份去，则除了降低自己的生活程度就无法取外乡已有农工地位而代之。——有好技术的好处

C. 总之，必须要做人家所不做的，做人家所不便做的（如经商）用己之所长而为人家之所短者。已有的地位和商业知识以及由商业延引出去的人缘，可以当为往技术上发展的基础。这是外地人所无的基础。但不能止于基础上，而须从基础上往前发展。

D. 交换不比自给需要技术精进。

Ⅳ. 技术的学习方式：传授方式多种

A. 自学：不用专门传授，可由经验习得

B. 家传：在家内由家人传授，但须专门传授之

C. 师传

D. 厂授或专门机构（短期照时间办的）予以训练
　　　　　　　　（为特别目的而设的）

E. 学校教育：某些技术学习前的基础知识的取得（长期开办）

Personal Relation 的传授 { A B C } 无形式的学习和传授

Impersonal Relation 的传授 { D E } 有形式的传授

直接教育：口语、实操
间接教育：文字
城：人的关系在事中，人的关系是由语言和文字晚时决定
乡：人的关系长期固定了，事在人的关系中
五者中以师传的方式最普遍

学徒阶段的出现
由粗到精，简到繁：家庭炊事、缝事到厨工、缝工
由普遍从事到特殊从事：洱村普遍织布无学徒，醴陵乡下少数人家织布有学徒。
由自给到应市场需要：自给所需物品数量少，且为自用，无需工作快捷和精美，应市场反是。
由利薄到力厚（渔业力薄，无学徒出现）过薄者无人愿学，过厚者无人愿授传。
由家传到非家传：利润非常厚的特殊宝贵的技术家传，值得世代继替其业。凡传统者必非特殊宝贵的技术，无继替之必要者。
由有设备到无设备：熬酒有设备即无学徒。
在有设备中由无雇佣到有雇佣：驾船、机器缝衣虽有设备，但因生产织布发展出雇佣关系来故有学徒。
由非以职业姿态出现到以职业姿态出现：家庭炊事到厨工。

V. 技术传授方式的演变

A. 由旧到新

1. 技术传授的平民化的趋势加强：在旧生产型态中，从家庭的小生产事业为主，职业机会被主持生产事业者的家人包办了。换言之，唯有能举办生产事业者才有职业机会，技术与资本紧紧结合，小生产事业的门不常开放给家外的技匠。纯无资力举办生产事业者或置备一套生产工具者即无行业的机会。到了新生产方式的社会，大生产事业出现，雇佣关系增多，主持生产者专力于经营事业，放弃技术劳动的兼理，以之开放给外人，无资本及生产工具的技工可以进到生产中行业。技术和资本分离成为可能。技术可能和资本分离后，则持技者不必再持有资本的生产工具，以此技术更趋势平民化。

2. 技术谋生的独立性减弱：旧时与技术配合的资本和工具不多，有一技者容易独立开业，故传技即不啻传业。到了新社会，工人脱离了生产工具而且其技术趋向片面化局部化。必须依赖工厂的贵重设备，和与其他部门的技术工人配合起来，才能行使其技术。故技工脱离工厂即无法以其技术单独出卖和开展职业机会。

3. 正因为旧艺匠学艺后可以单独从事生产，传技即不啻传业，传技者唯恐多传了，故旧艺徒取得学习机会不易，所付出代价高而苛。

正因新艺匠学艺后必须配合在生产单位内成为生产单位的一部分才能从事生产，有了技术不即能单独行业，工厂唯恐有技的工人不多，唯恐不能将技术多多传授给工人，并传给多多的工人故新艺徒取得学习机会较易，甚至可以不必付代价。

徒弟艺成在职业与师傅处于竞争地位，故师傅不愿多多授徒。

工厂需要技工多，需要技工的技术好，故工厂与工人学技不仅不对立而且相需相成。

4. 在学技的工人本身之外，有个工厂或其他特为需要技工而临时特设的训练技术机构的出现，是在技术传授的演变中一件新事实。此表示不仅学技者本人需要学技，还有另一批人也需要有学技的工人去学校。还有另一种对技术的需要来自个人以外的，或系发自生产团体或系发自政府。总之，可算部分的或全部的代表社会对技术工人的要求。我们可以叫这为社会化的要求，以别于个人化（即技工本人）的要求。个人化的要求是主观的，虽然也暗含于社会对技术的需要，但社会并没有将其要求意识化，所以由个人化的要求到社会化的要求的出现，是社会由无意识对技术的要求到有意识对技术的要求。相应于这社会化的有意识的要求，在传授技术方式方面也起了变化。即有专门为传授技术和训练技术工人的机构出现，这和师徒相传不同。前者是制度化的传授，教者是由那机构聘请来者，他只负责授予技术知识，并不爱授予给什么人，他不必认识学技者，也不必和学技者发生感情关系，更不应与学技者有感情与否来决定其授不授技。至于学技者他只是应那机构招考而来，那机构保证能给他技术的训练，他不管给他技术训练的究竟是什么人，也不必认识授技者，也不必和授技者讲私情。在授者和学者之间的授受关系和行为是通过那机构才发生由那机构安排好的。授者和受者间除技术的授受外，并无直接关系。授者换了人，授受的工作仍照样进行。受者换了人，授受的工作也同样进行。所以授者和受者是非个人的关系 impersonal relation。授者其所以愿将技术出授，乃是以传授技术当专门职业，传授一事进为专业化。他不是以实用的技术去直接应用，而是以之教别人，由别人去应用。他自己的技术应用得好不好倒属次要，但他知道怎样才能使技术应用得好，学习得快，以及有关技术学习的种种知识。他是对技术取探讨研究以及怎样有效地传给别人。所以传授技能不仅是一种专门职业也是一种专门技能，这种技能不一定是能好好应用技术者具有的。他欲求好好表现，欲求能称其职，必须把技术传授的事做好。无疑的，传授专业化的结果是有利于技术的传授的。又因为技术传授和技术应用可以是两回事是两种能力，由他获得了技术知识并能应用者大多只能成为一个熟练的技工，不一定能成为一个很好的技术教师。所以传授的结果，只是多了一批熟练的技工，那批人并不致威胁授者的饭碗，因为那批人并不易成为好的技术教师。这使得授技者可以安心，此又有利于技术的传授。

反之，在旧时的技术传授中，乃是学技者自身或其家人需要其学技，至于个人以外的社会尚无此要求，或其要求尚未意识化，因此社会中尚未有为此特设的专门传授机构。这种个人的要求，既无特别传授机构满足之，只能向已有熟练技术的私人学习。但所论授技的私人，亦即是以技术为用而谋生的，并非以技术传授当专业，因为无专门机构延聘他去授技。若私授收徒，也无大批徒弟可收，（因为生产小，能容受的新技工有限，）也不能长期有徒弟可收。既仍以技术之应用为主，授出一徒弟即增加一能应用技术谋生者，亦即在技术应用上增加了一个和自己争饭碗和分占去其以技术服务的机会的人，正如自己是一独立从事的技匠，将来的徒弟亦可成为一独立从事的技匠。今日之师徒，将来之同业竞争者。传授既不能当专业，传授的结果又将增加一个和自己竞争的敌对者，故技师并不乐于私授徒弟。授徒并非于师傅太有利的事。故被收为学徒乃不是一回容易的事，必须向技师讲情面，攀社会关系，为乡里族谊戚谊或友谊。使技师碍于情面不能不收。又必须尊师重道，拜认师父，向之执礼甚恭，收后向之服侍唯谨侍奉茶水，一呼百诺。以博取师父欢心，出师后如师父需要的话还须为之全部或一半的尽义务帮工一年。总之，师徒间是彼此相认的个人关系，要论情面的 Personal Relation，感情不好事先就拒收，收后或退出或吝不授与技术之奥秘所在。或故意延长其学技期限。学徒有无学技机会及能否好好学会，全视其与师父的感情如何而定。学徒对师父所付代价远比新式学艺的大。师父所以收徒弟，一方面固然碍于情面，一方面也由于贪取徒弟无偿劳力的使用，和出师一年的无偿或半偿帮工。以此差不多任何简单的技术，一律规定为三年。把一年把几个月甚至几星期就可学会的技术延续至三年之久，有时还在三年之外特意延长，无非是剥削徒弟的劳力。普通者入师时，一年里当师父的压根儿就不教给徒弟任何技术，只是当奴仆一样使用，稍不如意，责打交加。旧式学艺这一关是不易通过，非吃尽千辛万苦不可。师父并非以传授当专业，如果不图利用学徒劳力，他就犯不着收徒弟收了传授方法好坏亦可不太考虑，他并不求以后再有学徒上门，所以也不怕没有学徒上门来。他也毋须在传授技术上表现自己的能力，而可在技术应用上直接表现自己，和供自己获利。但话说回来，旧式师徒关系之紧密亲切都并非新式授者和受者之间的关系所可比拟，原有的社会关系，入师后的师徒关系，再加将来的同业关系，而这种师徒关系更一直追认到其中一人死而后已。论到同业关系，独立艺匠彼此照顾和互助亦较易实行。师徒授受时，师非此徒不授，徒非从此师亦不易有学技机会。

技术传授：《列子·说符篇》云："卫人有善数者，临死，以诀喻其子。"所以各行技艺人以此句谚语为其工作的法则，经验，视之为传家宝，难得轻泄于人。有时就是本行帮师徒之间的传授，也不易轻易讲述。外面人正是"隔行如隔山"，更不易去进行记录了。所以只有一些拓展引申，成为普遍性质的谚语才在社会上流传，如"熟能生巧"，"货是草，客是宝"，"三天不唱口生，三日不打手生"，而若编为记忆口诀的谚语，则其流传不多。如商贩所奉行的法则："语头让人，事头不让人。"

酒贩的术语："三七看花。"（酒贩经槽坊买来十足成分的汾酒，必要渗三分水来发卖以取利。水与酒对渗后，必须盛之器中，使其从二尺以上高度凭空浇下，滴落于碗中能见花沫，则为达到三七对比的成分。还有，若不是这样对渗的酒，酒性强烈，常人将难服引。）

Ⅵ. 新旧技术传授方式的社会经济背景

由小生产到大生产

由家庭型的生产组织为主的社会到工厂型的生产组织为主的社会

由封建农业社会到资本主义工商业社会

由无"技术继进"迫力的社会到有"技术继进"迫力的社会：在停滞的社会中，即使科学也会变成经验，对付生活方只须知其然，不必知其所以然。技术停滞的社会重经验。技术精进的社会重科学。

由技术停滞的社会到技术精进的社会

在旧社会，封建关系保障未事生产者亦可由剥削方式从生产者获夺其利益。只要握有政治性权力就有剥削机会，而且剥削利益大过直接从事生产的利益。此种封建式剥削无疑的妨碍了生产的发展，阻碍了技术的进步。反过来，也由于社会其他经济条件尚未具备到使大生产出现的可能。生产局限于家庭型的小生产组织上，在生产中谋发展遂不为直接剥削生产者为有利。市场的分散和分立，需要不集中，故技术改良效率增进的需要不存在。而且在劳资一体的家庭型小生产中，增加资本改良设备无异排斥劳力，在市场需要不变，在劳资的配合成分上变，徒然使得劳力无出路，总之，当旧生产力的发展已至饱和状态新生产力尚未出现的时候，技术停滞为必然现象。知识和技术停滞，则利用技术谋生的，由于其停滞，或愿保守秘密，而不愿公开。保守者也就是以技术应用者，新进者必须直接向其学习，此外别无书本可查。形成了传授间——彼此具有社会关系，认取社会关系发生感情的授受者——的师徒直接和私物传授的方式（旧式师徒关系比新式师生关系看重得多的道理也在此）。总之在旧社会，必然技术停滞，必然保持技术秘密，也必然形成私相授受的师传方式，所以我们可以说，旧式师传方式乃是适应旧式生产方式而发生的。

把这和资本主义社会新式生产方式中所以发生的制度化传授一加比较就更为明白了。在资本主义社会中，以政治性权力去剥削的封建关系被扫荡了，靠政治性权力去剥削事已不可能。同时，大生产和集中生产方式已经建立起来，资本累积速率增加，有野心者可以在经济中竞争和发展，采用经济性权力去剥削，既不可能再采用旧式政治性权力的剥削方式，也不值得再采用旧式政治性权力的剥削方式。在这种新式的经济竞争中，大生产逐渐淘汰了小生产，旧式小生产经营的技匠的独立地位丧失，变为大生产中的附庸，持一技之长者不复成为生产事业的主持的和生产工具的所有者。（如小生产职业所见情形）资本对生产的影响和决定力大过技术的，技术在大生产中的地位，亦成了资本的附庸；受资本的驱策为资本而服务。资本取消了技术在生产中的霸强地位，垄断技术的并不再能垄断生产，反之，技术和生产倒全为资本所垄断。技术从拥有技术者本人所垄断变为拥有资本者所垄断。当技术由拥有技术者所垄断时，拥有技术者唯恐将其技术公开了，授人了。当技术由拥有资本者所垄断时，拥有技术者必须投靠资本家，将技术出卖给资本家。

为了适应大生产需要，资本家使技术一方面片面化分工化，一方面大众化。于是同时有多人会同一技术，然而每一人只会全部生产中一部分的技术，无一技工能把握全部生产的全部技术（除了总工程师外），而技工、工程师都不能脱离资本家的生产工具而独自靠其技术独立从事生产。其对资本家的依赖性加大。拥有技术者只有将其技术出卖给资本家。当技术由技术者所垄断变为资本家所垄断后，技术者在生产中的地位愈降，而技术得宠于资本家却愈高。资本家赏识了技术，知道技术与他们生产事业成败关键之深。他们知道必须使技术精进不已，才能使自己主持的生产竞争得过人家的，他们不遗余力的培养技术，优育技术，他们也有财力培养优育之。于是技术在资本家怀里比在技术家怀里更得到发展的机会。虽然直接负责发展和研究技术的是技术家和专家学者的事，但技术家和专家不过当为资本家的工具用来发展技术而已，正如奶牛当为产奶工具以满足吃奶人的需要。资本家需要技术日精又精，得了新技术即放弃旧技术，喜新厌旧，他们并不求始终保持一种技术不放。他们所保持的和保守秘密的不过是正用得着的那种技术而已。也即是正得他们宠爱者他们要独占了。可是尽管已有得宠者在怀，他们并没放弃寻找和物色新技术的努力。一旦物色着新技术了，新的即专宠而原来专宠的就见弃了。这些被资本见弃的技术，却成了社会的公共财产，累积成为技术知识学，成为专家研究的材料和知识，从他们的研究中更超过他们而产生新技术。也因此被见弃了的技术知识，已与实际生产的关系脱离，资本家不靠它赚钱，没有经济价值，所以才被公开了，才给学术园地收留下来。又由于适应技术精进的要求，专门技术和一般科学的研究及教学工作应运而生。技术和知识获得空前的发展，种类加多了，高低层次加多了。一般的知识和技术公开而且当为研究对象了，而研究心得又为工业所应用，特殊的，高级，专门技术知识由工业中退伍下来也公开了。社会和政府都鼓励发明并给发明者以专利权，至于低级的为一般工人所用的技术，即使尚在工业中应用，因无保守秘密的必要，所以也公开了，而且是公开的制度化的传授，只有少数总揽一种工业生产全局的上层技术在应用时才被秘密保守起来，但随着更新的技术发明和应用了，也就失却秘密价值而被公开了。整个的技术和知识是被资本家所宠爱和看重，因此也繁荣发展了，但个别的技术却如秋扇见捐——在工业中应用些时又被抛弃出工业生产圈外。资本家有爱于整个技术，尤爱于技术精进的趋势，而无意于守着个别的技术牢牢不放。个别的技术是继续失时和失宠的，全部的技术是继续前进和繁荣的。

反之旧社会中个别技术永远难失时，永被得之和有之者保持不放，秘而不宣，从技术全体看则永无长进，永不受社会重视。此是个别的技术之幸也是技术全体之不幸。总之在新社会中，资本家要发展大工商业，大工商业要求技术的进步，对技术精进的要求促成了一般技术的发达和公开，技术发达和技术公开改变了技术的传授方式，供技术传授专业化，社会化，制度化。技术全体继续繁荣前进，个别技术继续被捐弃，在技术途程是朝前看，而不是往后看。对技术的需要增加但技术工匠的自主地位却丧失了，技术工匠垄断技术的可能性也没有了。旧的技术传授方式不复实用于资本主义新社会，新社会别有其新式技术传授方式了。反之，新的技术传授方式亦不易在前资本主义的旧社会中产生，技术传授方式与其社会经济繁荣是紧相贴合的。

在传统经济中系以技术直接服务于消费者，消费者所关切的是技术的成果而不在技术本身。

在近代工商经济中技术必须通过庞大的生产组织才服务于消费者，技术被配合在生产组织内，直接向生产组织负责，再由生产组织向消费者负责。生产组织对技术的态度自不同于消费者对技术的态度试就此方面的不同点加以比较如下：

传统农业经济形态中：

    ① 技术对消费者负责故消费者认技匠本人

    ② 消费者所关切者是成品，而不在技术本身不涉及和过问技术本身究竟是回什么事

    ③ 技术改进不改进是技匠自己的事，技匠自己对自己的技术负责。以前做不做得好是技匠自己事（只在受雇情形下消费

者要过问一下）

④ 消费者的不满意是间接（不一定见着不满意的人）的

新旧技　⑤ 被淘汰是缓慢的

匠基于　⑥ 可能只从制精品降到制劣品而不必完全被淘汰出去

职业所　⑦ 消费者可受蒙被

产生的　⑧ 降低报酬仍可存在（如自己独立从事虽年老速度慢，

心理整　　　少做几件也可以）

合不同　⑨ 淘汰作用不剧烈，且不当面给人难堪

作用亦　⑩ 有了技术即对前途有把握

不同　　⑪ 往后看，重师傅，尊祖师，重经验，技匠与祖师有恩爱

　　　　　情绪产生，不变的

近代工商业经济形态中：

① 技术对生产组织负责，故消费者认公司本身

② 生产组织由关切成品到关切技术本身，它要研究技术本身究竟，以求改进

③ 技术改进不改进，不仅是技匠自己的事，尤其是资本家的事，技匠得将对资本家负责。技匠与资本家同样对技术负责。现在做不做得好有资本家来过问

④ 资本家的不满意是直接（监工）的

⑤ 被淘汰是急速的

⑥ 完全被淘汰出去

⑦ 监工不易受蒙被

⑧ 效率低（在水准以下者）即被淘汰

⑨ 淘汰作用剧烈，当面就难堪

⑩ 无把握

⑪ 朝前看，重科学，科学不是可以求援的具体的人，技匠与科学间无恩爱产生，科学变的动的

劳力

1. 地力贫瘠及短少以及生活程度的提高，增加了人多地少的严重情形，因此也增加了劳力利用的问题，有地方用而且报酬较好的用。

2. 土地上劳资冲突，工商业里劳资相辅相成。

3. 本县是劳动的贡献而非原料的贡献。是以劳动去换取外县的原料和物品。

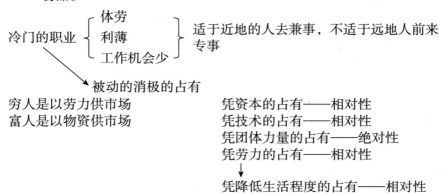

冷门的职业 { 体劳 利薄 工作机会少 } 适于近地的人去兼事，不适于远地人前来专事

→ 被动的消极的占有

穷人是以劳力供市场　　　　凭资本的占有——相对性
富人是以物资供市场　　　　凭技术的占有——相对性
　　　　　　　　　　　　　凭团体力量的占有——绝对性
　　　　　　　　　　　　　凭劳力的占有——相对性
　　　　　　　　　　　　　　　　↓
　　　　　　　　　　　　　凭降低生活程度的占有——相对性

学徒论　启友（大公报）

"学徒利说得好听是［个别传授］，办好了入厂手续，听候工政课长的分派，经过主任，主管……签字盖章，然后领班把我带至一位沉静的中年的人面前介绍说：'这是李师傅你跟他学。'他正专心在车牙……"

"我的师傅他不能写一封简单的信，但他会看图样，也会配凿轮，他知车牙的刀子磨成一定的角度，他会用π计算六角螺丝母每边的长，怪不得他要算'大'师傅，工资要比别人高，但是他连小学教育也没有受过，看见我对加法、除法那样熟练，再回忆他年青的时候的强记摸索，不禁投以羡慕的眼光。照例徒弟要尽量得到他师傅的欢心，才能够学到一些本领，否则他可以使你没有单独练习的机会。他虽能说出一些较复杂的数字，但他不是靠计算得来的。他强记了也不知道多少日子，他出头了，拿到较多的工资，完婚成家了。"

"……钳工（手工）最高的工资高过做车工和铁工的。"

"我总是怀疑'学徒'是否应该继续存在。做学徒首先必须有很好的运气，因为师傅们脾气不同，虽然他们也是学徒出身，但是大多数仍把他们过去所受过的一些磨折，照样又在我们身上来发泄，甚至认为是应该的。他要顾及他工作的效率，多拿些勤饷奖金，即你只能永远在旁观摩，而没有自己动手的机会。遇到脾气好的师傅，虽然可以多学点，但是好像不能学到他所知道的全部，更不能性急，只有师傅更换了新的工作，你才可能学到新东西。所以我们艺徒们希望自己的时运到来，遇到一位脾气好，技术精，工作不时更换，最好又有些懒惰的师傅。如果遇到一位专车枪管散热图的师傅，即使跟他三年，也只能学到如法炮制，虽然在高度生产下，分工很精细，可是中国尚未达到那种程度。假使，你一天突然被开除，那么除了进兵工厂，又是造枪外，你就找不到吃饭的地方。所以我们常常在师傅不在，领班技术员也离开的时候，拿下枪管，练习其他的技术。"

"后来，我被派到跟着枪管的王师傅学习……大部分是眼睛的技术，只要知道它的秘诀，做起来很简单。但是他们总是守口如瓶，厂里面有位乡老师傅，年纪已上了六十，据说他是从一个德国人那里学来的。其他师傅都是他从前的徒弟，没有相当的关系，或者奉师不到相当程度，就很难学到他的本事。因此我们厂里看得好的，除了他外，就算他的孙子，再次就是这位孙少爷的好朋友。我每天用棉纱把枪眼擦干净，等王师傅来看，一个多月过去我所学会的也仅是擦枪管，除了在厂里面恭敬地侍候他外，我没有到他家去过，更没有买些东西送给他的孩子，我不能挑水，挑煤，也不会抱孩子，我和他不是同乡，不是家门，又没有亲戚或是介绍关系。白白的空过了我近两个月的时间，怨谁呢？"

"厂里面有个技工学校，而经费又是从厂里拨出来的，我们厂虽是国营的兵工厂，每月经费却是按出品多少发给的，校长，主任也由厂里聘请，起初校长和厂长的关系很密切，我们有教室，有点书籍，有几位专任教员，同学也很活泼。厂长换了，学校复成了全厂的赘瘤。连粉笔都发生问题，学生去上课大感困难。学校共设有补习班，普通技工训练班，和特别技工训练三班，普通班的资格是高小毕业，特别班是普通班的继续，补习班是专为考不起普通班的。我们艺徒经过考试就兼有学生身份。每天上课四小时，每星期五天有课上，其余时间仍是回到原来师傅那里。课程有国文，数学，各种工作法，力学，机械原理，材料学，原动机，制图等，教员大半是厂里工程师，技术员兼任的，因为时间及程度的限制，所授的不外一些皮毛，我们这些上课的艺徒是彼此歧视的，因为我们上课的反不如不上课的技术进步快，生产率也因我们上课多少有点影响。有时在工作紧张时，厂方就禁止我们上课，学校也没有办法。"

"艺徒们在三四年级，自己已能单独工作时，都想要能升为工匠。一方面可少受点气，一方面可得较多的工资。因为年青，火气重，很少能得到领班技术员的欢心，所以，事与愿违，迟之不外，逼得一些人不得不开小差，换一个厂。考工后，起码可以是一个等级最低的工匠。厂里面自己有私人工具的人，皆认为莫大的光荣，所以艺徒在开小差前，也有准备工作；学车工的设法弄几把刀子偷偷地做一个刀柄，卡钳，神通大的甚至可做分厘卡（螺旋测微器）；学钳工的做角尺，平尺，偷些什锦锉，甚至卡尺。一切做好之后，即席卷而逃，走向一个他满意的天地。"

"比起那些小机器店的学徒，以发育未全的身体，每天工作十二小时以上，随时可以受到痛打痛骂，得不到一个零用钱，吃老板刻薄的饭菜，毫无营养，我们确是好多了。"

		资本	劳动	专业知识	人缘	技术	生活方式改变	利润大	
上	缝衣	√				√		√	重
上中	皮匠	√				√		√	重
上	布店	√		√				√	重
上中	布贩	√		√				√	重
上中	杂货店	√		√				√	次重
中下	杂货贩	√		√				?	次重
上中	军政教育界			√	√			?	贵
上	放高利贷者	√						√	恶
下	产婆，巫觋，算命			√			?		喜，厌
上中	医药	√				√		?	尊
中下	养牛	√	√			√		√	同农
下	驮马	√	√					?	贱
下	脚夫		√						贱
下	摆赌				√		?	?	恶
中	泥木铁弹花					√			
上	民染	√				√		?	
上	缝纫					√		?	
中下	修电线，司机，舱工，火柴工					√	?	日机利润大	
下	农工，杂技，厨工，放牛放马		√						贱
特	货船	√	√			√	√	√	贱，慕
下	街贩	小	轻						无足轻重

		资本	劳动	专业知识	人缘	技术	生活方式改变	利润大	
中下	织布	小	轻						
中下	熬酒	√	√						贱

此表可作职业选择的参考

第六章

C. 资本——职业的条件之三

织布原料的成本估计，整个成本的估计（P. 86.）

赶街的资本（P. 99.）

熬酒，缝衣，皮匠的资本比较（P. 156.），三者所需资本的伸缩性比较（P. 156.），三者资本变卖便利程度的比较（P. 157.）

熬酒的设备（P. 150.）熬酒缺资本

捕鱼的设备

货船：自己的设备（P. 185.）贩的货不同，资本也不同（P. 195.），亦是缺资本（P. 195.）

布店及布贩所需资本（P. 209.）

离村及村街的杂货业所需资本亦不同（P. 226.）

布业（资本多），离村杂货（次多），村街杂货（资本很少）（P. 227.）

职业资本对从业者的选择（P. 231.）

买牛，放牛及饲料费用均大（P. 235.）

养牛的条件

①一大笔成本

②牛栏

③放牛费用（P. 238. – P. 239.）

驮马的马价（P. 252.）

泥木铁的资本问题

银匠开店要资本大（P. 266.）染匠亦然

弹花，织毡，绘相所需资本不多

修电线者，司机，舱工，火柴工脱离工具和资本（P. 273.）

军政界的服务亦用不着资本，教育界亦然，从业时不需资本，但在职业准备上投资多

卖工无资本设备（P. 319.）

散工与兼业（P. 325.）

医与药结合，药需资本（P. 360.）产婆，摆赌的

巫觋，算命，读经的均无需资本

抵兵应募兵均无需资本

放高利贷需资本足

许多职业在资本上的伸缩性颇大

资本变卖便利与否的比较

本村许多职业是技术性的无需资本

见到资本与劳动分离的趋势存在（雇佣关系的出现）

许多职业缺乏资本的现象很显著

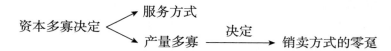

第七章　本章主旨在指出传统职业中劳动的特性

D. 劳力——职业条件之四

要了解每一门职业中劳力的重要性必须从生产成本中去看劳力。例如在织布业中劳力不占重要地位（和原料比起来），原料却占最主要地位。故该业受原料波动之影响甚大。从事织布者很少有操纵织事兴衰之权。耕田中，劳力即占重要地位，在生产上的成败，大多决于劳力本身。

凡是在生产成本中劳力占比例大的，其由操持生产的主动权即在劳力者，反之占比例小的，其主动权即操纵握有资本者。

凡是劳力占比例大，资本占比例小的职业，劳动者亦往往不会脱离生产手段，反之，则成为劳动者与生产手段想脱离的趋势。

在劳动者和资本相结合的情形下，由于资本不足，往往限制了劳力的充分使用，因而生产陷于疲软状态，劳动者兼主持生产者在生产事业上获利微薄。

在劳动者和资本相分离的情形下，握有资本者可以有充裕资金去展开生产事业，因而劳力亦获得充分使用的机会，劳动者有工做就经常有收入。

因为求取劳力的充分使用和工作的长期机会，故劳资由结合到分离，劳动者由空有其名的主动，走到实际上和名义上皆失主动的地位。

在劳资一体的情形下，生产者在生产上对生产的主动权力和生产事业

的成败全决于资金是否充足。

劳作的心理：在家庭生产中劳力者的劳动心理不同于在市场上被雇用的劳力者的劳动心理。在劳资一体的情形下，由于资本不足，劳力得不到充分使用机会，因此亦不致进一步而发生效率问题。亦谈不上选择使用机会问题，因事实上无选择之余地。

a. 为求取得试用机会：不能惜时惜力，但求惜钱。

b. 由于工作机会有限，劳作可以在时间上从容分配，不必讲效率。

劳作×时间＝工作 工作为 K，时间长，则其劳作轻，反之，时间短，劳作重。在有的是时间的情形下何必惜时，而不惜力。

在劳资分立的新工商业中，时间为 K，劳作加重则工作增多，则利润加大。

工作效率的主动与被动问题：

a. 在劳资一体的情形下：工作效率是由劳动者所主动或

① 主动的惜力的情形下，在工作少时间多的情形下。或

② 主动的惜时的情形下，在工作多时间少的情形下。惜时可以增加收入。

b. 在劳资分立的情形下：

劳方唯求惜力，资方唯求惜时，资方往往强迫劳力放弃惜力的趋势增加惜时的趋势。劳方的趋势则反是。但资方力量强，故劳力被迫牺牲惜力的企图，被动地去增加工作效率。

但在被动的心理下，总不如在主动的心理下，较能增加工作效率。

劳动的目的 $\begin{cases}在劳资一体中的劳动，是在生活中。\\ 在劳资分立的劳动，是纯为生计脱离生活的\\ 劳动是为人作嫁的劳动。\end{cases}$

劳心与劳力之分： $\begin{array}{l}劳心者贵\\ 劳力者贱\end{array}\Big\}$ 社会态度 劳心者贵而其劳作抽象故不便直接取报酬，故医生必须与药物结合起来才能保障其报酬。

易村兴修水埝"不合算"！"不合算"的意义值得推究。换在非私有经济，非个人为本位，非用市场价格和利润去衡量人时，也许未必不合算。

劳动者之间的互动和救济问题（应否摆入在劳动一章中谈，还是摆到别章如职业组合问题中去谈，尚需斟酌）

在劳资一体的情形下，劳动者较易救济其他劳动者。店主和雇工是

personal 关系。

在劳资分立的情形下，劳动者是在无自由和被动的情形下劳动，无法救济其他劳动者。

农业生产和农村经济中的问题是劳力有余，资本不足

1. 在劳力多，资本少的生产事业中劳资一体
2. 资本多少决定一种生产事业中参加生产的劳动能充分使用与否
3. 资本也有替代劳力的作用，所以劳力也有排资本性：从某一整个的生产事业而言，当生产事业为 K，当资本增，则劳力的需要相对地减少
4. "资本增则劳力需要减少"是在劳力充分使用以后才发生的现象
5. 一种生产事业中劳力未能充分使用是资本不足的表示
6. 愈离自然远，受自然条件限制小的生产事业中，劳力的充分使用问题愈与资本的关系密切。（渔业不然，资本与劳力相辅相成，共存共荣）
7. 愈离自然近，受自然条件限制大的生产事业中，劳力的充分使用问题，虽也与资本相关，但多与自然条件相关。（土地，气候等）
   例如：在缝衣业中则购原料资本多寡决定匠人劳力能否充分使用问题（离自然远远的生产）；在农业中则土地（自然条件）多寡决定农人劳力能否充分使用问题（离自然近的生产）
8. 在农业外兼向其他职业发展是由于劳力不能在农业中充分使用所致。当然也是为农业收入不够维持家用所致。

各业未能充分使用其劳力的情形：

1. 季节性的限制
2. 资本的限制
3. 市场的限制
4. 服务方式的限制
   服务方式与服务地及服务对象有关
   服务方式与资本有关
   与其家人及其他职业的配合有关

偏劳偏资的分化不仅发生于许多生产事业之间，也发生于同种生产事业而不同服务方式之中。（P. 443.）

偏劳的生产事业中，劳资分立的现象没有，而只见劳资一体。

偏资的生产事业中，劳资分立的现象遂出现了。

劳力利用不如资金利用的两点。（P. 445.）

偏劳或偏资的分化在生产目的上亦有分化。（P. 446.）

"劳资冲突"在小生产者的形态下，主要问题是劳力怎样充分使用，虽在适当限度内需要资本，但过了某一限度，即不需要资本了，因为资本增加，劳力使用机会会减少。多花资本，枉费劳力，在小生产者是不合算的办法。

第八章

Ⅲ. 职业的性质和限制　职业的性质：是由社会所赋予的：如贵贱性
　　　　　　　　　　　　　　　　　　是由职业所具有的：如权力性，
　　　　　　　　　　　　　　　　　　神性

A. 节季的限制：节季性限制木比泥少（P. 260.）

　1. 自然性的节季性

　2. 社会性的节季性

B. 性别的限制

C. 籍贯的限制

D. 慈善性

　1. 施舍

　2. 实施

┌─ A.贵践性
│　 B.冒险性与安全性 ┌ 财产上的
│　 C.神性　　　　　　└ 生活上的，如养老能控制子弟等
│　 D.权力性
└→ E.反社区性和顺社区性

第九章

Ⅳ. 择业的条件

A. 性别：特别指出老幼参加工作的可能性（基于家庭生产和小生产的条件存在）↙

B. 年龄

C. 家境贫富

D. 居住所在地——区位与职业选择

E. 社会地位，身份和势力

F. 在家中的权利和义务

G. 家庭大小：每一份子择业的自由受制于家庭人口及职业配合

H. 家庭份子的配合情形：家庭结构形式和结构内容

I. 家庭整合程度高低

J. 家庭份子所有职业的配合情形

K. 适应环境的能力和其所能适应的方面：

$$小学教员\begin{cases}能适应学校者\\能适应社会者\end{cases}两者冲突$$

L. 教育程度

M. 冒险精神

N. 个人能力

O. 个人勤惰

P. 职业传统和职业知识

Q. 社会关系：熬酒与卖酒

$$R. 社会的预选作用\begin{cases}女小学教员\\街上的穷苦寡妇们\end{cases}$$

第十章

Ⅴ．职业与职业之间的关联性

A. 仅基于增加家庭收入的需要，而在生产上无联系的，几种职业集合在一个家庭中的关联情形：织布，田

B. 基于生产上能发挥共存共荣作用而集合于一个家庭中的几种职业关连情形：酒，田，猪

C. 有并存并荣作用而为各自独立的一些职业关联

   1. 织布，土布，染布的关联——在生产上后者以前者的发展为先决条件

   2. 棉纱与鸦片的关联——通过市场的作用

A. 也是由于拓展劳力使用机会而关联起来的。这是传统农业经济中的特色之一

C. 是基于市场而发生的关联，是一种新型态的职业关联

第十一章

Ⅵ．生产与市场

纱布价格变动速度与织布业

洋布在市场上对土布的打击

鹤庆酒在市场上对马久邑酒业的打击

品质与销路的分化（P. 165. ）

生产规模与零销（P. 160. ）

第十二章

VII. 利润和报酬

无给与有给

固定薪给与非固定薪给

高级固定薪给与低级固定薪给

非固定收入在报酬上的变动性

第十三章

VIII. 职业在经济上影响的范围

A. 影响限于家计荣衰的——缝衣

B. 影响关涉到整个农村经济的荣衰的——养牛

C. 影响关涉到整个内地经济的荣衰的——织布业

对农业的影响

P. 215. 布贩与农田经营

P. 216. 布店与农田出租

P. 206. 船业对本村田地买卖租佃

第十四章

IX. 职业在社会方面的影响

如算命，巫觋在经济方面虽影响不大，但在社会方面却影响大了。

如摆赌在经济和社会方面同样具有破坏的影响。

军政界脱离耕作现象显著，身份旁及其妻子，女子脱离农作的意义不等同，把田出租，生活方式改变。

第十五章　家庭与职业（家人的职业配合一节或可加入本章中）

第十六章

VIII. 职业组合（或摆在家庭与职业之后）

A. 技术停滞与职业神的崇拜

   1. 当劳动者不脱离生产工具，成为生产的主人时，是反资本化反技术化的故使得技术停滞

B. 家庭意识强过职业组合的意识

C. 职业组合的互助性：非集团抗争性

当小生产者不脱离生产工具而兼劳动及投资者时，没有抗争的对象。最多不过抵抗关系疏的同业者和救济关系亲的同业者，他们也有能力救济

D. 为便于受统治的被动性组合

E. 在异乡服务的同乡同业者的组合

同业同乡者

义的结合 → 被服务者的异乡人 │ 如此义利各得其所！

同业同乡者   利的关系

若被服务者是本乡人则义利不相容

第十七章

作用偏于消费方面的金融活动（摆在消费和担负之前）

A. 利息过高不适于生产用

B. 生产上不需要资金

P. 420. 商业吸收游资使高利贷不盛行

易村工业资金往土地倒流

P. 421. 本村布业吸收资金力大

游资在工商业和农田之间出入的问题。

P. 423. 借债用途

P. 424. 放债对象是穷人

P. 425. 利高不适于生产用

贫人生产上也不需资本，所以贫人借钱不为作生产用

借钱为生活消费

P. 427. 抵押

一经举债即有继续举债趋势

P. 428. 赊的合作互助意义。辅助无家庭互助能力者

P. 431. 赊金亦作消费用

合作社

第十八章 传统农村经济的固化问题

或自给和交换两种经济型态的配合及生产问题

或以田土和家庭为本位的传统经济

或基于辅助地位的街子经济及被辅助的家土本位经济

（此章或摆在金融活动章后，消费和担负一章前）

田土的魔力：万流朝土，拥土，赴土。

对于其附庸的街子经济的仰仗与扶植。

第六章 织布

一、女织

P. 76. 十足的女性职业

普及于妇女的职业

织与耕配成家庭自给经济基础

P. 77. 织事对生活感情方面的贡献——列入职业与生活整合

P. 78. 织布成本中占费用最大的纱是由市场供给的

赚取原料以之织成土布自给

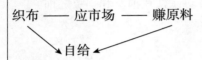

织布 —— 应市场 —— 赚原料

自给

P. 79. 市场概况

P. 80. 三个市场的比较及其变迁

市场决定织事

P. 81. 织事与内地经济互相影响

P. 82. 它不仅构成本县农村家庭经济自给的另一面，它的繁荣不仅系于相关的外县外省农村的繁荣，而且它也是促成内地货物交换发展内地商业的主角之一，更有许多职业如土布业、棉纱业、染布业、缝衣业等都是依它而存在而兴盛的

二、职业衰荣的今昔

P. 83. 全县织布衰落一般

本村织事衰落所见

利润估计

P. 84. 织布手续

P. 85. 劳力需要

P. 86. 原料成本估计

整个成本估计

P. 87. 利润

P. 88. 织事衰落原因

1. 市场疲

2. 原料贵

P. 89. 纱和布在价格反应上快慢不同，布价落后，影响织事情形

第七章　街子

一、本村街子概况

P. 90. 小街地点

地点大小

赶街时刻

P. 91. 街场四周的铺面

P. 92. 街摊

二、街子与日用品供应

P. 97. 小街多是消费品

一次用完的物品

P. 98. 久用物品在大街子上才有卖

本小利微——零销

P. 99. 资本：无转运作用只是直接为消费者服务

P. 100. 批发商和大资本无活动场地

大街期长，小街期短，后者应日常急需之用

大街服务区远，小街服务区小，有就近购买之便

P. 101. 便消费上随用随买

P. 102. 卖米买米便金融周转

三、街子经济与自给经济

P. 103. 以燃料为例说明自给经济和交换经济利弊

P. 104. 街子便于发展分工增加收入

P. 105. 在分工中，家庭经济力弱，生活程度低的填塞到报酬低的职业中去

P. 107. 生产种类少，消费种类多，享受上可比自给经济丰富

P. 108. 在整件分量大的物品上借街子以满足零散需要

对消费的时间和分量有调剂的功能

P. 110. 街子助金融周转

小商小工小贩亦助金融周转

P. 111. 小街给予职业及服务机会

P. 112. 小街与熬酒业的发展相关

P. 113. 小街便农家脱售米糠

P. 114. 街子代替巡回商贩的
功能给农民直接出售
货物给消费者机会

P. 115. 淘汰中间人使生产者与生产者
直接交换便于农人兼商不让店
商独占

P. 116. 街子妨碍专门商业兴起和发展

P. 117. 店和街子交易时间分化街子存
在的地方就是商人（不是商业）
式微的地方，也就是商业依附
农村和农人兼做商人的地方

P. 119. 贫农需要街子经济，也需要自
给经济
小农需要街子经济，街子经济
限制专门工商业发展

P. 120. 工商业不能专门和独立，必须
附在农业农村中和自给经济结
合，丢不开自给经济
在自给的小农经济下不易发
展出超街子经济的商店经济，
而交换经济不能由街子经济
递进一步，则自给经济的壳
子不易打破

P. 121. 必须建筑在海外贸易基础上
的工商业才能自主发展并打
倒依附在农村的小工小商，
而农村失去小工小商必然经
济凋敝，结果农人往都市流，
作物改经济作物

P. 122. 街子与农家道德——可列入职
业与生活整合中去

兼乡田　　自给经济——农
城新专
　　　　　街子经济——农商　　相
　　　　　　　　　　　　　　　反
　　　　　商店经济——工商

四、街子上服务的一批妇人

P. 123. 材料说明

P. 124. 在街子上服务者 39 人（女 31 人）

小街是女子的职业领域

P. 125. 四类妇女（31 人）

1. 寡妇（11 人）

2. 与夫失和妇人（3）连女（1）

3. 夫妇同在街上服务（6 对）

4. 夫另有职业的妇女（8 人）

此外一个父母双全家富有的小女孩和家境颇好的父子两人

第一类特点

1. 人老

2. 人丁孤零或老弱多

3. 贫穷？

P. 127. 第二类特点

1. 贫

2. 中年

3. 子女少

P. 127. 第三类特点

1. 贫

2. 持技

3. 年轻

4. 人少

P. 128. 第四类特点

1. 贫

2. 夫闲

3. 夫有专业

P. 130. 由街子妇女看妇女问题和社会地位

第八章 缝衣

P. 134. 从业户数

340

没有尽量生产

技术

A 当进到 B，则 A 可公开；

B 当进到 C，则 A、B 公开；

当进到 D，对 A、B、C 公

C. 开；当 D 停而不进，则不

D. 再公开

技艺授传：

《列子·说符篇》云："卫人有善数者，临死，以诀喻其子。"所以各行技艺人以此类谚语为其工作的法则，经验，视之为传家宝，难得轻泄于人。有时就是本行帮师徒间之间的传授，也不易轻易讲述。外面人正是"隔行如隔山"，更不易于去进行记录了。所以只有一些拓展引申，成为普通性质的谚语才在社会上流传，如"熟能生巧"，"货是草，客是宝"，"三天不唱口生，三日不打手生"，而若纯为技艺口诀的谚语，则其流传必不多。如

商贩所在行的法则："语头让人，事头不让人"。

酒贩的术语："三七看花"。（酒贩从槽坊买来十足成分的汾酒，必要渗三成水来发卖以取利。水与酒对渗后，必须盛之器中，使其从二尺以上高度凭空流下，滴落于碗中能见花沫，则为适当达到三七对比的成分。还有，若不是这样对渗的酒，酒性强烈，常人将难以饮服。）

言中国家庭生活的普用谚语：

"小时候娘的奶甜，长大了老婆的×甜。"（这就是民谣中"娶了媳妇不要娘"的母题之发挥，是指示有中国家庭生活问题的。这种情形较含蓄而带讽刺的说法是："有了直抱的娘，忘了横抱的娘"。孟子中也曾提示过："人少，则慕父母；知好色，则慕少女"。）

广东海丰谚语

1. 金厝边，银亲情。（厝边，邻居也；亲情，亲戚也。言人情邻居要超过亲戚。）

2. 赌博躬，鸦片鞠。（躬与鞠均有想方设计，焦思苦虑之意。讥赌徒与烟鬼善于想法弄钱也。）

第十一章　打鱼

1. 贩运
2. 代运
   a. 包雇
   b. 零雇

P. 194. 所运货物各个街子各个时期不同

P. 195. 贩的货不同，资本也不同

利润大

资本缺利息高

P. 196. 家人分工合作担当行船业务

雇工

学徒

P. 197. 行船为专业

其他职业所以兼业原因二点：

1. 工作机会少
2. 利润低

P. 198. 行船可以充分利用劳力而且报酬大故能专业

P. 199. 大理是船业的被服务地，因此发生寄碇关系

寄碇义务

为履行义务而发生的组织

P. 200. 基于服务上需要由寄碇到寄居

P. 201. 船家寄居人家数

改业后长期寄居

寄居者权利义务

由寄居到落籍

P. 202. 落籍和改业相关

寄居落籍为改业准备

买田防老

船和田的比较

P. 203. 船安稳不及田

行船子女不如种田子弟易管制

P. 204. 买田是生活保险

寄碇地买田便利之点

P. 205. 海东→船（□□□①）→海西落籍

水→陆

船→田

手段→目的

P. 206. 职业与职业相生，船业与其他职业的关联

船业对本村田地买卖租佃，房屋租赁

P. 207. 船业与赌

船业与上门——或可引入职业对家庭构成的影响

第十三章　各业

一、布贩与布匹店

P. 209. 生产这袭百衲衣是由许多职业做碎片制成的

布贩布店的人数

布店及布贩所需资本

P. 210. 布贩布店比较：

后者要铺面要经学徒阶段

学艺情形

P. 211. 开布店的家境

学徒和店员家境

P. 212. 布贩的家境

P. 213. 布店发家，布贩在养活

布店种类

不同种类的布店，服务对象亦不同

P. 214. 土布店两种

土布店服务区及对象

布贩服务情形

P. 215. 布店布贩与织事的关联

服务，出门，与男子从事

布店中带家眷去的

布贩与农田经营

P. 216. 布店与农田出租

---

① 　原稿无法辨认。——编者注

布店专业

在专业上与其他职业比较

二、杂货业

资本	职业	家境（五亩以上）
多	布业	55.5%
次多	离村杂货	38%
少	村街杂货	12%

性别

P. 229. 离村杂货女少，村街杂货女多

职业活动领域与性别选择

P. 231. 职业活动领域对年龄选择

职业资本对从业者选择

P. 233. 职业营业性质不相同对从业者选择

三、养牛

P. 235. 买牛，放牛及饲料费用均大

用牛时期短——其实牛并不能长期用，用牛紧时，牛蹄痛走草上

用牛的两个时期，前一期必需牛，后一期有牛无牛均可

P. 236. 田多人家养牛还值，田少人家若完全为畜力自给则不值得

P. 237. 田少人家养牛者求出租，田少人家未养牛者求租进，如此构成租牛市场

租牛市场存在对未养牛者的好处

租牛市场存在对养牛者的好处

P. 238. 虽然用牛时期短但养牛利润厚

由于养牛费用大，用时短，使牛费劲，故牛工，人工价高

养牛的条件：

①一笔大成本

②人力：使牛者放牛者

③吃苦

④牛栏

P. 239. 放牛费用

犁田技术

P. 240. 牛栏

以上是就职业条件对从业者的限制再就职业容量看职业发展的限制

职业容量依服务性质而定

服务性质依所在人文及自然地理环境而定

P. 242. 为了村众利益，组织了养牛人的会

由此可以注意到我国传统社会中许多组织基于外在要求的特性

P. 243. 富人养牛不出租

P. 245. 没有牛市场的适应情形

P. 246. 对于适应方式四种的批评

四、驮马

P. 248. 普通养马用途种种

普通养马多为自给

P. 249. 为供应市场的特殊用途——驮货

P. 250. 特殊社区（有码头）才有此特殊用马法

P. 251. 服务的性质

区位因素与运输中驮马业的发展

P. 252. 利润

服务机会不多，本业未能独立的兴旺的发展

故用到商贩方面去也用自给方面去

P. 253. 养马自给者家境好

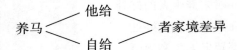

P. 254. 职业条件辛苦

社区对职业态度——微贱

P. 255. 养马的条件

1. 人力

2. 经营了田

3. 贫人干的事：但也不能是赤贫，因太贫了无本钱干此类事，不穷的也不愿干被人贱视的辛苦的微贱职业

4. 住在码头附近

五、工匠

P. 256. 泥水匠

市场需要的限制

三人中兼农事者二人

P. 257. 农田

木匠

手艺人须通过社区关系服务不易出远门

在三种情形下手艺人出远门

P.258. 第一种情形是设店，而木匠不易

泥水匠亦不适于设店

第二种情形去店里帮工

P.259. 第三种情形流动担子

木匠已见挑担方式

泥木不同的比较

1. 木有担，泥无

2. 木制定货

P.260. 节季性限制，木比泥少

注意季节性在农村中的重要性——对各项职业言

兼业

P.261. 职业继替中，木继泥欲绝

P.262. 在职业继替上，泥木和衣鞋比较

手艺人上门使该业在村中不绝

P.263. 家境好坏决定所择职业

家庭经济结构决定择业后继续该业问题

木匠家境

铁匠及其服务区，服务方式

P.264. 服务区窄，服务机会不大，故兼农但亦可反过来说止于须下田

（查查他们家田地及妇女劳力）才不出门，才不得不限于窄的

服务区内和接受小的服务机会

从业人年龄

P.265. 银匠业需广的服务区

银匠的服务区在腾街，富庶而又多人且用银币的地方

P.365. 三人中二人休业及其原因——一因年老，二因市场沦陷

P.266. 续业问题——银匠之子不做银匠

服务方式三种

开店要资本大

P.267. 染匠

原料近：染料，土布

P.268. 职业继替

P.277. Ⅰ．职权
　　　Ⅱ．超职权

P.278. 超职权发生的社会背景
　　　超职权的用处

P.279. 利用超职权是发财两大途径之一
　　　商与官联手：两条途径相交了

P.280. 本村当官的没发大财，何故？与前面升官发财说岂不冲突？
　　　职业选择的性别条件

P.281. 此类职业中无女子的理由
　　　职业选择中的教育条件
　　　职业选择中的年龄条件
　　　在地方当公事的：年纪大；出门当公事的：年纪小。

P.282. 两者对年龄选择不同的理由
　　　家境特点：
　　　1．田产较多
　　　2．人口较多

P.283. 田产
　　　人口

P.284. 财产条件与职业的关系——此指财产对择业影响
　　　人力条件与职业的关系——此指职业对家庭人口的影响（此应归入职业与家庭生活的整合中去）

P.286. 人口多对职业选择的影响
　　　本业中脱离耕作现象显著

P.287. 身份旁及其妻子

P.288. 女子脱离农作的意义不等同
　　　把田出租

P.289. 生活方式改变

七、教育界

P.291. 教学与军政界声气相通
　　　传统社会对读书人的仰仗——文字的魔力
　　　由学而仕

P.292. 准有权力者

351

教学不如官权力确定

无权无钱受冷视——读书无用论

P. 293. 教员两级

两者地位高低比较

中学教员有办法

小学教员受侮辱

P. 294. 两者工作劳逸比较

两者报酬高低比较

P. 295. 小学教员的生活调适：年老及年轻者有别：前者与旧社会能适应；后者在学校内能调适

P. 298. 同学历的人，在教育则冷，在别方面则热，对比之下，前者更难安难堪

P. 299. 职业态度比较：旧式教员安之，新式者不安

但新式女教员能安之

P. 300. 新式男教员休业改业，新式女教员仍从事

新式女教员与旧社会能保持不相干的调适

P. 301. 女子在其他较好职业上机会少，无可欲是以无欲，无欲则自足而安

P. 302. 无有比女教员职业再高者，故女教员不用比上，而比下则良可自傲

P. 303. 上面是就不同年龄和性别的小学教员中指出他们对职业的态度的不同，指出他们对职业本身和对社会的调适情形的不同并指出他们态度及调适行为后面所根据的社会背景为何——都是以从业者为中心去分析。接着我们换一个角度即从他们家人的职业配合上来看，具体言之，即小学教员的儿子做什么事，小学教员的妻子或丈夫做什么事；前者是家庭分子间纵面的职业配合（或称两代间职业的继替），后者是家庭分子间横面的职业配合。

小学教员家庭分子间纵面的职业配合

P. 304. 职业继替断了：小学教员之子女不当小学教员

不继其业的解释

P. 305. 改做裁缝的理由从小学教员和裁缝两者比较中说明之

P. 309. 教书一途没落手艺商人兴旺

横面的职业配合

P. 310. 男教员的妻子的职业

女教员的丈夫的职业

P. 311. 性别与职业皆有社会地位分化现象：

一条原则：社会地位低的女子选社会地位低的职业

P. 312. 当公务员的夫配当小学教员的妻

从当裁缝的夫配当小学教员的妻，反映出裁缝地位高

男教员之妻的职业皆低，女教员之夫的职业皆高

P. 313. 女子脱离传统职业的三种情形

P. 314. 女子地位改变与放弃农业经营

放弃农田经营不是由于田多，而是由于职业与地位改变

脱离农作寄生于丈夫的，和脱离耕作独立谋生的

P. 315. 女子职业改变，小农经济改体

P. 316. 家庭经济情形对职业选择的决定力

经济力决定不同级职业的力量大，决定同级职业的力量小

P. 317. 教育费用估计

八、卖工

P. 319. 卖工一业特点

无技术

无资本设备

P. 320. 不负经营责任

农工服务地及时期

P. 321. 服务机会

人数

杂役厨工人数

杂役和厨工并谈的理由

P. 322. 职业容量有限

脚夫和赶马不同

P. 323. 人数

放牛的三人

放马的老太婆一人

P. 324. 母子三人割草卖

P. 325. 一小孩二老头打柴
长工散工，散工与兼业

P. 326. 性别与职业分化

P. 327. 年龄与职业分化

P. 328. 性别年龄是生理上的特性
卖工者的社会特性
寡妇多卖工和做街贩

P. 329. 寡妇多见于此业的理由
1. 夫亡后被迫到交换经济去
2. 夫亡花费及收入减
3. 寡妇选择结果以穷寡妇多

P. 330. 传统社会中对守寡的态度
1. 礼教上，较富者赞同守寡愈力
2. 生活上，较富者能维持守寡者生活
故寡妇中富多贫少

P. 331. 马久邑情形反是
1. 礼教力弱
2. 生活上不必考虑财产而决定守寡问题
a. 自己有谋生能力
b. 寡妇可招赘
故 1、2 均无对再嫁的约束力唯有在
3. 再嫁机会分化上表现出富者机会多，贫者机会少，故呈寡妇中贫者多富者少的现象

P. 333. 小孩卖工

P. 334. 卖工队伍中鳏夫倒不多见

P. 335. 鳏夫不多见的理由
1. 从男子娶未婚及已婚女，而女只嫁已婚男讲，男再婚机会多故鳏夫比寡妇少
2. 从年龄与再婚机会讲，男再婚机会多，女再婚机会少故鳏夫比寡妇少
3. 鳏夫参加交换经济是合乎男子择业的正常情形故其比数亦

正常；寡妇参加交换经济是反乎一般女子择业的正常情形故其比数显得大

4. 男职业多鳏夫分散各业，女集中

5. 男享受悠闲权大

P. 337. 卖工队伍中由家庭分裂出的分子

P. 338. 卖工队伍中出现了才能低的分子

P. 341. 卖工者的家境

P. 342. 卖工者的家庭的职业配合

P. 344. 贫家自给经济基础薄弱，进到交换经济机会大

家庭失调也容易被挤到卖工队伍中去

P. 345. 前面指卖工者自己被迫由家庭分裂出去，此处所谓家庭失调系指卖工者的家人自动分裂出去了。

P. 346. 家庭人口低于适中数

九、产婆，巫觋，教主，医生，抵兵的，算命的，摆赌的，放高利贷的

P. 349. 本类归类说明

P. 350. 产婆

P. 351. 乡下妇女身体强壮，生产不严重

P. 352. 医生

传统社会中医生男子做，产婆女子做

P. 353. 医生比附于儒者的结果对于职业报酬的影响

伝医——客串医生

P. 354. 职业医生

避开本地行医

P. 355. 行医者顾忌本地理由

1. 服务不被认可——智力不卖钱

a. 高贵

b. 不如物和体力明显

2. 报酬标准难定

P. 357. 报酬种类视社区完整性高低而定

服务具有慈善性质

依被服务者家境给而不依服务本身给

被施舍的职业

第二个瞎子的故事

兼唱曦曲

收徒弟

P. 389. 择业条件——眼瞎

本业功能：命运说满足个人心理要求，算命者为命运女神代言人

P. 394. 对社会的功能

P. 401. 抵兵者五人

义务兵和职业兵

P. 402. 自动入地方部队里当兵只是义务形式的变换不属于职业范畴内

P. 403. 请抵人家并非富有

抵兵贱

P. 404. 雇佣兵也是职业兵

抵兵和募兵不同

P. 405. 升官发财是志愿兵应募的动机

P. 406. 志愿兵的农村背景

P. 408. 自士兵升官路断后志愿应募者即少了

P. 409. 由募改征，抵兵出现

抵兵和募兵不同

P. 410. 抵兵是性命的冒险和自由的出卖

P. 411. 勇敢和机智为必需条件

募兵和抵兵的报酬性质不同

P. 412. 抵兵本人和其家庭协和一致

应募者往往是和家庭不和而后出此

P. 413. 抵兵募兵的家境同样穷苦

P. 414. 本村过去应募者少

抵兵者家境

募兵和抵兵同样借非法发财

P. 415. 两家开赌者的家境

摆赌须在下层社会有势力

P. 416. 报酬方式

第十四章　家庭与职业

一、家庭与就业

P. 438. 生产在博取劳力自给所省下的工资，不一定另外要利润才去生产

P. 439. 产生家内无给职业

P. 440. 劳力自给无就业与未就业的显明界限

P. 441. 因生产单位局限于家故家庭贫富分化形成职业分化

P. 443. 贫富分化形成了偏重于劳力的生产事业与偏重资本的生产事业的分化

贫富分化所引致的偏劳与偏资的分化是发生于许多生产事业之间，而不是在每种生产事业之中

P. 445. 劳力利用不如资金利用的两点

P. 446. 偏劳或偏资的分化在生产目的上亦有分化

二、家庭与兼业

P. 447. 小农必然与小工小商结合

P. 448. 与农结合的工商中更展开了兼业情势

P. 449. 渔业的专业状况不稳

P. 450. 越穷者越有兼业需要由卖工者见之

P. 451. 自由工匠亦以多边服务方式维生

进到铺店方式则专业趋势显明

P. 452. 富人子弟有机会从事有专门技术的高级的固定薪给职业

贫人子弟只能从事无高深技术的低级的固定薪给职业

P. 453. 在新式工商业未发展前，开给穷人的低级固定薪给的机会不多

三、家庭和失业

P. 454. 农村失业问题不同于近代工商业的

P. 455. 不同点一：不会失却工作的机会但没有充分的工作机会

P. 456. 不同点二：职业多元多边，一方面停顿仍可靠他方面扶掖

P. 457. 不同点三：有土地自给经济作退路

P. 458. 不同点四：自给共产制农家，其家人可以彼此扶掖

P. 459. 改业从容，失业可得救助，寄生现象可以发生

P. 460. 失业意识不强，故职业意识和职业组合不强 ⎡ P.242.为了村众利益组织了养牛人的会，由此可以注意到我国传统社会中许多组织基于外在的特性。

P. 263. 家庭经济结构决定择业后继续该业问题——没有举出事实加以

说明

第十九章（新）

第十五章　消费和担负

一、消费的分野

P. 463.　关于材料的话

消费环境比玉村还好

P. 464.　好的享受

P. 465.　坏的享受

P. 466.　享受优劣分化根据贫富分化

P. 467.　在财富之外还要看市场

还要看职业

P. 468.　身份与消费

城市化的村人的消费态度

二、在消费上的两种打算

P. 470.　子弟消费都市化的原因

1. 都市消费便

2. 手头钱活动

3. 父兄管不着

4. 城市社会关系和社会背景刺激个人消费（和乡村的不同）

P. 473.　城市——为己的消费

乡村——为人的消费

三、婚姻

P. 475.　传统社会的消费分野不在个人享受上，不在平时，而在集体享

受上，在非常时的婚丧大事上

P. 476.　婚姻步骤

P. 482.　婚事消费特点：

准备期长

一部分是长期消费品

P. 483.　妆奁奠定新家庭一部分经济基础

男家担负重于女家

P. 486.　穷人迫而上门

上门的权利和义务

编后记

　　张之毅先生是 20 世纪中国最重要的社会学家之一，"魁阁"的重要成员，能为张先生编文集是我们的荣幸。

　　本文集所收集的文章主要包括以下四个部分：其一，是张先生在"魁阁"时期零散发表在各个报纸、杂志上的一些文章；其二，是张先生 1957年参与"河北省农业经济规划冀西山区流动调查组"时写的调查报告（《冀西山区考察报告》）；其三，是 20 世纪 80 年代中国社会学恢复重建的初期，张先生给研究生们上课时的讲座录音整理稿；其四，附录所附的《榆村经济》（提纲）整理自张先生遗留的手稿。这里需要说明的是，榆村（今大理市银桥镇马九邑村）是"魁阁"时期张先生在云南研究过的第三个村子，张先生在榆村做了非常细致的调查，花了五年时间写了一本长达40 万字的《榆村社区生活的整合》书稿，但很可惜，书稿带到北京后被人弄丢了。张先生的儿子张石林先生给我们提供了一份张先生遗留下来的《榆村经济》（提纲）手稿，由于该手稿是张先生写作时自己用的提纲，其写作时间又比较长（五年），手稿上张先生不断增删、标注，因此，整个提纲手稿在外人看来逻辑上显得有些乱，许多字迹亦较难辨认。在编辑文集的过程中，我们反复考虑是否要将其收入。考虑到张先生有关榆村的研究只发表过几篇文章，这份手稿算是张先生有关榆村研究的唯一一份概貌性的文本，最后我们还是决定将其整理出来，收入文集中，或许能为后来的研究者提供一点方便。

　　张之毅先生一生发表的东西不多，编辑文集时，我们本想将我们能够收集到的张先生零散发表的、未发表的文章全数收入其中，但很遗憾，由于某些原因，张先生 20 世纪 40 年代写的一些时评文章仍然未能收入。

　　本文集能够完成，首先要感谢云南大学党委书记林文勋教授，民族学学科负责人何明教授，民族学与社会学学院院长关凯教授、党委书记赵春盛教授的关怀，正是在各位领导的关怀下，在云南大学民族学学科特区中设立了"魁阁"小组，本文集的收集、整理才得以可能。其次，要感谢张之毅先生的儿子张石林先生，石林先生不仅接受了我们的访谈，慷慨授权我们整理张之毅先生的作品，还为我们提供了许多有关张之毅先生作品的电子文本、照片、手稿等，极大便利了我们的工作。文集之所以能够编辑完成，还要感谢我的学生马雪娇、唐烨、董殷江、马豪、刘忠文，他们为本文集资料的收集、整理、录入、校对付出了极大的努力。最后，感谢社会科学文献出版社杨阳等编辑，没有他们的努力，文集不会是这个样子。

马雪峰

2019 年 9 月 24 日

于文津楼 315 室

图书在版编目（CIP）数据

魁阁文献. 张之毅文集 / 何明，赵春盛主编；马雪峰分册主编. -- 北京：社会科学文献出版社，2019.12
（云南大学西南边疆少数民族研究中心文库. 魁阁研究丛书）
ISBN 978 - 7 - 5201 - 5819 - 0

Ⅰ.①魁… Ⅱ.①何… ②赵… ③马… Ⅲ.①社会科学 - 文集 Ⅳ.①C53

中国版本图书馆 CIP 数据核字（2019）第 294856 号

云南大学西南边疆少数民族研究中心文库·魁阁研究丛书
魁阁文献 1

张之毅文集

主　　编／马雪峰

出 版 人／谢寿光
组稿编辑／佟英磊
责任编辑／杨　阳

出　　版／社会科学文献出版社·群学出版分社（010）59366453
　　　　　地址：北京市北三环中路甲 29 号院华龙大厦　邮编：100029
　　　　　网址：www. ssap. com. cn
发　　行／市场营销中心（010）59367081　59367083
印　　装／三河市东方印刷有限公司

规　　格／开 本：787mm × 1092mm　1/16
　　　　　印 张：24.75　字 数：413 千字
版　　次／2019 年 12 月第 1 版　2019 年 12 月第 1 次印刷
书　　号／ISBN 978 - 7 - 5201 - 5819 - 0
定　　价／498.00 元（全四册）

本书如有印装质量问题，请与读者服务中心（010 - 59367028）联系